KB089885

여성주의로 읽어 본 대중문화

다락방에서 타자를 만나다

여성주의로 읽어 본 대중문화

다락방에서 타자를 만나다

지은이 _ 여성문화이론연구소 정신분석세미나팀

초판 1쇄 인쇄 _ 2005년 10월 17일

초판 2쇄 발행 _ 2006년 10월 31일

펴낸이 _ 고갑희

주간 _ 문영희

편집 _ 김지숙

펴낸곳 _ 도서출판 여이연

　　　　서울 종로구 명륜4가 12-3 대일빌딩 5층

　　　　대표전화 (02) 763-2825 팩시밀리 (02) 764-2825

　　　　홈페이지 http://www.gofeminist.org

　　　　전자우편 alterity@gofeminist.org

등록일자 _ 1998년 4월 24일

등록번호 _ 제22-1307호

값 15,000원

ISBN 89-91729-02-9 03680

잘못된 책은 바꾸어 드립니다.

여성주의로 읽어 본 대중문화

다락방에서 타자를 만나다

여성문화이론연구소 정신분석세미나팀

도서출판
여이연

차례 CONTENTS

정신분석학에 정분난 여자들이 다락방에 모였다.

여자들은 감히, 프로이트의 허파를 뒤집고 라깡의 코털을 긴드리며 들뢰즈의 기관없는 신체를 탈주시키고 크리스테바의 비체를 다듬어서 달구어진 무쇠 솥에 넣어 버무렸다. 다락방에 커다란 솥을 걸어놓고 정신분석학을 요리하기 시작했다. 굽고 찌고 튀기고 졸여낸 첫 번째 요리는 『페미니즘과 정신분석』이었다.

이 요리를 먹고 접신한 여자들은 더욱 열심히 솥을 닦고 그 안에 문화의 바다에서 건져 올린 신선한 재료들을 집어넣었다. 다락방에 모여든 여자들은 마녀들의 무쇠 솥에서 졸여낸 묘약으로 드디어 여우에서 여우(女友)로 종횡무진 둔갑하는 변신술을 익혔다. 제도적 거식과 문화적 폭식을 오가며 변신한 이들은 낮이면 강좌를 열어 개체 수를 늘리고, 밤이 되면 수많은 텍스트들을 '먹고' 문화를 '마시며' 새로운 글들을 '토하는' '주강야독'의 세월을 5년 동안 지속했다.

그 결과물이 『다락방에서 타자를 만나다』이다. 『페미니즘과 정신분석』이 여성주의로 접근한 정신분석학이라면, 이 책은 여성주의로 접근한 문화읽기이다. 팀원들은 각자 자신이 흥미있어 하는 문학, 영화, 드라마들 가운데서 작품들을 택하고 정신분석이론을 적용하여 난상 토론을 벌여 나갔다. 애초에 엄격한 이론을 기계적으로 적용할 마음도 없었고, 또 그렇게 하지도 않았다. 저마다 정신분석학 대가들의 혀와 눈과 간을 먹고 마셔서 육화된 이론틀로 문화를 볼 수 있는 의안을 달았기 때문이다.

전공자도 아닌 마당에 무슨 영화분석이냐고 나무라거나 우려하는 목소리도 있었다. 하지만 여우들은, '이건 우리들만 할 수 있는겨' 하며 영상물들을 들춰보고 벗겨보며, 집중적으로 파고들어 여우들의 눈으로 본 문화분석 텍스트를 만들어 나갔다.

작업을 하는 동안 많은 사람들이 자리를 옮겨 갔다. 어떤 이는 학교로, 어떤 이는 논문으로 빠지는 사이 새 친구들이 자리를 채웠다. 반짝이는 감각과 세련된 미각을 자랑하며 새 친구들은 여우같은 솜씨로 작품을 호리고, 기나긴 손톱으로 작품의 혼을 쏙 빼낸 뒤 그것을 목에 두르고, 선무당 작두 타듯 춤추었다. 선생이 없어도, 시스템이 후져도, 칭찬이라곤 미쳤단 소리밖에 못 들어도 아랑곳하지 않았다.

그들은 자기 목소리를 만들어나갔다. 스스로 비체가 되어 주체를 비웃었다. 그래 우리 비체거든, 그래서 신나거든, 하며 되받았다. 우리들은, 이 공간 안에서 조금 비참하고 많이 행복했다. 주체와 타자 사이를 오가며, 분석자와 피분석자 사이를 넘나들며, 학문을 항문화하며 열심히, 아주 열심히 농담을 희롱하며 놀았다.

다락방을 걸어 나간 많은 친구들, 강좌를 통해 동참했던 수많은 예비 여우들 역시 그들이 속한 곳에서 변신을 행하고 있을 것이다. 여우의 변신술을, 스스로 만들어 단 의안으로 즐기면서 세상보기를. 의안의 초점이 때로 흐려져 삐딱하게 볼 수 있을지는 모르지만 우리만 올바르게 봤거든 하는 맹목에 빠지지는 않을 것이다.

우리는 더 많은 사람들이 이처럼 즐겁고 아찔한 둔갑술에 놀아나기를 기원한다. 감추어둔 아홉 개의 꼬리로 제도를 재주넘고 문화에 꼬리친다면, 그들이 건너다니는 공간에 비릿한 짐승의 털 냄새를 남긴다면, 몰래 오줌이라도 누어 둔다면, 사람들은 알게 될 것이다. 자본의 향수 뒤에서 나는 비릿한 비체의 냄새를, 날 것의 싱싱한 의미를.

아울러 여우의 변덕과 교활을 꿋꿋이 견디며 열악한 환경도 마다하지 않고 열정적으로 동참해 책을 낳게 해준 산파들, 김지숙 김형준 출판팀원과 함께 출산의 기쁨을 만끽하고 싶다.

2005년 10월
필자들을 대신하여 문영희

서문: 다락방에서 타자를 만나다

임 옥 희

옛날 옛날에 여우들이

　옛날 옛날 한 옛날에 침대 밑에 악어가 산다고 믿는 남자가 있었다. 그는 정신과 의사를 찾아가서 침대 밑에 악어가 산다고 하소연했다. 그러자 의사는, 악어는 당신이 만들어낸 환상이다. 침대 밑에도, 다락에도, 벽장에도 악어는 없다. 그러니 안심하라면서 돌려보냈다. 그로부터 상당한 시간이 흘렀다. 정신과 의사는 환자의 친구에게 그의 안부를 물었다. 그러자, "아, 악어에게 잡아먹힌 그 친구 말인가요?"라는 반문이 되돌아왔다.

　『페미니즘과 정신분석』의 서문에서, 이식된 어떤 이론도 상처의 흔적 없이 다가오지 않는다고 말한 적이 있다. 정신분석 이론 또한 예외는 아니다. 페미니즘이라는 여과장치를 거친 정신분석학 역시 시공간적인 이동과 유통 과정에서 오염과 오역을 경험하기 때문이다. 자기 맥락에서 떨어져 나와 유랑하는 이론은 수용하는 사람들의 지적인 지평, 역사적 기억,

젠더적인 경험과 충돌하지 않을 수 없다. 그런 맥락에서 정신분석학과 페미니즘이 충돌하면서 만들어내는 오염의 유산과 오역의 편차로부터 '우리들' 나름의 실천적인 장이 열릴 것으로 기대했다. 『페미니즘과 정신분석』 이후 많은 시간이 흘렀다. 그 시간 동안 다락방에 모인 여자들은 정신분석이론을 통해 이야기를 만들어보려고 플롯을 꾸몄다. 이 책은 그런 플롯의 구체적인 결과물이다.

최근 들어 페미니즘은 '여성주의 문화운동'으로 협소화되었다는 비판을 자주 받는다. 이런 비판은 젠더, 인종, 계급의 관점에서 살펴보아야 한다는 진술을 후렴구처럼 반복하지만, 사실상 페미니즘의 분석범주에서 계급은 사라지고 문화만 남았다는 비판과 다르지 않다. 그중에서도 특히 정신분석학적 페미니즘의 정치성은 정신분석학의 그것만큼이나 후퇴하고 있다는 지적도 있다. 계급적인 적대가 사라졌을 때, 차이에 관한 지표(섹스, 젠더, 성차, 섹슈얼리티, 게이 레즈비언, 퀴어, 생태, 동물권)들에 지나친 하중이 실리게 된다고들 한다. 이것이 자칭 진보적인 남성들이 페미니즘의 정치성의 실종을 통탄하면서 흔히 들먹이는 비판이다. 이들은 노동하는 여성에서 **노동**에 방점을 찍으면서도 페미니즘을 비판할 때만 '가난한' **여성**을 강조한다. 자신들의 정당성을 확실히 하고 싶을 때 전가의 보도처럼 동원되는 것이 계급으로서의 가난한 여성들이다. 계급을 앞세움으로써 페미니즘이 페미니즘이기를 포기할 때라야만 '진정으로' 진보적인 정치성을 담보할 수 있다고 주장한다. 이처럼 누구의 입장에서 어떻게 정치와 비정치를 구획하는가라는 문제야말로 정치적인 행위이다.

노동이 전지구촌으로 이동하는 사회에서 고전적인 계급분석의 설득력은 희석되었다. 그럼에도 자칭 진보주의자들은 자기 이론의 구멍으로 존재하는 계급이라도 그 끈을 놓지 못한다. 그것은 계급범주를 특별히 신뢰하고 있어서라기보다, 자기 이론의 특권적인 토대에서 벗어나는 것이 두려워 내보이는 과잉방어이다. 이들은 역사를 총체적으로 이해할 수 있다는 주장 자체가 유물론적 과학이 아니라 이데올로기라는 자기 이론 안의 구멍을 성찰할 시간을 없애기 위해 과시적인 행동에 파묻힌다. 이처럼 역사의 심연 너머에 있는 우연성과 아이러니에 좌절하여 고개 숙이고 무릎 꿇는(OTL) 외상의 순간으로부터 벗어나려고, 이들은 정치와 역사로 도피한다. 역사의 공허와 마주보면서도 '아니야 (no), 그래도 뭔가 있어(yes)'라면서 부재를 가리는 것이야말로 남성 페티시의 전형적인 구조이다.

다른 한편으로 페미니즘 진영의 자중지란을 우려하는 목소리가 있다. 호주제 폐지에서 보여주었던 여성들의 단결된 모습은 오간데 없다. 여성들이 일치단결하여 가부장제와 싸워도 뭐 한 마당에 이와 같은 내분은 지혜로운 여성들이 보여줄 수 있는 아름다운 모습은 아니라고들 한다. 갈등과 차이를 봉합하라는 충고는 결국 사회적 약자로서의 여성을 강자에게 종속시켜왔던 오래된 논리였다. 사회적 약자들은 사회적 사다리에서 강자의 편을 들지 않을 수 없었다. 시혜와 보호라는 강자의 논리가 위력을 떨치고 있기 때문이다. '약한 자들이여, 요구하지 말고 간청하라, 그러면 우리가 너희를 보호해 주리니.' 우리와 연대해 주면 너희들의 문제를 순차적으로 해결해 주겠다는 것이 강자들이 제시하는 협상용 카드이다. 역사적 경험으로 볼 때, 사회적 약자들은 매번 새롭게 발명되는 고통과 배제와 마주치게 되었을 따름이었다. 결과적으로 열심히 싸워서 스스로의 입지를 더욱 약화시키는 것이야말로 사회적 약자들이 처한 정치적 아이러니였다.

우리사회에서 페미니즘은 여성들 사이의 차이를 오랫동안 봉합해 왔다. 말하자면 '단결하면 살고 분열하면 죽는다'는 논리가 여성들 사이의 차이를 은폐하는데 알게 모르게 적용되어 왔다. 이제 페미니즘 내부에서도 정체성의 정치학을 주장하는 페미니즘과 어느 누구와도 정체화할 수도 없고, 하려 들지도 않는 소수자들의 입장이 서로 충돌하면서 가시화되고 있다. 여태껏 봉합되었던 갈등의 목소리들이 표면화되기 시작했다고 볼 수 있다. 이런 현상은 여성들 사이의 분열이라기보다 갈등의 민주화이자 차이의 가시화라고 보아야 한다. 성매매방지특별법처럼 여성들 사이의 차이를 확연히 드러낸 사건도 없을 것이다. 여성들 사이의 갈등을 가시화함으로써 배제된 여성들의 자발적인 목소리가 들리게 만들었다는 점에서 이 법은 상징적 의미를 갖는다.

제도화된 페미니즘은 이제 국가의 욕망을 욕망한다. 이들은 과거 자신들이 쌓아올린 페미니즘의 정치성을 가부장적인 국가의 욕망과 교환한다. 법에 호소하고 정상성과 합법성에 매달린다. 건강 가족과 이성애 일부일처제를 주장하고 저출산을 걱정하면서 가부장제의 강화에 한몫하고 있다. 정상성을 확립하기 위해 온갖 '비'정상적인 방법도 동원한다. 최근 들어 "남자들이여, 늑대만큼만 하라"는 구호가 등장하기도 했다. 늑대라는 동물을 의인화하는 이유가 뭐냐고? 여자만 보면 잡아먹으려 드는 남자를 늑대에 비유했던 것과는 달리, 종(種)으로서의 늑대는 일부일처제를 준수하는 청교도적인 동물이라고 한다. 늑대든, 펭귄이든, 원앙이든, 일부일처제만 충실히 지키면 그만이라는 소리다.

건강한 일부일처제 가족의 합법화와 정상화는 불법적이고, 불건강하며 비정상적인 것의 배제를 통해서만 가능해진다. 그럴 경우 인정된 법의 범위 바깥에 있는 다양한 성적 지향성, 섹슈얼리티, 가족형태는 불법적이고 비정상적이며, 나쁜 것이 되어버린다. 이것은 여태까지 페미니즘이 추구해 왔던 방향을 한 오백 년쯤 퇴행시키는 것이다.

제도화된 페미니즘은 배제된 여성들을 '위하여' 법을 제정했으면서도 그 법에 복종하지 않는 여성들을 또 다시 배제한다. 성매매방지특별법에서 보다시피 배제된 여성을 위한 법이 역설적으로 여성의 배제를 생산한다. 이처럼 여성을 '위하여' 제정한 법이 여성 '위에서' 군림하는 법이 되고 있다. 법은 배제와 포함의 논리에 의해 사회적 잉여를 만들어 낸다. 법에 호명된 여성들만을 보호하고 포함시킴으로써, 결과적으로 여성을 위한 법에서 여성은 없다는 아이러니와 마주치게 된다.

　　이제 여성은 자기 내부에서의 분열뿐만 아니라 여성들 사이에서의 분열 또한 동시적으로 경험하고 있다. 오랜 세월 가부장제와 더불어 살아온 여성들이 가부장적인 문화의 오염으로부터 순결한 채 남아 있다고 우긴다면, 그야말로 웃기는 일이 될 것이다. 기존질서와 전통이 자기네들 것이라고 주장하는 남성주체도 상징계에서 살아남기 위해서는 스스로 분열되지 않을 수 없다는 것이 정신분석학의 통찰이다. 남성이 분열된 주체라면 여성들은 겹겹의 배제로 인해 다중적으로 분열된 존재이다. 사실 자신을 통합된 주체라고 믿는 것은 상상계적인 기만이 만들어낸 환상의 공작이다. 주체의 일관성은 자기 안의 비일관성과 도착과 비정상성을 끊임없이 솎아낼 때라야만 가능해진다. 언어처럼 구성되는 사회적 무의식으로 인해, 주체는 분열되지 않을 수 없고 이런 분열을 알게 해주는 것이 상징계이다. 자아와 비자아의 경계를 흐리는 것이 자기 안의 질병, 고장, 무질서, 도착, 중독, 죽음 등이다. 이렇게 본다면 오히려 주체야말로 악어처럼 귀환하는 무의식의 그물코에 걸린 취약한 존재이다.

　　그나저나 글머리에서 언급한 그 남자는 왜 악어에게 잡아먹혔을까? 악이의 입은 그 앞에서 모든 언어가 침묵할 수밖에 없는 심연이자 죽음이다. 악어의 이빨자국은 드라큘라의 그것처럼 기존의 상징질서로는 번역될 수 없는 언어이다. 남성주체는 악어에게 먹혀서 소화되고 악어의 피와 살이 되면 어쩌나 하는, 자기소멸에 대한 끔찍한 공포를 가지고 있다. 자기소멸에 대한 불안이 투사된 것이 악어의 우화이다. 주체는 대상을 장악하고 지배함으로써 타자를 자기에게로 통합하고자 한다. 그 경우 타자는 주체의 복제이자 반영이 된다. 이와 달리 악어의 우화는 악어의 내장 속으로 들어가 그/녀/그것의 육신이 됨으로써 타자에게 굴복하는 것을 의미한다. 남성주체와 악어의 관계는 주체와 타자 사이의 생사를 건 투쟁처럼 다가온다. 주인과 노예의 인정투쟁에서처럼 '날 인정할래, 아님 죽을래, 어디 칼을 한 번 뽑아 보시지' 라는 식이다. 이 때 악어의 입은 '버자이너 덴타타' 처럼 주체를 거세시키는 남근적인 어머니의 이미지이다. 주체는 자신이 세계에 의미를 부여하는 존재가 아니라 고래 뱃속에서 고래 기름으로 (타자의 욕망과 에너지로) 간신히 불밝힌 채 세상을 파악해보려는 피노키오같은 존재다. 리바이어던이라는 어머니 괴물의 뱃속에서 헤엄치는 양서류이면서도 오히려 자신이 그것을 만들었다는 오인 속에서 살아간다. 그러므로 심연처럼 벌어진 악어의 입은 남성주체가 자기 머리를 들이밀어 막지 않으면 안 되는 구멍이자 타자의 귀환이다.

그럼 여기서 타자란?

대중, 민중, 다중이 아니라 구태여 타자라는 개념으로 얻을 수 있는 정치적 효과는 무엇인가. 요즘 '타자' 라는 개념은 별 문제의식 없이 통용되고 있다. 그렇다고 이 개념을 포착하는 것이 만만한 것은 아니다. 프레드릭 제임슨이 『정치적 무의식』(1985)에서 '타자' 를 언급한 적이 있었다. 그

당시 '타자'라는 어휘는 다소 생경했다. 돌이켜보건대 그 무렵 지배적 인식소는 '계급'이었다. IMF 사태가 초래되기 직전(1997), 한때 우리사회는 스스로 중산층이라고 생각하는 사람들이 85%에 달했다. 아, 그 많았던 중산층들은 어디로 갔을까? 그런 꿈의 자기부정이자 자기 내부의 모순을 바깥으로 솎아낸 존재가 프롤레타리아트이다.

제임슨의 정치적 무의식으로서 타자는 정치적 의식을 대단히 희석시킨, 그래서 묘하게 타협하는 시각처럼 보였다. 그가 말하는 타자는 수동적일 뿐만 아니라 점근선적으로 다가갈 수밖에 없는 어떤 것처럼 들렸다. 계급범주는 (위장취업, 파업, 유혈사태를 선동하는 사회불만세력을 연상시키므로) 지배세력에게 위협적으로 느껴졌다면, 알쏭달쏭한 타자는 전혀 위협적으로 다가오지 않았다. 그 당시만 하더라도 주체의 경계를 허물어내는 역병이 타자라는 점을 간파하지 못한 셈이었다.

민중이라는 개념에는 건강하고 강인한 남성 노동행위주체로 연상되는 역사적 부채가 실려 있다. 2천 년을 지속해온 서구의 주체철학에서, 주체와 세계는 엄격하게 대립된 것으로 간주되었다. 민중이란 개념에는 (부르주아적인) 개별 주체가 아니라 할지라도 집단주체가 전제되어 있으며 그런 측면에서 주체/객체의 이분법에서 벗어난 것은 아니었다. 인간은 자신이 만든 것을 알 수 있다. 역사는 인간이 집단적으로 만든 것이다. 그러므로 잘못된 역사는 뜯어고칠 수 있다는 변혁의 논리가 나올 수 있는 것도 바로 이 집단주체로서의 민중을 상정하기 때문이다. 이렇게 파악해본다면 역사의 집단적 행위주체로서 민중 역시 서구 휴머니즘 전통에 서 있는 셈이다.

그렇다면 여자를 언제나 타자화해 온 남성 주체철학의 완결된 회로에서 벗어나 주체와 타자 사이의 전이와 역전이의 가능성을 열 수 없는가.

주체가 타자로 열리는 것은 용이하지 않다. 그것은 일대 사건이기 때문이다. 주체와 타자의 만남은 주체의 환상이 깨어지면서 자신이 파괴될지도 모를 지점에까지 이르렀다는 말과 다르지 않다. 그러므로 자기동일성을 주장한 주체가 자신의 분열을 인정할 때라야 타자와 만날 수 있는 지평이 열린다. 아이에게 어머니는 사랑의 대상이기도 하지만 자신의 목숨을 쥐고 있다는 점에서 두려운 존재이기도 하다. 어머니가 아이의 볼모이기도 하지만 동시에 아이 역시 어머니의 볼모이기도 하다. 자신의 전존재가 타자의 배려에 달려 있음을 의식한다는 것은 끔찍한 자기해체의 순간이다. 별무리의 중심에 있는 큰 별이라는 주체의 나르시시즘이 깨어지면서 자신이 별 볼 일 없는 별무리의 하나에 불과한 것으로 추락할 때 주체는 자기 안팎의 타자와 만나게 된다. 이렇게 본다면 주체는 타자가 주는 고통에 의해 주체로 만들어진다.

바로 그렇기 때문에 타자는 행위주체, 계급, 국가와 연상되는 일련의 역사적 하중과 부채가 잔뜩 실려 무거워진 민중, 대중, 다중보다 페미니즘의 정치적 맥락으로 유연하게 전유할 수 있다. 정신분석적으로 해석된 타자는 남성주체의 나르시시즘과 휴머니즘에서 벗어날 수 있는 가능성을 열어주기 때문이다. 그 가능성의 길목에서 타자와 겹쳐지는 여성 '주체' 와 만나게 된다. 여성들 중에서도 제도로 편입된 여성들이 아니라 비체화된 여성은 타자에게로 열리는 것이 용이하다. 가부장적 사회에서 오랜 세월 주변화되었던 여성은 타자와의 경계가 불분명했기 때문이었다. 그런 불분명한 경계선적 존재로서의 여성주체가 타자와 인터페이스하는 것이 크리스테바가 말하는 비체이다. 크리스테바가 말하는 비체는 주체/객체, 안/바깥, 실체/허구의 경계를 허물어내는 것에 대한 은유이므로 고정시킬 수 없는 어떤 것을 말한다. 그런 의미에도 불구하고 비체라는 개념을 강제적으로 고정시켜 타자와 연결함으로써 페미니즘의 정치학으로 연결시켜보려는 것이 이 책을 만들게 된 충동 중의 하나이기도 하다.

줄리아 크리스테바는 일견 제 자리에 있지 않음으로써 기존 질서를 교란하는 것을 비체 abjection 라고 일컫는다. 그녀는 메리 더글라스의 인류학적, 종교적인 불결과 라캉의 대타자를 가져와서 정신분석학적인 몸의 정치에 초점을 맞춘다. 순치되고 법을 준수하는 정화한 몸을 만들기 위해 몸 안에 있으면서도 바깥으로 밀려나는 것들이 비체이다. 비체는 그 자체로 고정된 실체는 아니지만, 그로 인해 주체와 타자의 경계가 형성되는 어떤 '것'이다. 육체 안에 있지만 육체 외부가 되어야 하는 것들, 똥, 오줌, 아이, 월경, 체액, 죽음 등이 이에 해당한다. 몸의 구멍들은 육체가 외부로 열려 있음으로써 자율성과 자기완결성을 유지하려는 주체의 갈망에 치욕을 가한다. 체액 또한 몸으로부터 새어 나오고 바깥과 교통함으로써 고유하고 정결한 몸이 불가능함을 보여준다.

이처럼 주체는 자기 안에 있는 것을 바깥으로 축출한 다음 그것을 비천한 것으로 만들어 타자화한다. 그러므로 타자는 낯선 곳으로부터 온 것이 아니라 내 안에 있어서 익숙함에도 불구하고 낯설게 느껴지는 것들이다. 이렇게 본다면 타자는 다름 아닌 자기가 되는 셈이다. 크리스테바에게 정신분석학의 윤리는 바로 이 타자, '나'임과 동시에 이웃인 이들을 사랑하는 것을 의미한다.

타자화된 여성주체는 형용모순이지만 바로 그런 모순적인 위상으로 인해 여성적인 것으로 연결될 수 있다. 포착하기 힘든 타자의 타자성과 여성적인 주체의 연결고리를 찾는 것이야말로 페미니즘이 안고 가야 하는 고민의 지점이다. 1) 타자성은 주체에게 경이와 놀람을 가져다주는 존재다. 2) 타자성은 잉여의 공간이다. 주체가 자신에게로 동화시키거나 소화시켜낼 수 없고 흡수할 수 없는 어떤 것이다. 이때 타자는 독자성을 가진 존재로서 주체의 갈망이나 소망에 저항하는 한 형태이다. 3) 타자성은 무한한 범주다. 이때 무한하다는 것은 주체가 그것에 부과하려는 모든 경계, 국경선, 제약, 한계를 벗어난 의미이다. 4) 타자성은 행위이다. 죽음 앞에서 주체는 수동성을 경험한다. 죽음은 본질적으로 알 수 없는 신비이며 절대적 타자성으로 주체를 지배하는 미래이다. 하지만 타자는 죽음과 달리 상처받는 그 무기력으로 인해 주체의 섬김을 받아야 한다. 타자를 보살필 때 타자에 대한 사랑과 함께 죽음에 대한 불안이 사라질 수 있다. 타자를 환대할 때 주체는 나에게서부터 타인의 미래로 중심을 옮겨가게 된다. 이렇게 본다면 오히려 타자가 주체의 행동을 주도하는 자이다. 과부, 고아, 행려병자와 같은 타자의 얼굴과 대면하면서 주체가 그들을 존중하고 환대해야 하는 이유는 그들로 인해 주체의 현재와 미래가 가능해지기 때문이다.

타자화된 여성주체의 개념을 사회, 역사적인 지평으로 확장해보면 '국가적 비체'가 있다. '나는 누구인가'라는 질문에서부터 '나는 어디에'라는 질문으로의 변화는 주체의 윤리에서 타자의 정치로 나갈 수 있는 길을 열게 된다. 주체의 사해동포주의, 호의, 존중과 환대에 기초한 윤리만으로 타자의 문제가 해결되는 것은 아니다. 비천해진 타자를 환대하는 것은 주체의 윤리적 결단만이 아니라 타자의 정치에 의존할 때 가능해진다. 타자성은 관계에 의해 구성되는 정치적 행위이기 때문이다. 예를 들어 정치적 난민과 경제적 이민은 둘 다 타자화된 존재들이지만 위상은 다르다. 호경기임에도 저출산으로 노동력이 부족해지면, 국가는 이민, 난민, 망명, 불법체류자에게 관대해지면서 자신의 정치적인 동기와 경제적인 동기를 그다지 구별하지 않는다. 1960년대 후반 독일은 한국의 광부와 간호사를 적극적으로 받아들였지만 타자에 대한 독일정부의 호의에 의한 것은 전혀 아니었다. 한국의 개발독재정부로서는 인력수출로 외화를 벌어들이는 것이 당면과제였고, 독일정부는 부족한 노동력을 충당하려는 이해관계를 저개발국에 대한 선심이자 호의로 포장했을 따름이었다.

국가는 자기 몸을 정화시키기 위해 국경을 넘나드는 존재를 비체화하려고 안간힘을 쓴다. 국가는 자기 몸속의 이물질들인 이주, 이산, 성노동자, 불법체류자, 난민의 무리를 막아서 오염된 결연과 혼종을 막고자 한다. 국경봉쇄와 송환 등과 같은 국가의 노력에도 불구하고 이들은 끊임없이 국경을 넘나든다. 이산의 무리는 세계적 규모로 진행되고 있다. 결혼시장과 성산업 시장을 통해 베트남, 태국, 필리핀 여성들이 한국으로 유입되고, 한국의 성노동자들과 전자산업 종사자들은 로스앤젤레스와 실리콘밸리로 이동한다. 간호인력, 보살핌 노동을 위해서 아프리카 여성들은 유럽으로 옮겨간다. 콜롬비아의 어린 여자들은 마약을 위 속에 감춰서라도 북미 대륙으로 넘나든다.

이처럼 국가적 비체로서의 타자가 등장한 것 자체가 탈근대적인 맥락에서 기인한 것이다. 전지구촌 사회에서 나의 정체성은 관계와 위치에 따라서 결정된다. 요즘 국적은 생물학적인 운명이 아니라 선택이다. 언제라도 떠나고 싶으면 자국을 떠날 수 있다는 환상이 가능해졌다. 그래서 네그리는 『제국』에서 하나의 유령이 세계를 배회하고 있으며, 그것은 바로 이주라는 유령이라고 말한다. 하지만 노동력과 욕망은 전지구촌으로 떠돌지만 민족국가의 경계선은 더욱 완강해지는 양가적인 시대에 들어와서 이산의 무리들은 더욱 타자화된다. 민족국가의 경계선 바깥에 있는 사람들은 '부저절한' 비체가 된다. 이처럼 국적을 자유롭게 선택할 수 있다는 환상이 지배하는 시대에도 국가 경계선 안과 바깥, '어디에 있는가'에 따라 여전히 나의 전존재가 결정되어 버린다. 이런 상황에서 국가적인 몸의 정치경제학적인 경계를 위반하고 넘나드는 자들이 타자들이다. 실종, 인신매매, 소멸, 죽음을 각오하고서라도 타자들은 경계를 위반한다. 그들은 경계 안에 있는 사람들의 안락한 꿈을 악몽으로 만들면서, 비체화하면 할수록 더더욱 경계를 넘어서 귀환한다. 역사 속의 유목민들처럼.

유머의 정치학으로

타자화된 여성적 주체들은 남성이 말하는 역사적 진리와 이론적 중핵을 잘 짜인 서사로 간주해 버릴 수 있다. 여성은 역사 너머의 텅 빈 공허를 빤히 쳐다보는 것을 남성들만큼 두려워하지 않는다. 여성이 윤리적으로 우월하거나 용기백배해서가 아니다. 그런 현상은 타자화된 여성들이 처한 아이러니컬한 상황으로 인한 것이다. 여성들은 가부장제 안에 몸 담고 있으면서 항상 그 너머에 존재하거나 혹은 아예 그 바깥으로 취급받았다. 이런 아이러니컬한 상황을 받아들일 때 유머가 나온다. 유머의 정치학은 자기 존재의 모순을 인식하는 것이다. 여성들의 유머는 가부장제 안에서 가부장제를, 자본주의 안에서 자본주의를 비판하는데서 나온다. 그것은 오염 속에 있으므로 자신도 오염을 피할 수 없지만 그런 오염된 자신과 거리를 유지함으로써 자신까지 합쳐서 비판할 수 있는 제 3의 시선을 가질 수 있다는 의미이다.

타자화된 여성은 다양한 관계의 배치에 따른 결연이 용이하다. 타자와 나의 혼재를 받아들이는 것이 여성들에게는 그다지 힘들지 않다. 타자와 나의 경계없음은 여성이 몸으로 기억하는 육화된 언어이기 때문이다. '단단한 모든 것들이 대기 중으로 사라진다'고 해도 여성들은 그다지 애도하지 않는다. 여성들에게 애도의 대상은 처음부터 불투명했다. 전통과 역사의 음화이자 유령으로서 존재한 기억밖에 없었음이다. 계급 없는 마르크스주의, 오이디푸스 삼각형 없는 정신분석은 남성들에게는 견딜 수 없는 자기 이론의 외상적 순간을 초래한다. 하지만 여성들은 어떤 이론에도 불경스럽게 대할 수 있는 유머가 있다. 타자화된 여성은 반석 위에 집을 짓고 있는 것이 아니라 물 위에 떠있는 빙산조각에 머물러 있어서 언제라도 자신들의 이론적 발판이 녹아내릴 수 있다는 것을 알고 있다. 축적하지 않고 버리고 버려서 가볍고 유쾌하게 이론의 징검다리를 건너 뛸 준비가 되어 있다. 그래서 여성 없는 페미니즘이라는 비판에 여성들은 그다지 분개하지 않는다. 여성이 없다기보다 고유한 여성은 없다고 받아들이기 때문이다. 여성은 명예남성이 되거나 제도에 편입하고 그것을 앞장서서 유지해 나갈 수도 있다. 여자라고 전부 동일한 여성은 아니기 때문이다. 이렇게 본다면 하나의 여성으로 묶을 수 있는 고유한 여성은 없다는 말이 된다. 그것은 고유하고 고정된 여성이 폭발하여 무지개처럼 무수한 스펙트럼으로 열릴 수 있는 가능성을 뜻하는 것이다.

타자들의 정치성은 경계를 월경하는 데 있다. 얼핏 보면 타자는 주류에서 솎여져 나온 희생양이자, 사회적 약자이며 피해자인 것처럼 보인다. 하지만 타자는 수동적인 피해자, 역사적 희생양으로만 머물지 않는다. 무력하고 오염된 자신을 동시에 볼 수 있는 힘은 저주임과 동시에 축복일 수 있다. 그 힘은 자신들을 비천한 타자로 만들려는 세력에게 공포와 불면으로 뒤척이는 밤을 되돌려주는 것이다. 제도가 원하는 방식대로 반응하지 않는 그 일탈성이 타자가 갖는 여유이자 유머이나.

그렇다면 타자와 관련하여 페미니즘은 어떤 우화를 만들 수 있을까?

여기서 페미니즘의 우화를 만들겠다는 말은 타자화된 여성적 주체가 남들이 부여해 주거나 대변해 준 목소리가 아니라 자기 나름의 언어와 목소리를 가져보겠다는 야무진 꿈을 뜻한다. 이론의 중핵을 과학적인 사실이라기보다 허구이자 이야기로 만들어보는 것, 그것이 페미니즘의 우화일 것이다. 아버지의 언어를 저주로 비틀어내는 것이 여성들이 만들어내는 이야기의 힘이다. 아버지의 법은 구획하고, 배제하고, 합법화하고 정상화하려는 단성적인 목소리라면, 어머니의 말은 타자와 몬스터를 자기 안에 포함시키고 있는 다중적이고 다성적인 목소리이다.

우리는 아버지의 '법'이 아니라 어머니의 '말'을 육화시킬 수 있는 우화를 추구해보고자 한다. 공포스런 악어 대신 현기증 나는 여우와 더불어 사는 것은 어떨까? 히스테리 여성들처럼 여우는 탁월하게 변신하는 공연 능력을 갖고 있다. 여우는 눈이 돌아가도록 아찔하게 만드는 최면과 성적인 유혹과 신포도의 심술과 변덕스런 요술과 능청스런 거짓의 달인이다. 우리 사회에서 여성에게 붙이는 여우같다는 표현이 함축하는 그 모든 부정성과 오염을 인정하면서 여우들이 모여 변신의 가장무도회를 여는 것은 어떨까? 꼬리가 아홉인 여우는 꼬리절단에도 의연하고, 타자와의 유전자 교환에 구애받지 않고, 유쾌한 혼혈들을 만든다.

상징계가 합법화시키지 않은 어머니의 말, 즉 저주, 복수, 거식, 히스테리, 접신, 비체 등은 육체에 새겨진 증상의 언어들이다. 어머니의 말 안에서 배타적 혈연은 해체되고 피와 유전자는 뒤섞이게 된다. 그곳은 국가의 경계선을 넘어서 이주하는 비체들이 충돌하면서 만나는 장이다. 타자화된 여성주체는 죽음을 무릅쓰고 월경하는 사람들, 리비도의 경계를 일탈하는 도착자들, 제도가 먹여주는 것들을 토해내는 거식증자들, 접신하는 여자들, 국경을 떠도는 난민들, 영혼 없는 몸으로서 뱀파이어, 살아있는 시체인 좀비들처럼 주체와 대상, 삶과 죽음의 경계가 흐려진 존재들이다.

그래서 우리는 해러웨이의 주장처럼 회절 diffraction 되는 빛의 지도를 따라 타자의 지형도를 그려보고자 한다. 빛은 좁은 틈새를 빠져나갈 때 회절된다. 회절하는 빛은 장애물과 부딪히면서 굴절되고 뒤틀리면서 원래의 이미지를 그대로 복제, 반영하지 않는다. 타자들의 지도그리기는 가부장제가 강요하는 이미지를 그대로 반영하는 것이 아니라 회절의 자취를 따라가는 것이다. 회절은 건강가족을 훼절시킨다. 오이디푸스 핵가족은 무너져 내리고 있다. 자본의 얼굴을 한 일본인 아버지가 다른 남자의 정자와 부인의 난자를 수정하여 백인 대리모에게 착상시키고 물품으로서의 아이를 인수하는 세상이다.

패밀리즘의 집단성에서 탈주하는 개인들과 타자들이 만날 때, 페미니즘의 지평이 열릴 것이다. 공선옥의 『유랑가족』에서 보다시피, 유랑하는 사람들은 '사방천지 헤매도 살 땅 한 뼘' 찾지 못해서 먼 바다를 향해서 떠나는 사람들이다. 지상에서 빈곤한 자들은 세상 끝까지 떠돌아도 삶의 터전을 찾을 수 없어서 날고 싶고, 가난해서 시적인 사람들이다.

다락방에서 주변을 둘러보면 뒤로는 종로여성개발원이라는 간판이 보인다. 빤짝거리는 단정한 건물이다. 앞으로 시선을 돌리면 판타지움이라는 멀티플렉스 영화관이 주변 건물을 내려다보고 있다. 깔끔한 유리건물은 햇볕을 반사한다. 반들거리는 유리 위로는 바람도 쉬어가지 못한다. 하지만 이 다락방으로는 비둘기도 날아오고 풀씨도 날아와 자리를 잡는다. 햇볕도 좁은 창문으로 드나든다. 때로는 날개를 바퀴처럼 사용하는 바퀴벌레들도 부지런히 지나간다. 다락방을 드나드는 것은 이들만이 아니다. 방음되지 않은 낮은 천장으로 숫구처 오르는 소음들, 술 취한 젊은이들의 절규들, 도우미들의 춤추면서 악쓰는 소리들이 여과 없이 날아든다. 생고기 집들에서 피어오르는 육즙과 단백질 타는 냄새, 포장마차에서 새어나오는 홍합국물 냄새들. 소리와 소음과 냄새의 바다 위에서 다락방은 느릿느릿 떠돌고 있다.

　밤이면 다락방에는 여우(女友)들의 여우 둔갑하는 소리들로 가득하다. 이곳에서 우리는 여우들, 동수들, 바퀴벌레, 햇살, 풀씨, 컴퓨터들, 소음과 더불어 지낸다. 함께 세미나를 한 지도 벌써 5년이 가까워졌다. 우리는 지름신, 그분에게 불경한 방식으로 이 책이 유통되기(될 리도 없겠지만)를 바란다. 자본주의적인 시장의 회로 속에 들어가지 않는 한 소통할 길이 없다는 것 자체가 우리가 처한 아이러니이다. 하지만 이 책은 제도화된 시장이 보고싶어 하는 모습을 그대로 반영한 얼굴은 아닐 것이다. 다락의 비좁은 창문으로 들어온 빛이 회절하면서 만들어낸 이야기이기 때문이다. 이런 이야기들이 방수 처리된 비옷 위로 튕겨나가는 빗방울이 아니라 가랑비에 옷젖는 줄 모르게 스며들어 지상의 가난한 사람들과 교통하는 언어가 되었으면 한다.

1부: 유영하는 가족들

소문난 아버지, 소년이 되다 [1]
〈올드보이〉

손 희 정

'머슴살이 아버지'와 '올드보이'가 만나다

2004년, 노무현 대통령이 경제발전을 위한 한 지역 간담회에서 한국사를 '머슴살이 하는 아버지'에 비유한 적이 있다. 이 말에 대해 청와대 측에서는 "모두 후손을 위해 소처럼 부지런히 일해 왔다는 뜻"이라고 풀이했다.[2] 여기에는 한국 사회의 현재를 일구어 온 주체가 '아버지'들이었다는 배타적 인식이 녹아들어 있다. 이는 근대화 기간 전반에 걸쳐 빈번히 재생되어 온 남성중심의 역사 이해에 대한 무비판적 수용에서 비롯된 것이다. 과거사 청산이 화두가 되고 있는 현 정부의 수뇌부가 여전히 한국사를 남성중심으로 구성하는 수사를 사용한다는 사실은 안타까운 일이다. 과거를 말 그대로 '청산'하고자 할 때에는 그 작업 대상의 본질을 이해하는 것이 중요하다. 군사정부는 효과적인 근대화를 위해서 "대중에 대한 억압과 착취를 정당화하는 방법으로 민족주의를 활용"했다.[3] 민족 정체성을 남성중심으로 확립하는 것은 이와 같은 관제 민족주의의 효과적인 전략이었다. 그 결과 한국사는 민족애를 고취시키는 남성 영웅의 이야기로 재구성되었다. 그 과정에서 여성은 현실적 층위에서 뿐만 아니라 수사적 층위에서도 주변부로 밀려나면서 남성들을 보조하는 어머니나 누이로서 자리매김되었다.[4] 이처럼 한국의 근대화는 가부장제와 자본주의의 밀접한 관계 속에서 진행되었으며, 이에 대한 올바른 이데올로기적 이해가 없다면 새 정부의 과거사 청산은 본질을 간과한 피상적인 과정이 될 것이다.

그러나 대통령의 수사적 표현에서 발견할 수 있는 것은 단지 남성중심의 역사 인식뿐만이 아니다. 이 말에는 경제 본위의 근대화가 좌절된 후 그동안 '산업역군'으로 군림했던 아버지들이 '머슴'으로 전락하였다는 담론이 녹아 있다. 가열한 근대화의 시기 동안 '아버지'는 한 집안의 머슴이 아니라 주인이었다. 그들에게 경제권은 가부장의 남근phallus이었으며 한국 사회는 그들에 대한 복종의 힘으로 굴러왔다. 그러나 IMF 전후의 여러 징후들은 아버지의 남근을 꺾었다. 그들의 경제권은 박탈당했고, 그들의 역사는 심판대 위에 올려졌다. 아버지들은 이제 뼈 빠지는 노동 후 빈손으로 돌아와 지친 몸을 누이는 머슴이 되었다. 현실의 아버지들이 좌절했던 것만큼이나 그들을 노래하는 수사 및 담론 역시 이와 같은 방식으로 형성되었다. 따라서 대통령의 수사는 그만의 수사가 아니라 현재 한국 사회가 사회 경제적 위기, 그리고 정치적 혼란의 시대에 대응해 나가는 담론과 상호작용하고 있다.

여기에서 사회적으로 이슈가 되었던 〈올드보이〉(박찬욱 감독, 2003년)의 성공을 고려하게 된다. 이 작품은 4백만에 가까운 흥행성적을 올림과 동시에 평단의 극찬을 이끌어냈다. 세계적 권위인 칸느에서 감독상을 받으면서 작품 스스로는 공익 광고에 등장하는 한국의 대표적 문화상품이 되었고, 감독은 자동차 광고에 얼굴을 들이미는 스타가 되었다.[5] 2003년 한국의 거의 모든 영화상을 휩쓸었던 박찬욱은 한국영화평론가협회에서 개최한 24회 영평상 시상식에서 감독상을 수상하면서 다음과 같이 소감을 밝혔다. "이 영화의 내용이 '거시기' 해서, 다른 건 몰라도 상을 이렇게 많이 받게 될 줄은 몰랐습니다." 감독의 말처럼 영화의 '거시기' 한 내용을 생각할 때 이런 성공은 한 가지 의문을 남긴다. 폭탄머리 오대수의 거시기한 '죄'는 어떻게 대중에게 받아들여질 수 있었는가.

〈올드보이〉는 두 남자의 복수담이다. 복수를 위해 한 남자를 15년 동안이나 사설 감옥에 가둔 남자 이우진과 이 15년의 감금에 대한 복수를 시작한 남자 오대수. 그러나 이제 막 복수를 시작한 남자는 자신과 사랑을 나눈 '여인'을 지키기 위해서 스스로 혀를 자른다. 그 명분이란 '잠자리를 함께 한 내가 그녀의 아버지임을 밝히지 말아다오, 내 사랑하는 딸을 지키기 위해서'이다. 그러나 "사랑해요, 아저씨"라는 딸/연인의 감미로운 속삭임과 함께 서글픈 왈츠가 흐르는 엔딩을 선보이며 영화는 관객을 혼란에 빠뜨린다. 그가 혀까지 잘라가면서 지키려 했던 것은 누구인가? 딸인가 아니면 연인인가. 여기에서 그의 '죄'가 밝혀진다. 이러한 엔딩의 '거시기함'에도 불구하고 관객들이 이 영화에 열광했다면, 그들과 오대수 사이에는 하나의 암묵적인 계약이 성립된 셈이다. 근친상간이라는 '죄'에 대한 묵인이라는 계약 말이다.

2004년 한국 영화계의 핫이슈가 되면서 국민적 영웅으로 부상한 〈올드보이〉 오대수의 '용서받지 못할 죄'를 생각할 때, 이 영화가 비평과 흥행 두 마리의 토끼를 낚을 수 있었던 이유를 설명해내기가 쉽지 않다. 한국 사회는 가부장제 자본주의를 근간으로 근대화, 산업화에 주력해 왔으며, 바로 그 가부장제는 근친상간의 금기로부터 시작된 친족제도를 바탕으로 한다.[6] 그런데 이 가부장제 사회에서 "아저씨한테 잘 해 주고 싶어서 그래"라며 애간장을 녹이는 섹시한 목소리의 '딸아이'와 정사를 나누는 오대수가 관객을 극장으로 유혹하고 평단을 들뜨게 하는 것에 성공했다. 이 일은 국제적으로 주목 받은 뛰어난 영화적 스타일이 가부장제 이데올로기를 점령했다는 논리로 간단하게 설명될 수 있을지도 모른다. 그러나 그것은 이데올로기의 근본적 속성을 간과하는 오류가 될 것이다. 사람들의 무의식적 층위에서 작동하는 이데올로기는 단순히 스타일에 자신의 길을 내어줄 만큼 어설프게 작동하지 않는다. 그것은 사회 내에서 훨씬 더 교묘한 방식으로 복무한다. 따라서 이 작품이 사회 구조 안에서 선방했다면 분명히 그것을 설명해 줄 다른 무엇인가가 있을 법하다.

'한국사는 머슴살이 아버지'라던 대통령의 수사와 〈올드보이〉의 성공이라는 서로 관계없어 보이는 두 가지 '사건(?)'은 한국 사회의 집단적 무의식 안에서 긴밀한 상관관계를 지니고 있다. 이들은 세기말 서구 선진화의 좌절을 맞이한 가부장제 자본주의가 생산해 낸 담론의 결을 따르고 있는 '가족 로망스'로 연결되어 있기 때문이다. '머슴살이 아버지'에는 한국사를 아버지의 역사로 이해하면서 IMF 전후의 경제적 좌절과 정치적 세대교체를 아버지의 몰락으로 이해하는 가족 로망스가 숨어있으며, 〈올드보이〉에는 아버지의 법이 약화되는 가운데 근친상간이 포박에서 풀려나 자유로워진다는 가족 로망스의 징후가 재현되고 있는 것이다.

가족 로망스, 위기의 시대를 풍미하다

　가족 로망스는 처음 프로이트에 의해서 정식화된 개념이었다. 그에게 있어 유아가 자신의 부모로부터 독립하여 하나의 자유로운 개인이 된다는 것은 인간 발달의 자연스러운 과정이다. 따라서 그는 현재 성인으로 성장한 대부분의 사람들은 그런 독립의 과정을 거친 것으로 이해했다. 그러나 때로는 이 과정을 수행하지 못하고 신경증자neurotic로 고착되는 개인들이 있는데, 그들의 신경증적 환상 중 하나가 바로 가족 로망스이다.

　유아에게 있어 부모는 최초의 권력이자 권위이다. 부모는 그가 의존할 수 있는 유일한 존재이며 그의 생명은 전적으로 부모에게 달려있다. 유아는 부모를 맹목적으로 사랑하고 자신이 그들처럼 '큰 사람'이 되기를 욕망한다. 즉, 유아에게 부모는 세상의 중심인 것이다. 그러나 지성이 자라면서 유아는 자신의 부모에 대한 계급적 자각을 경험하게 된다. 옆집 영희나 철수에게도 부모가 있다는 깨달음에 이어, 영희 아버지는 고급 외제차를 타고 출퇴근하는 반면 자신의 아버지는 콩나물시루 같은 지옥철에서 비지땀을 흘리며 출근해야 한다는 사실을 깨닫게 되면서 자신이 이제까지 부모에게 부여했던 권위를 의심하게 되는 것이다. 이런 과정에서 부모를 향한 자신의 사랑이 충분히 보답받고 있지 않다는 사실을 깨닫게 되거나 그런 느낌을 가지게 될 경우, 또는 자신의 욕망과 달리 형제나 자매와 함께 부모의 사랑을 나누어 가져야 하는 상황에 처하게 되면 유아는 스스로 자신이 입양되었다는 환상을 품게 된다. 자기 부모에 대한 관심을 거두어들이면서 그는 대체로 더 높은 지위의 친부모를 상상하는 것이다. 이때 유아가 만들어 내는 완전히 새로운 친족에 대한 가상 이야기가 바로 프로이트가 설명하는 가족 로망스이다. [7]

그러나 가족 로망스란 용어는 이후 역사학자나 문화이론가들에 이르러서 개인적 층위의 의미를 넘어 사회적 층위로 확대되어 사용되기 시작한다. 가족 로망스의 의미는 다양하게 변형되었는데, 이때 가족 로망스는 사회 현상의 저변에 깔려 있는, 가족관계를 모델로 하는 집단적 무의식을 의미한다. 이렇게 변형된 가족 로망스를 사회 현상을 통과하는 하나의 집단적 무의식으로 해석한 작업으로는 린 헌트의 『프랑스 혁명의 가족 로망스』를 주목할 만하다.[8] 헌트는 프랑스 혁명기의 방대한 자료와 미술품 그리고 서적과 포르노 등을 면밀히 살피면서 혁명기의 담론이 전제적인 아버지를 제거하고 형제애를 강조하며 공적 활동을 하는 여성을 '나쁜 어머니'로 연결시키는 과정을 설명한다. 혁명 정부는 이를 통해 '아버지 국왕'의 목을 자르고 '어머니 여왕'을 거세시키면서 '형제애'로 뭉친 공화정부의 정당성을 확립해 가게 된다. 그는 프랑스 혁명기의 민중들이 국가를 하나의 거대한 가족으로 상상하면서 전제적 아버지와 악덕한 어머니를 부인하는 과정을 통해 형제애를 기반으로 하는 새로운 사회를 꿈꾸었다고 주장한다. 그에게 있어 혁명기의 가족 로망스는 '전제적인 아버지의 부인 및 폭압에의 저항'이라는 의미에서 "창조적 노력"이었다.[9] 그러나 그가 밝히고 있듯이 이 시대의 혁명적 가족 로망스는 남성 중심적인 반동성에 의해 가부장제 가족의 재구성으로 귀결된다. 아버지 권위의 해체와 맞물려 사드와 같이 가부장제 가족 윤리의 혁명적 해체를 주장했던 작가가 등장하기도 했지만, 결국 여성들은 아버지와 아들 사이의 틀어진 관계를 중재하는 '누이'로 상징적 층위에서 활약하게 되고 여성들은 공적 영역에서 배제되어 사적 영역으로 구속되었던 것이다. 헌트의 작업이 2000년대 한국 사회에서 의미를 가지는 것은 우리가 그의 통찰에 기대어 현재 한국 사회를 가로지르고 있는 "혁명기 정치의 밑바닥에 깔려 있던 가족적 질서에 대한 집단적이고도 무의식적인 상(像)"인 가부장중심의 가족 로망스를 설명할 수 있는 단초를 마련할 수 있기 때문이다.[10]

　1960, 70년대의 고도 경제성장 시기에 한국은 국가 주도형의 근대화를 이루면서 급격히 서구 자본주의화되었다. 성공 비결은 '산업역군' 아버지들의 헌신적인 노동이었다. 국가 차원의 전제적인 아버지의 지휘 하에 각 가정의 아버지들은 "가족 부양을 책임지는 '가장'으로서의 자부심"을 가슴에 품고 조직에 순종했다. 국가는 '선성장(先成長)' 하면 '후분배(後分配)' 하겠다는 약속 아래 식민과 분단, 그리고 전근대의 기억을 억압하고 사회의 각 계층을 타자화하면서 서구 지향의 근대화에 매진한다.[11] 이에 국민은 전근대와 타자들이 표면 아래로 억압된 땅을 밟고 서서 일체단합하여 근대화에 동참하였다. 이런 근대화 과정은 이어서 가족 제도에도 변화를 가져왔다. 이촌향도의 경향이 심화되면서 대가족은 분산되고 "산업화를 통해 노동력의 재생산 비용이 증가하면서 평균 출산율이 줄어들어 핵가족화는 크게 진전되었다."[12] 더불어서 남성은 공적인 영역으로 그리고 여성은 사적인 영역으로 그 성별 역할이 뚜렷하게 재분배된다. 식민과 전쟁을 겪으면서 남성의 '빈자리'를 억척스러운 생명력으로 메워 온 여성들은 빠르게 순종적이면서 남편과 아이의 생산력을 최대한 뒷받침할 수 있는 '부녀'로 국가정책에 편입된다. 바야흐로 양성은 아버지와 어머니로만, 혹은 잠정적인 아버지와 어머니로만 존재하는 시대가 시작되었다. 공적 영역의 아버지는 생산에 매진했고 사적 영역의 어머니는 재생산에 매진했다. 남성이 아버지로만 상상되도록 강요받았던 것만큼이나 여성역시도 어머니로만 상상되도록 강요받았다. 전근대 공간에서는 며느리 역할이 여성의 주된 임무로 받아들여졌던 것과 달리 남녀의 차이를 강조하면서 이를 차별로 치환하여 여성을 재생산 영역에 한정시키고자 하는 근

대 사회에 이르러서는 모성이 더욱 부각되기 시작했던 것이다. [13]

여기에 남성중심의 역사 재구성이 가미된다. 본격적인 근대화 직전의 한국은 식민 지배를 지나면서 아버지 부재의 시대를 맞이했다. 상징적인 의미에서 국부였던 황제가 거세당했고, 현실적인 차원에서도 아버지들은 가족과 함께하지 않았다. 그들은 징용에 끌려가거나 독립운동 혹은 교육을 위해 가정을 떠났다. 그리고 독립이 된 이후에도 전쟁동원이나 돈벌이를 위해 먼 타지에 나가 있었다. 이런 남성의 빈자리를 채운 것은 여성, 아니 그보다 더 정확히는 '어머니'들이었다. 생계유지를 위해 여성들의 바깥 활동은 대폭 증대되었다. 부재중인 남성을 '아버지'라는 상징적 위치에서 군림시키면서 여성은 강인함과 억척스러움으로 그 어려움을 이겨나가야만 했다. 국가 주도의 근대화가 본격적으로 시작되기 이전의 한국 사회는 강인한 어머니가 부재하는 아버지를 대신하는 사회였던 것이다. 따라서 생산/재생산 영역의 분명한 분리에 기대고 있는 근대적 자본주의 사회로의 진입을 위해 군사정부는 더욱 수사적인 차원에서 여성을 거세할 필요가 있었다. 이러한 필요는 결국 군사정부의 부족한 정당성을 부여하기 위한 반공사상 및 관제 민족주의의 구성과 맞물려 남성중심의 민족 주체성을 구성하는 것으로 연결된다. 남겨진 한국의 여성상이란 재생산 영역에서 모범을 보였던 현모양처의 모습이었거나 빼앗긴 조국, 그러나 다시 찾아야 하는 조국을 상징하는 기생 혹은 양공주의 이미지였다.

결국 경제권을 남근으로 쥔 아버지들은 1980년대 경제 호황을 맞이하면서 그 전제적 권력의 최고봉에 올라선다. 그러나 그 권력은 오래가지 않았다. 혼란은 90년대 중반부터 조짐을 드러내던 경제 위기에서 시작되어 정치권에서의 세대교체에 의해 심화되어 갔다. 개인적 자유의 증가는 역으로 아버지의 권위를 떨어뜨리는 것이었다. 그리고 1990년대 말에 이르러서는 그들이 모든 것을 바쳐 이룩하려 했던 근대화의 유일한 가치이자 목적인 경제 성장이 좌초된다. IMF라는 경제적 난국이 한국 사회에 던져준 혼란은 비단 경제적인 층위의 문제만이 아니었다. 세기말에 나타난 근대화 좌절의 여러 징후들과 더불어 IMF는 근대화 자체의 좌절을 가시화하는 하나의 의미심장한 결절이었다. 한국의 근대화는 균형 잡힌 과정이 아니라 "물질적 부의 증대와 그를 뒷받침하고 있는 기술의 진보 및 끊임없는 혁신"에만 매진하는 불균형한 과정이었다.[14] IMF가 총체적인 의미를 갖게 되는 것은 이 때문이다. 이제 사회는 노골적으로 고개 숙인 아버지의 기 살리기에 총력을 기울이게 된다. IMF의 경제 위기가 남성에게만 큰 타격을 날렸던 것이 아니었음에도 불구하고 언론은 연일 '가장의 위기'만을 언급했다. 그리고 자연스럽게도 '가장'이란 배타적으로 남성을 일컫는 것이었다. 근 50여 년 간 공적 영역의 남성과 사적 영역의 여성이라는 이분법이 뿌리 깊게 한국 사회를 지배하고 있었기 때문이다. 여성은 흔들리는 남편을 보조하기 위해 원치 않는 경제생활로 내몰리면서도 동시에 '어머니'라는 이름, '현명한 아내'라는 이름으로 공적 영역을 위한 재생산 영역으로서의 가정을 지혜롭게 지켜내기를 강요당했다. 이는 곧 '강한 어머니' 향수로 이어진다.[15] 이 시기에는 각종 드라마와 CF, 신문 잡지와 출판물에 '신(新)현모양처 이데올로기'가 등장하는데, 엄앵란 등을 위시한 유명 연예인이 출판하는 헌신적인 주부생활에 관한 책이나 여러 광고는 이런 여성상을 위기 시대의 긍정적 여성상으로 대두시켰다. 또한 《6남매》와 같은 드라마는 생활력 강한 모가장의 모습을 제시하면서 근대화 이전의 모중심 가정을 자본주의와 결탁된 가부장제의 구미에 맞게 현대적으로 재전유해 왔다.[16]

그러나 이렇듯 아버지의 꺾인 권위를 되살리려는 가부장제 재건의 반동적 노력 이면에는 이제까지 절대적 신뢰를 아끼지 않았던 아버지의 존재에 대한 강한 의구심이 공존하고 있었으므로, 이것은 사실 매우 양가적인 감정이었다. 바로 이러한 '아버지 부인'의 가족 로망스는 위에서 살펴본 것처럼 결국은 근대화의 과정 속에서 유일한 주체로 구성되어 온 아버지라는 수사적 전략의 연장선상에 있다고 이해할 수 있다. 그리고 이런 양가적인 혼란 속에서 의심과 불신은 점차 노골적으로 드러나기 시작했다.

그리고 근친상간의 족쇄를 풀다

1996년 김정현의 소설 〈아버지〉는 가족을 위해 한평생 헌신하며 몸을 불사른 '고개 숙인 아버지'의 출현을 예고했다. 가족을 사랑하여 평생을 헌신한 '아버지'는 공무원이다. 그는 "감정적으로 너무 친밀해지지 않"고 "모든 감정을 초월하고 완수할 일을 위해 훌쩍 떠날" 수 있는 산업사회의 남성다움을 체화하고 있는 가부장이다.[17] 그리고 바로 이러한 가부장으로서의 자질 때문에 가족들과 소원해진다. 그러나 오랜 세월의 헌신과 힘든 노동 끝에 그가 얻는 것은 '암'이라는 불치병뿐이다. 그는 자신의 병을 가족에게 알리지도 못한 채 삶의 외로움을 착한 애인에게서 치유받으려 한다. '어머니'는 남편의 고통을 이해하면서 그의 외도를 용서하고 눈감아 준다. 그에게서 멀어졌던 자식들도 마찬가지이다. 대화합의 장이 '아버지'의 죽음 앞에 펼쳐진다. 고개 숙인 가장의 이야기는 IMF 직전의 사회에 큰 반향을 일으키며 베스트셀러가 되었고 영화화되었다. 뿐만 아니라 이후 끊임없이 청소년 추천 도서 목록에 거론되어 왔고 2004년에는 개정판이 출판되었다. 소위 잘 나가던 시절, 경제력을 바탕으로 가정에서 군림하던 그들은 이제 패전병이 되어 위로받아야 하고 보호받아야 하는 한 명의 초라한 개인으로 돌아왔다. 바야흐로 '아버지의 권위' 란 박제된 호랑이처럼 유명무실해진 시대가 시작된 것이다. 고개 숙인 아버지의 담론이 사회를 물들이던 이 시기에 때를 맞추어 가세하기 시작한 '신현모양처론' 과 '강인한 어머니' 에 대한 향수는 아버지의 권위를 재구성하기 위한 방책이었음과 동시에 아버지의 권위가 실추되었으며 우리가 또다시 아버지 부재의 시대에 돌입하게 되었다는 사실을 강조했다.

90년대 말, 정치 경제 사회적인 면에서 혼란이 계속되면서 아버지의 과업이었던 근대화의 꿈이 허물어져가는 가운데 자애롭거나 혹은 강력한 어머니의 등장은 아버지의 법을 흔들기 시작했다. 그리고 아버지의 권위가 실추된 가족 로맨스 안에서 근친상간의 재현이 등장한다. 근친상간의 금기는 아버지의 힘이 (육체를 박탈당하고 나서도 여전히) 살아 있을 때에야 존재할 수 있는 것이며 부계의 혈통이 분명할 때에 존속될 수 있는 것이다. 프랑스 혁명기의 가족 로맨스 안에서도 근친상간은 '좋은 아버지의 몰락' 과 함께 문학 작품에 등장하기 시작했다.[18] 근친상간의 테마란 그것이 어떤 사회적 함의를 가진다고 하더라도 "언제나 가족 계보에 대한, 그 중에서도 특히 부계 가족 계보에 대한 불확실성에 근거"하기 때문이다.[19] 아버지의 법이 그 권위를 잃고 고개 숙인 아버지가 강력한 어머니의 희생과 자애에 의존할 수밖에 없는 '위기의 시대' 에 그를 상징적으로 유지시켜 주는 근친상간의 금기가 흐트러지기 시작하는 것은 어쩌면 당연한 귀결이었다.

최근 한국 영화에서 근친상간의 흔적을 읽을 수 있는 영화는 적지 않다. 〈장화 홍련〉, 〈소름〉 그리고 〈지구를 지켜라!〉 등의 텍스트에서도 근친상간의 흔적은 여실히 드러난다. 이런 텍스트들의 존재는 이 시기의 담론과 근친상간의 상관성에 대한 의문을 더욱 부추긴다. 흥행 혹은 비평의 측면에서 크게 주목받으며 한국 영화사에 옅지 않은 족적을 남긴 영화들이 근친상간의 주제에 매료되어 있다면 그것은 그 나름의 지적할 만한 이유가 있었기 때문이다. 뿐만 아니라 이들 영화에서는 근친상간의 재현이 모성적 공간 안에서 자유롭게 이루어지고 있는 것이다.

윤종찬 감독의 2001년 작품 〈소름〉에서는 모성적 공간에서의 근친상간 재현이 한국 근대성과의 밀접한 상관관계 안에서 이루어진다. 여기서 '아버지'는 물질성을 지니지 못한다. 그는 그저 전설 같은 이야기 속에서, 그리고 빛바랜 사진 속에서만 존재할 뿐이다. 그리고 그렇게 구전을 통해 등장할 때에조차 그는 원하는 것을 위해 살인을 저지르고 무책임하게 집을 뛰쳐나가는 미치광이가 된다. 〈소름〉의 아버지는 다음 단계로의 진전을 위해 차분히 과거를 정리하는 존재가 아니다. 그는 현실에 폭력으로 대응하며 해결되지 않는 문제는 외면한다. 그것이 30년 전 자기 아내이자 용현의 어머니인 '504호 여인'을 살해한 이유이고 미금아파트가 품은 저주의 본질이다. 이런 의미에서 '아버지'는 한국의 억압적인 근대화에 대한 하나의 알레고리이며, 마찬가지로 미금아파트는 미치광이 아버지마저 부재하는 현재 한국 사회에 대한 알레고리가 된다.

영화의 주인공인 용현은 미금아파트의 비밀을 알지 못한 채 그곳으로 이사를 오게 된다. 이 아파트에서 그는 자신의 이복동생인 선영과 사랑에 빠진다. 주목할 것은 이 공간이 남편에 의해 살해당한 용현의 어머니가 30년 동안이나 혼령으로 살아남아 그녀의 아들을 기다려온 모성적 공간이라는 사실이다. 미금아파트는 아버지의 폭력에 의해서 소외된 어머니와 하나가 된 모성적 공간으로 언제나 아버지의 언어가 아닌 전등의 깜빡거림이라는 기호계적 기호로 아들과 소통하고자 한다. 미금아파트가 이처럼 아버지의 법이 그 힘을 잃고 어머니의 권위가 지배하는 공간이기 때문에 용현과 선영 사이의 근친상간이 가능해진다. 부계가 상실된 공간, 혹은 아버지가 미치광이에 대한 기억으로 존재할 수밖에 없는 공간에서 남매간의 사랑이 성립되는 것이다. 심지어 이 공간에서 그들의 사랑이 '근친상간'이라는 것을 증명해 줄 수 있는 것은 아버지가 아니라 '504호 여인'인 용현의 어머니뿐이다. 선영의 아버지가 504호 여인의 남편이었다는 것만이 선영이 지니고 있는 사진을 통해 확인될 뿐, 용현과 선영의 아버지 사이에 직접적인 관계는 영화에서 드러나지 않는다. 그러므로 용현이 스스로 504호 여인의 아들임을 인정하지 않는다면 그들의 근친상간은 성립되지 않는다.

이처럼 부계가 사라진 모성적 공간에서 가능했던 근친상간의 재현은 근대화과정을 폭력적이고 남근적인 과정으로 이해하면서 모성공간을 억압에 대한 대항공간으로 구성하는 〈지구를 지켜라!〉(장준환 감독, 2003년)에서도 드러나게 된다. 〈지구를 지켜라!〉의 '모자 근친상간' 환상은 아버지의 법으로 편입되기 위한 상징적 과정인 오이디푸스 콤플렉스 극복의 거부를 통해 아버지의 법에 적극적으로 대항하는 하나의 전략이 된다. 그렇기 때문에 혁명적 공간으로서의 모성공간과 그 안에서 가능해지는 모자의 근친상간적 관계를 이해하는 것은 더욱 흥미로운 작업이 된다.

강만식 사장이 지구를 멸망시키려고 하는 안드로메다 어느 행성의 외계인이라고 생각하는 병구는 강사장을 납치한다. 그는 첩첩산중에 있는 옛 탄광 공중목욕탕을 개조한 습하고 질척거리는 지하실에 강사장을 감금해 놓고 외계 행성의 왕자를 만나게 해 달라며 고문을 시작한다. 병구는 갖가지 '남근적 형상을 한 도구'로 강사장을 고문한다. 물파스나 강사장의 창자로 들어갈 예정이었던 김 뽑는 막대기 등은 '유사 페니스'다. 영화는 페니스의 은유를 통해 병구가 강사장에게 휘두르는 폭력이 남근적 폭력이라는 사실을 강조한다. 그러나 영화에서 보여주는 폭력은 병구의 폭력에서 멈추지 않는다. 영화가 진행되면서 병구의 폭력은 한국 사회의 폭력으로 확장되고, 한국 사회의 폭력은 세계적 차원의 폭력으로 확장되며, 세계적 차원의 폭력은 또다시 우주적 차원의 폭력으로 확장된다. 지구를 식민화 했던 '외계인 아버지'는 지구의 자율성을 인정하지 않으며, 지구의 역사에 개입하고 참견하며 억압한다. 병구의 일기 시퀀스와 지구의 역사 시퀀스는 이렇게 남근적이고 폭력적인 식민의 과정이 한국 근대화의 과정과 밀접하게 연관되어 있음을 암시한다. 따라서 병구가 강사장을 통해 외계인에게 대항하는 것은 식민화에 대한 대항이며 동시에 한국 근대성의 모순에 대한 대항이다. 그리고 이 때 병구의 지하실은 대항을 위한 혁명적 공간이 된다.

그런데 영화에서 주목해야 할 것은 병구와 병구모(母)와의 전오이디푸스적 관계이다. 나름대로 평범하고 화목했던 병구의 가정은 그의 아버지가 한쪽 팔을 잃으면서 파탄을 맞게 된다. 광부였던 아버지에게 팔은 곧 경제력의 상징이었으며, 한국의 파행적인 근대화 과정에서 가부장의 경제력은 곧 가부장의 남근이었다. 따라서 아버지가 팔을 잃는다는 것은 아버지의 거세로 연결된다. 병구의 일기 시퀀스에서 폭발사고로 떨어져 나간 아버지의 팔을 붙들고 놓지 않는 어린 병구의 모습은 그가 어머니의 욕망의 대상인 아버지의 남근을 욕망한다는 것을 암시한다. 거세당한 아버지는 사회적 타자인 여성(병구모)과 아동(어린 병구)에 대한 폭력을 통해 자신의 손실된 남성주체를 회복하려고 한다. 그러나 병구와 병구모는 '살부'를 감행한다. 모자는 아버지의 법에 대항하는 연대를 통해 가정 내 폭력을 제거한 것이다. 그러나 모자의 '반역'은 사회적 차원의 것은 아니었다. 결국 그들은 남근적 폭력을 휘두르는 근대화/식민화 과정을 통해 행복한 연대를 상실하고 불행한 이별의 나락으로 떨어지게 된다. 근대공간인 공장에서 병구모가 '외계인 아버지'의 음모에 의해 혼수상태에 빠지게 되는 것이다.

살부와 '아버지 외계인'에 대한 대항을 통해 아버지의 법으로 통합되기를 거부한 병구는 어머니에 대한 근친상간적 욕망을 통해 아버지의 법에 대항한다.[20] 그는 아버지의 법 대신에 어머니의 권위를 선택하고 어머니의 자궁을 환기시키는 양봉장의 지하실에 스스로를 감금한다. 양봉장 지하실은 외양에서부터 '자궁'을 이미지화한다. 그 안으로 들어가기 위한 길고 어두운 통로와 끊임없이 새어 흐르는 질척거리는 액체들, 그리고 절단된 신체의 이미지와 연결되는 수많은 마네킹은 말 그대로 어머니의 공간을 환기시키는 비체 abject다.[21] 이 지하실에서 병구는 주체 경계를 흐리는 약물을 먹으며, 심지어 선녀가 되어 나타난 어머니의 환상은 병구에게 '하늘에서 약을 내린다.' 병구의 '혁명적 행동'을 장려하는 병구모는 코마에 빠졌을 때에도 이렇게 환상을 통해 아들과의 관계의 끈을 놓지 않는다.

이런 의미에서 병구가 강사장을 감금하는 양봉장 지하는 아버지의 법, 남근적 식민화/근대화에 대항하는 모성적 공간이다. 이곳에서 병구는 '외계인 아버지'의 비밀을 밝혀내고 그에 대항하는 혁명을 준비한다. 비록 그 혁명은 성공하지 못했지만 아버지의 법에 대항하는 어머니의 권위에 대한 상상을 자극한다. 그렇기 때문에 남근처럼 꾸물거리는 나팔광선이 난자처럼 동그랗고 자궁처럼 아름다운 우주적 세계, 지구를 폭파해버릴 때에도 혁명을 꿈꾸는 이들은 체제 전복의 카타르시스를 맛보게 된다.

아버지 소년이 되다

긴 논의를 거쳐 드디어 우리는 〈올드보이〉의 성공 비밀에 다가섰다. 〈올드보이〉는 위에서 언급한 어느 영화보다도 직접적으로 근친상간의 테마를 드러내고 있다. 오빠와 여동생, 어머니와 아들 사이의 사랑보다도 아버지와 딸의 사랑은 어쩌면 더 충격적일 수도 있다. 아버지의 법을 받아들여야 하는 그들과 달리 아버지는 그 자체가 법이기 때문이다. 〈올드보이〉는 이렇게 아버지 그 자신이 법을 깨고 나온다는 점에서 위의 두 편의 영화와 다르다. 그리고 다른 해석의 여지도 없이 아버지와 딸의 정사가 이미지화됨에도 불구하고 놀라운 흥행 기록을 세웠다는 점에서도 주목할 만하다.

1980년대. 오대수는 그 시대의 여느 아버지들과 마찬가지로 평범한 샐러리맨이다. 술에 취해 '남의 여자를 집적' 거리고, '거리에 조각구름이 흘러간다' 는 희망의 노래(?)를 부르며, '오늘만 대충 수습하며' 산다. 그런 그가 딸의 생일, 길 한복판에서 납치당한다. 이유도 모르고 누가 그랬는지도 모르며 어디에 갇혀 있는지도 모르는 채로 15년을, 그는 8평 남짓한 '감금방' 에서 TV와 군만두만을 벗삼아 보내게 된다. 그리고 15년 후 갑자기 감금방에서 풀려났을 때 그는 두 가지 질문에 매진한다. 누구냐, 그리고 왜냐.

그 두 가지 질문에 대한 해답을 찾아 가는 과정에서 그는 미도를 만나게 된다. 그녀를 만나 사랑에 빠지고 정사를 나누게 될 때까지 오대수는 그녀가 자신의 딸임을 알지 못한다. 그러나 그가 감금당하고 아내가 살해당하며 딸과 사랑에 빠지게 된 모든 것이 이우진의 복수라는 것을 알게 되었을 때 그는 15년 간의 숙원이었던 복수를 포기하고 자신의 혀를 자른다. 그럼으로써 그는 미도의 아버지가 아닌 연인으로 남는 것이다.

영화에는 두 가지 경우의 근친상간이 등장한다. 이수아 이우진 남매의 사랑과 오대수 '오' 미도의 사랑. 이수아/우진 남매의 사랑은 1970년대 중반, 한국이 '강력한 아버지' 밑에서 목숨 걸고 근대화를 추진해 나가던 그즈음에 시작된다. 따라서 그들의 사랑은 근대화공간인 도시와 대별되는 자연공간인 시골에서 가능하다. 아버지가 근대적인 것과 연결되는 수사 안에서 어머니는 전근대적 자연과 연결된다. 따라서 그들의 사랑은 상대적으로 모성적 공간을 구성하는 시골에서 이루어지게 되는 것이다. 그러나 그 시대는 아버지가 강력하게 군림하던 시대이다. 그러므로 어느 공간에서도 근친상간이 용납될 리 없다. 결국 용서받을 수 없는 죄를 저지른 그들은 오대수의 혀에 의해 응징 당한다. 라깡의 말처럼 언어란 "아버지의 법을 영속시키는 힘"이기 때문이다.

> 이우진: 당신의 혀가 우리 누나를 임신시켰다니까. 이우진의 자지가 아니라 오대수의 혓바닥이.

아버지가 금지하는 근친상간을 '저지르는' 이우진의 '자지' 아닌 오대수의 '혓바닥' 이 이수아의 몸에 있어 남근phallus 으로 기능하는 것은 당연하다. 결국 오대수의 말 한마디에 이수아/우진 남매의 정사는 곧 이수아의 임신으로 부풀려져 소문이 나고, 소문에 시달리던 이수아는 상상임신을 하게 된다. 그리고 이 상상임신은 곧 이수아의 자살로 연결된다. 그나마도 자연 '어머니' 의 공간에서 가능했던 남매간의 사랑은 아버지의 법이 강력하게 살아 있는 시대에 단명하고 만다. 그렇다면 근대화 좌절의 시대, 아버지의 권위가 무너진 현대에 진행되는 부녀간의 사랑은 어떠한가.

오대수/미도 부녀의 사랑을 관찰할 때 한 가지 주목해야 할 문제가 제기된다. 타인의 근친상간을 (의도했든 그러지 않았든 간에) 아버지의 법으로 응징했던 소년이 자라 아버지가 되었다. 그런데 그 아버지 오대수에게 15년 사이에 어떤 변화가 일어났기에 그는 스스로 아버지이기를 포기하고 연인의 길을 선택하게 되는 것일까. 미도와의 첫 정사를 끝내고 그녀의 사랑스러운 모습에 빠진 오대수가 이런 독백을 한다.

오대수: 감금방에서 보낸 세월이 고맙게 느껴진다. 예전의 오대수였다면 미도가 날 이렇게 좋아했을까?

오대수의 독백은 우리로 하여금 감금방에서의 15년을 면밀히 살펴보도록 유도한다. 그는 아버지들의 전성기인 1980년대 말 어느 즈음에 감금방에 들어가게 된다. 그 안에서 감금의 시간이 지나가는 동안 군사정부는 막을 내리고 '보통 사람의 시대'가 열렸으며 IMF가 터지고 문민정부가 들어서면서 새천년이 밝았다. 월드컵으로 주목되었던 광장문화는 독재가 끝나고 진정한 국민의 시대가 열리는 분명한 징후인 것처럼 받아들여졌고 9.11은 경제적 정치적으로 군림해 온 세계적 차원의 아버지에 대한 위협적인 저항을, 노무현 대통령의 취임은 국가적 차원에서 아버지와 아들의 가시적인 세대교체를 선언하는 것이었다. 그의 개인적(?)인 15년이 분할화면 안에서 한국 현대사의 흐름을 전하는 뉴스릴과 함께 흘러가는 것은 감금방 안에서의 그의 변화와 한국사의 변동이 서로 무관하지 않음을 암시한다. 그의 삶 자체가 한국사를 반영하는 하나의 알레고리인 것이다. 무엇보다도 감금방에서의 아버지는 성수대교 붕괴 뉴스를 들으며 자신의 삶을 반성하기 시작했다. 사필귀정이라는 이름의 노트는 그의 "옥중

일기이자 악행의 자서전"이다. "그런대로 무난한 삶"인줄 알았던 그의 인생에 타인을 향한 악행은 노트 몇 권을 넘길 정도로 "너무 많았"다. 즉 오대수가 감금방 안에서 겪은 변화는 역사의 주역이었던 '강력한 아버지'에서 이제는 지치고 초라해진, 그리고 반성과 성찰을 강요당한 '고개 숙인 아버지'로의 변화였던 것이다.

오대수는 그러나 위상이 변화된 '아버지'에 머물지 않는다. 자신이 숭배하고 추종했던 법이 8평 남짓의 작은 방 안에 감금되는 원인이었다는 각성은 그로 하여금 그 법에 대한 복종 자체를 포기하게 만들었는지도 모른다. 가부장제가 남성들에게조차 더 이상 행복을 보장해 주는 제도가 아니라는 각성은 오대수의 15년으로 상징되고 있다. 결국 그는 딸과 사랑을 나누고 그것에 대해 분명하게 인식을 하는 때에조차도 딸에 대한 '이성애적 사랑'을 포기하지 않는다. 그는 스스로 남근의 대체물인 자신의 혀를 자름으로써 아버지가 아닌 '소년'이 된다. 늙은 소년이. 따라서 그는 옳았다. 감금방에서의 15년이 없었다면 그는 미도와의 사랑을 이루지 못했을 것이다. 성수대교 붕괴에서부터 시작된 온갖 끔찍한 세기말적 근대화 좌절의 기표들이 없었다면, 그런 기표들에 의해 과거에 대한 반성이 가능하지 않았다면, 그리고 지난 15년은 서서히 아버지가 죽어가는 과정이었다는 집단적 무의식이 존재하지 않았다면, 아버지가 딸과의 사랑을 이루기 위해 자신의 유사남근인 혀를 잘라내는 일은 가능하지 않았을 것이다.

하지만 한국 근대성에 관한 날카로운 비판의식을 담지하고 있음에도 불구하고, 영화는 이와 같은 '아버지의 반성'을 변화를 위한 추동력으로 밀고나가지 못한다. 〈소름〉과 〈지구를 지켜라!〉는 근대화의 폭력과 억압의 본질을 가부장제 자체에서 찾아 이에 대한 비판과 전복을 의도한다. 이 두 편의 영화에서 나타나는 모성적 공간과 근친상간의 재현은 한국 근대성이 담지하고 있는 가부장적 속성에 대항하는 수사적 전략으로 기능한다. 이와 달리 〈올드보이〉에서는 한국 근대성에 대한 비판이 배달되어야 할 주소를 잘못 찾고 있다. 이 작품 역시 근대화를 이끌어온 가부장적 속성에 대한 비판을 시도하지만 동시에 근대사의 주체가 남성이었다는 가부장제 기획으로부터 자유롭지 못한 것이다. 위에서 설명한 것처럼 영화는 남성중심의 역사 인식으로부터 비롯된 지금의 가족 로맨스와 연동하고 있다. 파행적인 근대화에 대한 책임을 지고 스스로를 반성하는 아버지와 달리, 〈올드보이〉의 어머니 혹은 여성은 오대수가 자신의 아내가 살해당한 것을 알게 되는 장면에서처럼 TV 화면을 통해 '형장의 이슬' 처럼 사라져버린다. 이 영화에서 이해하고 있는 한국의 근대화는 아버지들만의 성과이자 과오였으므로 이 과정에 참여하지 않은 어머니 그리고 여성들에게는 반성할 기회조차 주어지지 않는다. 영화는 모순적이다. 이것은 비판하고자 하는 대상에 대한 올바른 이해의 결여에서 비롯된 자가당착이다. 이런 모순으로 인해 한국의 근대성을 비판하려는 정치성은 화려한 시각적 스타일과 마찬가지로 영화의 한 스타일을 구성할 뿐이다. 따라서 오대수의 '소년으로 돌아감' 은 재고의 여지를 남긴다. 그는 자신의 유사남근인 혀를 자름으로써 아버지의 법이 금지하는 근친상간의 포박을 풀어준 것이 아니다. 그는 이 행위를 통해 딸을 취하고자 하는 아버지의 욕망을 실현시킨다. 동시에 아버지임을 포기하고 근친상간의 금기를 어긴 자신을 벌한다. 그의 침묵이 다른 아버지들의 안전을 보장하게 되는 것이다.

그것은 소문일 뿐이다

이 글은 전일적인 근대화 기획 안에서 형성된 남성중심의 역사인식이 여러 세기말의 징후 그리고 IMF와 같은 가시적 결절을 지나면서 어떻게 '아버지 위기'를 이야기하는 가족 로망스로 이어졌는가에 대해서 살펴보았다. 그리고 이를 통해 '위기의 시대'로 명명되는 현재를 가로지르는 집단적 무의식인 가족 로망스가 한국 근대화의 산물이라는 것 역시 이해할 수 있었다. 이런 무의식의 자장 안에서 아버지의 법이 금지하는 근친상간의 금기는 조금씩 재현의 장으로 머리를 들이밀었다. 〈소름〉과 〈지구를 지켜라!〉와 같은 작품들이 '위기'를 '발전적 전략'으로 치환하면서 새로운 가능성을 타진했다면 〈올드보이〉와 같은 작품은 그렇게 위기를 이야기하는 보수적 담론에 올라타면서 관객들과는 쉽게 소통할 수 있었지만 비판적 작업에는 실패한 남성 중심적 텍스트로 남게 된다.

〈올드보이〉에서 한 가지 재미있는 것은 소문이라는 것, 그리고 그 소문이 이 영화에서 수행하는 역할이다. 오대수가 흘린 한 마디가 거대한 소문이 되어 이수아의 생명을 앗아갔다. 어떻게 보면 '소문'이란 곧 담론이라고 할 수 있다. 그 소문이 진실이 된다는 것, 혹은 진실이라고 믿어지는 것을 만들어 낸다는 사실은 담론이 하는 역할을 보여준다. 경제적 위기와 사회적 정치적 혼란을 '아버지의 위기'로 곧바로 치환하는 담론이란 결국 이수아를 죽인 소문과도 같은 것이다.

아버지는 언제나 소문이었다. 한국 근대사 초기, 아버지의 부재 속에 어머니의 경제활동을 중심으로 생계를 이어가던 모중심 가족 안에서도 아버지의 상징적인 자리는 건재했다. 존재하지 않았던 소문 속의 아버지를 존재하도록 만들기 위해, 효과적인 근대화 기획 안에서 군부는 또 다른 소문을 만들어 냈다. 소문은 소문과 소문의 꼬리를 이어 지금에 이어졌다. 우리가 이것을 추적하는 과정에서 다시 한번 확인해야 하는 것은 지금 현대를 사로잡고 있는 가족 로망스 역시 말 그대로 '로망스' 일 뿐이라는 점이다. 그것은 사회의 진보와 변화를 받아들이지 못하는, 그 한 단계의 과업 수행을 실패한 신경증자들의 집단적인 환상이며, 그들이 만들어 낸, 너무 무거워서 던져버리기도 힘들고 너무 거대해서 구체적인 모습을 한 눈에 파악하기도 힘든 소문이다. 마치 이수아가 그랬던 것처럼 이 소문에 의해 임신당하고 저수지에 처박히지 않기 위해서 지금을 '아버지의 위기' 로 보는 사회의 집단적 무의식에 휩쓸리지 않도록 경계하는 각성이 필요할 것이다.

약한 자여, 그대 이름은······
〈봄날〉

신 주 진

한때 터프가이가 이상적인 남성 아이콘이었던 적이 있었다. 근엄하고 무표정한 얼굴, 탄탄하고 넓은 근육질의 몸피, 말이 없는 그는 강렬한 눈빛이나 선 굵은 행동으로 자신을 보여준다. 두 어깨는 신념의 무게만큼 견고하며 발걸음은 고뇌의 깊이만큼 진중하다. 불의를 보면 참지 못하는 의협심으로, 대를 위해 소를 버리는 충정으로, 항상 자신감 넘치는 카리스마는 뭇 여성들의 마음을 사로잡았었다.

이 시대 그런 남성이 점점 사라져가고 있다. 이제 터프가이는 코미디 프로의 '복학생'만큼이나 희화화된 존재가 되어버렸다. 신념도, 용기도, 무모하리만치 강력한 카리스마도 점점 그 빛을 잃어버렸다. 대신에 꽃미남이나 섹시가이, 아니면 빈티지룩의 아웃사이더들이 21세기형 남성 아이콘으로 새롭게 부상하기 시작했다. 이들은 거창한 것을 주장하지 않는다. 투정부리고 토라지고 매달리면서, 자신들의 얍삽한 속내와 사소한 욕망을 드러내기 시작한다.

　이름하여 나약한 남자들이 나타나기 시작한 것이다. 찌질이에 마마보이에 소심남까지 약한 남자들이 여기저기서 출현하고 있다. 엄밀히 말하면 그들이 어느 날 갑자기 하늘에서 떨어지거나 땅에서 솟아난 것은 아니다. 그들은 오랜 시간 어딘가에 숨어 있었다. 여자들의 치마폭 뒤에 혹은 팬텀의 가면 뒤에 꼭꼭 숨어 있었다. 가끔은 야음을 틈타 자신의 본성을 폭력적으로 내보이고 재빠르게 도망가 버리곤 했었다. 그러던 그네들이 이제는 드디어 자신들을 가려주던 안전하고 넓은 치마폭도, 근엄하고 말쑥한 가면과 외피도 벗어버리기 시작했다.

　드러난 맨얼굴은 흉터투성이의 추악하고 흉측한 그것이 아니다. 오히려 해맑고 파리하다. 상처 입기 쉬운 연약함과 잔뜩 긴장이 어려 있는 예민함은 보기에도 안쓰러운 연민을 불러일으킨다. 이 배면의 얼굴은 여자들의 보호본능을 자극한다. 그들이 위악과 엄살로 자신들의 여린 속내를 드러낼 때, 그들을 다독이고 감싸주는 것은 항상 여자들의 몫이었다. 사실 여성들은 오래 전부터 알고 있었다. 강인하고 위엄 있는 얼굴 뒤에 붙어 있는 나약하고 소심한 비겁자의 우울을. 남성들의 이러한 이중적 포즈는 여성들을 붙잡고 가두어두는 두 가지 힘이었다. 한 손에 폭력과 억압, 다른 한 손에 동정과 연민. 여성들은 잔인한 야수의 이면을 보아버린 죄로 그에게 자발적으로 포획되는 미녀와 같은 운명에 처해왔다.

　다행히 밤낮과 안팎의 이중생활에 지쳐가는 남자들이 생겨나기 시작했다. 자신에게 맞지 않는 가면과 외피를 떼어내려고 애쓰는 이들에게서는 강고한 남성지배체제 아래 억눌려온 여성들의 목소리와 공명하는 힘겨운 자활의 몸부림이 느껴진다. 하지만 그것은 그리 쉬운 일이 아니다. 오랜 시간 자신들을 지배해온 내면화된 남성성의 신화에서 벗어나는 것도 쉽지 않을 뿐 아니라, 공범이 되기를 요구하는 지배 사회의 강력한 제재를 피하기도 만만치 않다. 남성 히스테리아들이 생겨나는 것은 바로 이 지점이다.

로고스와 히스테리

히스테리라는 말은 주로 어떤 여성이 공연히, 쓸데없이 혹은 필요 이상으로 신경질을 부릴 때 사용된다. 여자가 성질이 예민하고 별나고 까탈스럽다는 부정적 의미로 히스테리라는 용어가 쓰이는 것이다. 이 말은 '노처녀 히스테리' 라는 조어에서 느껴지듯이 때가 되어도 결혼을 하지 않는 노처녀들과 같은, 사회 규범과 체제 바깥의 여자들에게 주로 따라붙는 것이다. 이렇듯 일상적으로 사용되는 히스테리라는 용어에는 순하고 길들이기 쉬운 착한 여성을 원하는 남성들의 묵은 욕망이 묻어난다. 이를 뒤집어 말하면 히스테리란 남성들의 욕망의 시선에 복속되지 않는 어떠한 잉여로서의 여성들의 에너지나 리비도를 의미한다고 볼 수 있다.

정신분석학적으로 히스테리의 역사를 논구한 크리스티나 폰 브라운은 여성들의 히스테리가 문자로 쓰여진 남성들의 로고스의 법칙을 거부하는 몸의 언어라는 사실을 명쾌히 밝혀주었다.[1] 그녀에 따르면 로고스라 불리는 근대이성, 남성중심의 거대서사는 문자와 사유, 논리라는 자신의 무기로 자연과 육체, 물질 등을 억압해 왔다. 정신과 물질을 억지로 분리시킨 후, 물질을 여자에게 폭력적으로 전가시킴으로써 자신의 우월성을 확립하였다. 자연이나 육체와 등치된 여성은 남성주체의 타자기 되이 역사 'his' story의 무대 뒤로 사라졌다. 이렇게 억압된 여성들의 욕망이 육체적 증후로 나타난 현상이 바로 히스테리이다. 로고스 이성이 승리를 구가하던 19세기 서구에서 여성들의 히스테리 질환은 그 정점을 이루었다. 발작이나 기절, 호흡곤란 등 숨이 넘어갈 듯한 히스테리 증세들은 로고스에 의해 강요당한 '자아부재'를 극단으로 밀어붙임으로써 자신의 존재증명을 하고자 했던 다소 의식적이고 연출된 신체언어였다.

이러한 큰 동작의 과도한 히스테리 증후들은 로고스 이성의 완전한 승리가 이루어지는 19세기를 경과하면서 점차 잦아든다. 이것은 성적 자아로서의 여성이 점차 로고스 아버지의 복제물인 모성적 어머니로 포섭되는 것과 때를 같이한다. 그런데 이렇게 성적 존재인 여자가 사라지는 것은 '어머니'로서의 여자 자신이 성적 존재인 남자 또한 없애고 그를 아들로 바꾸어버리는 결과를 초래한다.[2] 성적 존재인 여자가 어머니로 교체되자 남자 역시 타자의 상실과 그로 인한 성적 자아의 상실로 고통을 받기 시작하는 것이다. 남성 히스테리가 터져 나오는 것은 이 때부터이다. 전능하고 총체적인 남성이라는 로고스의 신화는 남자 자신의 목을 치는 부메랑으로 되돌아오게 되었다. 이제 히스테리는 여성, 남성을 불문하고 의학적 증상을 넘어 다양한 전이를 수행하게 되었다.

SBS 미니시리즈 〈봄날〉(원작 일본 NTV '별의 금화', 김규완 극본, 김종혁 연출, 2005년)이 흥미로운 것은 이 드라마가 정색을 하고 이들 히스테리아들을 전경화한다는 점이다. 그것도 드라마 역사상 유례없는 남성 히스테리아를.

〈봄날〉의 히스테리아들

〈봄날〉은 방영 전부터 온갖 화제를 뿌리며 한동안 재미있는 드라마에 굶주렸던 드라마 시청자들의 관심을 끌어당겼다. 무엇보다 재벌가의 며느리에서 왕년의 스타로 다시 돌아온 고현정에 대한 사람들의 관심은 26.9%라는 첫 방송 시청률이 말해주듯 범상치 않은 것이었다. 그러나 그녀에 대한 기대는 단지 한 여배우의 화려한 인생역전에 대한 세인의 호기심이라는 차원을 뛰어넘는 것이었다. 여기에는 그녀가 드라마 〈모래시계〉에서 보여줬던 (그전까지의 드라마 역사상 거의 찾아보기 어려운) 자신의 운명의 주체였던 지적이면서도 자의식 강한 여주인공 혜린이라는 캐릭터에 대한 시청자들의 기대와 열망이 고스란히 담겨있다고 볼 수 있다. 게다가 〈발리에서 생긴 일〉에서 사랑과 질투의 복잡하고 미묘한 감정을 개인적 스타일의 매력과 완벽하게 매치시킨 조인성을 다시 보고싶어 하는 시청자들의 호응이 〈봄날〉에 대한 주목도를 한층 높여 놓았다.

이러한 기대에 부응하듯이 이 드라마는 최근 주류를 이루는 한없이 가벼워져만 가는 트렌디 드라마들과도, 극적 장치로 출생의 비밀을 남발하는 정통멜로물들하고도 일정한 거리를 두고 출발하였다. 물론 이 드라마 역시 한 여자를 둘러싼 이복형제의 사랑싸움이라는 진부한 구도에서 시작된다. 그럼에도 불구하고 이 드라마를 흥미롭고 재미있게 만들어 주는 것은 이들 인물들이 엇갈리는 운명적 사랑에 빠져드는 과정이 매우 생생하고 정교하게 구축되고 있다는 점이다. 여기에는 특히 인물들 개인사를 파고드는 시선의 예리함이 단단히 한 몫을 하고 있다. 세 인물이 가지고 있는 저마다의 내면의 상처와 고통이 그들 각자의 사랑에 깊이와 깅도를 너하면서 헤어날 수 없는 애증의 굴레 속으로 그들을 몰아넣고 있는 것이다.

이복형제인 은호(지진희 분)와 은섭(조인성 분)은 종합병원의 의사들이고, 아버지(장용 분)는 그 병원의 원장이다. 번듯한 모범생으로 자라난 은호에게는 어려서 이혼당한 엄마(이경진 분)에 대한 뼈아픈 그리움이 있다. 자신의 의지와 무관하게 의사가 되어버린 은섭에게는 자신의 콤플렉스와 욕망을 모두 아들에게 투사하는 술집마담 출신의 엄마(이휘향 분)가 버티고 있다. 은호가 어머니를 찾아 연고지인 비양도 보건소로 내려오는데, 그곳에서 말을 잃고 자기 안에 갇혀 있는 정은(고현정 분)을 만나 사랑에 빠진다. 은호의 애정으로 정은은 말문을 트게 되고 은호는 돌아오겠다는 약속을 남기고 엄마가 있는 강원도로 향한다.

기다리던 정은이 은호를 찾아갔을 때, 은호는 교통사고를 당해 엄마를 잃고 자신은 의식불명의 상태로 누워있었다. 형에 대한 애정과 질투, 원망과 회한의 눈물을 흘리는 은섭 앞에 정은이 나타난다. 그리고 은섭은 자기도 모르는 사이 낯설지만 따뜻하고, 매몰차지만 사랑 앞에 한없이 바보가 되는 정은을 사랑하기 시작한다. 은섭은 그녀가 형의 여자라는 사실을 알게 되면서 점점 심한 고통과 갈등을 느끼게 된다. 깨어난 은호는 열세 살 나이로의 정신적 퇴행이라는 해리성 기억장애를 일으킨다. 자신을 알아보지 못하는 은호의 모습에 절망하는 정은, 그리고 그녀를 바라보는 은섭의 마음은 심한 격랑에 휩쓸리는데, 빠른 속도로 기억을 회복해 가는 형을 보는 그의 심경은 더욱 복잡하게 꼬여간다.

여기서 특히 흥미로운 것은 이 드라마가 삼각 사랑을 엮어가는 과정 속에 세 사람에 대한 정신 분석과 심리 치료의 과정을 함께 짜 넣는다는 점이다. 세 사람 모두 히스테리성 증후를 앓았거나 현재 앓고 있다는 점은 독특하다 하지 않을 수 없다.

정은 - 자기현시로서의 실어증

드라마는 실어증에 걸린 정은을 중심으로 시작된다. 그녀는 입을 닫고 자기 안에 갇혀 살고 있다. 제주도 외딴섬 비양도라는 물리적 공간은 그녀가 처한 사회적 단절과 고립을 드러내는 심리적 기호가 된다. 그녀가 말을 잃고 자신을 자기 안에 유폐시킨 것은 그녀 자신이 먼저 거부당했기 때문이다. 그녀는 이중의 거부에 직면했다. 오케스트라 입단이 좌절됨으로써 피아니스트로서의 사회적−횡적 자기 정체를 상실했으며, 재가한 어머니에게 외면당함으로써 자신의 가족적−종적 정체성마저 상실하였다. 이러한 이중적 거부로 인한 자기 상실은 실어증이라는 자기 현시로 나타났다.

그녀에게 실어증은 자기 자신의 역설적 존재증명이자 의도적으로 연출된 제스처이다. 그녀는 말을 '못 하는' 것이 아니라 '안 하는' 것이다. 그것은 자기 외부와의 일체의 소통과 접속을 거부하겠다는 자기표현의 방식이자 사회적 발언의 형식이다. 확실히 말의 부재는 육체를 통해 자기 존재감을 도드라지게 하는 매우 효과적인 방법이다. 허공에 날리는 찰나적인 소리의 휘발성 대신에, 몸짓과 표정의 미세한 떨림과 흐름을 통해 그녀는 자신의 현존을 광경화한다. 그것은 비교적(秘敎的)이고 신비로우면서도 광포하고 날카로운 어떤 힘을 지닌다. 이는 그녀가 자신을 거부하고 억압하는 세상에 대해 온몸으로 재현하는 전치된 히스테리 증세이다.

소통을 거부하면서 소통을 갈망하는 정은의 소리 없는 절규는 은호에게 가 닿는다. 은호는 대번에 그녀가 자신의 잃어버린 어머니이자 자신과 동류의 쌍생아같은 존재임을 알아본다. 어머니의 상실에 따른 내면의 상처와 고통을 공유하는 두 사람은 서로에게서 자기 자신을 발견한다. 이들은 이제 가슴 속 밑바닥에 꾹꾹 눌러 담았던 사무치는 외로움과 그리움을 밖으로 토해낸다. 그리하여 드디어 타인에게로 가는 통로를 발견한다. 정은이 말을 되찾고 피아노를 다시 칠 수 있게 된 것은 은호라고 하는 동일시된 타자를 경유함으로써이다. 두 사람의 상처의 교환과 내밀한 소통이 사랑이라는 형식을 얻게 되는 것은 당연해 보인다. 정은과 은호의 사랑이 이 드라마의 첫 번째 사랑이다. 은호의 사랑으로 정은은 자신의 히스테리에서 빠져나와 한 발짝씩 조심스럽게 사회를 향해 나아간다.

은섭 – 아버지에 대한 거부의 히스테리

멜로드라마의 남자주인공들은 그야말로 로고스의 화신들이다. 그들은 부와 명예, 권력 등과 더불어 여성을 사랑할 줄 아는 능력까지 지닌 완전한 남성이거나 아니면 자신에겐 없는 그 힘들을 얻기 위해 위태로운 욕망의 사다리를 오르는 비운의 주인공들이다. 그들이 아무리 반항아적 액션을 취하는 변주를 구사한다 해도, 그것이 아버지 로고스의 자장 안에서 이루어진 헛폼이었음이 조만간 만천하에 드러나고 만다. 어느 곳에 자리하건 그들이 사회의 지배적 가치와 체제를 구현하는 인물들임에는 틀림이 없다. 그들이 마지막에 여성을 차지하는 것은 자신들의 권능에 완전무결이라는 마침표를 찍는 상징적 의례이다.

헌데 우리의 주인공 은섭은 이들과는 확실히 다르다. 그는 아버지 로고스를 '의도적, 의식적으로'가 아닌 '육체적으로' 거부하는 것이다. 자신의 전능한 아버지에 대한 거부와 반란은 말(아버지의 언어, 즉 논리)이 아닌 육체적 증후로 나타난다. 자신의 억압된 욕망의 육체적 증후로서 히스테리를 일으키는 것이다.

그 아버지가 다름 아닌 종합병원의 원장이라는 사실은 꽤나 의미심장하다. 의사란 육체에 대한 정신의 정복에 낙인을 찍은 근대의 마지막 승자이다. 따라서 그들이 사회 최고의 지성인 동시에 지배 엘리트가 된 것은 로고스 중심의 현 체제에서는 너무도 당연한 일이다. 병원장인 아버지는 로고스를 상징하는 대문자 아버지가 되는 것이다. 그 아버지는 두 아들 은호와 은섭을 모두 번듯한 의사로 키워냈다.

하지만 은섭은 아버지가 만들어 놓은 그 질서 안에 포섭되기를 '육체적으로' 거부한다. 그의 나약하고 여린 성정은 아버지의 권위에 직접적으로 저항하거나 불복하지 못하고 자신의 거부를 그저 육체적 증후로 치환시킨다. 그는 상처나 피를 보면 구토를 하고 환자 앞에서 벌벌 떨면서 땀을 흘린다. 그는 의사가 되기 위해 필요한 것들, 냉정함과 무심함을 갖추지 못했다. 냉정함과 무심함은 환자를 정신이 배제된 육체이자 물질로 바라보았을 때만 가능한 것이다. 의료행위란 정신의 구현체인 의사가 육체와 물질을 대상화하는 것, 터져 나온 피와 살을 봉합해서 육체와 물질을 온전한 정신의 그릇으로 만드는 것이다. 하지만 은섭은 터져 나온 피와 살에서 인간의 영혼과 정신, 욕망을 본다. 즉 그는 육체와 정신을 분리시키지 못하는 것이다.

은섭의 내상의 직접적 계기는 어릴 적 어머니가 아버지의 메스로 자신의 팔목을 긋는 장면과 아버지가 수술 도중 사람을 죽이는 현장을 목격했다는 사실이다. 이 두 가지 기억은 아버지 로고스가 자기 존재의 완성을 위해 어떻게 육체적 타자들을 유린하고 말살시켜 왔는가를 보여주는 징후적 편린들이다.

은섭의 히스테리가 성적 자아로서의 어머니의 히스테리와 닮은꼴을 이룬다는 것은 남성 히스테리아들이 가지는 내면의 '여성성'[3] 의 근원에 대한 해답의 실마리를 제공한다. 아버지 로고스는 여성들의 성적 자아를 억압해왔을 뿐만 아니라, 자기 안에 있는 '여성성'마저 말살해 버렸기 때문이다. 이로써 아버지 로고스는 전능성을 얻은 대신 성적 존재로서의 남성적 자아를 상실하게 된다. 은섭이 보여주는 육체적 증후는 잃어버린 남성적 자아를 찾기 위한 절망적 몸부림이다. 그것은 자기 안에 잃어버린 '여성성' 을 회복함으로써만 가능한 것이다.

억압된 자신의 욕망을 육체적 증후로 치환하는 과정을 통해 은섭은 자신의 존재를 지탱한다. 화려한 옷을 입고 재즈 카페에서 콘트라베이스를 연주하는 도취된 그의 모습은 잃어버린 자신의 여성성과 더불어 자신의 육체를 구원하기 위한 섬세한 조율이다.

그런 그 앞에 정은이 나타난다. 교통사고 후 의식불명으로 병실에 누워있는 은호를 찾아온 여자, 형의 사고로 절망과 회한에 휩싸인 은섭의 가슴에 꼭 그만큼의 간절함과 절박함으로 은호를 바라보는 정은이 들어오기 시작한다. 정은으로 말미암아 은섭의 히스테리 증후들은 조금씩 치유되기 시작한다. 아니 한 여자를 사랑하게 되면서 그는 자신의 상처를 망각한다. 형의 여자를 사랑함으로써 비롯된 더 큰 고통과 갈등이 그의 히스테리 증후들을 가리고 지워버린 것이다. 이렇게 시작된 정은과 은섭의 사랑이 이 드라마의 두 번째 사랑이다.

은호 – 어머니의 상실과 정신적 퇴행

아버지 로고스가 되는 것은 그리 만만한 일이 아니다. 은호와 은섭은 각자 서로 다른 내면의 상처와 고통을 가지고 있고, 로고스가 되려면 각자 자기 몫의 대가를 치르고 힘겨운 시험과 관문을 통과해야만 한다. 그들 상처의 근원은 아버지의 두 여자에 맞닿아 있다. 은호의 버려진 어머니와 현존하는 은섭의 어머니. 이 두 어머니는 각기 두 아들의 존재의 뿌리에 해당한다.

은호의 상처는 부재하는 어머니에서 비롯된다. 어려서 이혼당한 부재하는 어머니에 대한 그리움이 그의 잠재된 고통의 근원이다. 겉으로 항상 반듯하고 모범생인 은호는 자라면서 남들 모르게 새어머니 골탕 먹이기에 골몰하는 이중성을 지녀왔다. 그는 자신이 받은 상처를 은밀한 방식으로 새어머니를 향해 뱉어내왔다. 은섭의 존재 역시 그에게는 애정과 연민, 증오와 질시의 이중적 거리에 놓여 있다.

은호를 키워낸 것은 사실 부재하는 어머니이다. 언젠가 어머니를 다시 만날 수 있다는 기대와 희망으로 그는 자기 삶을 지탱해왔다. 어머니와의 만남을 계속 유예시키면서 아버지가 원하는 훌륭하고 번듯한 의사로 성장한 것이다. 그런 은호가 나이 서른이 되어 가까스로 어머니를 찾아낸다. 머나먼 강원도의 한 구석에서 아이들에게 피아노를 가르치면서 혼자 살아가는 어머니. 그녀는 은호가 꿈속에서도 그려 왔던, 변하지 않은 모습 그대로의 어머니였다. 어린아이처럼 재잘거리며 잠시 행복을 만끽하는 은호, 그가 굳게 다짐한 어머니와 정은과 함께 비양도에서 살겠다는 소박한 결심은 애초부터 불가능한 것이었다.

은호가 교통사고 후 어머니의 죽음을 받아들이지 못하고 어린시절로 퇴행하는 것은 그가 보여줄 수 있는 극단적인 히스테리 증세이다. 자기 눈으로 어머니의 죽음을 목격해야만 했던 정신적 외상이 해리성 기억장애라고 하는 부분 기억상실을 가져온 것이다. 이러한 무의식적, 심리적 반응은 외부 현실이 자신에게 가하는 고통과 억압을 거부하기 위해 스스로 조직하는 육체적 히스테리 증후라고 할 수 있다.

어머니를 상실한 은호는 자신의 과거 속으로 되돌아감으로써 새로운 어머니, 정은을 받아들이고 거듭 태어나기 위한 준비를 마친다. 그는 정은을 통해 어린아이에서 어른으로 다시 자라난다. 자신이 그토록 갈망했던 '어머니' 정은의 사랑으로 그의 정신적 외상과 오랜 내면의 상처가 동시에 치유된다.

세 사람이 지니는 히스테리성 증후는 모두 자신을 짓누르는 심리적, 정신적 억압이 육체적으로 발현된 무의식적 증상이라고 할 수 있다. 그렇다면 이들이 히스테리를 일으키는 근본적인 원인은 무엇일까? 이들을 짓누르는 심리적, 정신적 억압의 정체는 무엇인가? 그것은 다름 아닌 우리 사회의 아버지들이 만들어 놓은 로고스 중심의 사회질서이다. 근대이성과 정신이 구현한 가부장 질서가 이 세 사람의 정신적 외상의 근원적 실체인 것이다.

아버지 로고스가 이루어 놓은 가부장 체제는 남성성과 여성성의 폭력적 분리와 위계화로 남성중심의 사회질서를 공고히 하였다. 남성에 의한 여성의 복속이 보편적인 자연 법칙이라는 이름을 얻어 촘촘한 사회 그물망 안에 여성들을 가두어 버렸다. 여성들의 육체와 성적 자아는 억압되었다. 여성은 무성적인 '모성적 어머니'로 귀속되거나 그렇지 않으면 체제 바깥으로 내던져졌다. 여성과 모성적 어머니 사이의 간극은 좀처럼 메워지지 않는다. 그 간극 사이의 어딘가에서 여자들은 뿔뿔이 흩어졌다.

그 결과는 우리의 세 주인공이 공통적으로 겪고 있는 어머니의 상실이다. 그들이 꿈꾸었던 모성적 어머니는 애초부터 부재했던 것이다. 문제는 이들이 어머니의 상실과 더불어 자기 내부의 여성성을 상실하게 되었다는 것이다. 아버지 로고스에 의한 여성성의 억압은 물론 자기 정체성의 상실로 나타난다. 세 인물이 아버지 로고스를 거부하는 히스테리를 일으킨 것은 어찌 보면 당연해 보인다.

이들이 잃어버린 자기 자신을 찾기 위해 벌이는 처절한 싸움 앞에 이들을 치유해 줄 사랑이 놓여 있다. 이들 세 사람이 각각 나머지 두 사람으로부터 자신의 상처를 찾아내고 치유해가는 과정은 이들 모두를 성숙시킬 닫히지 않는 연쇄적인 감정과 소통의 교환과정으로도 볼 수 있다.

오이디푸스 삼각형과 히스테리 아들들

한 여자와 두 남자 사이에서 순환하는 사랑은 흥미롭게도 새롭게 변형된 오이디푸스 삼각구도를 형성한다.

은호와 은섭은 원래 각자의 오이디푸스 삼각구도 안에 위치해 있었다. 이들은 어머니, 아버지와의 삼각관계 속에서 자신의 성적 존재로서의 남자를 소멸시키고 아버지 로고스가 되도록 강요받았다. 이들의 오이디푸스 삼각구도가 하나로 겹쳐지지 못하는 것은 아버지의 여자가 하나로 통합되지 못하고, 모성적 어머니와 성적 어머니라는 두 명의 어머니로 분열되었기 때문이다. 이러한 분열은 로고스인 남성이 세계에 대한 자신의 전유방식에 따라 여성을 탈육체화(정신화)하는 과정에서 비롯된 후유증에 다름 아니다.

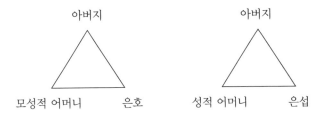

은호의 어머니는 모성적 어머니이다. 그녀는 남편에게 버림받은 후 20년 세월을 홀로 살아왔다. 그녀가 새로운 남편이나 새로운 자식 없이 혼자 살아왔다는 것은 오랜 세월을 이겨낸 그녀의 박제된 모성성을 나타낸다. 게다가 아이들에게 피아노를 가르치면서 연명해왔다는 것은 그녀가 친아들 대신 유사자식들을 통해 여전히 어머니로서의 위치를 유지해왔음을 보여준다.

은호의 모성화된 어머니는 부재함으로써 자신의 (신화화된) 모성성을 완수한다. 은호는 부재하는 어머니로 인해 '모성적 어머니'에 대한 환상을 키우게 된다. 그리고 그러한 신화화된 모성적 어머니를 통해 자신의 로고스를 완성해 가도록 요구받는다. 그가 반듯한 모범생으로 자라난 것은 성인이 되면(아마도 의사가 되면) 어머니를 만날 수 있다는 아버지의 약속 때문이다. 그는 모성적 어머니에 대한 환상으로 힘겨운 날들을 버텨왔다. 그 자신 아버지 로고스가 되어 어머니를 얻고자 하는 욕망으로 아버지에 근접해 갔다. 그런 그에게 어머니의 죽음은 자신의 존재기반을 허물어뜨리는 총체적 위기로 다가온다. 그가 정신적 퇴행과 같은 극단적인 히스테리를 일으키는 것은 꽤나 당연해 보인다.

은호의 어머니가 모성적 어머니인데 반해, 은섭의 어머니는 성적 어머니이다. 아버지의 현재 아내인 그녀는 자신의 열망과는 다르게 모성적 어머니가 되지 못하고 성적 어머니로 남아있다. 그녀는 과잉여성성의 기표들로 채워져 있다. 육감적인 몸매를 훤히 드러내는 옷차림과 진한 화장, 요란한 머리스타일은 그녀의 잉여적 리비도의 외화이다. 그녀는 무뚝뚝하고 무심한 남편을 향해 끊임없이 사랑을 갈구한다. 때론 교태를 부리고 때론 칭얼대면서 그녀가 얻고자 하는 것은 남편의 사랑임과 동시에 그의 아내로서의 안정된 지위이다. 그러나 그녀는 그 어느 것도 완전히 얻지는 못했다(고 생각한다). 은호와 은호 어머니의 존재는 그녀의 위치를 잠재적으로, 그러나 항시적으로 위협한다.

성적 어머니는 자신의 탈육체화되지 못하는 성적 자아를, 충족되지 않는 욕망을 히스테리로 치환한다. 사실상 그녀는 이 드라마 최초의 히스테리아이다. 그녀는 자신의 육체를 무기로, 자신의 육체에 고통과 열망의 흔적을 아로새김으로써 자신의 존재를 현시한다. 남편에 걸맞는 지성과 교양을 갖추어 모성적 어머니의 자리를 얻기 위해 애를 써보기도 하지만, 그것은 그리 쉬운 일이 아니다. 그녀의 욕망은 아들 은섭에게로 투사된다. 그녀에게 은섭은 자신의 분신이자 남편을 대신하는 대리물이다. 그녀는 자신의 출신에 대한 콤플렉스를 아들을 통해 보상받고자 하는 동시에 그 아들을 자기 손아귀에 소유하려 든다. 그러나 그녀의 모든 노력은 번번이 실패한다. 그녀는 남편으로부터도 은섭으로부터도 인정받지 못한다. 흔들리는 자신의 위치에 대한 불안과 공포는 그녀를 자살소동과 같은 상습적인 히스테리 증세로 몰고 간다. 그녀의 젊은 정부는 그녀 자신의 잉여적 성적 자아를 배출하는 은밀한, 그러나 헛된 통로이다.

은섭은 자신의 어머니의 욕망으로부터 자유롭지 못하다. 그는 어머니의 욕망의 대리자로서 오이디푸스 삼각형의 꼭지점 안에 위치해 있다. 어머니의 욕망을 좇아 그녀의 주문(呪文)처럼 '착한 아들'이 되어 아버지 로고스의 위치에 다다라야만 한다. 번듯한 의사가 되어 아버지의 과업을 이어가야만 한다. 무엇보다 형 은호를 능가해야만 한다. 하지만 은섭은 자신의 히스테리 어머니의 더블이다. 그는 자신의 어머니가 그러했던 것처럼, 로고스의 질서에 부합되지 않는 잉여적 욕망을 갖고 있다. 그것은 넘어설 수 없는 아버지와 형의 거대한 벽에 가로막힌 소심한 2인자의 열패감과 뒤섞여 있다. 그의 어머니가 자신의 억압된 성적 자아를 히스테리로 치환한 것처럼 그 역시 아버지와 어머니의 로고스적 욕망에 의해 억눌린 자아를 히스테리로 표출한다. 그가 자신의 어머니와 차이가 있다면, 그건 그 스스로가 로고스의 질서를 벗어나고 싶어한다는 점이다. 그는 자신의 잉여적 욕망 자체를 욕망한다.

자신들의 오이디푸스 삼각형으로부터의 이탈을 꿈꾸는 은호와 은섭, 이 두 명의 히스테리 아들들은 이제 정은이라는 여자를 통해 자신들의 히스테리를 치유하고 새로운 오이디푸스 삼각형 안으로 들어간다. 이 두 남자에게 정은은 새로운 어머니가 된다. 그러나 정은의 의미는 은호와 은섭에게 동일하지 않다.

버림받은 어머니와 자신을 동일시하는 은호에게 또 다른 버림받은 여자 정은은 어머니의 대체자아로서 동일시의 대상이 된다. 은호가 '고장난' 정은의 내면의 상처를 치유하고 말을 찾아준 것처럼, 정은은 은호가 어린아이에서 성인으로 다시 태어날 수 있도록 그를 보살피고 돌보아준다. 그녀는 은호에게 새로운 모성적 어머니가 되는 것이다. 그가 어린시절의 외롭고 아픈 기억들을 되밟아 올 동안, 은섭과의 힘겨운 화해를 치를 때도 그리고 첫사랑을 바라보고 있을 때도 그녀는 한결같이 은호를 기다리고 지켜준다. 그 치유의 예정된 결과는 당연히 은호가 완전한 로고스 남성이 되는 것이다. 그것은 은호가 그토록 꿈꾸었던 모성적 어머니와의 완전한 합일이자 자신의 로고스 남성의 완성이다.

그러나 은섭에게 정은은 모성적 어머니이자 성적 자아라는 이중적 의미를 지닌다. 은호의 여자로 은섭 앞에 나타난 정은은 그를 아버지 로고스 곁에 포박시키면서 상반된 두 가지 힘으로 그를 양쪽으로 잡아당긴다. 은섭이 정은을 만나면서부터 자신의 육체적 증상들을 조금씩 극복해 나가는 모습은 로고스의 대리자인 모성적 어머니로서의 그녀의 위치를 보여준다. 첫 만남부터 눈물을 닦아주고, 그의 심약함과 두려움을 꾸짖으면서도 달래주는 정은은 그가 가져본 적 없는 모성적 어머니의 현신이다. 하지만 다른 한편 그녀는 형의 여자임에도 불구하고 은섭을 유혹하는 성적 자아이기도 하다. "그러지 말아요"라는 정은의 반복되는 대사는 그에게 금단의 열매만큼이나 유혹적이다.

은호가 모성적 어머니인 정은을 통해 자신의 로고스 남성을 완성해 가는 것과는 달리, 은섭은 정은으로 인해 로고스 아버지에 대한 거부와 수용의 갈림길에서 심하게 흔들리게 되는 것이다. 이렇게 해서 세 사람은 새로운 오이디푸스 삼각형 안에 위치지워진다.

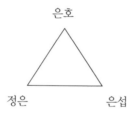

은호

정은   은섭

은호는 정은과의 사랑을 통해 자신의 정체성을 되찾고 안전하게 아버지의 품 안으로 회귀했다. 이제 그에겐 정은과 결혼해서 아버지 로고스의 권좌에 오르는 일만 남아 있다. 그가 정은과 결혼 후 비양도 보건소로 내려가겠다고 공언을 하는 것은 말 그대로 헛소리가 될 것임에 틀림없다. 공교롭게도 병원장인 그들의 아버지가 심장병으로 위기를 맞이한 것은 때맞춰 은호의 발목을 붙잡는 계기가 된다. 그는 결코 자신의 아버지를 배반하지 않는다. 배반은커녕 아버지의 체제에서 한 발짝도 벗어나지 않는다. 그렇게 은호는 아버지 로고스가 되어 간다.

은호의 모성적 어머니와 은섭의 성석 어머니는 성은을 동해 하나로 동합된다. 형의 여자인 정은이 은섭의 욕망의 대상이 되면서 세 사람이 만드는 오이디푸스 삼각형은 팽팽한 긴장을 유지한다. 정은은 두 남자의 사랑 사이에서 갈등한다.

은호의 사랑이 아버지 로고스가 되기 위한 통과의례인 반면에 은섭의 사랑은 아버지 로고스의 질서에 어긋나는 금지된 사랑이다. 형의 여자에 대한 욕망은 아버지에 대한 거부만큼이나 강렬한 힘으로 그를 잡아당긴다. 사랑을 갈구하는 그의 육체는 착한 아들, 착한 동생이 되고자 하는 머릿속(정신)의 명령을 배반한다. 은섭은 로고스의 질서에 따라 형의 여자를 포기하고 착한 동생으로 남을 것인가 아니면 자신의 성적 자아를 찾아 금지된 사랑을 얻을 것인가 하는 갈림길에 놓이게 된다. 은섭은 형을 따라 위대한 로고스의 안정된 체제 속으로 귀의할 것인가 아니면 아버지 로고스의 견고한 성채에 구멍을 낼 것인가?

지금까지 은섭은 아버지 로고스가 되고자 하는 욕망과 아버지 로고스를 거부하고자 하는 욕망 사이에서 갈등해 왔다. 이는 그가 형 은호에게 갖는 양가적 감정과 궤를 같이 한다. 항상 은호가 하는 모든 것이 멋져 보이고 은호처럼 되고 싶다는 선망과 그를 인정하고 싶지 않은 질투와 반발 사이에서 갈등해 온 은섭에게 정은은 마지막 시험이다. 은호의 기억장애를 계기로 과거의 시간 속으로 되돌아간 은호와 은섭이 서로의 아픈 기억과 상처를 발견하고 치유해가는 과정은 은섭이 모든 것을 포기하고 형의 여자를 선택하는 것이 그리 쉽지 않을 것임을 암시한다.

아니나 다를까 드라마는 중반을 넘어가면서 은섭이 과감하게 형의 여자를 향해 돌진하지 못하고 외곽을 맴돌면서 지지부진한 변죽만 울리는 양태로 나아갔다. 소심한 은섭이 뽑아든 칼을 찔러보지도 못한 채, 자신의 발등만을 찍고 있는 형국이다. 드라마는 명확한 중심 갈등 라인에 들어가지 못하고 따로 노는 세 사람의 똑같은 감정만을 지루하게 반복하고 있었다. 시청률이 떨어지고 네티즌들이 실망스럽다는 반응을 쏟아낸 것도 당연한 노릇이었다.

늦었지만 돌파구는 다른 곳에서 마련되었다. 반갑게도 정은이 구원투수로 나섰다. 정은이 은섭에 대한 사랑을 깨닫게 되면서, 정은 쪽에서 먼저 은섭을 향해 다가가기 시작한 것이다. 수동적이고 답답한 모습으로 두 남자의 사랑을 받기에만 여념이 없던 정은이 자신의 사랑을 확신하고 그 사랑을 향해 조심스럽지만 먼저 손을 내민 것은 점점 재미없어지던 이 드라마에 그나마 활력을 불어넣는 계기가 되었다.

결말은 정은과 은섭의 사랑이 결실을 맺는 것으로 귀착되었다. 그리하여 은호와 정은, 은섭의 팽팽한 오이디푸스 삼각형은 정은과 은섭의 이탈로 완전히 와해되었다. 정은은 모성적 어머니의 자리를 박차고 성적 자아로서의 자신의 정체를 찾아간다. 히스테리 아들 은섭은 아버지의 여자를 꿰참으로써 오이디푸스 삼각형을 무너뜨리고 아버지 로고스 체제에 일대 타격을 가하는 최후의 승리자가 되었다.

그런데 드라마는 여기서 다시 한 번 타협과 화해를 위한 마지막 액션을 구사한다. 패자인 은호의 의미심장한 부활이 목도된다. 형의 여자를 빼앗고 아버지 로고스의 체제에서 이탈해 간 은섭의 사랑이 그렇게 치명적인 것이 되지 않을 수 있도록 로고스가 된 은호의 한없이 너그러운 용서와 포용이 뒷받침되는 것이다. 정은과 은섭의 마지막 맺어짐은 은호에 의해 주도되고 베풀어짐으로써 은호가 은섭에게 정은을 양도하는 듯한 합법화(?)가 이루어진다.

위대한 아버지 로고스는 자신을 배신한 패륜 아들을 사랑과 용서로 끌어안는 너그러움과 넉넉함의 위용을 과시한다. 아마도 은호는 유학을 마치고 돌아와 아버지 병원을 물려받아 젊은 피의 수혈로 아버지 로고스 체제를 더욱 공고히 할 것이다. 비양도 보건소에 있는 둘째 아들 은섭은 아버지 로고스의 인간적이고 자애로운 일면을 드러내는 적절하고도 화려한 액세서리가 될 것이다.

그리고 물론 정은과 은섭의 결합은 새롭게 시작되는 또 하나의 오이디푸스 삼각형의 가능성을 예고한다. 그들이 어떠한 외부의 장애도 없이 인가된 결혼이라는 제도 속으로 안착될 때 새로운 오이디푸스 가족 삼각형은 만들어지기 시작한다. 은섭을 유혹하던 성적 자아로서의 정은은 다시 모성적 어머니의 자리로 되돌아오고, 정은으로 인해 모든 히스테리 증세를 치유하고 어른으로 성장한 은섭은 아버지 로고스가 되기 위한 모든 준비를 끝마치게 된다.

대부분의 멜로드라마의 해피엔딩이 그러하듯, 사랑하는 두 남녀 주인공의 맺어짐은 필히 결혼으로 이어진다. 이성애 남녀의 결혼과 새로운 가족의 형성은 우리사회의 가부장체제를 받쳐주는 근간이 되어, 드라마 속에서 지속적으로 반복된다. 멜로드라마의 사랑과 욕망의 판타지가 현실로 되돌아오는 것은 정확히 이 지점이다. 결혼과 가족의 구성적 실재가 드라마에서 현실로, 현실에서 드라마로 돌고 돌아 이루어내는 가부장제 이데올로기는 여전히 우리사회의 지배적 실체이다. 〈봄날〉 역시 그 한계에서 결코 자유롭지 못하다.

남성 히스테리 - 억압된 것의 귀환

로고스라 불리는 근대이성이 세계를 완전히 제패할 무렵, 문자와 사유에 의해 억압되어왔던 자연, 육체, 물질, 감각, 무의식 등은 다시 화려한 부활을 꿈꾸기 시작했다. 그러나 '여성', '여성성'과 결부된 후자의 억압된 것들은 자신들의 귀환이 그들을 더 이상 두려워하지 않는 위대한 로고스에 의해서 인위적으로 만들어진 가상적인 것임을 뒤늦게 깨닫게 되었다.

대중 미디어에 의해 넘쳐나는 육체와 자연, 여성의 이미지들은 위대한 로고스의 넓은 품에서 마음껏 뛰어노는 천진난만한 어린아이들의 모양새다. 이는 로고스가 포획한 적들이 더 이상 아무런 무기도 전략도 가지고 있지 않음을 드러내주는 명백한 증거이자, 로고스의 포용력과 전능함을 보여주는 화려한 전리품들이다.

그런데 이 인위적이고 가상적인 이미지들에는 억압된 자들이 스스로 만들어내는 연출된 이미지들이 뒤섞여 있다. 억압된 욕망들이 가상이라는 베일 위로 자신들의 맨얼굴을 언뜻언뜻 드러내는 것이다. 이들에게는 이제 19세기 여성 히스테리아들이 보여줬던 숨넘어갈 듯한 자기 파괴와 과장된 몸짓은 더 이상 보이지 않는다. 분노와 모멸, 자괴와 고통은 가상이라는 베일의 안전막 뒤로 사라지고, 치고 빠지는 숨바꼭질 같은 경쾌한 유희가 표피적이고, 감각적이고 즉각적인 대중문화의 표면을 빠르게 흘러다닌다.

〈봄날〉의 미덕은 억압된 자들의 히스테리에 진지하고 신중하게 육박해 들어간다는 것이다. 경쾌한 유희와 나른한 쾌감을 넘어 현대 인간들의 내면에 자리한 고통과 상처의 근원의 한 자락을 힘겹게 잡아 올린다. 아버지 로고스에 의한 가부장 체제는 그 질서 내에 다른 위치와 서열로 배치된 다수의 사람들에게 꼭 그 만큼의 억압과 굴종을 안겨주었다. 많은 여성들이 강요된 모성성으로 자신의 진짜 자아를 어딘가에 꼭꼭 숨겨두었으며, 남성들은 아버지 로고스가 되어야 한다는 당위에 자신들의 진짜 자아를 헌신짝처럼 내던져 버렸다.

이들의 숨겨지고 버려진 진짜 자아가 드라마 〈봄날〉을 통해 히스테리란 이름으로 음울하지만 강렬하게 귀환하였다. 정은, 은호, 은섭, 세 명의 히스테리아들은 자신들의 억압된 욕망과 억눌린 자아를 히스테리로 치환하여 자신의 존재를 세상에 알렸으며, 누군가로부터 구원되기를 갈망했다. 이들의 히스테리의 중심엔 억압된 타자로서의 '여성성'이 가로놓여 있었다. 여성성이 전능한 아버지 로고스에 의해 오랜 시간에 걸쳐 체계적으로 말살되어온 결과, 성적 존재로서의 인간의 양성성은 설 자리를 잃게 되었다. [4]

여자의 몰락은 점차 성적 존재 전체의 몰락을 의미하게 되었다. 남자들은 자기 내부에 있는 '여자'들을 상실함으로써 자신의 존재마저 소멸될 위기에 처하게 되었다. 뒤늦게 나타난 결과가 남자들의 히스테리이다. 이 드라마에서 은섭은 진정한 의미의 남성 히스테리아이다. 그는 아버지 로고스의 질서와 체제에서 벗어나기 위해 발버둥을 치며, 자신의 잃어버린 여성성을 끊임없이 찾아 헤맨다.

단지 은섭만이 아니다. 이 시대의 많은 남성들은 자신들이 스스로 구축해온 지배와 정복의 무기였던 남성성이라는 거대한 구조물에 깔려 신음하고 있다. 그들은 이제 자신들의 어깨 위에 지워진 과도한 책임과 의무의 짐을 벗어나기 위해 발버둥치기 시작했다. 자신의 권리와 권한을 포기하는 대신 자신에게 지워진 무거운 짐을 여성들에게 나눠주는 남자들이 생겨나기 시작했다. 어깨에 힘을 빼고 자기 안에 숨겨진 여성성을 발견하기 시작한 남자들도 하나 둘씩 늘어나고 있다. [5] 이는 물론 오랜 세월 투쟁해 온 여성들의 지난한 싸움의 결과이다. 하지만 다른 한편 남성들이 자신들이 만들어온 지배 체제에 스스로도 억압되어 왔음을 힘겹게 폭로하는 것이기도 하다.

최근 대중매체 속 남성의 이미지들은 이러한 남성성의 자기분열적 모습을 조금씩 드러내 보인다. 근육질의 몸매에 부드러운 미소를 가진 꽃미남들. 그들은 억압적인 카리스마 대신 자상하고 온화한 부드러움을 강조한다. 메트로섹슈얼이라 칭해지는 도시의 젊은 남자들은 억압하고 군림하는 남성성 대신 타인의 시선에 자신을 맞추고 가꾸어가는 여성적 면모를 추구하는 것처럼 보인다. 대중매체의 상업성과 선정성을 감안하더라도 그들의 변화는 충분히 의미심장한 것이다. 군림하고 지배하는 것에서 배려하고 공존을 모색하는 것으로의 변화는 그것이 아무리 표피적 이미지에 불과할지라도 중대한 변화임에는 틀림없다.

　　기존의 강인한 남성 캐릭터들 역시 승승장구 승리를 구가하던 이전의 그 용맹무쌍한 영웅들이 아니다. 그들은 세상에 대한 분노와 억울을 표명하는 피해의식으로 가득찬 복수의 화신들로 변모했다. 영화 〈복수는 나의 것〉, 〈올드보이〉, 〈실미도〉에서 최근의 〈달콤한 인생〉에 이르기까지 남자 주인공들은 자신을 옭아매는 부조리한 현실의 어떤 힘들에 대해 지극히 개인적이고 파편화된 수준의 복수를 감행한다. 멜로의 옷을 입고 있기는 하지만 텔레비전 드라마 〈해신〉의 장보고와 염장도 이들과 별로 다르지 않다. 그 결과는 지극히 자기파괴적인 파멸이다. 이러한 자멸적 복수는 남성들이 자신들이 쌓아온 강고한 남성성의 근저를 뒤흔드는 자폭적 몸부림이다. 그들은 자신들의 남성성을 마지막 순간까지 관철시키면서 그 남성성의 중심을 겨냥해 자폭한다. 이들의 장렬한 산화가 보여주는 것은 남성성으로 남성성을 파괴하고자하는 극단적 자기모순이다.

　　이러한 이즈음 남성들의 여성성 되찾기, 자기분열과 자기모순은 남성 히스테리아로서의 은섭과 동시대적 울림을 갖는다. 〈봄날〉은 스스로의 남성성에 포박된 가련하고 나약한 남자들을 전시한다. 이들을 구원하는 것은 여성이다. 그것도 성스러운 모성으로서의 여성이다. 〈봄날〉이 흔들리는 것은 정확히 이 지점이다. 정은의 모성적 이미지는 자주 이들을 아버지 체제로 회귀시킨다. 물론 은섭은 형의 여자 정은을 모성적 어머니에서 성적 자아로서의 여자로 끌어당김으로써 자기 자신 역시 성적 자아로서의 남자가 되고자 했다. 그는 형의 여자를 취함으로써 아버지 로고스의 질서에 타격을 가하고, 자신과 정은을 동시에 구출할 수 있었다. 망설이고 주저하는 은섭을 다그치며 성적 자아로서의 자신을 되찾아 간 정은의 힘이 주요하게 발휘되기도 하였다. 그리하여 한 순간 견고한 오이디푸스 삼각형이 무너질 수 있었다.

그러나 끊임없이 재생되는 모성적 어머니에 대한 신화는 이 드라마를 아버지 로고스 체제에 대한 파괴로까지 밀어붙이는 데 결정적인 한계로 작용한다. 두 남자 주인공이 각자가 가진 내면의 상처를 치유하고, 결핍과 증오를 해소하면서 성숙한 인간으로 성장해가는 과정은 그들이 각기 독립된 아버지 로고스가 되어가는 과정임에 틀림없다. 그리고 이들을 성숙과 독립으로 이끌어주는 것은 다름 아닌 모성적 어머니로서의 정은의 사랑이다. 상처를 보듬고 고통을 잠재우고 위안을 주는 것은 결국 정은의 모성적 손길이었던 것이다. 무너진 오이디푸스 삼각형이 새롭게 구축되는 것은 모성적 어머니와 형제애라는 가족적 신화의 복구에 의한 것이다. 멜로드라마의 안정된 귀결을 따라 정은과 은섭은 오이디푸스 가족 삼각형 안으로 다시 빨려들어 갔다.

그럼에도 불구하고 오이디푸스 가족 삼각형은 여전히 위태로워 보인다. 남성 스스로에 의해서 내부에서 터져 나온 반발과 저항은 어느 한 순간 걷잡을 수 없는 불길이 되어 로고스 체제 자체를 위협하게 될 지도 모른다. 한번 균열이 가기 시작한 철옹성은 언젠가 급격히 무너져 내릴 수도 있다. 드라마 〈봄날〉이 흔하디흔한 삼각사랑 속에서 우리에게 보여준 것은 내부의 반발과 저항, 그리고 균열이 발생하는 바로 그 지점이다. 남성 히스테리를 통한 억압된 것의 귀환, 아직 완성되지는 않았으나 그 뚜렷한 징후가 반가울 수밖에 없다.

가족놀이는 이제 그만!

〈아일랜드〉

오 은 경

정상 가족이여, 안녕!

한국은 드라마 왕국이다. 월요일부터 일요일까지 매일 아침 댓바람부터 저녁시간대까지 공중파 3사는 시청률의 일대 전쟁을 치르며 드라마를 방영한다. 드라마를 즐기는 시청자들은 손가락 하나로 가볍게 이 채널과 저 채널을 넘나들며 각 방송사의 드라마를 시청한다. 그것도 모자라 드라마를 섭렵하기 위해 인터넷과 유선방송까지 동원한다. 신기한 것은, '안방극장'이라는 명칭에서 벗어나면 안 된다는 법칙이라도 있는 것처럼 비슷비슷한 멜로드라마들이 가족이야기로 채워지고 있다는 점이다.[1] 이 드라마들은 마치 실험실이라도 된 듯이 정상가족을 지향하면서, 어쩔 수 없이 튕겨져 나온 비정상적인 가족구성원에 대해서는 의심과 공포의 눈길로 갈등을 증폭시킨다.

예를 들자면 끝도 없다. 남편은 죽고 세 애인이 생겼다. 결혼하려고 하는데 아들이 걸림돌이다. 구 시댁에서는 '아이를 두고 가라' 하고 현 시댁이 될 곳에서도 아이를 두고 오라 한다. 잘난 '핏줄' 때문에 벌어지는 이야기들이다. 아이가 엄마에게 딸려 가면 죽은 아버지 성을 버릴 수밖에 없다는 것이 이유이다.(〈굳세어라 금순아〉) 아들을 못 낳는다는 이유로 시어머니가 아들 며느리를 이혼시켰다. 이혼하고 다른 사람과 결혼 약속을 한 며느리가 아들의 아이를 가졌다는 사실을 알게 되었다. 시어머니는 아들과의 재결합을 종용한다. 며느리 뱃속에 대를 이을 자식이 들어있기 때문이다(〈어여쁜 당신〉). 남편은 무정자증이다. 부인은 남편이 그런 줄도 모르고 시험관 아기 시술을 해 무사히 임신을 했다. 그런데 알고 보니 자기 뱃속에 옛 애인의 씨앗이 들어있다. 이 아이를 어떻게 할 것인가(〈위험한 사랑〉). 재혼하여 남편 자식인 아들과 둘이 함께 낳은 딸을 두고 있다. 그런데 딸이 재혼한 남편의 아들과 사귄다. 이것은 패륜인가 아닌가(〈하늘이시여〉)

이처럼 가족을 다루는 대부분의 드라마는 하나의 고정된 담론으로 존재하면서 정상가족을 내세움으로써 여타의 가족을 주변화하고 있다. 드라마에서 쏟아지는 수많은 러브스토리는 또 어떤가? 새로운 여성 캐릭터를 창조해 냈다고 최근 인기몰이를 했던 〈삼순이〉를 비롯한 수많은 드라마들이 재벌 2세와의 사랑으로 신분상승을 하게 된 신데렐라 이야기거나 혈연에 얽힌 연적을 중심으로 한 비련의 여주인공을 다루고 있다. 드라마에서 여성 주인공들은 자신의 의지와는 무관하게 사랑이란 이름으로 남자들에 의해 '교환' 되는 존재들일 뿐이다.

그런데 지난 해 MBC에서 방영한 드라마 〈아일랜드〉(김진만 연출, 인정옥 극본, 2004년)는 적지 않은 파장을 일으켰다. 한 사람이 사랑을 하고, 가족을 구성해 나가는 방식에서 기존의 드라마와는 매우 다른 무엇인가가 숨겨져 있었기 때문이다. 〈아일랜드〉의 작가 인정옥은 『페미니스트이프」지와의 인터뷰에서 '두 여자의 독립과 사랑'에 대해 말하고 싶었다고 밝혔다.[2] 이 드라마가 수많은 멜로드라마 속에서 독자성을 확보하게 된 것은 두 여자가 사랑을 이루는 스타일이 기존의 드라마와는 다른 무엇이 있었기 때문이다. 무엇보다도 여자 주인공 두 명이 새로운 사랑을 만나고 가족을 만들어 내는 방식은 시대적 흐름과 호흡을 같이하는 감각이 숨어 있었고, 자아 정체성을 형성해 가는 과정을 보여주기도 했다.

드라마 〈아일랜드〉에서 볼 수 있던 탈근대적 가족담론과 감수성은 적지 않은 신세대 마니아들을 양산하였다. 〈아일랜드〉는 시청률은 다소 저조한 편이었으나 참여 정부가 건강가족기본법[3]까지 상정해 가면서 혈연, 혼인, 이성애 중심의 가족제도를 공고히 하려는 이 시점에서 또 하나의 가족에 대한 새로운 가능성을 열어 주었다.

탈주, 탈기관체, 여성되기

MBC드라마 〈아일랜드〉는 네 남녀에 관한 이야기이다. 아일랜드로 입양되었다 돌아온 이중아, 교통사고로 부모를 여의고 고아로 성장한 강국, 백수건달 이재복, 소녀가장 한시연이 바로 그들이다. 네 명 모두 우리 사회에서 '주류'가 되기에는 무리가 있는 인물들이다. '정상가족' 출신이 아니기 때문이다.

이야기는 1년 전 한국으로 오는 비행기에서 이중아가 강국을 만나면서 시작된다. 둘은 얼마 후 결혼한다. 그런데 부부였던 두 사람이 각자 이재복과 한시연을 만나 사랑하게 되면서 갈등은 시작된다. 결국 이중아와 강국이 합리적으로 이혼을 받아들이게 되면서 이야기는 끝이 난다. 드라마에서 네 명의 주인공들은 각각 다른 사람들과 '접속' 하면서 자신에게 맞는 사람들을 만났을 때 영토를 만든다. 그들이 만들어낸 가족 배치는 다양한 가족의 틀을 형성한다. 각자의 섬에 갇혀 살던 네 주인공이 자기 밖으로 나와 세상을 만나고, 자신과 화해하면서 만들어 가는 '집짓기' 는 가족로망스에서 '탈주' 하는 스토리다. [4]

강국은 이중아를, 이중아는 이재복을, 이재복은 처음엔 한시연이었다가 다시 이중아를, 한시연은 이재복과 동거하다 다시 강국을 사랑하게 되는 〈아일랜드〉는 서로 접속되거나 떨어져나가며 다양한 변형체를 만들어내면서 기존의 가족로망스가 지향하는 정상가족의 틀을 간단하게 넘어선다. 드라마 상의 가족 가운데 정상가족은 한 가족도 없다. 한시연 가족 역시 부모와 자식의 역할놀이가 완전히 전도된 채, 자식놀이를 구사하는 아버지 어머니와 부모놀이를 하는 딸만이 있을 뿐이다.

이 네 사람 각각은 '사랑' 의 조건으로 정상/비정상을 구분하지 않는다. 그저 마음이 당기고 끄는 대로 용감하게 나아갈 뿐이다. 강국의 표현대로 '수준미달' 인 이재복을 사랑하는 이중아나, 날건달 이재복이 한시연과 동거하면서 진짜가족이라도 된 듯이, 한시연보다 더 자상하게 행동하는 장면 등에서 정상가족, 혹은 가족이라는 것이 과연 무엇인가 질문하는 작가의 목소리를 들을 수 있다.

이중아의 삶에는 어머니-아버지-딸이라는, 정상적인 가족 관계가 삭제되어 있다. 이중아는 어릴 적 아일랜드로 입양된 후 아일랜드 가족과의 관계 속에서 사회화되고 성장했다. 혈연가족이 아닌 가족관계에서 자아를 키워 온 이중아에게 가족이란 그저 '역할놀이' 일 뿐이다. 어머니-아버지- 나의 관계란 법적 유효성 안에서의 한시적 관계일 뿐 언제나 해체할 수도, 재구성할 수도 있는 유동적인 관계망이다. 가족 삼각형 안에 갇혀 있는 리비도는 언제라도 밖으로 분출될 수도 있으며, 그 꼭지점에는 누가 와도 상관없는, 대체 가능한 역할놀이에 불과하다. 그녀의 무의식은 무엇으로도 등기될 수 있는 텅 빈 상태여서 정상가족 혹은 아버지의 법과 질서의 바깥에 존재한다.

프로이트에 의하면 유아의 성장기에 부모와의 관계는 한마디로 아이의 무의식을 형성한다. 이 무의식이야말로 아이가 한평생을 어떻게 살아갈 수 있는가를 결정하는 잠재적 운명이 된다. 그러나 이런 이론에서 이중아는 비켜 서 있다. 안정적이고 스위트 홈을 꿈꾸는 강국을 받아들이지 못하고, 잠시 부부로 머물렀다 비켜갈 수밖에 없는 이유도 여기에 있다. 생모가 아니라는 것을 알고 돌아섰던 부자가 다시금 엄마가 되어줄 수 있다고 제안했을 때 '가족놀이'를 하지 않겠다고 단호히 거절할 수 있는 것도 이중아에게는 무의식에 등록된 어머니, 아버지가 없기 때문이다. 이중아의 무의식은 고아 무의식이다. 이중아는 근친상간 금기를 '넘어' 가족을 '역할 놀이'로 규정함으로써 가족로망스로부터 탈주를 시도한다. 이중아는 강국과 헤어짐으로써 가족의 영역에서 탈영토화하며, 이재복을 가족-오빠로 인정하는 것을 거부하고, 부자(이휘향 분)를 어머니의 자리에 두지 않음으로써 탈기관체가 되는 데 성공한다. 이렇듯 이중아에게 가족은 본질적인 것이 아니라 '구성'된 개념이다. 이중아에게 고정된 삼각형의 가족 구도는 존재하지 않는다.

강국과 이혼하고 난 이후 부자와 나누는 대화에서 이중아가 생각하는 가족의 개념이 무엇인지 드러난다. '수행적'performative 개념이 그것이다. 이중아는 가족구도 가로지르기를 시도해야 하며, 가족은 엄마, 아빠, 남편이라는 이름과 역할이 아니라 서로가 소통하고 도와주는 것이라고 믿는다. 고정된 가족개념에서 벗어날 수만 있다면, 가족의 영역은 확장될 수 있다.

즉 가족은 고정된 것이 아니라 유동적인 다양체가 될 수 있는 것이다.

이재복은 권력을 노동력으로, 그리고 임노동으로 환원시키는 자본주의 사회의 틀로 보았을 때는 기둥서방이며 백수건달이다. 그러나 이재복의 가치는 자본화될 수 없는 곳에서 찾을 수 있다. 이재복은 누구와 접속하든지 상대방을 행복과 웃음으로 채울 수 있는 인물이다. 한시연과 동거하면서 이재복은 한시연의 어머니와 아버지, 그리고 동생들과 가슴 따뜻한 관계를 일구어낸다. 이재복의 친화력과 상대방을 인정할 수 있는 따뜻함은 이재복의 '여성되기'Becoming-Woman를 통해서 가능하다. 5 사회에서 이름을 갖지 못한, 그리고 임노동을 제공하지 못하는 이재복은 거세된 인물이다. 더구나 이재복은 교통사고를 통해 한쪽 다리를 잃고 장애인이 됨으로써 철저한 타자가 된다. 드라마에서 이재복은 끊임없이 여성되기를 수행한다. 이재복에게 여성되기의 과정은 고정된 자아나 주체성을 거부하고 계속적인 생성의 가능성을 의미한다. 모든 되기의 시발점으로써 여성되기는 고정된 것이 아니라 유동적인 것을 의미한다.

이중아와 이재복의 사유는 수평적 사고이며, '리좀'rhizome 적 사유이다. 그들은 모든 관계를 수직적 관계망 속에 배치하지 않고, 횡적이고 수평적인 탈영토화의 선을 만들어 나간다. 이중아와 이재복의 욕망은 직업군이나 계급, 연령, 성별 등에 고정되지 않고 다른 새로운 대상과의 접속에 의해 끊임없이 자아를 형성해 간다. 대상과의 관계 속에서 리좀적 자아를 형성해 가는 것이다.

이중아와 이재복에 비해 강국과 한시연은 수목형 사유틀 6 에 고착되어 있는 인물들이다. 강국은 어린 시절 교통사고로 부모를 여의고 목사님의 보살핌을 받으며 성장한다. 어릴 적부터 어머니와 아버지의 부재를 결핍과 결여로 받아들였던 강국은 가족로망스에 대한 환상을 키운다. "내가

82

불쌍해서 좋아요? 아니면, 좋아서 불쌍해요?"라고 묻는 이중아를 만났을 때, 강국은 그녀를 보살피려고 결혼을 하게 된다. 아일랜드에서도, 한국에서도 온전한 가족을 가질 수 없었던 그녀와 가족을 생산해 내기 위해 그가 택한 방식은 결혼이었다. 강국은 자신에게 결여된 가족로맨스를 이중아와의 결혼을 통해 메우고자 한다. 강국에게는 유목적 주체로서 이접과 연접이 가능한 주거공동체가 아니라 '집'이라는 공간과 혈연이나 혼인과 같은 정해진 약속과 등록이 필요했던 것이다.

강국은 가족이라는 영토 안에 갇혀 코드화되기를 욕망한다.[7] 강국이 원하는 것은 유년기를 잃어버린 슬픔, 아버지-어머니를 삶 속에서 재현하는 것이다. 강국의 행복과 불행은 층화된 가족 내에 갇혀 있으며, 가족으로 환원되는 리비도이다. 이중아의 끊임없는 종용과 이혼 요구에도 불구하고 '가족'이라는 신성한 울타리를 지켜야 한다는 믿음에는 변화가 없다. 그러나 강국은 어느 날 목사님과의 대화를 통해 아버지와 목사님의 동성애 관계를 알게 된다. 그 사실을 알고 강국은 거리로 뛰쳐나가 구토를 한다. 충격을 토해내는 것이다. 그 사실을 소화하기에는 강국의 의식은 너무나 닫혀 있었다.

이 사건을 계기로 강국은 자신이 갇혀 있었던 가족 삼각형은 완전히 닫혀 있을 수 없음을 깨닫게 된다. 어떤 영토성, 어떤 코드도 생성을 완전히 닫아 놓을 수는 없으며 언제나 누수(漏水)가 가능하다는 것, 그리고 언제나 탈주선(脫走線)이 흐르고 있다는 것을 받아들이게 된다. 그 후 강국은 이중아와의 이혼을 받아들이며, 친구로서 그리고 아이의 아버지로서의 새로운 관계를 조율한다. 강국은 아버지가 오이디푸스 삼각형에서 탈주했었다는 사실을 깨닫게 됨으로써 비로소 탈기관체 Body Without Organs 기될 수 있었던 것이다.[8]

한시연은 이 드라마에서 가장 충실하게 가족로망스를 재현해 내는 인물이다. 한시연은 어린 나이부터 무능력한 아버지와 펭귄이라 부르는 동생들을 챙기기 위해 직업전선에 내몰려야 했고, 가장이 되기 위해 에로배우가 된다. 한때 '유지'였던 아버지는 무능력한데다가 아이처럼 투정까지 부리는 철부지로 그려진다. 심지어 한시연이 스타덤에 올라 이사를 할 때에도 새 집에는 꽃을 심을 공간이 없고, 심심하다고 투정을 부린다. 노동시장에서 밀려나 거세된 아버지는 유아기적 단계로 퇴행해 버린다.

한시연이 어머니, 아버지, 나의 가족 삼각형 구도 속에 갇혀 있기는 하지만 이 경우는 아버지와 나의 역할이 전도된 가족로망스이다. 한시연이 그녀의 가족과 관계를 맺는 방식은 근대 부르조아 가족 구도를 벗어난 것이지만 현실적으로 흔하게 마주칠 수 있는 가족 형태이다. 우리 사회가 산업화를 성공적으로 수행하는데 가장 헌신적으로 공헌한 사람들이 각 가정의 '누이들'이라는 점을 감안해 본다면, 노동자 계급의 또 하나의 다른 가족 구조라고 볼 수 있을 것이다.

가족로망스를 넘어서

혈연과 가문을 중시했던 우리 사회에서 가족은 한 사람의 일생을 결정하는 중요한 요소로 작용하였다. 가족은 줄곧 계급, 인성 등을 가늠하는 주요한 평가요소가 되어 왔다. 서구사회에서 근대가족은 이성애중심 부부와 핵가족화를 '정상가족'으로 고착화시켰으며[9], 자본주의 발달과 함께 '스위트 홈'에 대한 환상이 부르주아의 이상이 되었다. 근대국가는 부르주아 핵가족을 중심으로 하였으므로, 근대국가 건설은 부르주아 핵가족

중심의 가족 로망스와 더불어 시작되었다고 해도 과언이 아니다. [10] 이에 비해 '비정상가족' 혹은 '결손가족'은 근대가족제도가 만들어낸 이성애 부부 중심 핵가족제도의 얼룩이며 상징질서의 구멍이다.

가족을 어머니, 아버지, 나라는 가족 삼각형 안에 가두게 되는데 결정적인 역할을 한 것은 바로 프로이트의 가족로망스이다. 이것을 뒷받침해 주고 있는 가설이 오이디푸스 컴플렉스와 거세 컴플렉스이다. 가족로망스를 가능하게 해주는 가설 오이디푸스 콤플렉스는 아버지, 어머니, 나라는 삼각형 구도를 기본전제로 하고 있다. 오이디푸스 단계를 경과하기 전까지는 양성적인 존재였던 유아가 외디프스 단계를 거치면서 어머니에 대한 사랑을 포기하지 않으면 거세당할 것이라는 두려움 때문에 사랑대상으로서의 어머니를 포기하고 여성과 남성으로 태어나게 된다는 것이 가족로망스의 핵심이다. 여기에는 근친상간을 금기로 만든 아버지의 법, 문명의 질서가 숨어있다. [11]

이와 같이 프로이트는 유아가 아버지, 어머니와의 관계를 통해서 성적 정체성을 형성해 가고 자아를 만들어 가는 과정을 가족로망스라는 개념을 통해서 설명하고 있다. 아이의 무의식을 형성하는 것은 결국 부모와의 유년기 시절 맺었던 관계이며, 그러므로 부모와 가족이라는 틀 안에서 맺는 관계는 아이가 어떻게 평생을 살아가는가를 결정하는 중요한 요소가 된다. 개인의 행, 불행은 가족으로 환원할 수 있으며, 그 원인을 가족에서 찾을 수 있다는 것이 바로 가족로망스이다. [12]

그러나 근대담론에서 여성, 원주민, 광인, 동성애자, 소수민족 등으로 나타났던 타자의 공간을 찾아주는 작업에 대한 논의가 주요 관심사로 떠오른 탈근대적 상황에서, 서구 부르주아 이성애 중심 핵가족 담론만을 유일한 가족 담론으로 주장하는 일은 더 이상 유효할 수 없게 되었다. [13]

프로이트는 리비도를 가족주의 틀 안에 가두어 놓았다. 오이디푸스 콤플렉스는 아빠-엄마-나라는 삼각형화를 통해서 무의식이 병적 증세를 나타내는 증상이라는 것이 그의 해석이다. 그러나 들뢰즈와 가타리는 정신질환은 욕망의 좌절에서 생기는 것이며, 욕망은 처음부터 사회적인 것이라고 해석한다. 욕망은 정치적이며 사회적인 것이다. 모든 정신질환의 원인은 생산하는 욕망 속에 있다. 욕망하는 생산과 사회적 생산의 관계, 그 갈등이 현실적인 요인이라는 것이다. 오이디푸스 개념을 분석한다는 것은 아들의 헝클어진 감정을 거슬러 올라가 부모를 내면화하여 표상하고 있는 관념에 도달하는 것이다. 그러나 정신질환의 원인을 가정의 테두리에서 찾는다는 것은 무엇인가 잘못이 있다. [14]

이중아의 삶을 보자. 이중아의 무의식은 아버지나 어머니를 재현하는 극장이 아니다. 들뢰즈의 용어로 설명한다면, 이중아의 무의식은 '욕망을 생산하는 기계'이다. 무의식은 고아이며, 문제는 욕망의 생산에 있다. 이중아가 아버지, 어머니를 일시적이고, 유동적인 존재로 등록한 것 자체는 이중아의 인생에서 별다른 문제가 되지 않는다. 오히려 이중아를 삶 한가운데서 표류하고 좌절하게 했던 것은 그녀가 처한 구조적 차원이었다. 그녀의 삶과 욕망은 가족에서 시작되었다기보다, 어찌 보면 경제적 사회적 구조가 더 커다란 문제의 핵심이라고 볼 수 있다. 이중아를 버리고 해외로 입양 보낼 수밖에 없던 어머니의 가난이 문제의 출발이었으며, 오빠가 아닌 이중아가 버려져야 했던 남아선호 사상이 문제였으며, 입양가족이 IRA 분쟁에 연루될 수밖에 없던 아일랜드의 정치적 상황이 문제였다.

본격적인 문제의 시발점은 예정된 어떤 것이 아니다. 우연적인 사건에서 비롯된다. 아일랜드의 가족이 정치적 분쟁에 휘말려 모두 죽었다는 사건, 한국으로 오는 비행기에서 강국을 만나 결혼했다는 사건, 이재복을 만나 사랑에 빠졌다는 사건 등 모든 사건은 우연적일 뿐이다.

여기서 볼 수 있는 것처럼, 이중아의 욕망이 생산되는 메커니즘은 유년기 부모님과의 관계에 의한 재현이 아니라, 경제적, 정치적 차원에 따라 작동되고 있다. 이중아의 고아 무의식은 자본주의, 인종, 테러, 식민주의 등에 따라 욕망을 생산하고 있는 것이다. 이중아는 욕망하는 기계로서 끊임없는 욕망을 생산한다.

욕망은 개인적이지 않다. 결핍이라는 부정성에서 파생되는 것도 아니다. 욕망은 늘 생산된다. 사물들과 새로운 조합, 존재들과의 공동적 기능, 서로 다른 그룹, 류(類)와의 공생 속에서, 즉 다른 무엇으로 향하는 이행 과정 속에서 생성되는 것이다. 욕망하는 기계는 인간을 기계로, 삶을 기계적인 것으로 환원시키는 것이 아니라 개별적 배치를 통해 늘 새롭게 생산되는 개인적 혹은 집단적인 삶을 뜻한다. 물론 자아의 이러한 양상들은 다른 요소들과 만나 배치되면서 기계적 성격을 가지며, 욕망, 의미, 기호, 사건을 생산한다. 따라서 리비도의 여정은 단순한 개인적 차원을 넘어 노동, 투자, 힘, 강도, 즉 사회, 역사, 경제, 정치적 장에서 그것들의 요소와 만나면서 실현된다.[15]

이재복이 사회 부적응자로 살아가는 것이 '결손가정' 출신이기 때문인가. 이재복은 끊임없이 자본주의 구조에 편입되는 것을 거부하고 노동자로서 등록되는 것을 피한다. 이재복은 자본주의를 참아내지 못하는 일종의 거식증 환자이다. 여기에서 이재복의 운명을 결정했던 것은 이재복이 결손가정에서 자랐다는 사실이 아니라, 이재복의 어머니가 자기가 낳은 딸을 버려야 할 만큼 경제적으로 궁핍한 사정에 처해 있었다는 사실이다. 이재복은 하얀 눈을 맞으며 떠난 어린 누이동생을 가슴 속에 묻고, 사회 부적응자로 자라게 된다.

이재복과 양아버지가 관계를 풀어나가는 방식도 오이디푸스 구조 안에 있는 것처럼 보이지만 사실은 이재복의 삶을 변화시킬 수 있을 만큼의 동력을 갖지 못한다. 양아버지와 경쟁관계를 지속시키던 이재복이 양아버지가 심장마비로 갑작스레 사망한 후, "할아버지, 나 할아버지 죽어서 열나 슬퍼!"하는 독백에서 그의 증오심은 사랑과 함께 했던 양가적 감정이었음을 알 수 있다. 그러나 이재복이 세상 안으로 들어갈 수 있도록 해준 것은 그의 양아버지가 아니라 이중아와의 사랑이다. 오이디푸스가 힘을 잃는 순간이다.

이재복에게 이중아와 강국의 만남은 일생에서의 중대한 사건이다. 삶의 한가운데에서 방향을 잃고 표류하는 그는 강국을 통해 이재복은 삶의 방향을 보게 된다. 얼핏 보면 이재복과 강국과의 관계는 동성애적 코드로까지 읽힐 수 있는 측면도 있다. 두 남자가 한 여자를 교환하는 방식에서 벗어나 있는 이 드라마에서는 누가 누구를 교환하는지 분명하지 않다. 그 무게 중심이 네 명의 주인공에게 팽팽하게 분배되어 있기 때문이다. 네 명의 주인공이 꼬리에 꼬리를 물고 접속을 달리 하면서 다양한 배치를 만들어 내고 있는 것이다.[16]

이재복과 이중아의 만남은 유목적 주체가 서로 만나기 위해 탈영토화하여 재영토화한 공간이다. 이재복과 이중아의 접속은 사회의 금기나 코드를 넘어선다. 이재복은 이중아가 동생일 수 있는 가능성을 알게 되고 나서도 끝까지 '정아'가 아닌 '이중아'로 받아들인다. 친자확인 통지서를 받아들고는 서류를 찢어버리는 이재복의 사랑은 근친상간이나 타부를 넘어서 승화된다. 이재복과 이중아는 근친상간을 넘어섬으로써 분열증자가 된다.[17]

한시연의 경우에도 가난과 소외라는 계급의 문제를 안고 있기는 마찬가지이다. 학력 자본이나 경제적인 자본이 없는 그녀에게 자본이 될 수 있는 것은 몸 하나뿐이다. 여성의 몸과 미모가 자본이 되는 사회에서 그녀는 몸과 미모를 이용해 '주류'로 편승하려 기를 쓴다. 사회의 시선은 그녀를 단지 '가능한 매춘부'로 가두어 버린다. 감독이나 그녀의 팬들이나 그녀에게서 탐하는 것은 몸이다. 그녀에게는 가난과 함께 여성의 섹슈얼리티를 물상화하는 남성의 막강한 권력이 놓여 있는 것이다. 주류 사회에 편승하고 출세하고자 하는 그녀의 욕망은 좌절할 수밖에 없다.

한시연의 명예와 권력을 향한 욕망은 무능력한 아버지와 줄줄이 달린 펭귄(동생들)들 때문이라고 할 수 있을지도 모르지만, 그녀의 좌절과 실패까지 가족로망스로 환원시키기에는 상당히 무리가 따른다. 한시연의 절망에는 여성의 몸을 바라보는 남성의 권력과 자본이라는 구조가 버티고 있는 것이다. 한시연은 강국과의 만남을 통해 존재를 인정받게 되면서 화려한 주류 배우가 되고자 했던 유년기와 화해하게 된다.

타자들의 가족 만들기: 리좀[18]

우리에게 가족은 대체로 혈연과 혼인관계에 있는 사람들을 의미한다. 그러나 사회가 다원화되고 노동시장의 변동 등으로 인해 가족의 확대와 분산이 불가피하게 되었으며, 이러한 가족 변동은 가족의 유연성 증대를 가져오기도 하였다.[19]

가족은 집단이면서 동시에 제도이다. 집단으로서의 가족은 가족 내부의 관계에 초점을 맞추는 가족의 미시적인 측면이다. 이와는 대조적으로 제도로서의 가족은 가족제도와 여타의 사회 제도와의 관계에 초점을 맞추는 거시적인 측면이다. 현대사회에서는 가족의 집단적인 결속이 약화되고 가족의 기능이 축소되는 추세에 있다. 그럼에도 불구하고 가족의 고유한 기능, 곧 사랑과 부양공동체로서의 기능은 다른 제도에서 수행할 수 없는 기능이기도 하다.[20] 더구나 결혼과 이혼, 혼인 중의 자녀와 혼외자녀, 입양, 재혼 등의 이동과 중첩은 더 이상 소수의 사람들만의 문제가 아니다. 뿐만 아니라 노동시장의 다양화 등으로 가족이 흩어져 살기도 하고, 자식들 교육을 위해서 기꺼이 기러기 아빠가 되는 경우도 흔히 볼 수 있는 일이다. 그리고 법률상으로는 가족이 아니지만 사실상 가족의 모습을 띠고 있는 혼외동거, 수양, 집단거주, 계약결혼 등의 탈혈연·탈혼인 가족들도 간혹 찾을 수 있다.[21]

드라마 〈아일랜드〉에서는 정상가족의 범주를 넘어선 가족들이 등장한다. 이들이 만들어 내는 가족은 혈연과 혼인 내부에 존재 하지만 대체로는 혈연과 혼인을 넘어선 관계들이다. 이들이 만들어 내는 관계망은 종종 주거를 넘어서기도 한다. 이들에게 가족은 친밀함이자 소통의 공간이며 관계망이다.[22]

이중아의 입양, 강국과 목사님의 수양친자관계(위탁), 강국 아버지와 목사님의 동성애, 이재복과 한시연의 혼외동거 등 드라마에서 이미 주인공들이 구성했던 가족은 우리사회에서 '정상가족'의 틀을 훌쩍 넘어서 있는 가족들이다. 주인공 각각은 또한 끊임없는 흐름과 탈주선 안에 있다. 이들이 유년기의 무의식에서 벗어나 자아를 찾아가고 자기에게 맞는 집 짓기를 하는 과정은 탈주, 탈기관체, 배치를 통해 다양체를 구성하는 과정이다. 이중아와 이재복, 강국과 한시연, 네 명의 주인공은 다른 사람과 접속하고 자기에게 맞는 사람을 찾아 탈영토화하여 끝내 서로에게 맞는 사랑을 만나 재영토화에 성공한다. 주인공들은 각기 어린시절 유년기의

자기와 만나 화해하고 가족로망스로부터 탈주하며 다양한 배치를 통해 가족을 형성해 나간다.[23]

이중아는 강국과 이혼하면서 새로운 가족 배치를 만들어낸다. 강국과의 이혼은 이중아에게는 새로운 출발이자 홀로서기의 실현이다. '좋은 부부'는 되지 못했지만 '좋은 부모'가 되자는 다짐과 함께 강국과 이중아는 새로운 관계맺기에 돌입한다. 이러한 관계 맺기는 리좀적 사고가 가능한 유목적 주체가 되었을 때만 가능한 말이다. 가족 삼각형 안에 갇혀 있는 구조가 아니라 리좀적 사고가 가능할 때 리비도는 범람한다. 결혼제도라는 상수항을 빼고 n-1의 구도로 접어들었을 때 비로소 이중아와 강국은 홀로서기에 성공한 개인과 개인으로 마주할 수 있었다.[24]

이중아에게서는 '혈연'이라는 상수항도 삭제된다. 이중아는 이재복이 '오빠'일 수 있음을 알지만 사랑하는 대상으로 남겨두기를 원한다. 그러나 혈연이 아닌 것으로 밝혀진 것으로 믿는 부자는 그녀와 관계맺기를 거절한다. 이때 부자의 남편(이재복의 양아버지)이 "난 이미 정아 양을 마음속으로 딸로 받아들였어요. 아무도 모르게 그냥 나 혼자"라고 했던 대사는 이중아에게 새로운 가족의 의미를 생산해내도록 하는 동력이 된다. 만남이 있을 뿐이지 관계가 우선이지 않았던 이중아에게 가족은 다시 한 번 허물벗기를 요구한다. 이중아는 혈연이라는 상수항을 빼고, 부자와 관계맺기를 조율한다. 이로써 이중아는 주체는 구조 안에 갇힌 존재가 아니라 언제나 범람이 가능하며 '흐르는 존재'임을 입증한다. 주체는 관계와 관계망 안에서 형성되어 가는 존재이며 끊임없는 탈주와 탈영토화를 통해 영토화하는 리좀적 존재임을 보여준다. 이중아는 강국과 이재복과 이재복의 어머니이자 자신의 어머니인 부자와 혈연과 혼인 제노를 넘어선 새로운 가족을 생산해 낸다.[25]

이재복에게는 살아가는 방식이 사건이듯이, 가족도 사건이며 배치이다. 언제든지 접속을 달리함에 따라 다양한 배치를 만들어 낼 수 있다. 그에게 가족은 혈연이나 법적 구속력이 아니라 친밀함과 소통의 장이다. 이재복이 한시연과 동거하며 한시연의 아버지나 동생들과 다져나가는 관계는 그야말로 감동적이다. 이재복과는 각별한 정과 소통의 장을 나누었던 한시연의 아버지와 막내 동생이 몰래 밤낚시를 간다며 이재복을 찾아가는 모습에서 이재복과 그들의 접속은 또 하나의 가족이 될 수 있는 가능성이 있음을 암시한다. 가족은 그들에게 혈연이나 혼인을 넘어선, 즉 코드화 되어 있지 않은 열린 구도이며, 소통의 장이다. 바로 친밀함의 공간인 것이다. 가족은 제도나 혈연으로는 구획될 수 없는 것이며, 가족을 결정하는 기준은 친밀함이다. [26]

〈아일랜드〉의 주인공 각각은 'n개의 성'을 이루는 다양한 '되기'를 작동하여, 단일화가 아닌 이질적인 요소의 종합, 탈영토적 움직임의 끝없는 자아를 생성해낸다. 욕망은 항상 유목하며 이동하고 있으며, 오이디푸스에 의한 수직적 위계질서로 경직되지 않고 유동적이다. [27] 이들의 욕망은 일정한 틀에 갇혀 있지 않고, 새로운 대상과의 새로운 접합에 의해 무수한 생성을 지향하는 유목적 형태를 지닌다. 외디푸스 콤플렉스 구조에 재영토화된 체계에서 벗어나 욕망에 의해 탈영토화된 상태, 그것이 바로 유목적 주체가 만들어낸 가족이다. 여기서 욕망은 오이디푸스 체계 안에 갇히지 않고 긍정적이고 생산적이다.

욕망이란 프로이트의 오이디푸스 가족구조에 갇힌 것이 아니라 오이디푸스 구조 바깥에서 무수히 변화되고 생성될 수 있는 것이다. 〈아일랜드〉의 주인공들은 다른 대상과의 접속에 의해 무수한 욕망과 자아를 만들어 간다. 이중아는 결혼하지만 결혼제도에 갇히지 않고 새로운 욕망을 생산해 내고 그 욕망과 욕구를 위해 탈주하며, 이재복은 혼외정사를 청산하고 이중아를 만나 어떻게 살지를 정하게 되며, 강국은 이혼 후 한시연을 진심으로 받아들인다. 이재복과 혼외동거관계에 있던 한시연은 강국을 사랑하게 된다.

〈아일랜드〉에서 네 명의 주인공들은 사람들과 자연과 그리고 유년기와 접속하며 벽을 허물고 제도를 가로지른다. 끊임없는 '-되기'를 통해 탈기관체가 되며, 리좀적 주체로서 오이디푸스에서 탈주하여 새로운 배치를 만들어낸다. 유목적 주체가 되어 새롭게 만들어 낸 배치는 리좀식 가족이다. 그러나 배치는 변화하고, 리좀처럼 접속에 따라 수평적 구조를 생산하며 모양을 바꾼다. 이것은 항구적이거나 고정화된 유기체가 아니며 오직 유목적 주체일 때 가능할 수 있다.

리좀을 현실로!

우리는 드라마 〈아일랜드〉의 네 명의 주인공이 각각 자아를 찾아 길을 떠나 자기 정체성을 찾아가는 과정에서 오이디푸스를 해소하고 또는 결별하면서 자기에게 맞는 가족 배치를 만들어 가는 것을 지켜보았다.

〈아일랜드〉의 주인공 네 명은 가족로망스에서 탈주하여 탈기관체가 되고, 새로운 만남과 접속을 통해 새로운 가족 배치를 형성하였다. 이들은 이로써 '정상가족'이 아닌 가족다양체를 형성하였다. 이들이 리좀식 구조를 통해 형성한 가족은 비정상가족도 결손가족도 아니다. 다만 탈근대의 시대적 흐름 안에서 다당한 생성의 정치학을 보여주는 단면일 뿐이다.

자본주의가 고도로 발달하면서 이제 노동시장은 변화하였고, 사람들은 '개인화' 되었다. 극도로 개인화된 사회에서 사람들은 전통사회보다 더 많은 부분을 친밀함에 의존하게 되었다. 이제 가족은 혈연이나 혼인 등의 제도를 넘어선 소통의 장이자 친밀함에 따라 배치되며, 다양한 형태가 등장하게 되었다. 이것이 가족 다양체이며, 리좀식 가족이다. 어찌 보면 현대 사회를 사는 우리에게 리좀적 욕망은 하나의 현실이 되었다고도 할 수 있다. 이러한 현실에서 근대 부르주아를 지탱해 주었던 프로이트의 오이디푸스 삼각형 가족에만 집착할 수 있을까? 그러기에는 욕망의 누수선을 감당하기가 어렵다. 또 리비도는 넘쳐흐른다. 욕망은 그 자체로 유기적이며 욕망하는 기계이기 때문이다. 욕망기계는 끊임없이 새로운 접속을 통해 새로운 배치를 만들어 내기를 요구한다.

사람들은 서구의 남성/여성, 지배자/피지배자 등의 위계를 토대로 고착화된 이분법적 대립과 중심주의에서 벗어나고자 하지만 사회는 갈수록 보수화로 흐르고 있다. 그리고 자본주의에 염증을 내는 사람들이 늘고 있는데도 세상은 갈수록 빈자와 부자의 양극화로 치닫고 있다. 이 시대를 살면서 사랑이나 가족을 만들어 가는 방식 또한 하나의 정치적인 힘을 발휘할 수 있다면 우리는 무엇을 선택할 것인가. 주변으로 밀려났던 타자들의 가족담론을 무대로 복귀시키고 그것을 실천적 소명으로 받아들이기 위한 작업을, 우리는 리좀을 현실로 긍정하는 것부터 시작해야 할 것이다.

쿨하게 모른 척하기?
〈바람난 가족〉

전 혜 은

남자들은 불안하다. 강력한 아버지의 그늘 아래 사는 것도 불안하고 아버지가 매가리 없이 죽어가도 불안하다. 늙은 어머니 모시고 살게 될까 봐 불안하고 어머니가 새 집 살림 차려 나가도 남 보기 민망해서 불안하다. 아내가 자기 바람피우는 거 눈치챌까봐 불안하고 반대로 아내가 바람 피우고 있는 건 아닌지 불안하다. 이래도 불안, 저래도 불안한 남자들의 걱정은 너무도 강력해서 어처구니 없는 피해망상으로 번지기도 한다. 그리고 이러한 남자들의 불안에, 이 영화가 맞닿아 있다.

〈바람난 가족〉에 대한 담론들은 대부분 '바람' 아니면 '가족' 얘기만 했다. 가족 해체를 이야기하든 불륜과 섹슈얼리티의 자유에 관해 논하든, 모든 논의의 중심은 가족이었다. 그러나 이 영화가 정말 '가족'에 대한 영화인가? '누구의' 눈에 가족이고 '누구의' 눈에 바람이란 말인가? 이 '누구의' 란 부분에 집중해서 영화를 본다면, 이 영화는 가족에 관한 영화가 아니다. 오히려 이 영화는 가족을 포함한 성별 관계의 긴장을 드러낸 영화이다. 영화는 가족, 가부장제 등의 권위적인 성역들에 메스를 들이대지만 표면적인 폭로 뒤로 성별정치학의 아슬아슬한 줄타기가 계속되고 있다. 영화는 가족 안에 온전히 포섭되지 않는 새로운 여성상과 그에 적응하지 못하는 남자들의 후진성을 보여주면서, 한편으로는 영화는 성별관계에 대한 여성주의적 접근을 시도한다. 그러나 다른 한편으로는 여전히 과거에 머물고 싶은 남성들의 욕망, 변화에 대한 불안 등을 버리지 못한 채 양쪽 위치를 왔다 갔다 한다.

그리고 이 혼란과 긴장과 갈등 속에서 영화는 남성의, 남성에 의한, 남성을 위한 영화로 귀착되었다. 말하자면 이 영화는 남성의 환상으로 재단된 여성의 섹슈얼리티, 혹은 여성의 섹슈얼리티를 남성적인 시선으로 굴절시키는 방식에 대한 이야기이자 무너져가는 남성성의 망령을 그린 이야기이다. 차라리 이 영화는 궁극적으로 남성성의 위기를 인정하지 않으려는 남성들의 불안이 드러난 영화이다.

바람난 가족? 누구한테 가족?

이 영화에서 '가족'으로 보이는 사람들은 다섯 명 나온다. 호정, 그녀의 남편 영작, 시아버지, 시어머니 병한, 아들 수인. 그러나 이 가족은 말 그대로 영작의 직계가족일 뿐이다. 영화는 영작 아버지의 입퇴원과 죽어가는 과정, 영작 어머니의 새출발 등을 보여주고 있고 그 사건들을 겪는 영작의 감정을 드러내고 있지만, 이 굵직한 일들은 호정에게는 '시'부모의 일일 뿐이다. 호정의 부모나 형제는 영화 프레임 속에 없다. 영작—아버지—아버지의 아버지로 연결되는 서사 축은, 소원한 부자관계라는 개인적인 아픔에다 월북한 가족사를 얹고, 영작이 맡고 있는 한국전쟁 관련 사건을 더 얹어서 그의 개인사가 곧 역사의 일부분인 것처럼 보이게 한다. 반면 호정에게는 그런 관계가 삭제되어 있다. 그녀에게도 부모가 있을 것이고, 형제자매가 많을 수도 있고, 하고 있던 일도 있었을 테고, 만나던 친구들도 있었을 것이다. 어머니가 아프다거나 동생이 유학간다거나 친정의 경제적 사정이 안 좋아졌다거나 등등의 많은 일들이 일어나고 있을 지도 모른다. 하지만 그녀에게는 더 중요할 수 있는 이 많은 관계와 일들에서 동떨어진 채, 호정은 영작의 '아내'라는 위치에 외로이 박혀 있다. 시아버지의 병실에 모여 시아버지, 시어머니, 남편이 담배를 피우고 있고 호정만이 혼자 방관자처럼 화면 맨 오른쪽에 웅크리고 있는 장면은, 이들이 '가족'이라는 이름으로 한 공간에 존재하지만 물 위의 기름처럼 섞여들지 못하는 호정의 위화감을 단적으로 드러낸다.

흔히들 시부모에 남편과 아내, 자식까지 모인 구성체를 사람들은 '가족'이라고 부르긴 한다. 하지만 이 '가족'이라는 집단 안에서 아내란 위치는 상당히 이질적이다. '아내'는 지금까지 자신이 살아온 모든 과정을 삭제당한 채 자신의 이전 가족에게서 '출가외인' 취급을 받는다. 그렇다고 새로 편입된 남편의 가족 안에서도 온전한 가족으로 자리 잡을 수 있는 건 아니다. '가족'은 계속해서 대를 잇고 새로운 자손을 생산해내기 위해서 외부에서 수혈된 '아내'란 존재를 필요로 하지만, 이 아내가 '외부자'라는 사실을 잊는 가족 구성원은 없다. 이 사회에서는 '가족'을 설명할 때 가장 중요한 점으로 혈연을 강조하지만 그건 '아내'에게는 해당되지 않는 문제이다. 아내들 입상에서 보사면 남편의 가족이야말로 그녀들피는 안 섞인 가족 아닌가. 영작의 가족이 호정에게도 똑같은 의미의 가족이 아니라는 점은, 그녀가 "각자 아버지는 각자 좀 해결하자"고 말한 데에서도 드러난다. 시어머니인 병한도 영작이 생각하는 의미로 가족을 생각하진 않는다. 할아버지의 농장을 찾아갔다 돌아오는 길에 영작은 어머니에게 전화해서 할아버지의 죽음을 알린다. 그 순간의 영작은 아버지와 할아버지의 죽음 및 2대째 소원했던 부자관계에 대한 회한으로 쓸쓸해 보인다. 하지만 병한은 "그래서 뭐"하고 반문하며 영작이 기대하는 어머니로서의 위로나 가족으로서의 공감과는 거리가 먼 반응을 보이는데, "하여튼 너희 주씨네 집안은 웃겨"라는 병한의 말에 영작은 전화를 끊는다. 이처럼 영화 속 여자들은 결혼한 지 얼마 안 됐든, 한평생을 살았든 남자들이 생각하는 가족이라는 범주 안에 완전히 포섭되지 않는다. 특히 호정은 입양아를 두고 있으므로, 이 가문에 피 한 방울 안 섞어준 여성이다. 그럼에도 불구하고 남의 아버지, 남의 어머니를 모시고 사는 상황을 단지 '가족'이라는 이름으로 봉합해버리는 현실, 이상하지 않은가?

한편, 〈바람난 가족〉에 대한 어떤 평론은, 아들 수인으로 인해 가족관계가 유지되고 있지만 그는 진짜 혈연이 아닌 입양아이고, 이때문에 가짜 매듭(아들)이 끊어지는 순간 가족관계는 와해된다고 말하고 있다. 이 구절은 '가족'이 누구의 입장에서 가족으로 보이는가를 명확히 드러낸다. "남들은 배 아파서 아이를 낳았지만, 난 가슴이 아파서 널 낳았어"라고 호정이 말했듯, 그녀에게는 입양아이든 아니든 사랑의 크기 차이가 없었다. 입양아를 진짜/가짜로 구분하는 것, 혈통의 중요성을 따지는 것은 부계혈통 중심주의에서나 문제가 되는 일이다. 일부일처제, 혈통을 확인하는 것, 여자의 섹슈얼리티를 단속하는 것 등은 남성 중심의 가부장제를 위해서 반드시 필요한 일들이다. 하지만 과연 여자들에게도 그럴까?

그러므로 이미 가족이 아닌 관계, 혹은 서로가 다르게 받아들이는 가족이라는 관계에 대해서 붕괴됐느니 콩가루라느니 개인주의나 자본주의 하에서의 가족의 해체니 등등을 논하는 것은, 어찌 보면 여성들에겐 매우 지겨운 상황일 것이다. 딱히 주체 개념의 발달이나 개인적 자아의 성장 따위를 논하지 않더라도, 아주 오래전부터 가족 내 어느 구석에 짱박혀서 '아내' 또는 '어머니'란 이름밖에는 못 얻던 여성들에게는 "이제 가족 얘기 좀 그만 하자"하고 짜증이 나는 게 당연할 수 있으니까. 도대체 누구 좋으라고 사람들은 가족을 이야기하고, 또 이야기하는가?

여성의 섹슈얼리티: 남성의 눈으로 본 유토피아?

틀 밖으로 삐져나오는 여자들

이 영화에 나오는 여자주인공들은 남자들보다 성적으로 훨씬 더 충만해 보인다. 영작의 애인은 자신의 성적 욕망을 끊임없이 말하고 영작을 자위에 이용한다. 호정의 시어머니 병한은 15년 만에 애인과의 사이에서 오르가즘을 느꼈다고 아들 부부에게 당당하게 고백한다. 호정은 무용수라서 섹스 이외에도 몸을 사용할 줄 알며, 지운과의 관계에서 주도적인 위치를 점하고 있다. 하루를 살아도 사는 것 같이 살기 위해 인생 솔직하게 살겠다는 병한의 고백처럼, 영화 속 여자들은 스스로에게 솔직한 감정으로 인생을 살아가기 위해, 자신의 섹슈얼리티를 가부장제가 규정해놓은 틀 밖으로 풀어놓는다.

영화의 어머니들은 소위 '정상적인' 어머니와는 다르다. 호정은 친구와의 통화에서, "(결혼하면) 여자도 아니고 중성적인 취급 빈젛이"라고 푸념한다. 가부장적 사회에서 여성은 어머니 혹은 요부라는 양자택일을 강요받는다. 사회는 어머니에게서 그녀의 성적인 자아를 삭제하여 무성으로 만들려고 노력한다. 여성으로서의 그녀의 의지, 그녀의 욕망은 아이를 위해선 기꺼이 포기되어야 하고, 사회가 규정한 정상적인 모성상에 맞춰지도록 프로그램되는 것이다. 하지만 호정과 병한은 성적인 존재로 계속 남아 있길 원한다. 아무리 남편과 소원한 관계였다 해도, 남편이 간암으로 죽어가는 동안 다른 사람과 연애를 하고, 남편 영정사진 앞에서 마사지를 받으며, 연애한다고 아들 부부 앞에서 당당히 얘기하는 병한의 모습은 일반적인 어머니의 모습과는 거리가 멀다. 호정도 마찬가지다. 호정과 수인은 엄마와 아들이면서 동시에 친구같은 관계를 유지한다. 둘은 각자의 자전거를 밀면서 하교하고, 같이 물구나무를 서고, 목욕하면서 요구르트를 나눠 먹고, 입양에 대해 진지하게 대화를 나눈다. 수인이 야근하는 아빠를 대신해 호정에게 마음써주기도 한다. 호정에게 있어서 '어머니로서의 자아' 와 '여자로서의 자아' 는 대립하지 않을 뿐더러, '여자로서의 자아' 가 '어머니로서의 자아' 를 구성하는 데 기본이 된다.

하지만 그녀가 아무리 성적 존재로서의 자아와 어머니로서의 자아를 병행할 능력이 있다 해도 세상은 그것을 용납하지 못한다. 아들 수인을 죽음으로 내몬 건 남편 영작의 잘못 때문이었지만, 영화는 마치 호정이 바람피우는 사이에 아들이 죽은 것처럼 상황을 연결함으로써 그녀의 욕망을 처벌하는 것 같은 분위기를 풍긴다.[1] 여성의 자아와 섹슈얼리티가 남성이 규정해놓은 틀 밖으로 조금이라도 빠져나가게 되면, 그에 따른 대가를 책임져야 한다는 것이다. 그럼에도 불구하고 호정은 아들이 죽은 직후 다시금 지운을 만남으로써 이 연결을 스스로 끊어버린다. 그리고 틀 밖에 머물러 있기로 결정한다. 그녀는 남편이 아닌 남자의 아이를 임신한데다, 이전의 가정으로 돌아가지 않기로 결심한 것이다. 영작은 "잘 할게"라고 말하지만 호정은 그에게 "아웃" 판정을 내리고 혼자의 길을 간다. 그 길은 가시밭길이겠지만, 그녀들은 뒷일까지는 걱정하지 않는 것 같다.

이중적인 유토피아, 자유 혹은 족쇄

이처럼 이 영화에선 여자들이 더 이성적이면서도 감정에 충실하다. 반면 남자들은 줄곧 불안정하고, 무능력하고, 비굴하기도 하고, 정상적인 판단을 못 하고 우발적인 행동을 저지르거나 돌이킬 수 없는 지경으로까지 끌고 나가고, 여자들의 침착함을 질투한다.

그런데 이 여자들, 왠지 너무 완벽하다. 마치 여자들이 처음부터 합리적인 존재로 태어난 것처럼 보인다. 여성들은 마치 초급 여성주의 교양서에서 빠져나온 사람들 같다. 도대체 이 여자들은 유토피아에서 이민왔단 말인가?

여기서 '유토피아'는 이중의 의미를 갖는다. 먼저, 씩씩하고 자주적인 여자들이 온갖 현실적 제약에 '흥' 하고 콧방귀를 뀌는 모습은, 영화〈안토니아스 라인〉에서 그려지는 여성주의적 유토피아와 비슷하다. 다만 현실적 제약들이 여자들의 삶과 너무 얽혀 있어서 쉽게 무시할 수 없다는 점을 간단히 넘겨버린다는 점에서, 영화 속 여자들의 모습은 실제 여성의 현실과 동떨어진 관념적 유토피아라는 한계를 가진다. 어쩌면 이 한계는 경험이 뒷받침되지 않은 채 여성주의를 피상적으로 이해한 데서 오는 한계라고 볼 수도 있을 것이나, 어쨌든 여성의 주체성을 표현하려 했다는 점에서는 긍정적인 평가를 받을 수 있다. 반면 이 관념적이지만 여성주의적인 유토피아는 정반대의 의미로도 읽힐 수 있다. 여성의 욕망이 남성에게 봉사하는 남성적 유토피아 말이다. 70년대 미국에서 성해방운동이 일어났을 때, 성적인 자유는 여자들에게 새로운 선택을 의미하기도 했지만 한편으로는 남자들이 요구할 때 선뜻 응해주지 못하는 여자는 보수적이고 고루한 여자로 낙인찍힌다는 강박을 의미하기도 했다. 여성의 사회진출 또한 여성의 권익 신장만이 아니라 이중의 부담-집안일도 하고 돈도 벌어오는-을 불러오면서 많은 여성들을 '슈퍼우먼 콤플렉스'에 가두는 결과를 가져왔다. 여성들의 자유와 자주성이 남성들에게 이용되는, 남성을 위한 또 다른 방식의 유토피아가 열리는 것이다. 이 두 가지 유토피아적 성격은 영화 속에서 번갈아 등장하면서 끊임없이 긴장과 혼란을 유발한다.

먼저 영작의 애인 연을 보사. 그녀는 성적으로 무척이나 자유롭고, 여성의 섹슈얼리티를 맘껏 뿜어내고 있는 것으로 그려진다. 그녀는 끊임없이 섹스에 대한 이야기를 하고, 남자 등 위에 올라타 엉덩이 마찰을 이용해 자위를 하고, SM과 오럴 섹스를 즐긴다. 연이 영작 아닌 다른 남자 애인들을 만나는 모습은 보통 여성이 남성의 교환 대상으로 취급되어온 것과 달리 남성도 교환 대상이 될 수 있다는 것을 보여준다는 점에서 파격적이다. 하지만 새로운 여성상을 대변하는 것 같은 그녀는, 달리 보면 남자들이 원하는 애인으로 더없이 적합한 여성이다. 섹스 좋아하고, 항상 웃는 낯으로 있고, 매달리지도 않고, 애 생기면 지워주고, 남자가 힘들면 안아주지 않는가. 사랑하되, 붙잡지 않는 쿨한 그녀는 일부다처제의 가장 이상적인 모습을 보여주고 있다. 애가 생겼다고 계속 전화해대고 아내의 연주회장까지 나타나고 결국은 죽음을 불러올 만큼 집착하는 〈주홍 글씨〉의 가희와 달리 영작의 애인은 전혀 위협적이지 않다. 이제 남성은 부담 없이 바람피울 수 있는 것이다.

연하와의 연애도 이 긴장과 갈등을 잘 보여준다. 고등학생 지운과 호정과의 관계는 포르노에서 자주 쓰이는 스토리, 즉 보통의 어린 남자들이 연상의 여자에게 품는 성적 시나리오처럼 나가고는 있지만,[2] 문제는 호정

때문에 이 시나리오가 번번이 뒤틀린다는 점이다. 지운은 연애 각본대로 기습 키스도 해보고 책 얘기도 하면서 무게를 잡건만, 호정은 키스해도 태연히 있다가 머리 위의 등을 켜서 지운 스스로 아연해서 떨어져나가게 하고, 지운이 한참 심각하게 얘길 하고 있는데 "요놈아"하고 볼에 뽀뽀나 하는 등 마이페이스이다. 그들의 관계에서 실제로 주도하고 밀어낼지 받아들일지를 컨트롤할 힘은 호정에게 있는 것으로 보인다. 호정이 지운을 원하는지, 뭘 생각하고 있는지, 진심인지 아닌지는 드러나지가 않는다. 게다가 호정과 지운의 만남은 만남 그 자체로 가부장적 질서를 뒤흔든다. (지운의 아빠가 따라다니며 날뛰는 상황을 보라.) 가부장들이 더 열 받는 건 호정에겐 질서를 뒤흔드니 안 흔드니 하는 건 관심도 없다는 점일 것이다. 그녀를 비롯해서 이 영화에 등장하는 여자들은 대부분, 자기 인생을 어떻게 솔직하게 살 것인지에만 관심을 가지기 때문에. 하지만 호정과 지운의 이 독특한 관계는 영화 마지막의 삽입섹스로 인해 모든 일탈적 효과를 놓치고 만다. 오르가즘에 이름으로써 진실성을 담보하려는 듯한 이 삽입섹스는 연애의 A-B-C 수순을 완성하게 되며, 결국은 연하의 남자들이 반기는 포르노 시나리오에 포섭되어버리는 것이다. [3]

호정의 체조장면도 마찬가지다. 호정이 남편과의 섹스 후 불꺼진 거실에서 혼자 몸을 굴리고 물구나무서거나 하는 장면은, 성적이라기보다는 건강하고 유연한 여성의 몸을 드러내며 여성이 자신의 몸을 스스로 향유하는 순간처럼 느껴진다. 그러나 그 스스로 충만한 순간조차도 옆집에서 엿보는 지운의 시선─쌍안경까지 들고 입을 벌리며 바라보는 남자의 시선─에 의해 그 즉시 성적으로 전시되는 육체로 전락하고 만다.

한편 영화 속 그녀들은 아픔을 잘 드러내지 않는다. 애인의 낙태수술은 너무나도 간단하게 해결된다. 영작이 "괜찮아?"하고 묻자 그녀는 "정말 괜찮을 것까지도 없지 않겠어요?"하고 대수롭지 않은 듯 답하며, 화면은 둘이서 웃으며 거리를 걷다 택시 타는 장면으로 넘어간다. 그녀가 실제로 어떻게 생각했든, 아팠든 안 아팠든 간에 영화는 그것을 말해주지 않는다. 아니, 모르고 싶은 것이다. 여자들에게 괜찮지 않은 일임에도 불구하고, 여자가 "괜찮다"라고 말해주길 바라는 남자의 마음이 그대로 반영된 화면 같다. 호정의 시어머니 또한 너무나 간단하게 그려진다.[4] 시아버지가 죽은 뒤 유품을 정리하기 위해 한 자리에 모인 '가족'들이 나란히 누워 자려고 할 때, 시어머니는 말한다. "내 인생 왜 이렇게 엉망이 된 건가, 처음에는 모든 잘못을 다 네 아버지에게 뒤집어씌웠지……그래서 뭐 어쩌겠다는 거야, 누구 잘못이든 여전히 내 인생 엉망진창인데. 나는, 요즘에야 내가 어른이 된 기분이야. 내 인생 내가 책임지는 거." 자기 인생을 솔직하게 사는 것, 자신이 인생을 책임지는 것, 이 두 주제를 영화 속 여성들은 충실하게 따라간다. 하지만 문제는 여성이 이렇게 자신의 아픔을 스스로 짊어짐으로써 남자들의 짐이 덜어진다는 점이다. 여성들이 다 책임지고 쿨하게 살아감으로써 가부장제에 면죄부를 주는 효과가 발생해 버리는 것이다.[5]

　실제로 이 영화에서 남성이 저지른 일들은 모두 여성 및 약자에게로 돌아가며, 그 업보를 짊어지는 것은 여성이다. 영작의 아버지와 할아버지가 월남한 탓에 북한에 남겨진 여섯 여동생들과 어머니는 죽임을 당했다. 영작이 일으킨 교통사고 때문에 영작의 아들은 술 취한 우체부에 의해 죽임을 당한다. 하지만 남자들은 책임을 지지 않는다. 대신 여자들이 속죄한다. 우체부는 범행을 저지른 뒤 아내와 자식들을 남겨둔 채 자살해 버리지만 우체부의 어머니는 영작을 찾아와 무릎 꿇고 죽을 죄를 지었다고 빈다. 아들이 죽자 호정은 아들 묘소에 다녀오면서 "미안해 아들"을 끊임없이 뇌까린다. 반면 영작은 "나 때문에 아들이 죽었다고 생각하지?"라고 화내면서 호정에게 폭력을 휘두른다. 여성들이 자신의 인생뿐만 아니라 남편의 잘못까지 책임지는 사이에, 남자들은 그저 고뇌한답시고 술주정할 뿐이다.

이처럼 이 영화는 여성의 주체성과 여성의 섹슈얼리티를 자유롭게 풀어놓다가도 남성의 이익에 봉사하는 방식으로 다시금 되돌아가는 일을 반복한다. 이는 여성적 주체를 남성이 표현하는 데서 오는 한계일 수도, 남성우월주의로 돌아가고픈 무의식적 욕망에서 비롯된 것일 수도 있다. 어쨌든 영화는 여성의 성적인 측면과 모성적인 측면 모두를 남성에게 유리한 방향으로 이용하는 쪽으로 빠져버리고 만다.

서사를 제거하기: 여성을 남성적인 틀 안에 재포섭하는 또 다른 방식

물론 이 영화 속의 여자들의 모습이 모두 남성의 관념에서 나온 것만은 아니다. 실제로 요즘 자기주장이 뚜렷하고 남자들보다 똑똑하며 스스로의 삶을 살아가고 결혼이나 가족 제도에 얽매이지 않는 여성들을 우리 주위에서 많이 볼 수 있다. 소위 '쿨'한 여자들이 주인공인 영화들이 2000년대에 등장하기 시작했다는 것은, 그만큼 시대적 변화를 반영한 결과이기도 하다. 아직도 고전적인 억압상태에 놓여 있는 여성들도 많은 반면, 그 와중에서도 자신의 의지가, 욕망이 무엇인지 끊임없이 성찰하고 적극적으로 행동하는 여성들도 많아지고 있다. 하지만 이 영화는 여성들이 쿨하게 된 사회역사적 맥락과 개인적인 노력의 과정을 삭제함으로써 쿨한 여성들의 지반을 없애버렸다. 영화 속 여자들이 이성적으로 행동하면 할수록, 남자들이 나약하게 굴면 굴수록, 이상하게도 남자들이 더 '인간적으로' 보이는 기이한 현상은 이로써 설명될 수 있다. 좌절과 실패를 겪은 영작의 심리변화는 장면들을 통해 충분히 표출된다.[6] 카메라는 영작의 심리의 추이를 오래 공들여 추적해 나간다. 영작에게 내러티브를 부여하기 위해 이토록 공들인 반면 여주인공들은 오려붙인 것 같은 형태로 영화 속에 들어가 있다. 그녀들이 자신만의 가치관을 가지는 데 영향을 미친 가족사나 주위환경, 매 사건을 겪을 때마다 품게 되는 걱정 혹은 고민, 자기성찰 등은 영화에 거의 등장하지 않음으로써 치열하게 살아가는 그녀들을 박제화하는 결과를 낳는 것이다. 여성들의 서사를 제거하고 외면함으로써 관객들은 끝내 '쿨' 하다는 키워드 이외에는 영화 속 여성들을 이해할 수 없게 되는데, 이 '인간적인 것'과 '비인간적인 것'의 성별 분배는 '쿨'이 표현되는 방식에서도 드러난다. 영화에서 '쿨'의 방식은 남녀에게 다르게 적용된다. 남성이 쿨할 때는 쿨하게 구는 그 이면을 다 보여줌으로써 이해를 유도하는 반면, 여성의 쿨은 그 이면이 삭제됨으로써 냉담하고 이기적인 모습으로 보이는 것이다. 결국 여성성과 섹슈얼리티는 남성의 관념과 환상 속에 다시금 포섭되어 버린다.

자족적인 여성/ 초라한 남성이라는, 영화를 관통하는 이분법은 여성주의적이라고 말할 수 없는 복잡한 결과를 낳는다. 단순히 표피적으로 여자와 남자의 위치만 바꾼다고 해서 진보적인 것은 아니다. 오히려 이러한 이분법은 가부장제가 여성들의 변화에 발맞추어 새롭게 진화한 형태로 해석할 수도 있다. 여성들이 오랜 가부장제의 역사 속에서 스스로의 목소리를 개발하고 탈출구를 찾고 치열하게 삶을 살아오는 동안 이 수많은 투쟁으로 인해 가부장제에 금이 가는 듯 했었다. 그러나 가부장제는 계속해서 변화하면서 또 다른 모습으로 여성의 에너지를 갉아먹으며 생존을 모색해 왔다. 표면상으로는 여성의 권리를 인정하는 체 하면서, 새로운 방식으로 여성들의 투쟁을 잠식하는 것이다. 한편으로는 벡과 게른샤임이 말했듯이[7] 여성해방은 남성들도 해방시키는 결과를 가져왔다. "남자들은 가만히 있어도 된다. …… 여성들이 남성들을 이전의 의무에서 해방시켜왔다."고 저자들은 지적한다. 여자들이 직장에 나가 돈을 벎으로써 남자들은 부양의 의무에서 해방되었고 여자들이 성적인 자유를 주장하면서 남자들이 가정 밖에서 섹스하기가 훨씬 쉬워졌다는 것이다. 다른 한편으로 여성들이 조금만 두각을 나타내도 "여성 상위 시대"니 어쩌니 하고 남자들이 호들갑을 떨고 여성을 추켜세우는 이면에는, 자신의 권리를 조금이라도 뺏긴 것에 불안해하는 심리가 깔려 있다. 그리고 이 호들갑은 여전히 억압받고 있는 수많은 여성들이 목소리를 낼 기회를 다시금 차단하고, 주체적인 여성들을 슈퍼우먼으로 둔갑시킴으로써 남자들에게 유리한 방향으로 써먹는 효과를 만든다. 결국 이 잘난 여성과 못난 남성의 이분법은 남성의 위기의식을 드러내는 하나의 징후로 볼 수 있다.

남성성의 위기: 그의 불안은 남의 영혼도 잠식한다

못난 남자들

영화 속 남자들은 성적으로 문제가 있거나, 입만 살았거나(영작의 친구인 의사), 죽어가고 있거나(시아버지), 남을 죽이거나 죽음을 자초하거나(술 취한 우체부) 하는 모습으로 그려진다. 그들은 아버지나 남자로서의 권위나 힘 따위는 사라지고 껍데기만 남은 존재들이다. 영화 속에서 이들의 지리멸렬한 모습은, 상대적으로 침착하게 그려지는 여성들의 모습과 대비되어 더욱 바닥으로 추락한다.

이 영화에 나오는 남자들은 대부분 성적으로 무능력하다. 시아버지는

15년 동안 한 번도 시어머니를 만족시켜준 적이 없었고, 영작과 호정의 섹스는 호정이 느끼기도 전에 너무 빨리 끝나서 호정은 섹스 후 자위를 한다. 영작과 연의 관계는 서로 만족스러운 것 같지만, 연의 섹슈얼리티는 종종 영작이 다 포용하지 못할 만큼 넘쳐나는 것처럼 보인다. 호정과 지운의 첫 섹스는 삽입 후 3초 만에 끝난다.

또한 이 남자들은 변화에 약하다. 주변상황들이 변해가도 그들은 여전히 자신들이 알고 있던 사실 혹은 권위에 집착한다. 이는 사실을 대면할 때의 남녀의 태도 차이로 표현된다. 병한의 "만나는 남자 있다"는 고백 앞에서 호정은 마지막엔 웃음기까지 띄우면서 시어머니를 지지하지만 아들인 영작은 충격을 못 이기고 이불을 뒤집어쓴다. 입양 사실에 대해 가슴을 쫙 펴라고 얘기하는 호정에게, 아들 수인은 "그래도 난 마음이 좀 안 좋아"라고 말한다. 반면 입양을 몰랐던 때가 더 행복했던 것 같다면서 왜 사실을 얘기했냐는 수인의 물음에 호정은 "왜냐면~그게 진짜니까." 하고 답한다. 죽은 수인이 있는 영안실에서, 영작은 호정이 못 보게 하려고 붙잡지만 호정은 남편이 말려도 토기가 올라와도 죽은 아들을 보고 또 본다. 아무리 괴로워도 그녀는 똑바로 직시하는 모습으로 그려진다. 서로의 외도를 알았을 때에도, 호정은 "당신 속마음을 그렇게 털어놓을 수 있는 사람이 있다는 게, 진짜 다행이다." 하고 말하는 반면, 영작은 화를 이기지 못하고 심한 말을 한다. 아버지의 죽음, 어머니의 외도, 아내의 외도, 아들의 죽음, 애인이 만나고 있는 다른 남자 등 견고하다고 믿겨졌던 자신의 성채에 계속해서 균열이 일어나는 변화 속에서 영작은 그저 힘들어하고, 불안해하고, 술에 의지할 뿐이다.

가부장제가 남성성을 초석으로 세워진 체제라는 것은 많은 연구들에서 밝히고 있다. 하지만 가부장제가 진행되고 인간 사회의 가장 강력한 법칙이 되어가면서, 가부장제와 남성성이라는 개념이 반드시 개별 남성들에게 직접적인 이익만을 가져오지는 않게 되었다. 영화 속의 남자들은, 자신에게 좋은 건지 안 좋은 건지 알 수 없는 가부장제의 틀 안에서, 습관처럼 그걸 몸에 두르고 피곤하게 살아간다. 영작은 아버지의 죽음 등 가족의 대소사 앞에서 도망치고 싶어 하고, 굳어져버린 얼굴로 쩔쩔 맨 채 아내가 자기 일을 대신 해주길 바라면서도 아버지의 죽음을 비통해 한다. 죽어가는 시아버지의 장면들은 말 그대로 아버지의 죽음으로써 가부장제의 위기를 상징한다. 간암으로 죽어가는 그는 복부에 물이 가득 차올라서 임산부처럼 부푼 배를 안고 허덕이고, 입으로 많은 양의 피를 뿜어낸다. 이 부푼 배와 출혈하는 이미지는 그의 몸을 남성의 몸이 아닌 것처럼 보이게 한다. 죽어가는 마지막 모습이 여성과 연결되는 이미지들로 표현되고 있는 것이다. 견고하다고 믿어왔던 남성성의 모든 부분에서 누수가 진행되는 가운데 (이 점은 시아버지의 배에 구멍을 뚫고 물을 빼내는 장면에서 상징적으로 드러난다) 남성성의 가장 본질적인 부분이자 마지막 보루인 남성의 육체마저도, 그 육체의 윤곽마저도 변형되고 부풀려져 이미 남성성의 체면따윈 완전히 사라져버린 것이다. 가부장제가 중요시하는 혈연, 피는 시아버지가 영작의 얼굴에 뿜어버린 썩은 피만큼이나 난감하고 처치곤란한 것이 되고 만다. 아들은 아버지가 토해내는 피를 어쩌지도 못하고 쩔쩔 맬 뿐이다. 이미 상실된 아버지의 권위는 이제 희화화된다. 정신착란 상태에서 묶인 팔을 로봇처럼 덜그럭거리며 군가, 그것도 김일성 장군에 대한 찬양가를 부르고 누워있는 시아버지는 이제 아버지와 남성이라는 존재가 껍데기밖에 안 남았음을 보여준다.

그러나 다른 한편 아버지, 가부장제는 무능한 것처럼 보이지만 여전히 망령처럼 느글거리며 생사람의 발목을 잡는다. 지운의 아버지는 이 망령의 역할을 충실히 수행하는 인물이다. 그는 가진 건 돈밖에 없는 사람이고, 호정 앞에서 큰소리 쳐봤자 아들인 지운 앞에선 쩔쩔매는 비굴하고 비열한 모습으로 등장한다. 그러나 그는 쉽게 무시할 수 없는 어떤 것을 갖고 있다. 지운은 아버지 앞에서 유리나 깨대며 아버지를 무시하려고 악을 써보지만, 호정과 만나는 와중에도 밖에서 기다리는 아버지의 눈치를 본다. 아무리 무시하고 싶어도 아버지의 그림자를 무시할 순 없는 것이다. 게다가 지운의 아버지가 영작의 사무실에 가서 호정과 지운의 관계를 폭로해 버리는 바람에 상황은 더 악화된다. 아버지, 가부장제, 일부일처제, 온갖 명령과 금기를 만든 남성 중심적인 규율들은 소진된 줄 알았지만 결코 사그라지지 않은 채, 등 뒤에 매달린 귀신처럼 찰싹 달라붙어서 잊을 만하면 그 힘을 발휘한다. 그리고 그 어두운 힘은 여자들뿐 아니라 남자들도 옭아맨다.

그러나 위험한 점은, 남자들이 가부장제의 이 억압적인 힘에 맞서기보다는 오히려 그 밑으로 다시 들어가 안전을 보장받고 싶어 한다는 데 있다. 아버지가 죽어간다거나, 음주운전때문에 직장을 잃게 되었거나, 엄마랑 아내에게 딴 남자가 있었거나, 고 2 밖에 안 된 아들이 옆집 유부녀랑 바람을 피거나 등등의 상황 속에서, 영화에 등장하는 남자들은 자신이 지켜왔다고 믿었던 가족에 대한 배신과 가부장으로서의 권위 상실 등으로 인해 불안해 한다. 그러나 남자들은 불안해 하면서도 가부장제 그 자체에 어떤 문제가 있음을 인식하지 못하거나, 혹은 인식하더라도 마음 한 편에서는 자신이 가부장제에 완전히 안착되지 못했기 때문에 권위를 잃어버렸다고 생각한다. 어쩌면 그 권위란 처음부터 있지도 않았고, 있었다한들 잘못된 것이었을지도 모르는데 말이다. 진실을 외면하려는 이들의 그릇된 불안감은 타자를 향한 폭력과 거부로 나아간다.

상실감을 거부하는 첫 번째 방식: 폭력

영화 속 남자들은 자신이 껍데기밖에 없으며, 사실은 주변이 모두 거짓으로 둘러싸여 있음을 인정하지 않기 위해 계속 방황하고 저항한다. 술 취하면 "니들이 광국이를 알아? 한국 주니어 웰터급 5위야"를 외쳐대는 우체부는, 처남인 광국이밖에는 내세울 게 없다. 하지만 술집에 있던 주변 사람들이 "씨발, 챔피언이 누군지도 모르는데 (5위는 무슨)"하고 비웃듯이, 그가 내세우는 것은 초라하기 짝이 없다. 이미 상실된 남성성을 대체할 만한 걸 아무거나 내세우지만 그 역시 보잘 것 없는 상황인 것이다. 문제는 이걸 지키기 위해 남자들이 폭력까지 휘두른다는 것이다. 그들은 상실감을 있는 그대로 받아들일 줄을 모른다. 끝까지 상실감에 저항하면서, 있지도 않은 남성성을 지키기 위해 남에게, 서로에게 피해를 입힌다. 지운은 말이 안 통할 것 같으면 유리문을 깨부수거나 거울을 깨거나 하면서 자기 뜻대로 관철시키려고 한다. 영작도 마찬가지이다. 그는 계속해서 자신을 덮치는 상실감을 어떻게 풀어내야 할지 몰라서 쩔쩔 맨다. 영작은 아버지의 병실에서 간호사를 강간하는 상상을 하며 아버지를 잃은 상실감을 공격적인 섹스로 풀고 싶어 한다. 아들마저 잃은 후 애인에게 전화를 걸어 섹스 해야 된다고 다그친다. "내 안의 뭔가를 쏟아내고 싶어 미치겠어. 너한테, 네 안에다"라는 영작의 말에서 볼 수 있듯이, 그에게 있어서 섹스는 배설의 욕구와 연결된다. 자신이 받아들이지 못하는 균열들, 고통들, 상실감 등을 스스로 해결하지 못하고 여성에게 전가하는 것이다. 그리고 여성들이 이를 거부하자, 폭력으로 풀어버린다. 지금 당장 섹스하자는 영작의 명령을 애인은 거절하고, 서로의 외도를 알아버린 상황인데도 아내 호정은 각자가 알아서 할 문제라는 입장을 취하자, 영작은 폭발한다. "신경 끄고 네 인생이나 똑바로 살아"라는 호정의 말은, 영작에게는 엄청나게 난감한 말이다. 남성이 혼자서 독야청청한 듯이 몸을 세우고 살아올 수 있었던 것은, 사실 여성이 음지에서 남성의 반대편 역할을 하기 때문에 가능한 일이었다.[8] 이제 여성이 배설을 받아줄 그릇 되기를 거부했으니, 모든 걸 남자 스스로 해결해야 되는 상황 아닌가. 이에 영작은 "잘났다"면서 호정을 패고, 결국엔 그녀의 손가락까지 부러뜨린 후에야 사태가 일단락된다.

우체부는 남성성의 위기와 그에 대한 거부를 보여주는 데 가장 상징적인 인물이다. 그는 가장 극단적인 형태로 비루함을 표현하고, 가장 극단적인 방식으로 상실감을 거부한다. 수인을 건물에서 던지자마자 "니들이 광국이를 알아? 한국 주니어 웰터급 5위야"를 다시 한 번 외치고는 금새 꺼이꺼이 울면서 "엄마 나 어떡해"를 연발하는 우체부의 모습은, 상실감을 인정하지 않고 끝까지 가짜 남근을 흔들 때 일어나는 비극을 극명하게 보여준다. 그리고 그는 결국은 자살할 수밖에 없다. 자신의 장점뿐만 아니라 과오까지 스스로 짊어져야 한다는 것을 모르는, 자기 인생 책임질 줄 모르는 이 남자들은 마지막까지 자살이라는 극단적인 방법으로 도피함으로써 자신이 배설한 것을 자신이 싸안기를 거부하는 것이다. 이제 그의 업보는 그의 엄마가 대신 짊어지고, 영작에게 용서를 빌러 간다.

상실감을 거부하는 또다른 방식: 외면

폭력과 마찬가지로, 외면은 거부의 한 형태이다. "나는 아버지가 죽은 것을 알고 있다. 하지만…"이라고 뇌까리는 쥐인간처럼,[9] 남자들은 사실은 자신에게 어떤 문제가 있다는 걸 알고 있다. 다만 알고서도 모르는 척하고, 인정하지 않으려고 계속해서 거부하며, 심한 경우 그것을 인정시키려는 상대에게 폭력까지 휘두르며 자신만의 진실을 사수하려고 할 뿐이다. 문제를 보지 않음으로써만 사수될 수 있는 진실을.

그리고 어쩌면 바로 이 특성 때문에 가부장제가 유지되어 온 것인지도 모른다. 영작이 맡은 사건 중에 도벽이 있는 여자에 대한 재판 장면이 나온다. 영화 전체의 줄거리와는 아무런 관련이 없는, 영작의 일상을 보여주는 것처럼 잠깐 등장하지만, 이 장면은 영화 전체를 관통하는 '남자들의 외면'과 맞닿아 있다는 점에서 중요하다. 관대한 처분을 바란다는 영작에게 판사는 "이번이 네 번째인데"하고 묻지만, 영작은 여자 피고인이 말을 못 하게 막고 여성이 "생리적 증후군"을 앓고 있으며 정신과 치료를 받게 될 것이라고 답한다. 가정은 어떠냐는 판사의 질문에 여자 피고인은 고개를 숙이지만, 영작은 남편이 회계사이며 아무 문제 없는 중산층 가정이라고 말한다. 그대로 재판은 끝나고 사건은 종결되지만, 카메라가 영작의 얼굴을 클로즈업하며 쫓아갈 동안 뒤에 남겨진 여자의 어둡고 퉁한 얼굴에선 말하지 못한 이야기들이 비어져 나온다. 여성의 도벽이 히스테리 증상 중 하나이며, 히스테리가 여성을 억압하는 현실들에 몸 전체로 저항하는 말 없는 언어라는 점은 많은 연구들에서 얘기되고 있다. 어쩌면 그 여자 피고인의 가정엔 그녀가 고개 숙일 만큼의 문제들이 산재해 있으며, 도벽은 단순히 생리적 증후군이라고 하기엔 너무도 많은 SOS 메시지들을 담고 있을 것이다. 하지만 법은 그것을 단순히 개인의 질병으로 축소시킴으로써 서둘러 문제를 봉합한다. 이처럼 가부장제 내의 많은 문제들이 무의미한 것으로 간주되거나, 뜻이 왜곡되거나 하여 묻혀 왔고 그것만으로 다 해결이 되었다고 믿어져왔다. 그러나 오랜 세월 동안 남성들이 외면했던 목소리들은 조그마한 틈에도 빠져나와 꿈자리를 괴롭히고, 결국은 대면하지 않을 수 없게 만든다. 영작이 어머니와 아내의 외도를 알아치려야 했던 것처럼. 그러나 영화 속 남자들은 끝끝내 거부하거나, 보는 척 하면서 고개를 돌리는 방식으로 새로운 외면을 만든다.

영화를 가로지르는 '쿨'함이라는 코드는 외면의 한 방식이다. 사실 이 영화는 "쿨하다"는 평가를 많이 받았다. 특히 영작은 비현실적으로 쿨하다. 호정의 손가락을 부러뜨린 뒤 곧바로 "다쳤니?"하고 묻는 장면, "아웃이야"라는 말에 바로 돌아서서 뮤지컬식 점프를 하며 웃으며 떠나는 장면을 보면, 이 땅의 많은 가부장적 남자들하고는 비교도 할 수 없을 정도로 너그럽다. 하지만 쿨하다는 것은, 사실을 받아들인다는 뜻[10]과 동시에 외면한다는 뜻도 된다. 사건을 보긴 보되 감정이 탈색된 상태로 본다는 의미이다. 이것은 강박증 환자들이 행하는 전술과 흡사하다. 프로이트에 의하면 강박증 환자들은 사건에서 감정을 떼어냄으로써 그 사건을 무의미한 것으로 만들고, 이런 방식으로 가장 중요한 근원사건을 은폐한다고 한다.[11] 감정 없이 사건을 본다는 것은 객관화의 방식이다. 이러한 객관화는 나만 안 아프면 신경 끄겠다는, 자기 주관화의 또다른 얼굴이다. 쿨함은 관찰은 할 수 있지만, 직접 느끼고 맛보고 자기것으로 포용하지는 않겠다는 거부의 표현으로, 쿨한 척 하는 행동은 그 사건의 중요성을 거부하겠다는 뜻인 셈이다. 물론 많은 평론들은 남자뿐만 아니라 영화 속 여자들까지도 '쿨함'이라는 코드로 읽고 있다. 그러나 남자와 여자의 쿨함은 그들의 위치에 따라서 그 의미가 달라진다. 쿨함은, 자신의 감정과 타인의 감정을 분리함으로써 자신과 타자의 경계를 명확히 하는 행위도 된다. 따라서 대부분의 삶을 사회적 약자로 살아왔던 여자들이 쿨하게 구는 건, 그동안 억압되어온 자신의 정체성을, 자신의 목소리를 찾아내어 남자들에게 "너와 난 다르다, 같은 식으로 끼워 넣지 마라"고 주장하는 효과가 있다. 하지만 사회적 주류인 남자가 쿨하게 구는 건, 약자들이 힘든 소릴 하든 말든 나는 지금까지 해왔던 대로 그들의 목소리를 듣지 않겠다는 거부의 방식으로, 남성 지배체제를 공고히 할 뿐이다.

자신의 아이가 아니란 걸 알고도 "잘 할께"라고 말하는 영작의 반응은, 이 가부장적인 한국사회의 남자로서는 너무나 진보적인 모습이라고 칭찬받을 만하지만, 한편으론 자기 아내의 아이를 가족 계보 안에 넣음으로써 가족이 여전히 깨어지지 않고 남아 있음을 확인하고 싶어 하는 감정, 즉 가족이 허상이라는 것을 거부하려는 심리로도 보인다. 영작은 웃음으로써, 쿨한 척 가장함으로써, 또 다시 자신의 것이 아닌 진실을 외면하고, 그렇게 해서 자신을 보호한다. 마지막까지 남성성과 가부장제의 위기를 거부하고, 외면하고 가버리는 것이다.

이중성 위의 줄타기는 성공했는가?

이 영화는 가부장의 몰락과 남성성의 흔들림, 가부장제가 개별 남성에게 짐지우는 부담 등을 냉소적인 방식, 소위 '쿨'한 시선으로 그려낸다. 카메라의 시선은, 자신이 가부장적인 남자들과는 다르다고 거리두기를 하고 있다. 자신은 가부장제 안에서 남자들이 허덕이는 모습을 객관적으로 관찰할 수 있는 위치에 서 있다고 자부하는 것이다. 그러나 이 거리두기는 매순간 위태롭게 흔들린다. 영작의 '쿨'함과 마찬가지로, 영화 전체의 시선의 '쿨'함은 외면의 한 형태일 뿐만 아니라, 그렇다고 제대로 객관적이지도 않다.

영화는 아이를 던지는 장면에서 단적으로 나타나듯 감정이 과잉될 수 있는 장면들을 날것 그대로 보여주는 선택을 취한다. 자위에서부터 죽음에 이르기까지 장면들은 어떤 지연도, 마음의 준비도 없이 등장한다. 하지만 겉으로 보기에 이 무감정한 상태의 시선은 다른 감정을 숨기고 있으며, 그로써 '쿨' 한 거리두기는 무너져 버린다. 그것은 남자들의 불안감에 대한 공감이다. 앞서도 언급했지만 영화는 남자 등장인물들에게는 내러티브를 허용함으로써 관객들로 하여금 남자들에게 감정을 이입하게 만든다. 특히 이것은 영작과 우체부에게 허용되는데, 우체부는 살인을 저지르러 가는 와중에도 "내 한 달 월급이 65만원", "있는 것들이 더해" 등등 자신의 가난과 사회적 부조리에 대해 얘기함으로써 관객들이 그를 완전한 악인으로 받아들이지 못하고 연민을 갖게 만든다. 새로운 변화가 찾아올 때마다 사람은 누구나 조금씩은 불안을 느끼지만, 이 영화에서 서사가 허용된 것은 남자 인물들이기에, 그들의 불안한 감정만이 관객에게 말을 걸 권리를 갖게 된 것이다. 한편 임상수 감독이 어느 강좌에서 영작은 자신의 모습을 모티브로 했다[12] 말했듯이, 감독의 가족사는 영작의 가족사로, 감독의 진보성은 영작의 진보성으로 겹쳐진다. 영작의 고뇌하는 얼굴에 카메라가 길게 머물면 머물수록, 영작이 가장 나쁜 폭력을 저지를 때조차도 진보적인 체 할수록, 영화는 영작을 위한 변명의 서사가 되어버린다. 시큰둥함을 가장하던 건조한 화면은 어느덧 영작의 감정에 동일시하고 있고, 제 3자를 가장한 시선은 어느덧 영작의 시선과 합체되어 영화를 가로지른다. 그리고 매 순간, 불안한 남성의 입장으로 돌아가버리는 이 상황에 영화의 함정이 있다. 외견상 사회를 경직시킨 가부장제와 굳어진 남성성이라는 것에 대해 비판적인 시각을 보이는 것 같던 영화는 이제 새로운 방식으로 그것을 고수한다. 남성성의 위기에 저항하고 변화를 거부하는 모습을 인간적인 면모로 포장함으로써 관객들의 판단을 유보시키는 것이다. 영화의 시선은 결국 남성성이 위기를 맞고 있다는 불안과, 가부장제에 다시금 안착함으로써 그 불안을 묻어두려는 남자들의 심리에 동조하고 만다.

그리고 이는 외면의 효과를 발휘한다. 여자들이 왜 집을 나가려고 하는지, 왜 자기 인생 책임지라는 말을 몇 번씩이나 하는지, 여자들이 무엇 때문에 행동하는지에 대해 영화는 그저 보여주기만 하며, 그것도 그 여자들을 전혀 이해하지 못하는 영작의 시선을 통해 보여줌으로써 다시금 소통의 창구를 막아버린다. 전면에 드러나는 잘난 여성들의 행보는 남자 주인공의 인간적 고뇌를 강조해주는 배경으로 사용되고 있을 뿐이다. 살아있는 여자들을, 그저 남자 주인공의 성장 영화의 들러리처럼 소모해버리면서, 여자들로부터 등을 돌리고 걸어나가는 것이다. 그리고 이렇게 외면함으로써 변화는 사소해지고, 영화는 다시금 보수적인 위치로 돌아가 버린다.

그러나 남자들이 보지 않으려 해도, 영화를 보는 여자관객들에게는 보이는 또다른 틈―그것은 여자들의 표정이다. 이 영화 속 여자들이, 남자가 여성주의 서적 몇 권 읽어보고 만든 것 같은 관념적인 형태 속에 가둬져 있긴 하지만, 관객들로 하여금 간단히 돌아서지 못하게 만드는 것은 여자 인물들의 표정이다. 무감각해 보이는 얼굴로 괜찮다고 말하는 여자들. 남편의 병실에서 담배를 빠는, 착잡한 병한의 표정. 지운이 가슴이며 성기에 정신 팔려 눈도 못 뜨고 헉헉대고 있을 동안 그를 응시하는, 웃음 걸린 냉소적인 호정의 표정. 재판 내내 서서 아무 말 않고 있었던 우울한 여자 피고인의 표정. 지운과의 섹스 후 오르가즘과 함께 오열을 쏟아내고 돌아온 뒤 아이스크림을 입에 물고 오독오독 씹어 먹는 호정의 표정. 그녀들의 표정은 서사를 제거당하고 남성적인 틀 안에 새롭게 포섭되었어도, 그 억지스러운 위치를 뚫고 계속되는 불안을 남성들에게 선사한다. 입가는 웃고 있을 때조차도, 눈만은 서늘하게 모든 것을 받아들이겠다는 듯 상대를 바라보고, 또 바라보는 그녀들의 표정은 아마 영화가 의도하지 못한 가장 큰 틈일 것이다. 그리고 이 틈 때문에, 일단 외면에 성공한 남성들은 영화가 끝난 뒤에도 계속해서 또다시 분투하고, 저항하는 고단한 세월을 살아야할 것이다.

저주는 나의 것
『김약국의 딸들』

이 은 경

넌 나에게 언어를 가르쳐줬어. 그로 인해 난 저주하는 법을 알게 됐거든. 나에게 네 언어를 가르쳐준 대가로 염병에 걸릴 거야. - 칼리번

박경리의 소설은 드라마틱하다. 그래서인지 대중매체는 박경리 소설을 자주 극화한다. 1969년부터 1994년까지, 26년에 걸쳐 집필한 장편대하소설 『토지』는 세 번씩이나 텔레비전 드라마로 제작된 바 있다. 『토지』에 대한 시청자들의 뜨거운 관심과 사랑에 힘입어 초기작 『김약국의 딸들』 또한 MBC 아침 드라마로 방영되었다. 1962년 전작 장편으로 발간된 『김약국의 딸들』은 이듬해 유현목 감독에 의해 영화로 대중에게 다가갔다. 당시의 대중스타 엄앵란과 신성일, 황정순 등이 극중인물로 참여한 이 영화는 예술성이 짙은 영화로 평가되어 영상자료원이 추천하는 한국영화 30선 안에 들기도 했다. 박경리 소설작품에 관한 대중들의 관심은 식을 줄을 몰라 『김약국의 딸들』[1] 의 경우 1993년 나남에서 다시 출판된 이후

불과 2년 사이에 42쇄를 찍는 개가를 올리기도 했다.

박경리의 작품이 이처럼 대중의 사랑을 받는 이유는 무엇일까. 등장인물들의 운명적이고도 치명적인 사랑, 이루어질 수 없는 사랑이 불러오는 짙은 페이소스, 사랑을 가로막는 것들과의 갈등, 증폭된 갈등이 빚어내는 살인과 치정 등의 극적 복수와 결말방식 등 서사는 시종 갈등이 고조되는 방식으로 구조화되어 있다. 여기서 발생하는 극적 긴장감, 제도의 경계를 넘나드는 불순하고도 운명적인 사랑, 주변인물들이 삶의 현장에서 벌이는 소소하면서도 흥미로운 갈등과 향토색 짙은 사투리 등은 대중적인 인기를 누리면서 반복 재생산될 수 있도록 만드는 서사적 장치이다.

박경리 작품에는 기괴하면서도 통속적이고, 상투적이면서도 위엄 있는 여성인물들이 거의 매 작품마다 등장한다. 작가의 나르시시즘이 투영된 얼음같이 차갑고 단아한 미모의 여성들은 주로 '좋은 피'의 여성들이다. 신분상 품위있는 여성들은 목숨이 위태로운 절박한 상황에서도 의연한 품성을 지니고 있다. 신분에 걸맞는 인품이라는 환상이 투여된 이들 여성은 주로 성녀과에 속한다. 마녀과에 속하는 여성들은 극악스럽고 생존본능에 충실한 천민출신들이거나 아니면 '나쁜 피'를 물려받은 여성들이어서 가부장적 질서를 교란하는 요부, 탕녀들이다. 얼핏 보면 박경리의 작품이 여성주의적인 것처럼 보이는 이유도 마녀과에 속하는 강한 여성인물들에서 비롯된 것일 수도 있다.

다른 한편으로 그녀의 작품이 자주 방영되는 이유는, 요즘과 같은 가족 해체와 저출산의 시대에 봉건적인 향수에 가득 차서 위엄 있는 가부장을 그리워하는 서사가 오늘날의 이해관계(특히 여성가족부와 보건복지부)에 현재성을 제공해 주는 부분도 있기 때문일 것이다. 박경리 소설에는 가부장에 대한 강력한 향수가 작동하고 있다. 신분제 사회로의 회귀를 갈망하는 보수적 가부장제가 민족주의와 결합되어 있다. 『토지』에서 보다시피 봉건적인 가문을 유지하는 것을 일생의 목표이자 민족적 정체성과 동일시하는 수구적인 노력을 양반가 여성의 더할 나위 없이 고매한 인품으로 미화하기조차 한다.

한편, 다른 시각으로 보자면 박경리 작품은 **잉여**의 부분으로 넘쳐난다. 초기 작품 『김약국의 딸들』은 『토지』에서는 찾아보기 힘든, 가부장제적 상징질서에 걸려들지 않는 여성들의 욕망이 텍스트의 무의식으로 남아 있다. 바로 그 잉여 혹은 텍스트의 무의식을 통해 『김약국의 딸들』은 보수적인 가부장제에 기대려고 하지만, 오히려 그것의 불가능함을 보여주게 된다. 아버지의 '법'을 교란시키는 어머니의 '말'들은 가부장제의 잉여로 남아 있다 유령처럼 귀환한다. 이와 더불어 『김약국의 딸들』은 식민지 시대를 배경으로 삼음으로써, 새로 유입되는 자본주의와 친일을 등에 업고 부상하는 가문과 몰락하는 가문, 신식학문과 근대교육으로 새로운 역사적 행위자로 탄생할 가능성을 보이는 남성들과 여성들, 기독교와 무속, 서양의학과 한방, 문화와 자연, 이성과 광기, 전통과 근대의 경향들이 혼재하는 과도기적인 모습을 잘 보여준다. 이 작품은 해방과 전쟁을 경험한 뒤 국가 재건을 최상의 목표로 삼고 있던 시대적 맥락에서 출판되었음에도 작품의 배경과 무대는 식민지 근대공간이다. 따라서 이 작품은 여성들이 집안의 해체(상징적으로는 나라 잃은 백성으로서 조선의 붕괴를 포함하여)와 더불어 개별 행위자가 될 수 있을지를 시험해 보는 적절한 시대적 상황을 온갖 모순이 착종된 식민지 시대로 상정한 것으로 볼 수 있다. 이 혼돈과 혼란의 시대에 '딸만 낳을 것', 즉 절손될 것이라는 지독한 저주로부터 작품은 출발한다.

『김약국의 딸들』은 등장인물의 기이한 운명과 무기력한 몰락 등의 내용으로 인해 운명론적 관점에 입각해 있다는 지적이 많았다. 그런 입장은 저주받은 운명이란 인력으로는 어쩔 도리가 없다고 주장하는 것이다. 하지만 저주를 실현하는 것이 무기력하게 운명에 순종하는 것이 아니라 여성들 나름의 저항, 공모, 협상의 형태로 읽어냄으로써 가부장제의 욕망에 역행하는 것들을 포착해 볼 수 있지 않을까? 말하자면 여성들은 일방적으로 희생당한 것 같지만, 사실은 가부장제로 인해 저주받은 여성들이 오히려 그것을 저주하게 됨으로써 가부장제를 공포스럽게 만든다는, 여성의 무의식적인 욕망으로 읽어낼 수 있다는 것이다. 가부장적 사회에서 자기 목소리를 가질 수 없었던 여성들의 언어, 즉 죽음의 언어를 저주로 읽어낼 때 『김약국의 딸들』에 대한 새 해석의 지평이 열린다. '딸들에 대한' 저주가 '딸들의' 저주로 이어지는 과정에 비참해진 모성이 자라잡고 있기 때문이다.

비천한 모성: 죽거나 미치거나

「여와가 하늘을 땜질한 이유」에서 노신은 여와가 자기 손으로 진흙을 비벼서 인간을 만들어내는 장면을 아름답고도 허망하게 묘사한다. 원래 형체 없이 고구마처럼 흙 속에 파묻혀 있던 것들이 그녀의 손놀림이 스치고 지나가면 살아 움직이게 된다. 그 모습을 자못 경이롭게 바라보면서 여와는 유쾌한 마음으로 진흙을 비비는 작업을 계속한다. 그녀가 만든 작은 것들은 응아, 응아 소리를 지르면서 자기네들끼리 말들이 많아진다. 그들을 창조한 여신마저 그들의 말을 알아들을 수 없다. 그들은 온갖 소란스런 소음을 일으킨다. 그럼에도 그녀는 창조 작업에 몰두한다. 몰려드는 피로에도 그녀의 손은 무의식적으로 만들기를 계속한다. 그러다 지친 여와는 깜빡 잠에 빠져든다. 그 순간 쾅하는 소리에 놀라서 깬다. 그 사이 지상에서는 전욱과 공공이 황제 자리를 놓고 싸우다가 부주산에 머리를 부딪히자 하늘을 받치고 있던 천주가 부러진다. 그 바람에 하늘에 구멍이 뚫린다. 온몸을 쇳조각으로 감싼 한 놈이 말하기를 "전욱이 무도하여 후에게 거역하도다. 그런데 하늘은 덕 있는 자를 돕지 않으시어 우리 군사는 패하고 ……." 여와는 도무지 무슨 소리인지 알아들을 수가 없다. 그런데 이번에는 쇳조각을 걸친 또 다른 놈이 읊조리기를 "인심이 옛날과 같지 않아서 …… 전욱께서 친히 부주산에서 강회를 패망시켰도다." 여와는 한숨을 내쉬었다. 얼굴을 들어 하늘을 보았다. 하늘에는 깊고 넓은 균열이가 있었다. 그녀는 우선 하늘에 난 구멍부터 수리했다. 그 와중에도 여와의 다리 가랑이 사이에서 의관을 정제하고 나타난 선비들은 청산유수처럼 도덕과 예를 논하면서 서로 싸우고 죽였다. 그 꼬락서니를 지켜보면서 그녀는 모든 창조의 기쁨을 소진한 채 지쳐서 죽었다. 그러자 여와의 직계라는 깃발을 내세운 후손들이 여신의 시체 위에 깃발을 꽂고 그 곳에 주둔한다.[2]

여와는 무너져 가는 하늘을 온몸으로 땜질하고 유지하려다 절망하고 지쳐서 죽는다. 하지만 후손들은 여신의 시체 위에 깃발을 꽂은 채 편을 갈라 싸운다. '8할이 바람'인 남자들이 집을 떠나가고 나면, 나머지 2할을 채우기 위해 여자들은 황폐해진 집을 온몸으로 떠받치다가 마침내 탈진하여 '매운 재'로 폭삭 내려앉는다. 여와의 신화에서 보다시피 전통적으로 어머니는 가족을 유지하고 보수하다가 마침내 지쳐서 죽음으로 되돌아가는 희생적인 모성과 등치된다.

『김약국의 딸들』의 어머니 한실댁 역시 여와의 운명을 반복한다. 여와의 시신과 마찬가지로 한실댁은 시신마저 푸대접받는다. 사위 연학이 휘두른 도끼에 찍혀 죽었을 때, 용란은 쓰러진 한실댁을 밟고 도망친다. 뒤따라온 연학은 한실댁의 시신에 걸려 넘어짐으로써 용란을 놓친다. 한실댁은 죽음으로 용란을 구한 셈이다.

한실댁은 다섯이나 되는 많은 딸들을 하늘만 같이 생각하고 있었다. 딸 용숙, 용빈, 용란, 용옥, 용혜에게 한실댁은 주고, 주고 모든 것을 주다가 탈진하여 비명횡사한다. 사실 한실댁의 모성은 맹목적이고 무조건적이다. 딸들을 키울 때 한실댁은 큰 딸은 샘이 많아도 만사 칠칠하여 대가집 맏며느리가 될 것으로, 둘째 딸은 영민하고 훤칠하여 어디 내놓아도 빠지지 않을 것이며, 셋째 딸은 옷고름 하나 달 수 없는 말괄량이라도 달나라 항아처럼 예쁘니 신랑 귀염독차지할 것이고, 넷째 딸은 인물이 빠져도 손끝 야물어 살림 알뜰히 꾸밀 것이고, 막내는 연한 배처럼 구니 막내며느리로 호강할 것으로 생각했다. 용숙이 과부됨으로써 한실댁의 첫 꿈은 부서졌지만 그녀는 가족의 붕괴를 막기 위해 최선을 다한다.

큰딸 용숙이 자애병원 의사와 바람이 났을 때, 밤중에 딸네 집을 찾아간 한실댁은 담장 너머로 튀어나가는 인기척을 보면서도 그 집에서 일하는 할멈의 입을 단속하기 위해 음식도 넉넉히 대접하고 돈도 집어준다. 용란의 경우, 머슴 한돌과의 관계로 흠집이 났다고 생각했을 때 한실댁은 아편쟁이에게나마 딸을 안겨서 시집보낸다. 용란은 허물이 있는 자식이라 '양념단지를 열 두 개나 넣었다' 할 만큼 빠지는 것 없이 갖추어서 보냈다. 집안 하인이었던 지석원이 맡기고 간 한돌에게 젖을 먹여 키운 사람도 한실댁이다. 한실댁의 모성은 그야말로 '본능적' 모성이다.

자연이자 본능으로서의 모성은 특별한 학습을 필요로 하지 않는다. 위험에 처해 있는 새끼를 보호하고 보살펴주는 것이 본능적 모성으로 간주되었기 때문이다. 하지만 자아가 없는 헌신적인 희생, 대지와 같은 사랑으로 상투화되었던 본능적이고 '원시적인' 모성은 교육을 통해 과학적 모성으로 변화되어야 한다는 교리가 근대적인 공교육의 등장과 동시에 전파되었다. 근대담론으로 '모성술'이 등장하게 된 것이다. 본능적 모성을 아무리 칭송한다고 하더라도 가부장제가 주장하는 선과 민족과 국가의 이익에 위배된다면, 그런 모성은 마땅히 억압되어야 한다. 공사를 구분하지 못하고 오직 사적인 이해관계에만 구속되는 것이 본능적 모성이라는 것이다. 이러한 비과학적 모성은 전시체제 아래서도 국가야 어떻게 되든 아랑곳하지 않고 자기 자식만을 보호하려 든다. 국가가 요구할 때면 언제라도 모성을 양보해야 하는 것이 진정한 모성이라고 한다면, 본능적 모성은 비천하고 배제되어야 할 것이다.

『삼국지』의 한 이야기에 의하면 한 병졸이 독창을 다리에 맞아서 죽어가고 있었다. 장군은 그 병졸의 상처부위를 찢고 독을 빨아냈다. 덕분에 병졸은 목숨을 구했다. 이 사실을 안 병졸의 어미는, '이제 내 아들은 죽었구나!' 하며 대성통곡했다 한다. 살아온 아들을 보고 내 아들은 이제 죽었구나, 라고 하면서 통곡하는 어미라니! 그 어미는 너무나도 잘 알고 있었기 때문이다. 아들의 목숨은 어미의 것도, 아들 자신의 것도 아닌 장군 혹은 국가의 것임. 장군이 목숨을 살려주었으니, 죽음으로 장군에게 충성하는 것, 죽이기 위해 살려놓은 것밖에 되지 않는다는 것이 어미의 한탄이었다.

이렇게 본다면 모성은 반국가적이다. 혈연이 공동체의 이익과 상반될 때 혈연을 먼저 챙기기 때문이다. 대의를 위해 사소한 것(혈연의 목숨)을 내놓지 못하는 모성은 비천하고 이기적인 것으로 비난받지 않을 수 없다. 이것이 모성의 아이러니이다. 모성이 없이는 국가 구성원을 충원시킬 수 없지만, 그것은 근원적으로 반국가적일 수밖에 없다는 것이다. 그래서 크리스테바는 가부장제 사회에서의 모성을 비체와 연결시킨다. 자식과 분리되지 않는, 공사의 경계와 개체의 경계를 흐리는 것이야말로 모성이 지닌 위험한 힘이다. 모성은 주체/객체, 안/밖, 자국/타국의 경계선을 넘나든다. 모성이 이처럼 모든 경계를 허물어내는 것이라면, 기존의 경계들을 확고하게 고수하려는 세력들에게 모성은 위험하고 위협적인 것이 될 수밖에 없다. 크리스테바의 비천한 모성을 사회심리학적인 담론으로 확장시켜본다면, 한민족 순수 혈통주의를 유지하려는 민족주의자들에게 온갖 혼혈을 만들어내는 모성은 치명적이다. 식민지 근대 공간에서 중국인, 일본인, 러시아인, 미국인들의 피가 뒤섞이고 적과 아군이 뒤섞이는 혼란의 공간인 모성은 민족, 국가의 경계선, 인종, 핏줄의 경계를 흐려놓는다. 그 결과 모성은 공동체의 가장자리에 서게 되고 비체가 된다. 가부장제 아래서 모성의 아이러니는 모성의 모성성을 제거한 비모성을 모성으로 숭배하기 때문이다. [3]

이런 논리에 따르면 딸만 가진 한실댁은 공적 모성(전통적으로 징병과 노역의 책무를 지는 아들을 가진 어머니에게나 해당하므로)을 학습할 필요조차 없는 본능적 모성에 머물러 있는지도 모른다. 전통사회에서는 아들을 낳지 못했다는 것 자체가 가문의 위기이자 반국가적인 것이 된다. 국가와 가문에 대죄를 범한 것이다. 어쨌거나 한실댁의 본능적 모성은 집안 하인 지석원과 무당 사이에 난 한돌을 자신의 젖으로 키워냈다. 한돌은 김씨 집안의 경계 안으로 들어올 수 없는 존재다. 그럼에도 한실댁은 그를 품는다. 한돌은 출신성분 때문에 수양아들이 아니라 머슴이 된다. 양반인 최서희는 신분을 뛰어넘어 머슴을 남편으로 받아들였지만, 용란에게 태생이 천민인 한돌과의 사랑은 금지된다. 신식교육을 받았다고 하는 용빈마저 둘의 관계를 인정하지 않음으로써 한계를 드러낸다. 모든 일에 마비되어 있던 김약국이 용란과 한돌과의 관계에서는 적극적인 처벌을 내린다. 결과적으로 한실댁은 한돌을 죽이기 위해 열심히 키운 셈이다. 뿐만 아니라 그녀는 한돌로 인해 살해당하기까지 한다. 가족을 유지하려는 한실댁의 안간힘이 오히려 가족의 붕괴를 가속화시킨다. 집안의 저주는 이로써 완성된다. 죽거나 미치거나 함으로써.

반면 용숙은 가부장제가 칭송하는 모성이라는 것이 아예 없는 존재처럼 보인다. 골골거리는 아들 동훈에게는 무관심한 채 그녀는 자기 욕망을 채우기에 급급하다. '요조숙녀가 따로 있나 남편이 있으면 요조숙녀'라는 것이 그녀의 생각이다. 의사와의 사이에서 불륜으로 태어난 아이를 살해하여 우물에 빠뜨렸다는 소문으로 경찰서에 끌려가기도 한다. 불륜의 흔적을 은폐하기 위해 영아살해를 했다는 소문이 날 정도로 용숙은 자기욕망에 충실한 여성이다. 용숙이야말로 가부장제가 전파하는 모성이 얼마나 신화적인지를 잘 보여준다. 용숙의 경우, 생사여탈권을 쥔 어미가 자식을 살려두는 것은 효를 담보로 잡기 위한 투자라는 설명이 더욱 설득력 있게 다가온다.

저주라는 언어의 감옥

이 작품은 운명론적이라는 지적이 많다. 이때 운명론은 이미 모든 것이 고정되어 있어서 인간이 두 손 놓고 앉아 있어도 예정된 수순을 밟아서 그 결과에 도달하게 된다는 의미는 아니다. 오히려 예언이나 저주가 그 자체로 실현되면서 진리가 되는 것은 그것을 회피하려는 '그런' 인간의 노력이 포함될 때 가능해진다. 결사적으로 그런 운명에 저항하려는 인간의 노력은 역설적이게도 그 운명과 예언과 저주를 진리로 완성시킨다. 예정된 운명의 실현은 바로 그 운명으로부터의 도피를 통해서이다. 우리의 행동은 이미 우리가 바라보는 사태의 일부라는 것, 그 운명 자체의 일부분이라는 것을 못 보고 지나친 것에 불과한 것이다. 저주처럼 미래에 완결될 사건은 뫼비우스 띠처럼 이미 과거에 위치하므로, 억압된 저주는 역설적이게도 미래로부터 오게 된다. 이때 미래로부터 온다는 것은 시간이 흘러가면서 인간이 그 운명으로부터 도피하려는 실수와 오인 등으로 인해 예정된 운명 그 자체에 도달한다는 의미이다. 이것이 '시간의 역설' 이자 운명이 완성시키는 진리이다.

이렇게 본다면 가족을 유지하려는 한실댁의 결사적인 노력이 불러온 실수, 오인이 역설적이게도 가문의 저주를 완결시킨다. 한실댁이 가문의 저주를 운명으로 받아들이고 아무런 노력도 하지 않았더라면 그런 비극적인 사건은 오히려 발생하지 않았을 것이다.

한실댁이 일생동안 피해보려고 노력했던 것은 집안에 내린 저주였다. '비상 먹고 죽은 자의 자손은 지리지(번성하지) 않는다' 는 말에서 벗어나기 위해 혼신의 힘을 다했다. 시어머니 숙정으로부터 시작된 가문의 저주를 피해 가기 위해서 말이다. 김약국의 생모는, 의처증에다 성정이 잔인하고 난폭한 남편 김봉룡에게 간통을 의심받자 비상을 먹고 자결한다. 김봉룡이 특별히 잔인한 성격을 가져야 할 이유는 없지만, 그에게 비극적인 결함이 있다면 한민족 혈통을 의심받는 노란 머리카락이었다. 봉룡은 아내의 간부라고 의심한 욱이 도령을 찔러 죽인다. 봉룡은 보복이 두려워 밤을 틈타 달아난다. 그 이후 그들이 살았던 집은 도깨비집이라 불리면서 폐허가 된다.

"마을 사람들은 봉룡의 집을 도깨비집이라 부른다. 비가 부슬부슬 내리는 밤이면 비상을 먹고 죽은 숙정과 숲 속에서 봉룡의 칼에 맞아 죽은 나그네의 혼령이 나타난다는 것이다. 해가 미처 지기도 전에 마을 사람들은 도깨비집 앞의 길을 피한다."(25)

우거진 뜰은 쑥대밭이 되었고, 담은 허물어져 뱀과 두꺼비가 드나들었다. 문전에는 백년을 묵은 느티나무가 서 있어 안뒤산에서 실어오는 바람소리는 그야말로 으스스하지 않을 수 없었다. 잡초는 아이들 키를 넘어 집자체를 삼켜버렸다.

마을 사람들은 잊어버리지도 않고 이 집안의 저주를 상기시킨다. 그런데 가부장적 사회에서 억울하게 죽은 여성이 온몸으로 저주할 수 있는 것이 과연 무엇일까? 저주는 자신의 언어를 제대로 가질 수 없었던 타자들이 불의에 맞서 법에 호소하는 것이 아니라 말로써 복수하는 방식이다. 저주는 상대방에게 공포를 환기시킨다. 너무 억울하지만 하소연할 곳도 마땅치 않은 사회적 약자들은, 설혹 현세에서 이뤄지지 않는다면 귀신이 되어 구천을 떠돌면서도 자신의 저주를 실현시키려고 할 것이다. 이처럼 현세의 권력질서와 상징질서 속에서는 의미 있는 목소리로 드러날 수 없는 자들은 귀신으로 귀환해서라도 자기 목소리를 드러내려고 한다. 그 목소리가 저주이다. 이들이 자신들의 분노와 억울을 해소하는 방법은 저주의 힘밖에 없기 때문이다.

숙정은 어린 아들을 버린 채 비상을 먹고 자살하면서 무슨 생각을 했을까? 그녀의 생각을 대변하는 것이 마을 사람들의 반응이다. '비상 묵은 자손은 지리지(번성) 않는다'는 것이나. 가부징제 시회에서 가장 두려운 것은 절손된다는 것이며, 그것이 이 집안의 저주인 셈이었다. 숙정이 온

몸으로 할 수 있는 저주는 비상을 먹고 자살하는 것이다. 그렇게 하면 절손된다는 그 고장 민담을 그녀는 익히 알았을 터였다. 그런 방법을 통해 그녀는 자신의 결백은 물론이거니와 봉룡의 집안에 저주를 '내린' 셈이었다. 성수(김약국의 이름)의 큰아버지인 봉제 영감은 자신이 죽고 나서 성수가 튼실하지 못하면 절손이 될 것이라고, 부인이 딸 연실에게 집착하여 집안 살림이 사위에게 넘어가지 않을까 걱정하는 연유도 이런 저주를 염두에 두고 있었기 때문이다.

김성수는 큰아버지의 집에서 자라지만 자기 아들이 없는 큰어머니 송씨는 그를 무서워한다. 성수의 어깨 위에 동서의 망령이 실려 있는 것만 같아서 쳐다볼 때마다 소름이 끼친다. 숙정의 방황하는 혼백이 그 집안을 맴돌고 있는 것만 같아서이다. 게다가 송씨에게는 병약한 딸 연순밖에 없어서 성수를 아들로 삼지 않을 수 없었다. 성수가 자신의 집안을 대신하는 것 자체가 그녀는 끔찍이 싫었다. 그 무서움을 투사하는 방식이 성수에게 생모를 여우 둔갑한 여자처럼 점점 더 요물로 만드는 방식이었다. '얼마나 독하면 지 새끼를 두고 자기 생목숨을 끊었을까, 그러니 환생도 못하고 잡귀가 되어서 도깨비 집에서 산다'는 얘기를 어린 성수에게 주문처럼 들려준다.

김성수(김약국)는 비상먹고 자살한 생모 생각에서 벗어날 수 없다. 어머니는 아들의 무의식으로 귀환하면서 그에게 죄의식을 불러일으킨다. 죽음을 통해 그녀가 내린 저주는 아들의 초자아의 역할을 한다. 김약국은 어머니의 저주를 자신에 대한 처벌로 받아들인다. 그 처벌이란, 자기 안에 있는 아버지 봉룡에 대한 처벌과도 같다. 그는 자식을 낳아서 자손을 이어가라는, 가부장제적인 법을 유지하는 대신 어머니의 저주를 실현한다. 그에게는 가부장제의 법보다 어머니의 말이 우선한다. 그는 한실댁이 아니더라도 어디서든지 자손을 얻어올 수 있음에도 그것을 거부한다. 냉혹한 어머니의 말은 타자의 목소리로 귀환하면서 그를 마비시킨다.

이처럼 김약국은 생모의 죽음이 불러일으킨 저주를 온몸으로 살아낸다. 연순마저 결혼으로 떠나자 그는 누구에게도 마음을 열지 않는 인물이 되어버린다. 한실댁과 결혼은 했지만 아내에게 마음을 준 적도 없다. 기생첩 소청에게도 마찬가지였다. 그렇다고 큰아버지의 대를 이어 약국을 유지해나가거나 혹은 물려받은 땅을 유지해나갈 의욕도 없다. 그는 삶과 죽음 사이에서 배회하면서 유령처럼 살아간다. 결혼을 앞둔 사촌누나 연순에게 자기는 이미 귀신이라고 말했다시피, 그는 평생을 저주라는 언어의 감옥에 자폐된 수인으로 살아간다.

작가의 입장을 대변하고 있는 것처럼 보이는 김약국의 둘째 딸 용빈은 저주받은 가족사를 이렇게 요약한다.

"저의 아버지는 고아로 자라셨어요. 할머니는 자살을 하고 할아버지는 살인을 하고, 그리고 어디서 돌아갔는지 아무도 몰라요. 아버지는 딸을 다섯 두셨어요. 큰딸은 과부, 그리고 영아살해 혐의로 경찰서까지 다녀왔어요. 저는 노처녀구요. 다음 동생이 발광했어요. 집에서 키운 머슴을 사랑했죠. 그것은 허용되지 못했습니다. 저 자신부터 반대했으니까요. 그는 처녀가 아니라는 혐 때문에 아편장이 부자 아들에게 시집을 갔어요. 결국 그 아편장이 남편은 어머니와 그 머슴을 도끼로 찍었습니다. 그 가엾은 동생은 미치광이가 됐죠. 다음 동생이 이번에 죽은 거예요. 배가 침몰되어 물에 빠져 죽은 거예요."(38)

딸들의 저주

자손이 지리지 않는다는 저주를 받은 집안의 딸들로 태어난다는 것 자체가 저주이다. 김약국의 딸들인 용숙, 용빈, 용란, 용옥은 마치 저주받은 듯 제각기 편집증처럼 매달리는 것들이 있다. 용숙은 돈, 용빈은 이성, 용란은 본능, 용옥은 신앙이다. 박경리의 등장인물이 리얼하기보다 우화적으로 보이는 것도 이런 단성적인 목소리 때문이다. 탐욕, 이성, 본능이 의인화된 자리에 용숙, 용빈, 용옥이 존재한다.

용숙은 탐욕스러움으로 인해 맹목적인 모성의 어머니인 한실댁마저 포기할 정도의 인물이다. 한실댁은 고리대를 하고 있는 용숙에게 돈을 빌리러 갔다가 무안을 당하고, 나중에 용숙이 보낸 백환을 되돌려보낸다. 용숙은 과부로서 여자가 자식 데리고 혼자 살려면 경제력이 있어야 한다는 것을 온몸으로 보여주는 인물이다.

그녀가 영아살해의 누명을 쓰게 된 것도 재물에 대한 욕심 때문이었다. 불륜의 구체적인 흔적인 아이로 인해 시동생에게 그 많은 재산을 넘기고 쫓겨날까봐 저지른 일이라고 사람들은 쑥덕거렸다. 그녀의 불륜은 통영바닥이 다 아는 사실이고, 용숙은 영아살해를 하고도 남을 위인이라는 것이 세간의 평이다 보니, 그런 고소사건이 일어날 수 있었다. 그러나 용숙은 자신이 당한 모멸감으로 위축되는 것이 아니라 오히려 고개를 빳빳이 들고 다닌다. 그녀가 주변 사람들에게 복수하는 방법은 돈 앞에 고개 숙이게 만드는 것이었다. 그녀는 고리대를 하면서도 자신에게 존경심을 보여야 돈을 빌려주었다. 돈은 불명예와 수치를 모른다. 이윤은 윤리를 문제삼지 않는다. 그녀가 통영 바다에서 아무리 불명예스럽고 추잡스런 인간이라고 하더라도 사람들은 그녀의 돈 앞에 고개를 숙인다.

그녀는 집안의 저주이자 동시에 집안을 저주하는 인물이기도 하다. 어장이 넘어가게 되었다고 돈을 꾸러 온 어머니 한실댁에게 그녀는, '내 욕볼 때 친정식구라고는 개미 한 마리 얼씬 안 하고 …… 이를 풋돌같이 갈았습네다.' 라고 악다구니를 하면서 어머니의 부탁을 매몰차게 거절한다. 그녀는 언제나 두고보자는 식으로 살아가는 인물이다. 정국주의 손에 넘어가게 된 친정 어장의 붕괴를 앞당기는 데 용숙 역시 한 몫 한다. 자신의 친정이 무너지는 데 가세하면서도 그녀는 끝까지 번창하게 살아남는다.

용빈은 최고교육을 받은 엘리트이자 이성의 화신이다. 김약국이 아들처럼 대화상대로 삼는 명예남성이다. 전지적 시점의 작가가 끊임없이 그녀가 얼마나 이성적인지를 강조하고 있지만, 행동으로 보여주는 그녀의 모습에서는 그다지 이성적인 측면을 찾을 수 없다. 신여성으로서 가부장적인 질서가 안고 있는 문제점을 비판적인 시각으로 바라보는 성찰적인 주체로서의 면모가 거의 없다. 용란과 한돌의 사랑에 대해서도 '아버지가 이 일을 인정해줄 것 같애?' 라고 하면서 아버지의 입장을 반복한다. 어머니는 죽고 용란은 미쳤을 때 그녀가 용란에게 고작 보여주는 것은 기두를 통해 그녀에게 성경책을 전해주는 것 정도이다. 자신도 회의하는 기독교의 경전을 미친 용란에게 전달해주는 것의 의미가 무엇일까. 작가는 용빈의 '교양이 너무나 높았고', 그처럼 '높은 교양과 가혹한 체험으로 인해' 세련된 태도를 보인다고 힘주어 말하고는 있으나, 그녀의 그처럼 높은 교양과 세련된 태도는 김약국과 마찬가지로 마비된 행동의 표상처럼 보인다. 용빈이 지성과 이성의 표상이라고 작가는 거듭 되뇌지만, 용빈의 이성은 현실과 대처할 때 비이성적인 것으로 드러난다.

용란은 미치지 않고서는 버틸 수 없는 사회에서 결국 미친년으로 살아간다. 용란은 순진무구하면서도 무심하고 어떻게 보면 표독스런 암짐승처럼 민첩하고 본능적이다.

용빈이 주장한 것처럼 용란은 본능에 몸부림치는 암캐일까? 용란은 기묘하게도 봉건질서가 만들어놓은 사회적 통념과 가치가 전혀 새겨지지 않아서 훼손되지 않은 존재처럼 보인다. 용숙이 사회적 통념을 무시하는 것과는 다른 방식으로 용란은 가부장적 윤리 너머에 존재한다. 그녀는 무당과 하인 사이에 태어난 미천한 한돌이와 사랑함으로써 사실은 근친상간적인 아버지의 욕망을 대신하고 있다고도 볼 수 있다. 김약국이 사촌인 연실에게 연정을 품었다면, 한 어미의 젖을 먹고 자라난 용란과 한돌은 상징적으로 오누이와 다를 바 없는 관계였다.

용란은 미친 세상에서 미치는 것으로 대응한 셈이다. 비천한 한돌은 죽어서라야만 미친 용란의 온전한 차지가 된다. 용란은 광적인 가부장적 사회를 조롱하듯이 머리에 꽃을 꽂은 채 미쳐서 돌아다닌다. 그것이 용란이 한돌과 자신의 운명을 조롱하면서 애도하는 방법은 아니었을까?

용옥은 용란을 사랑한 기두와 결혼한다. 기두는 처음부터 용옥을 안쓰럽게 생각하지만 사랑하지는 않았다. 그럴수록 용옥은 기독교 신에 매달린다. 죽은 어머니를 대신하여 틈틈이 친정아버지를 돌보고 온갖 근심과 시름을 기도와 일을 통해 잊는다. 가장 성실하고 열심인 그녀에게 내린 저주는 가혹하다. 이 작품이 운명론적이라고 보는 것도 용옥에 이르면 결코 지나치지 않을 정도이다. 용옥은 시아버지의 겁탈을 피해 부산의 어협에서 일하는 남편 기두를 찾아서 부산행 윤선을 탄다. 그 배에는 김약국의 몰락을 재촉한 고리대금업자이자 친일파이며 어장으로 돈을 불린 정국주의 마누라가 타고서 구족(九族)을 거느린 듯 거들먹거린다. 그녀의 모습은 용옥의 추레한 모습과 비교된다. 정국주의 마누라는 아들인 홍섭이 용빈과 결혼하지 않은 것을 천만다행으로 여긴다. 잡귀가 득실거리는 그 집과 혼사를 하지 않아서 얼마나 다행인지를 이야기하는 것을 옆에서 우연히 듣게 된 용옥은 그길로 물에 뛰어들고 싶은 충동을 느낀다. 삶이 너무 누추하고 피곤해서이다. 용옥의 고달픈 몰골은 정국주 마누라의 풍채와 대비되어 그녀의 비참을 배가한다. 그녀가 탄 산강호는 부산으로 오던 중 가덕도 앞바다에서 난파된다. 아이를 안은 채 인양된 용옥의 시신은 희한하게도 전혀 훼손되지 않고 말짱했다. 아이와 용옥의 시체를 떼어냈을 때 십자가 하나가 모래 위에 떨어졌다.

해체되는 집과 유랑하는 사람들

아버지가 죽고 난 뒤 용빈은 막내동생 용혜를 데리고 통영을 떠나게 된다. 그녀의 집은 상징적으로 예전 봉룡의 집처럼 귀신이 들끓는 도깨비집으로 되돌아간다. 산 자는 유랑하고 귀신들은 귀환한다. 무당의 말처럼 비상 먹고 죽은 귀신, 객사한 귀신, 익사한 귀신, 맞아 죽은 귀신, 칼맞아 죽은 귀신들이 산 자의 자리를 대신 차지하게 된다. 용빈은 용옥이 죽고 나자 용란을 용숙에게 억지로 떠맡긴다. 용빈이 용란에게 해 줄 수 있는 것이라고는 기두 편에 성경을 전해주는 것 뿐이다.

김약국은 살아서 이미 가부장의 역할을 할 수 없는 유령이 된다. 그는 타자의 욕망(자살한 어머니 숙정의 저주와 송씨의 저주대로)대로 충실히 살아간 셈이었다. 한실댁의 맹목적인 모성은 보답을 받기보다 저주를 완성하는 데 일조함으로써 본인을 포함하여 집안을 해체로 이끌게 된다. 제각기 집안의 해체를 거는 딸들은 가족을 해체시킴으로써 자신들에게 내린 저주를 딸의 저주로 만들어낸다. 해체되는 집과 더불어 이들은 유랑가족이 된다. 이들은 뱃길 위에서, 혹은 노상에서 떠돈다.

『김약국의 딸들』의 딸들은 저주받았지만, 무기력한 희생자들은 아니다. 그들은 제각기 적극적으로 저주에 대처한 결과 저주를 완성시키는 아이러니컬한 존재들이다. 수동적인 희생을 피하려다가 희생되기도 하지만, 그들은 어쨌거나 김약국과는 달리 끝까지 행동하는 자들이었다. 숙경의 저주는 가부장적 상징질서에 포획되지 않으면서 그 질서를 위협하는 공포스런 힘이 된다. 김약국은 가부장으로서 충실했다기보다는 자기 안의 아버지를 처벌하는 방식으로 어머니의 말에 충실했다. 그 결과 그는 거세되고 무력한 가장으로 살아간다. 이처럼 봉건가족의 유지가 불가능함을 이 작품은 온몸으로 보여준다. 이로써 가족은 해체되고 개인들은 유랑한다.

이로써 이 작품은 가족 해체의 불안을 절실하게 경험하고 있는 우리 시대의 전조를 한 세기 전에 먼저 형상화한 셈이다.

2부: 다섯잔의 주체들

밥 읽는 여자 책 먹는 여자
〈삼공일 삼공이〉

구 번 일

음식은 생명이고 사랑이다. 누군가와 함께 먹고 마신다는 것은 친밀감의 표현이다. 누군가에게 밥을 먹었는지 안 먹었는지를 묻는 일 역시 관심의 표현이다. 우리는 아무 상관도 없는 사람에게는 밥을 먹었냐고 묻지 않는다. 또 음식으로 고칠 수 없는 병은 약으로도 고칠 수 없다고 말하기도 한다. 그만큼 제대로 먹는다는 것은 중요한 일이고, 몸뿐만 아니라 마음과도 관련이 있는 일이다. 외롭거나 우울할 때, 우리는 치즈케이크나 초콜렛 등 엄청난 양의 탄수화물이나 지방을 섭취하면서 위로를 얻기도 하지 않는가.

〈바이브레이터 vibrator〉(히로키 류이치 감독, 2003년)에 나오는 여자는 이 '제대로 먹는 일'을 잘 하지 못한다. 자신의 취미를 '먹고 토하기'라고 말할 성노다. 냉상고 문을 열어놓은 재 징신없이 음식을 입으로 쑤셔 넣기도 하고, 손가락을 입에 집어넣고 억지로 토하기도 한다. 그녀의 머리 속에서 웅웅거리는 환청들, 영화 속에서 끝내 설명되지 않은 불안, 오래된 외로움, 다른 존재에 대한 간절함 등과 그녀의 거식 증세는 무관하지 않다. 그런 그녀가 우연히 한 남자를 본 순간 머리 속에서는 이런 말이 들려온다. "먹고 싶다. 저거 먹고 싶다." 노골적이긴 하지만, 식욕과 성욕이 하나의 욕망일 수 있음을 혹은 두 가지 욕망이 서로 영향이 있음을 드러내주는 말이다. 그러나 〈바이브레이터〉는 그녀의 증세에 크게 주목하지는 않는다. 마찬가지로 많은 영화와 소설들이 음식과 섹스의 관계를 언급하고 있지만, 둘의 관계를 집요하게 드러내지는 않는다. 이 시대의 많은 여자들이 음식에 대한 과도한 집착과 거부를 보이고 있음에도 불구하고, 이 문제를 10여 년 전에 만들어진 〈삼공일 삼공이〉(박철수 감독, 1995년)만큼 적극적으로 형상화한 영화는 없다.

〈삼공일 삼공이〉는 한 여자의 실종을 알리면서 시작한다. 새희망바이오아파트 301호와 302호에 마주보고 살던 두 여자 중 302호에 살던 윤희가 사라졌다. 윤희가 사라졌다는 신고를 받고 형사가 출동한다. 그렇다고 이 영화가 수사물 형식에 충실한 것은 아니다. 이 영화에서 형사는 서사의 가장 바깥에 위치한 인물이다. 형사는 301호 송희보다도, 관객보다도 더 적게 알고 있다. 끝내 그는 두 여자의 진실을 알지 못하며, 이해하지도 못한다. 형사가 텅 빈 302호를 둘러 볼 때 관객은 침대 위에서, 찬장 안에서, 변기 옆에서, 거울 속에서 불쑥불쑥 나타나는 윤희의 환영(幻影)을 본다. 형사가 윤희의 약병들을 관찰할 때 관객은 "이 약은 신경성 식욕부진증 환자가 쓰는 약이지요. 신경성 식욕부진증은 그 음식에다가 사랑이든지 섹스를 결부시키는 그런 병이죠. 사랑을 운반하는 도구가 음식이 되는 셈이죠."라는 나레이션을 듣는다. 그러나 형사는 아무것도 보지 못하고 듣지 못한다. 사실, 바깥 출입도 거의 하지 않으며 다른 사람들과 접촉도 없이 살던 윤희의 실종을 며칠 사이에 누군가가 알아채고 신고 했을 리도 만무하다. 그럼에도 굳이 형사를 등장시킨 까닭은 뭘까. 송희 와 윤희 두 여자의 관계를 더욱 은밀하게 만들기 위해서는 두 여자의 진 실 바깥에 있는 인물이 필요했기 때문이 아닐까. 그래서 아무것도 알아내 지 못하는 형사를 등장시켰을 것이고, 영화가 본격적으로 진행될수록 형 사의 존재가 더욱 미미해지는 것이 이를 말해준다. 집안 전체를 고급 레 스토랑처럼 꾸며놓고 요리 일기를 쓰는 송희나, '신경성 식욕부진증'을 앓으며 음식도 섹스도 거부했다는 윤희를 이해할 수 없는 형사는 겨우 이 렇게 말할 수 있을 뿐이다. "요리가 어쩌니 먹느니 안 먹느니 토해내 가 면서 여자들 팔자란 참 요상한 거야."

〈삼공일 삼공이〉는 그 '팔자가 요상한 여자들'에 관한 영화이다. 요즘 에는 신경성 식욕부진증, 식이장애, 거식증 등으로 알려지기 시작했으나 영화가 만들어졌을 때만 해도 이런 증상들은 그야말로 '요상한' 일일 뿐이 었다. 때문에 〈삼공일 삼공이〉는 외면당했고 너무 쉽게 잊혀졌다.

송희: 먹는다, 고로 존재한다

영화가 시작되면 영화제목도, 자막도 없이 대뜸 어린 여자 아이의 나 레이션이 흐른다. "우리집 냉장고에는 음식들이 많이 들어있어요. 그런데 나는 차가운 음식을 절대로 안 먹어요. 엄마가 오시면 금방 만든 따뜻한 음식을 먹을 거예요. 그렇지만 우리 엄마는 일하시느라 밤늦게까지 들어 오지 않있어요." 시리도록 푸른색의 화면을 바탕으로 인스턴트 식품이 빼 곡히 들어찬 냉장고가 자세히 비춰지고, 책 몇 권을 쌓아놓고 그 위에 올라가 혼자 요리하는 아이의 모습이 보인다. 마치 이후에 보여질 송희의 모든 행동에 대한 원인을 이 첫 장면으로 보여주려는 것처럼 느껴진다. 어린 송희에게 엄마가 만든 따뜻한 음식은 곧 엄마의 사랑이었던 셈이다. 때문에 냉장고에 보관해야만 하는 차가운 인스턴트 식품은 어린 송희에게 음식이 될 수 없었던 것이다.

가족들을 배불리 먹이는 일은 늘 '어머니'의 당연한 임무였고 어머니가 할 수 있는 최고의 사랑 표현이었다. 좋은 재료를 골라 정성껏 음식을 만들어서 남편과 아이들을 먹이는 일, 어린 송희가 원했던 것처럼 가족에게 금방 만든 따뜻한 음식을 제공하고 그들이 행복해하는 모습을 보면서 만족하는 것이 어머니의 진정한 기쁨이라고 여겨져 왔다. 어머니란 가족들을 먹이고 난 후에야 음식을 먹는 존재이거나 혹은 가족들을 먹이기 위해 자신의 식욕을 감추어야 하는 존재이기도 하다. 광고나 드라마에서 흔히 볼 수 있는 어머니의 행복한 미소는 가족들이 그가 만든 음식을 맛있게 먹고 있는 모습을 곁에서 지켜보고 있는 음식 제공자로서의 순간이지, 결코 자신이 직접 음식을 음미하고 있는 순간이 아니다. 집 나간 아들이나 언제 돌아올지 모르는 남편을 위해 아랫목에 따뜻한 밥 한 그릇을 묻어 두는 것이 당연한 일로 칭송되었다. 즉 어느 때라도 가족들이 원하면 바로 음식을 먹을 수 있도록 준비하는 것이 어머니의 역할이며, 그 음식은 바로 어머니의 사랑인 셈이다.

어린 시절부터 송희가 원한 것은 따뜻한 음식으로 표현되는 사랑이었으며, 가부장제가 요구하는 역할을 충실히 수행하는 어머니였을 것이다. 그러나 음식으로 사랑을 표현하는 어머니의 역할 속에는 그 음식이나 사랑에 대한 인정이나 대가를 요구해서는 안 된다는 것까지 포함되어 있음을 송희는 알지 못했다. 송희는 어린 시절의 바람대로 언제나 남편에게 정성껏 만든 음식을 잘 차려 제공한다. 이혼을 하기 전까지 송희는 가부장제가 요구하는 음식 제공자로서의 역할을 충실하게 수행한다. 남편이 자신의 음식을 부담스러워하면서 바람을 피우고, 남편에게 섹스를 거부당하면서 그는 남편을 위해 만들었던 음식을 대신 먹어치우기 시작한다. 이혼 법정에서 그녀는 자신이 '사랑대신 얼마나 많은 음식을 먹어치웠는지, 관심대신 얼마나 많은 생크림 케익을 먹어치웠는지, 외로움들을 왜 탄수화물로 바꿔낼 수밖에 없었는지' 토로하며 스스로를 변호한다. 송희는 음식이 곧 사랑이며 사랑을 대신한 것이 음식이었다고 말하고 있는 것이다. 남편이 음식을 맛있게 먹어주고 만족스런 섹스를 할 수 있을 때는 괜찮았지만, 자신의 음식과 사랑에 대한 대가를 받지 못하는 상황은 견딜 수 없었던 것이다. 그래서 그녀는 남편에게 주던 음식과 사랑을 스스로에게 제공함으로써, 타인을 먹이던 것을 스스로를 먹이는 일로 대체했다. 남편에게 거부당한 음식과 사랑을 자신에게 먹임으로써 스스로를 위로했던 셈이다. 송희는 타인을 대가없이 먹이고 보살펴야 하는 여성의 미덕을 받아들이지 않았기 때문에 가부장제로부터 추방될 수밖에 없었다. 음식 제공자로서의 여성은 요리를 하고 나서 남편의 관심이나 섹스를 대가로 요구해서는 안 된다. 그저 주는 것만이 기쁨이고 맛있게 먹는 것을 보는 게 곧 자신도 먹는 것이라고 여기는 것까지 음식 제공자의 미덕에 포함되어 있는 것이다.[1] 그러나 송희는 '타인을 먹이는 자'로서의 이러한 미덕을 갖추지 못했으므로 소위 가부장제의 정상적인 테두리 안에 남을 수가 없었다.

게다가 송희는 자신을 품에 안는 대신 애완견 쫑쫑이를 안고 잠드는 남편에게 쫑쫑이를 요리해 먹였다. 가부장제의 성역할은 여성이 제공하는 음식은 사랑이며 보살핌이고 그런 역할이 최고의 미덕이라고 주입시켜 왔다. 송희는 겉으로는 가부장제의 이런 성역할을 수행하는 것처럼 보인다.

그러나 그런 역할 수행이 공포스러운 복수나 위협의 방식이 될 수 있다는 것은 가부장제가 미처 생각지 못했던 일이다. 이혼 법정에서 남편은 흥분해서 소리친다. "이 여자는 미친 여자예요. 나중엔 사람까지 요리 재료로 쓸 거예요." 출근하는 남편을 위해 아침 일찍 일어나 애완견으로 스튜를 만들어 내놓는 송희의 모습은, 가부장제가 요구하는 역할을 충실하게 수행하는 듯이 보이는 여성들이 때로는 얼마나 위협적인 존재일 수 있는지를 보여준다. 그리고 가부장제가 요구하고도 그 가치를 알아주지 않는 음식 만들기라는 방법으로 복수를 함으로써, 여자들이나 할 일이라고 폄하시켰던 것이 가부장제에 공포로 되돌아갈 수 있다는 것을 보여준다. 이렇게 보면 송희는, 그로츠[2]가 공모와 전복을 가르는 경계는 언제나 너무 얇아서 확실한 금을 긋기가 어렵다고 한 말을 이해할 수 있게 해준다. 즉 가부장제가 여성들에게 강요한 규범을 따른다고 해서 여성들이 전적으로 수동적이고 순종적인 존재가 되는 것은 아니라는 것이다. 손수 만든 따듯한 음식을 가족에게 제공하는 것이 곧 여성의 할 일이라고 믿고 있는 송희야말로 가부장제의 규범을 잘 따르고 있는 인물이다. 그렇다고 해서 송희가 가부장제의 수동적인 희생자인 것만은 아니다. 송희가 일찌감치 일어나 남편의 아침식사를 준비하고, 늘 새로운 음식을 만들기 위해 노력하지만, 그것이 때로는 적극적으로 자신의 욕망을 드러내는 데 이용되기 때문이다. 남편이 사랑하는 쫑쫑이를 요리한 것처럼, 송희가 정성스레 만든 음식이 남편에게는 위협적인 일이 될 수도 있다.

송희는 이런 방식의 복수를 윤희에게도 한다. 송희는 301호로 이사 온 후부터 음식을 만들어서 윤희에게 열심히 가져다준다. 그러나 윤희는 송희가 만들어간 음식을 한 번도 반기지 않는다. 자신이 만든 음식과 자신을 동일시하는 송희에게 그것은 곧 자신이 거부당한 것과 같다. 어느 날 송희는 윤희가 그 음식들을 고스란히 쓰레기 봉투에 담아 내다버리려는 것을 목격한다. 이에 격분한 송희가 쓰레기가 되어 이미 '품위'를 잃은 음식을 아귀아귀 집어 먹는 모습은 괴기를 넘어 공포에 가깝다. 여기서 그치지 않고 송희는 윤희가 구토하러 간 사이 윤희의 책상 옆에 있던 선인장을 잘라 와서 요리를 한다. 윤희에게 화해를 청하는 것처럼 가장하고 윤희를 집으로 초대한 송희는 그 선인장 요리를 윤희의 입을 벌리고 강제로 먹도록 강요한다. 자신의 욕망을 인정해주지 않고, 자신과 자기가 직접 만든 음식을 거부하는 남편과 윤희에게 똑같은 방식으로 복수를 한 것이다. 남편이나 윤희가 가진 것, 그들에게 소중한 것을 요리해서 먹으라고 내놓는 것은 음식 제공자가 헌신적으로 넉넉한 사랑을 보여주는 존재가 아니라 위협적이고 공포스러운 존재가 될 수 있음을 보여준다. 송희는 가부장제가 원하는 '요리 잘 하는 여자'의 정도를 넘어서버린 셈이다. 이혼 법정에 다녀온 후 남편은 말한다. "요리 잘 하는 여자, 그릇 잘 챙기는 여자, 잘 먹는 여자, 당신도 한 때는 근사했었는데 말야." 가부장제가 원하는 것은 여기까지이다. 그러나 송희는 가부장제의 요구를 과도하게 수행함으로써 그야말로 기괴한 uncanny [3] 존재가 되었다. 이 기괴한 존재는 우리에게 늘 정성스럽게 음식을 만들어주는 익숙한 역할을 하는 존재이면서 동시에, 언제든 정성스럽게 만든 음식으로 우리를 위협하는 존재로 돌변할 수도 있다.

보편적으로 여성이 제공하는 음식이 곧 사랑을 의미한다면 남성들은 먹는 것과 사랑받는 일을 동시에 할 수 있다. [4] 그러나 여성들은 늘 음식을 제공하는 자일 뿐 음식 자체를 탐하는 일은 금지되어 있다. 게다가 음식을 먹을 때도 늘 식욕이 없는 것처럼 조금만 먹는 것이 미덕으로 되어 있다. 음식을 만드는 일은 여성들의 영역이자 의무로 남겨졌지만 정작 자신들이 만든 음식을 먹는 일에서는 소외되어 있다는 사실, 바로 여기에서 부터 형사가 말하는 여자들의 '요상한 팔자'가 시작되는 셈이다. 그리고 음식을 제공하기만 할 뿐 그 음식을 즐기는 것이 여자들에게 금지되어 있다는 사실은, 가부장제가 여성의 섹슈얼리티를 통제하는 것과 같은 방식이다. 보르도가 '남자를 잡아먹는 여자'라는 표현을 인용하면서 여성의 식욕과 성욕의 관계를 설명하는 것을 보면,5 '남자 잡아먹는 여자'라는 말이 우리 나라에만 있는 게 아니라 보편적으로 쓰이는 말이라는 것을 알 수 있다. 즉 탐욕스러운 식욕을 가진 여자와 성적으로 탐욕적인 여자를 동일시하며 두려워하는 것은 모든 문화에서 동일한 심리적 토대를 두고 있는 듯하다.

그렇다면 송희는 가부장제가 용인할 수 없는 두 가지 중죄를 저지른 셈이다. 송희는 남편에게 음식을 제공하면서 끊임없이 "어때?", "맛있어?"라고 묻는다. 그리고 자신이 만든 음식과 스스로를 동일시하면서 음식에 만족해하는 남편에게 "난 어때?"라고 묻기도 한다. 무한한 사랑을 베풀기만 하는 음식 제공자가 되어야 함에도 불구하고 송희는 그 대가로 남편의 인정과 관심을 원했고, 남편이 원하지 않을 때에도 자신의 성욕을 드러내며 남편에게 섹스를 요구하는 탐욕스러움을 보였다. 게다가 남편이 자신과의 섹스를 계속 거부하고 다른 여자를 만나게 되자, 성욕을 식욕으로 대체해 엄청난 음식을 먹어치우기 시작했다. 급기야는 남편이 잘 때도 안고 자고, 밥 먹을 때도 안고 있는 애완견 쫑쫑이를 죽여 요리를 해버렸으니 결국에는 '남자 잡아먹는 여자'가 된 셈이다.

여성들에 대한 가부장제의 요구에 매우 충실하다 못해 정도를 뛰어넘어 오히려 가부장제에 위협이 될 수도 있는 존재가 된다는 점에서, 그리고 식욕과 성욕을 대응시키고 있다는 점에서 송희와 윤희는 짝패가 된다.

윤희: 먹지 않는다, 고로 존재한다

이 영화에서 송희와 윤희는 극단적으로 대조적인 인물로 설정되어 있다. 집요하게 음식을 만들고 음식에 집착하는 여자와 끈질기게 음식을 거부하는 여자, 섹스를 좋아하는 여자와 섹스를 거부하는 여자, 화려한 차림의 육감적인 여자와 늘 무채색의 옷차림만 하는 창백한 여자 ……. 뿐만 아니라 두 여자의 집안도 대조적이다. 송희가 사는 301호는 고급 레스토랑을 방불케 한다. 조리대와 개수대, 식탁이 집안의 대부분을 차지하고 있으며 파란색, 노란색 등 원색의 식기들이 조화롭게 배치되어 있다. 윤희가 사는 302호는 마치 도서관처럼 집 한가운데를 차지한 커다란 책상과 책이 가득 꽂힌 책장만이 있을 뿐이다. 게다가 윤희의 집은 흰 커튼과 흰 소파와 흰 침대 시트, 요리의 흔적이 전혀 없는 말끔한 부엌의 그릇까지 하얗다.

〈삼공일 삼공이〉는 이렇게 극단적으로 다른 두 여자가 서로를 알아가는 과정, 둘이 하나가 되는 과정을 그리고 있다. 송희와 윤희의 위치가 대등한 관계인 것처럼 보이지만 〈삼공일 삼공이〉는 실은 송희가 윤희를 이해해가는 과정이며 결국 윤희와 하나가 되어가는 과정이라고 말할 수 있다. 솔직히 송희의 캐릭터는 우리에게 그리 낯설지 않다. 요리를 즐기는 여자가 결혼을 하고 어쩌다 남편과의 관계가 시들해지고 식구들이 남긴 음식을 먹어치우고 그러다가 살이 찌는 주부의 모습은 흔하게 볼 수 있다. 그러나 윤희의 경우는 좀 다르다. 늘 집안에만 틀어박혀 있으면서 음식을 만들지도 않고, 음식을 먹기는커녕 보기만 해도 구토를 하고, 마네킹처럼 무표정한 얼굴로 글을 쓰기만 한다. 나이어드를 하는 게 아니라 자신은 음식을 먹을 수가 없노라고, 음식이 자신을 거부하는 것이라고 말하는 윤희를 송희도 처음에는 이해하지 못했다. 송희는 윤희를 위해 다양한 재료를 사다가 정성스럽게 음식을 만들고 반드시 맛있게 먹게 될 것이라고 장담한다.

영화가 윤희와 송희를 표현하는 방식에서도 윤희가 송희보다 좀 낯선 존재처럼 그려지고 있다. 송희는 카메라를 똑바로 바라보고 관객에게 직접 말을 거는 것처럼 보이는 정면 쇼트가 많다. 그러나 윤희는 프레임의 정면에 위치하는 경우보다 측면에 위치하는 경우가 많다. 윤희가 프레임의 한가운데에 위치할 때도 그는 카메라를 정면으로 바라보지 않는다. 카메라 역시 윤희를 비출 때는 주로 아래에서 위로 올려잡는 방식을 쓴다. 이혼 법정에서 프레임 가득 들어찬 송희가 스스로를 변호할 때, 이혼을 하고 독립을 자축하면서 정면을 향해 축배를 들 때, 관객에게 직접 말을 거는 것과 같은 송희의 모습에 관객들은 그를 좀더 친숙하게 느끼게 된다. 그리고 카메라는 요리하는 송희의 눈과 손을 부지런히 따라다니지만 윤희와는 항상 적당한 거리를 유지한다. 아래에서 위로, 관찰하려는 듯이 옆에서, 구토하고 있는 머리 위에서, 윤희를 비춤으로써 카메라가 유지하는 거리만큼 관객들도 윤희에게 거리감을 느끼게 된다.

윤희는 사춘기 시절, 어머니의 묵인하에 양아버지로부터 지속적인 성폭행을 당한다. 세 가족이 둘러앉은 식탁에서 양아버지가 윤희의 밥 위에 놓아주는 고기나 윤희의 입에 넣어주는 육회는 자신의 몸을 내어주고 얻은 음식일 뿐이다. 양아버지가 운영하는 정육점이 배경이 아니더라도 어린 윤희가 강간당하던 장면은 항상 붉은 화면으로 그려진다. 정육점의 붉은 조명 아래에 매달려 있던 고기 덩어리들처럼 과거의 윤희는 그저 '한 덩어리의 살'일 뿐이었다. 딸이면서 동시에 어머니를 대신해 아버지의 성적 대상이 되어야 했던 윤희는 섹스도, 그 대가로 얻은 음식도 거부하게 된다.

영화 초반의 나레이션에서처럼 윤희에게 음식과 섹스는 분리할 수 없는 것이고 동시에 거부해야 하는 것이 된다. 크리스티나 폰 브라운 역시 신경성 식욕부진증을 설명하면서 음식 거부는 동시에 섹슈얼리티 거부라고 말한다. 음식 뒤에 본래의 관심사,[6] 즉 성(섹슈얼리티)이 숨어있는 것이며 거식증 환자들은 성의 자리에 음식을 놓는 것이라고 설명한다. 음식을 보기만 해도 구토를 하는 윤희는 여성의 섹슈얼리티 자체에 대해서도 거북해 한다. 아파트 앞에서 송희와 처음으로 마주친 윤희는 육감적인 송희의 몸매를 보면서 생각한다. "역겨워, 저 여자 젖가슴은 수십 명한테 빨려도 남을 거야." 거식증에 걸린 여자들은 납작한 가슴과 엉덩이, 소년처럼 깡마른 몸을 지향하며 월경이 멈춘 상태에서도 희열을 느낀다는 점은 윤희와도 무관하지 않다. 윤희는 창백한 얼굴에 짧은 단발머리를 하고 영화 내내 검은색이나 무채색 계열의 헐렁한 옷만을 입는다. 거식증 환자들은 이런 식으로 자신의 몸이 성적인 대상이 될 수 있는 여성의 섹슈얼리티를 드러내는 것을 거부한다. 이것은 많은 이들이 거식증의 원인을 성적인 학대와 관련짓는 사실에도 부합한다. 보르도 역시 거식증 환자들이 보이는, 남자에게 매력적인 여자가 되고 싶지 않다는 욕망은 과거의 성적 학대에 의한 불안이나 죄의식과 관련되어 있다고 본다.[7] 사춘기 시절 양아버지에게 강간당하던 이야기를 털어놓은 후, 윤희는 말한다. "내 몸 속엔 더러운 걸로 가득한데, 그런데 어떻게 내 몸에다 남자를, 음식을 처넣겠어요. 이대로 없어지고 싶어요." 식욕과 성욕이라는 일상적인 욕구로부터 초월하고자 하는 욕망이 윤희에게는 자아에 대한 횡포로 전환된 것이다. 성적인 학대로 인한 불안과 초조, 죄의식으로부터 벗어나는 방식이 스스로에게 음식과 섹스를 굶기는 것으로 나타난 셈이다.

또는 보르도나 폰 브라운, 해리엇 프라드[8] 가 공통적으로 지적하는 것처럼, 거식증 환자들이 어머니의 삶과 어머니를 거부하는 것이라고 본다면 윤희가 굶기는 대상은 자기 자신이면서 동시에 어머니일 수도 있다. 윤희가 보여주는 섹슈얼리티의 거부는 딸을 남편에게 성적 대상으로 제공하면서까지 먹고 살아야 했던 어머니의 삶과 딸이면서 어머니 대신 성적 대상이 되어야 했던 자신의 삶을 동시에 거부하는 것이다. 즉 어머니의 역할을 떠맡았던 자신을 어머니와 동일시함으로써 자기 안의 어머니를 처벌하기 위해 스스로 음식과 섹스를 거부하는 것이기도 하다.

'성적인 관계나 육체적인 접촉을 모두 회피하려는 것' 이 많은 거식증 환자들의 특징이지만 조금만 뒤집어 보면 그들이 진정으로 섹슈얼리티 자체를 거부하는 것이라고 보기는 어렵다. 거식증 환자들이 음식을 거부한다고는 하지만, 사실은 음식에 대한 강한 열망을 통제하고 있는 것일 뿐이다.[9] 즉 스스로 엄격하게 통제한 식욕을 가지고 있는 것[10] 이라고 본다면 섹슈얼리티에 대해서도 같은 측면을 발견할 수 있다. 윤희는 섹슈얼리티와 음식을 거부하지만, 그녀가 쓰는 글은 항상 섹슈얼리티나 음식과 관련된 것들이다. 영화 속에서 그녀가 쓰고 있는 글이 세 번 보여지는데, 〈이상적인 성생활의 조건〉, 〈눈 뜨면 모닝섹스로 직행하라〉는 제목의 글이거나, 어느 정도의 운동을 한 후에라야 어떤 음식을 얼만큼 먹을 수 있는 자격이 주어진다는 내용의 다이어트 칼럼뿐이다. 그리고 윤희의 실종에 대한 단서를 찾기 위해 형사가 302호에 들어갔을 때 책상에서 그가 집어드는 글의 제목은 〈섹스할 때 남과 여, 어느 쪽이 더 에너지를 많이 소비할까〉이다.

윤희의 식욕과 성욕은 완벽하게 사라진 게 아니라 그의 육체를 떠나 추상화되었을 뿐이다. 이와 관련해서 폰 브라운은 재미있는 표현을 한다. '도서관은 신경성 식욕부진증의 상징적인 장소' 라는 것이다. 문자는 오늘

날 확실히 사회적 탈육체화의 가장 효과적인 수단이 된다고 한다. 문자는 물리적 현실과 거리를 두게 해주고 이것이 가짜 현실임이 드러나도록 해준다. 왜냐하면 아무리 생생하게 그려냈다고 해도 가짜 현실은 글로 쓰여진 것이기 때문이다. 글은 육체, 섹슈얼리티를 되돌릴 수는 없지만 적어도 그에 대한 기억은 생생하게 유지하면서 기억을 '가능성'으로써 의식 속에 간직할 수는 있게 해준다. 거식증 환자들이 음식을 가능성으로 유지하는 것처럼 말이다.[11] 육체의 섹슈얼리티에서 탈피함으로써 느끼는 쾌감과 육체 부재 상태를 글로 전달하려는 노력은 정확히 윤희의 모습을 가리킨다. 윤희의 집을 가득 채우고 있는 책은 도서관을 연상시킬 정도이고 집 한가운데 놓인 책상에서 윤희는 끊임없이 글을 찍어낸다. 글쓰기/문자/이성으로 구성된 탈육체화된 세계는 식욕과 성욕에서 벗어나 윤희가 만들어낸 자신만의 영역이다. 301호에 이사 온 송희가 리모델링을 하기 위해 공사하는 소리를 들으면서 윤희는 책장의 책이 한 권씩 떨어지다 책장이 무너져 내리는 환상을 보는데, 그 환상은 곧 양부에게 강간당하던 장면과 겹쳐진다. 책으로 둘러싸인 문자와 글쓰기의 세계가 무너져내린다는 것은 자신의 몸이 단순히 성적인 대상으로 물화(物化)되었던 과거로 돌아가는 것을 의미하는 것과 다르지 않기 때문이다.

윤희가 섹슈얼리티를 완전히 부정하는 게 아니라 탈육체화된 상태로 섹슈얼리티를 드러내고 있는 것처럼, 거식증 환자들이 어머니의 삶과 역할을 거부하는 것도 자신의 섹슈얼리티를 지켜내고자 하는 노력과 관련된다. 무성적인 존재로서의 어머니 역할을 거부하는 것은 성적인 주체로서의 자신을 지키려는 것이다. 폰 브라운도 식욕부진증 환자가 투쟁 대상으로 삼는 것은 성적 존재로서의 여자가 어머니로 변하는 것, 사기 인에서 성적 존재로서의 여자가 어머니에 의해 중성화되는 것이라고 말한다.

그래서 그들은 여자가 되기를 거부하는 게 아니라 오히려 성적 존재로서의 여자를 지키려고 한다는 것이다. 육체적으로 지킬 수가 없다면 적어도 이념으로라도 지켜야 하는 것이다. 때문에 거식증 환자들이 거부하고자 하는 것은 어머니가 아니라 어머니의 인위성이며 그들은 여자가 무성적인 존재로서의 어머니가 되는 것을 거부하는 은유적인 형태를 보여준다고 할 수 있다. 달리 표현하면, 거식증 환자들은 성적인 존재로서의 어머니의 존재를 위해서 투쟁한다고까지 말할 수 있다. [12]

윤희가 음식과 섹스를 거부함으로써 스스로를 굶기는 것은 세상에 대응하는 소극적인 방식인 것처럼 보일 수도 있다. 형사는 윤희가 음식도, 섹스도 다 거부했다는 말을 듣고 어이없다는 듯이 말하지 않는가. "삼공이는 세상 살기가 싫었던 모양이네."라고. 그러나 윤희의 방식이 꼭 소극적인 것만은 아니다. 인간의 기본적인 욕구라고 하는 음식이나 섹스에 대해 일체의 거부를 드러내는 것을 소극적인 방식이라고 볼 수만은 없다. 가장 기본적인 욕구라 할 수 있는 식욕과 성욕을 거부하는 것은 곧 삶의 전부를 거부하는 것과 마찬가지이기 때문이다.

여성들의 몸은 가부장제가 늘 관리하고 통제하는 대상일 뿐 여성들이 자기 몸에 대한 주권을 행사하도록 하지는 않는다. 거식증 환자들은 식욕/성욕이 없다는 듯이 적게 먹으라는, 음식과 성에 대한 가부장제의 규범을 그대로 받아들이는 것처럼 보이지만 결과적으로 그들은 그 규범에 저항한다. 거식증 환자들은 식욕과 성욕에 대한 규제를 과도하게 받아들여 아예 끔찍하게 말라 버리기 때문이다. 그래서 임신과 출산, 수유가 아예 불가능한 몸이 되어 버린다. 가부장제가 쥐고 있던 여성의 신체와 욕망에 대한 통제를 여성들이 스스로 자신의 몸에 수행하는 것이다. 이런 측면에서 거식증 환자들 역시 가부장제에 대한 공모와 저항의 사이에 분열적으로 존재한다고 볼 수 있다.

이런 방식이 기존의 체제를 전복하거나 한꺼번에 모든 문제를 해결해낼 수 있는 대안적인 역할을 하지 못할지도 모른다. 그러나 최소한 여성들이 처한 현실이나 여성들에게 강요된 규범이 부당한 것임을 적극적으로 드러낼 수는 있고, 완결되고 고정된 경계를 지닌 척하는 가부장제의 질서를 교란시키고 균열을 일으키는 역할을 하기에는 충분하다.

밥 읽는 여자 책 먹는 여자

〈삼공일 삼공이〉는 장정일의 시 〈요리사와 단식가〉에서 영감을 얻은 작품이라고 한다. [13] 그러나 영화는 장정일의 시와는 다른 결말을 보여준다. 물론 영화답게 구구절절한 설명 대신 영상을 통해 조용히 그 다름을 보여준다. 〈요리사와 단식가〉의 마지막 연은 이렇다. '어느 날, 세상 요리를 모두 맛본 301호의 외로움은 인육에게까지 미친다. 그래서 바싹 마른 302호를 잡아 스플레를 해먹는다. 물론 외로움에 지친 302호는 쾌히 301호의 재료가 된다. 그래서 두 사람의 외로움이 모두 끝난 것일까? 아직도 301호는 외롭다. 그러므로 301호의 피와 살이 된 302호도 여전히 외롭다.' [14] 장정일은 단언컨대 두 여자의 외로움은 끝나지 않았다고 말한다.

송희는 늘 세상에서 사라져 버리고 싶다고 말하던 윤희를 요리해 먹는다. 윤희를 먹는 송희를 보여준 다음, 영화에서도 "그래서 두 사람의 외로움이 모두 끝난 것일까"라는 자막이 나온다. 그러나 두 여자는 여전히 외로울 수밖에 없다고 말하는 장정일의 시와는 달리 영화는 두 여자가 더 이상 외롭지 않다는 것을 보여준다. 자막으로 질문을 던진 후, 영화는 잠

든 송희의 머리맡에 윤희가 나타나는 것을 보여준다. 경쾌한 초인종 소리
와 함께 나타난 윤희의 모습 위로 "네, 302호에요. 앞으로는 제가 송희 씨
를 위해 요리 일기를 쓰겠어요. 틀림없이 맛있게 먹게 될 거예요"라는 밝
은 음성의 나레이션이 겹쳐진다.

윤희가 송희에게 기꺼이 음식이 되어줌으로써 윤희는 송희가 되고 송
희는 윤희가 된다. 송희와 윤희가 합체되었다는 것은 영화의 시작에서부
터 알 수 있다. 사실 영화는 맨 처음부터 결말을 보여주고 있다. 어린 시
절의 송희와 윤희의 모습이 짧게 비춰지고 난 후, 영화 제목과 스탭의 이
름이 자막으로 보여질 때 그 배경이 되는 장면은 송희가 윤희를 요리 재
료로 만드는 과정이다. 피 묻은 칼이 개수대에 던져지고 피 묻은 손을 씻
는 장면이 바로 영화의 마지막 장면과 이어지고 있는 셈이다. 이후 이어
지는 장면에서는 형사가, 변함없이 요리를 하고 있는 송희를 찾아온다. 송
희는 마지막으로 윤희를 본 것이 지난 주에 함께 식사를 했을 때라고 진
술한다. 송희가 윤희를 잡아 먹고, 형사가 송희를 찾아오기까지 겨우 일
주일 남짓한 시간이지만 송희의 모습이 얼마나 달라졌는지 생각해보라.
며칠 사이에 송희는 윤희처럼 몰라보게 날씬해졌고 머리 모양도 긴 퍼머
머리에서 윤희처럼 짧은 단발로 바뀌었다. 게다가 형사에게 윤희에 대해
설명하는 대사를 들어보면, 마치 윤희의 죽음을 모르는 것처럼, 혹은 스
스로 자신의 계획을 이야기하고 있는 것처럼 들린다. "윤희 씨는 끊임없
이 글을 찍어냈지요. 지금은 그저 그런 여성지에 글을 쓰지만 앞으로는 훌
륭한 작가가 될 거예요." 송희는 윤희를 요리해 먹고 그녀를 체화(體化)한
상태이다. 송희는 늘 원색에 가까운 화려한 차림을 즐겼다. 남편과의 사
이가 소원해졌을 때, 그리고 이혼한 직후 301호로 이사왔을 때 송희는 그
녀의 파랗고 노란 접시들만큼이나 화려한 옷차림을 했다. 이 당시가 송희

가 극단적으로 음식에 대한 집착을 드러내던 때였다. 그후 조금씩 날씬해지고, 해소되지 못한 욕망을 음식을 먹어치우는 것으로 대신하지 않게 되면서 그녀의 옷차림도 조금씩 달라졌다. 윤희와 합체한 후 형사가 찾아왔을 때 송희는 흰 셔츠와 흰 치마를 입고 그 위에 빨간색의 앞치마를 둘렀다. 그러나 형사를 뒤따라가 302호에서 윤희에 대해 말하고 있는 송희는 윤희가 즐겨 하던 검은색 숄을 두르고 있었다. 이전에 송희는 흰색 계열의 옷을 입더라도, 은색에 가까운 광택나는 소재로 만들어진 것이거나 몸매가 다 드러나는 것 혹은 줄무늬라도 있는 셔츠였다. 그러나 윤희를 먹고 난 후 송희의 옷차림은 늘 무채색 계통의 옷을 느슨하게 걸쳤던 윤희 그리고 흰 커튼, 흰 소파, 흰 침대 시트에, 흰 접시까지 온통 하얗던 윤희의 집을 떠올리게 한다. 윤희를 잡아 먹은 후 송희의 몸과 옷차림의 변화가 둘이 하나가 되었음을 보여주는 것이라고 볼 수 있다.

이제 두 사람은 하나가 되었다. 송희가 윤희에게 음식을 대접하고, 구토하다 쓰러져 있는 윤희를 데려와서 씻기는 장면 등은 마치 송희가 어머니로서 윤희를 돌보는 것처럼 느껴진다. 더욱이 윤희가 고백하는 과거 이야기를 다 들은 후 송희가 윤희를 바라보는 장면은 그렇게 느끼기에 충분하다. 힘없이 앉은 윤희에게 물 한 잔을 건네던 송희는 마치 측은한 아이를 내려다보는 듯한 표정이었고, 카메라는 앉아 있는 윤희의 등 뒤에서 맞은 편에 서있는 송희를 올려다보는 각도를 취하고 있기 때문에 더욱 그렇다. 하지만 둘이 하나가 된 지금은, 송희가 윤희를 돌보는 일방적인 관계가 아니다. 윤희가 거식증을 앓고 있을 때는 그랬겠지만, 윤희가 송희와 하나가 되면서 둘은 서로가 서로에게 위안이 되어줄 수 있게 된다. 송희는 윤희를 찜으로 만들어 먹다가 맞은 편에 윤희가 앉아 있는 환상을 본다. 아무것도 먹지 못하던 윤희는 그제서야 웃으면서 음식을 맛있게 먹는 모습으로 등장한다. 그리고 윤희를 먹고 누워 잠든 송희에게 윤희는 생기에 찬 목소리로 이렇게 말하지 않는가. "앞으로는 제가 송희 씨를 위해 요리 일기를 쓰겠어요."라고.

이 영화는 어느 한쪽이 다른 한쪽에게 보살핌을 주기만 하는 모성적인 역할로 결말[15]을 낸 것이 아니다. 윤희는 송희로 다시 태어났고 송희는 윤희로 다시 살아난 것이다. 게다가 모성적인 결말이라고 보기에는 송희의 어머니 역할은 윤희에게 부적절했다. 아무것도 먹을 수 없다는 윤희의 말을 듣고도 자신이 만든 요리는 분명 맛있게 먹을 수 있을 것이라고 단정하고, 끊임없이 요리를 해다 나르지 않는가. 그리고 자신이 만들어준 전복죽을 윤희가 다 토해내자, 재료가 나빴기 때문이라며 역시 윤희에 대한 이해 부족을 드러낸다. 송희는 남편에게뿐만 아니라 윤희에게도 먹이는 자로서의 어머니 역할을 과도하게 수행했다. 때문에 그의 모습은 가부장제가 원하는 자애로운 보살핌을 주는 어머니가 아니라 기괴함을 느끼게 하는 존재가 될 뿐이다.

송희와 윤희는 옷차림도 생김새도 하는 일도 집안의 인테리어도 매우 다르게 보이지만, 그들은 공통적으로 가부장제하에서 소외될 수밖에 없는 욕망으로 고통스러워한다. 송희가 요리를 하고 윤희가 글을 쓰는 모습을 교차시켜가며 보여주는 장면이 있다. 송희가 음식과 자신을 동일시하면서 음식 만들기에 집착하는 것이나, 윤희가 집요하게 음식을 거부하면서 글쓰기에 매달리는 것은 결국 같은 욕망의 다른 얼굴일 뿐이다. 윤희가 음식을 대신해서 문자/글/책을 먹고 사는 것이라면, 송희에게는 음식 자체가 인생을 걸고 탐구할 텍스트가 되는 셈이다.

여성들은 열심히 음식을 만들지만 음식으로부터 소외당하고 그 몸은 가부장적인 규범에 의해 통제된다. 송희는 전통적으로 여성의 영역이라고 규정된 부엌에서 음식 만들기에 열중하지만, 그 방식은 가부장제가 기대하는 전통적인 여성상으로 구현되지는 않는다. 음식을 만들어 먹이는 일을 묵묵히 그리고 충실하게 해내는 것 같지만 송희는 음식을 통해서 자신의 욕망을 드러낸다. 그렇기 때문에 자신이 만든 음식에 대한 인정과 사랑을 대가로 요구하는 송희를 가부장제는 그 테두리 바깥으로 밀어내 버렸다. 그리고 가부장제가 요구하는 음식과 성에 대한 규제를 온몸으로 체현하고 있는 윤희는 문자를 통한 권력을 갖고자 했으나 거부당한다. 그것은 여자들을 집안에, 부엌에 가두고 지켜낸 남자들의 영역인 것이다. 윤희는 소위 순수문학지에 계속 투고하지만 거절당한다. 순수문학지의 편집장이라는 사람은 윤희의 글이 개인사적인 기록일 뿐 현재 독자들의 보편적인 경험과는 무관하다고 말한다. 윤희의 글은 단지 한 여성의 사적인 이야기일 뿐 보편성을 근거로 하는 남성들의 글과는 함께 실릴 수 없다는 것이다. 재미있는 것은, 이 영화에 등장하는 남자들은 아무도 송희와 윤희를 이해하지 못한다. 송희의 남편도, 형사도, 윤희에게 전화하는 이름 없는 남자도, 순수문학지의 편집장도 그렇다. 윤희의 글이 개인사적 기록일 뿐, 보편적이지 않다고 하는 것은 얼마나 많은 여성들이 송희와 윤희처럼 부정당하고 억압당한 욕망으로 괴로워하는지, 그 욕망을 얼마나 기괴한 방식으로 드러낼 수밖에 없는지를 알지 못하기 때문이다. 남성중심적인 사회가 배제시킨 여성들의 욕망이 결국은 남성만의 견고한 체계에 틈새를 만들어내고 있다는 사실을 모르고 있기 때문이다.

가부장제가 원하는 규범을 따라 살든 혹은 어떻게든지 남성의 영역으로 들어가려고 노력하든 여성들은 그 질서 속에 절대 받아들여지지 않는다. 따라서 여성들이 자신의 욕망을 드러내면서 살든 감추고 살든 주변에 머물 수밖에 없다. 글을 쓰고 끊임없이 투고하면서 남성의 영역으로 들어가고자 하는 윤희의 방식도 어린 시절 의붓아버지에게 몸을 대주며 먹고 살았던 것과 크게 다르지 않다. 어린 시절에는 직접 몸을 팔아 먹고 살았고 현재는 삼류 여성잡지에 섹스 칼럼을 씀으로써 글로 추상화된 섹슈얼리티를 팔아서 먹고 살고 있기 때문이다. 남성 중심의 세상에서 여자들이 살아남기 위해서는 구차해질 수밖에 없는 셈이다. 윤희뿐 아니라 송희도 마찬가지다. 결혼을 통해 합법적으로 음식과 섹스를 제공하며 먹고 살았던 송희는 자신의 역할을 과도하게 수행함으로써 결국 법의 보호 바깥으로 밀려나지 않았는가. 지배담론이 원하지 않는 방식으로 살아남으려면 여성들은 비체화되어 주변의 영역에 남을 수밖에 없다.

결국 착실하게 남성중심적인 사회가 요구하는 대로 음식 제공자로 사는 것처럼 보이는 송희와 가부장제의 남성중심적인 규범에 대한 순응과 저항을 온몸으로 보여주고 있는 거식증 환자 윤희는 기존의 경계를 훌쩍 뛰어넘어 버린다. 송희는 자신을 위해서, 그리고 자신이 될 윤희를 위해서 요리를 했고, 둘은 하나가 되었다. 여성들이 자신들의 욕망을 인정하지 않는 남성들의 세계를 등지고 여성들끼리 유대를 맺고 사랑을 한다고 해도 남성들은 그 여성들이 불쾌하고 혹은 위협적으로 느껴질지도 모른다. 남성들에게는 언제까지나 자신들을 먹이고 보살펴줄 여자들이 있어야 하니 말이다. 그런데 송희와 윤희는 다른 남성들이 끼어들 여지도 없이 아예 둘이 하나가 되어 버렸으니 이 영화야말로 남성들에게는 공포가 되지 않겠는가. 하나가 된 윤희와 송희는 더 이상 외롭지 않을 것이다. 음식을 만들고 다른 이에게 인정과 사랑을 기대하는 대신에 스스로를 위해 만드는 요리가 곧 인정과 사랑을 얻는 일이 될테니 말이다. 그리고 스스로에 대한 인정과 사랑이 이루어지면 자신이 더럽다고 느껴져 음식과 섹슈얼리티를 거부하는 일도 없을 것이다.

장정일이 〈요리사와 단식가〉에서 두 여자의 외로움이 끝나지 않았다고 말하는 것은 어쩌면 당연할지 모른다. 기존 체제의 입장에서 보면 남편도 없고 아이도 없는 결핍된 존재인 여자 둘이 하나가 되었다고 해서 나아질 것은 없다. 그저 외로움이 배(倍)가 되었을 뿐이라고 여겨질 것이다. 남성중심적인 사회체제에서 보면 윤희가 된 송희, 송희가 된 윤희는 고립된 것일 뿐이다. 남성중심 체제에 순응하지 않고 반기를 드는 여성들은 체제 바깥으로 밀려난다. 그리고 동시에 그렇게 가부장제 질서에서 튕겨져 나옴으로써 공고해 보이는 가부장제에 흠집을 내는 일도 가능해진다. 한꺼번에 기존체제를 뒤집어 버릴 수 있는 어떤 절대 권력의 등장이 가능하지 않다면, 그로츠가 말하는 대로 공모와 저항의 분열적인 지점을 제대로 읽어내는 것이 중요하다. 윤희와 송희를 중심에서 밀려나 고립된 것으로 보느냐 혹은 기존의 체제 속으로의 편입 가능성을 버리고 새로운 가능성을 만들어낸 것으로 보느냐는 종이 한 장 차이일 뿐이다. 분명한 것은 송희와 윤희가 흠도 없고 티도 없는 완벽한 체제를 유지하려는 남성들의 욕망에 포섭될 수 없는 하나의 구멍으로 남는다는 사실이다. 그 구멍은 중심에서 보면 고립이나 외로움이라고 표현할 수도 있을 것이다. 그러나 그것은 기존체제 중심의 논리이고 표현일 뿐이다. 윤희와 송희는 그들만으로 충만하다. 주변화된 존재로서의 소외와 외로움도 모두 끝났다. 그것은 기존 체제로는 포섭될 수 없는 방식이다. "그래서 두 사람의 외로움은 모두 끝났다."

불안한 몬스터
〈거미숲〉

김 미 연

　현실인가, 환상인가? 과거인가, 미래인가? 영화 〈거미숲〉(송일곤 감독, 2004년)에 나오는 거미숲의 전설은 잊혀진 영혼들에 관한 것이다. 죽고 나서 사랑하던 이들의 뇌리에서 사라져 거미가 된 영혼들이 사는 곳. 거미숲의 거미들은 과거를 모두 잊은, 그래서 자신이 죽은지도 모르는 영혼을 지녔다.[1] 기억상실의 거미들이 우글거리는 그곳에서, 시간을 연대기적으로 구획하거나 현실과 환상을 분명하게 경계짓는 일은 애초에 불가능해 보인다. 주요 배경인 거미숲과 그 숲에 연결된 터널, 그 터널에서 '사건' event 이 발생한다. 주인공 강민(감우성 분)은 저편에 있는 '희미한 형체'를 알아보려다가 지나가던 차에 치어 붉은 피를 쏟아내며 의식을 잃는다. 그런데 그때 강민이 알아보려 했던 문제의 그 '희미한 형체'는 다름아닌 강민 자신이다. 마주한 강민은 차에 치었을 때 입은 상처로 인해 머리의 절반을 꿰맨 흉측한 모습의 강민이다. 과거의 강민이 미래의 강민을 바라보고 있는 것이다. 그 희미한 형체가 미래의 강민임을 알 수 있는 것은 영화 마지막에 같은 장면이 반복되면서이다. 이것은 과거와 미래가 함께 있는 '사건'이다. 이렇게 거미숲에선 시간이 뫼비우스 띠처럼 뒤얽혀 있다. 그래서 강민이 진술하는 과거에 대한 회상과 현재의 강민을 따라 사건을 재구성해보려는 관객의 시도는 마지막에 가서 완전히 실패하게 된다. 더구나 미래의 강민과 과거의 강민이 서로 조우하도록 인도해 준 민수인(서정 분)의 정체는 강민의 '기억'과 관객의 '구성'을 더욱더 미궁에 빠뜨린다. 민수인은 강민의 환상 속에서나 존재하는 인물인 듯하지만, 그런데도 그녀는 강민이 찍은 사진 속에 희미하게나마 그 모습을 드러낸다. 마치 민수인을 강민 혼자만의 허구적 인물로 해석하려는 관객들을 조롱하기라도 하는 듯 그녀는 크롬의 세계에 나타난다. 즉 어디까지가 환상인지, 어디까지가 현실인지 분명하지 않다.[2] 어쩌면 환상인지 현실인지 여부가 중요하지 않은 듯 보이기도 한다. 그렇다면 과거와 현재, 현실과 환상이 뒤엉킨 이 시공간과 강민이라는 주체의 관계는 무엇일까? 영화에서 비교적 객관적인 위치에 있는 인물들(강민의 친구인 최성현 형사와 강민의 초등학교 시절 선생님)에 의해 확인된 '현실적인' 사건은 단 두 가지이다. 숲속 별장에서 일어난 현재의 살인과 강민의 과거 어린 시절 부모에 얽힌 이야기. 이 두 가지 사건을 중심으로 강민은 대체 어떤 서사를 만들고 있는가? 그가 만들어내는 서사는 무엇을 감추고 무엇을 드러내는가? 요컨대 그를 '불안하게' 하는 것은 무엇인가?

나, 나를 바라보는 남자, 나와 동행하는 여자, 이 모든 것이 나

　강민은 외진 숲의 한 별장에서 피가 낭자한 남자의 시체와 "무서워, 미안해"를 반복하며 죽어가는 여자를 목격한다. 창문에서 나는 인기척을 뒤쫓아 숲을 헤매다가 누군가에게 얻어맞고 쓰러진다. 그러다 숲을 빠져나오는 긴 터널에서 자동차에 치이고, 14일 만에 혼수상태에서 깨어나는 것이 영화의 시작장면이다. 마치 괴물 프랑켄슈타인처럼 뇌수술을 받아 흉측한 머리모양을[3] 한 강민은 친구인 최형사를 불러 별장에 시체가 있다고 말한다. 강민의 부탁으로 최형사가 별장에 가서 확인한 시체는 강민의 직장상사인 최종필 국장과 강민의 연인 황수영이다. 그리고 강민은 유력한 살인용의자가 된다.

　강민은 사고로 조각나 버린 기억을 맞춰가며 최형사에게 사건의 전말을 설명해간다. 비행기사고로 아내를 잃고 실의에 빠진 강민은 직장동료 황수영을 만나 새로운 삶을 시작하려 했다. 하지만 최종필 국장으로부터 '거미숲의 전설'에 대한 취재 제보 파일을 전달받으면서 강민에게 이상한 일이 발생하기 시작한다. 파일을 받아들고 온 강민은 책상 위에서 필름이 든 작은 소포와 낯선 남자의 전화를 받는다. 전화 저편에서 그 남자는 말한다. "네 분노를 터뜨릴 때야." 다음날 강민은 '거미숲'의 제보자를 만나기 위해 주소에 나온 사진관을 찾아간다. 이상하게도 제보자인 사진관 여자는 강민에게 그리 낯설지가 않다. 다음날로 인터뷰 약속을 잡고 차로 돌아온 강민은 다시 한번 그 남자의 전화를 받는다. "알고 싶지 않나? 앞으로 무슨 일이 너에게 벌어질지 그리고 무슨 일이 있었는지." 강민은 전화를 건 남자의 주문에 거칠게 항의하면서도 어느새 그 남지의 지시를 따르게 된다. 그 남자의 지시대로 찾아간 숲속의 별장에서 강민은 놀랍게도 자신에게 곧 프로포즈에 대한 답을 주겠다던 황수영이 최종필과 정사를 나누는 장면을 목격한다. 연인의 배신과 상사의 불륜을 목격한 강민은 별장 옆 창고에서 낫을 집어든다. 그런데 바로 그 때 강민은 누군가 등 뒤에서 자신을 바라보고 있다는 느낌을 받고 들었던 낫을 내려놓는다. 대신 자신을 바라보는 누군가를 쫓아서 숲을 헤맨다. 그 때 숲속에서 그는 언뜻 어린 소녀의 환영을 보고 차로 돌아온다. 그리고는 다음날 아침, 사진관 여자의 차창 두드리는 소리에 잠에서 깬다. 사진관에 들어온 강민은 민수인에게서 거미숲에 얽힌 오래된 이야기(이 때 민수인이 해 준 소년, 소녀의 이야기는 어린 시절 한 반의 단짝 친구로 지내는 강민과 민수인에 관한 이야기로서 민수인의 집에서 강민과 민수인이 함께 있을 때 목격하게 되는 민수인 어머니의 정사와 그녀를 낫으로 살해하는 아버지에 관한 내용을 담고 있다)를 듣고 그녀와 함께 거미숲으로 향한다. 그곳에서 그는 또 다시 등뒤에서 인기척을 느끼고 그것을 쫓아가 보지만 아무도 붙잡지 못한다. 거미숲으로 안내해준 민수인마저 사라지고 강민 혼자 남는다. 그리고 영화의 첫 장면이 다시 반복된다. 피범벅이 된 남자의 시체와 여자의 죽음, 그리고 이상한 인기척, 그 미지의 남자로부터의 일격. 강민은 수술로 엉망이 된 머리로 인해 몸을 가누지 못할 정도로 피로한데도 불구하고 최형사에게 사건의 경위를 차근차근 설명한다.

지금껏 강민의 이야기를 듣고 있던 최형사는 범인으로 생각되는 그 미지의 남자와 사건의 단서를 쥐었다고 판단되는 사진관 여자, 민수인을 찾는데 수사의 초점을 둔다. 강민은 '무고한 목격자'의 입장에서 최형사에게 거미숲에 얽힌 사건을 전달하고 최형사는 강민의 진술에 따라 두 인물의 정체를 밝히려 한다. 강민이라는 '진술 statement, enunciated 주체'(즉 사건의 경위를 최형사에게 연대기적으로 설명하는 주체)는 미지의 그 남자와 민수인의 정체에 대해 모르고, 알고싶어 하며, 그래서 최형사의 도움을 필요로 한다.

그러나 의식의 주체 혹은 진술주체는 진실을 모르지만 '무의식'은 모르고 있지 않다. 또한 '그것은 말을 한다' It speaks. 병원 침상에 누워 있는 강민의 입에서 새어나오는 중얼거림처럼. "거길 가야 돼. 거미숲. 거미숲. 거기 가야 돼. 거미숲." 거미숲에서 강민은 자신이 진술하지 않은 내용을 보게 된다. 강민은 어둠의 핵을 찾아 온몸을 비틀거리면서 거미숲을 향한다. 그가 도착한 곳은 다시 거미숲의 별장 앞. '실재' the real 와의 충격적인 만남을 예고하듯 흉측한 모습과 '일그러진 표정'으로 강민은 살인사건의 시간에 있는 강민 자신을 본다. 그가 목격한 것은 최국장과 황수영의 불륜 현장에서 낫으로 최국장을 수없이 찔러대는 자신의 모습이다. 그는 (형사의 표현을 빌리면) 무려 마흔 번을 찌른다. 그리고 황수영도 죽인다. 단 세번의 일격으로. 그렇게 자신이 고통스럽게 찾아온 숲속의 산장에서 강민은 잔인하게 두 사람을 죽이는 (과거의) 자신의 '뒷모습'을 보며 고통스러워 한다. 강민이라는 주체는 머리에 붕대를 동여맨 흉물스런 현재의 모습보다 더욱 더 흉물스런 과거의 자신을 보게 된다. 온전하지 못한 몸으로 비틀거리면서도 가야했던 곳, 그곳에 와서 강민이 본 것은 더이상 최형사에게 진술했던 강민의 모습이 아니다. 자신이 보기에도 끔찍한 이 장면은 억압된 것(강민의 진술에는 나타나지 않은 것)의 귀환으로 인해 '의식적 에고'의 통합성이 무너지는 순간을 보여준다. 현실의 강민이 도저히 받아들이기 힘든, 즉 의식적 주체가 바라볼 수 없었던 것을 강민은 바라보게 된다. 그렇다면 관객은 강민이 살인자라는 사실, 더이상 사건의 목격자가 아니라 자신의 범행 장소로 미친 듯이 달려온 살인자라는 사실을 받아들이면 되는 것인가? 강민의 서사는 자신의 착각을 깨닫는 순진한 발견에서 끝나지 않는다. 강민이 감추려 했던 진실을 볼 수 있도록 거미숲으로 인도한 민수인은 누구이며, 강민을 그림자처럼 쫓아다닌 그 정체 모를 목소리와 응시의 정체는 무엇인가? 살인자로서의 자기 모습을 보며 괴로워하는 강민 옆에, 사라졌던 민수인이 다시 나타난다.

"아직 기회는 있어요. 당신이 이 숲에서 벗어날 수 있는 단 한번의 기회."

그리고 그녀는 강민을 동굴로 데려간다.

"이 동굴을 빠져 나가면 문이 하나 나올 거예요.
문을 열어요. 거기 당신이 찾고 있던 사람이 있어요.
그 사람을 만나면 모든 비밀이 풀릴 거예요.
그건 당신이 확인해야 돼요.
이건 당신의 세계예요."

강민은 자신의 살해 장면을 보는 것 말고 무슨 또 다른 사건이 있을 수 있을까 의아해 하면서도 동굴로 들어간다. 그리고 문을 연다. 관객은 어느새 강민의 위치에서 동굴을 빠져 나가면 뭔가 명백한 진리가 기다리고 있을 것이라는 기대를 하게 된다. 그러나 문을 열고 나간 곳은 탁 트인 진리의 공간이 아니다. 어두운 동굴을 빠져 나온 강민은 또 다시 밀폐된 터널로 들어온다. '바깥'이 아니라 '내부'이다. 그리고 그 곳에서 강민이 보는 것은 다름 아닌 과거의 자신이다. 미래의 강민이 과거의 강민을 바라보는 장면이다. 강민은 동굴을 빠져나오면서 비로소 자신의 시선eye 과 마주하게 된다. 이 순간 강민은 시선의 주체이면서 동시에 (응시의) 대상이기도 하다. 강민은 주체이면서 동시에 대상이 됨으로써 그 자체로 '탈 중심화된다'. 터널에 오기 전까지 강민이 생각했던 한 가지 가정은 자신의 배후에 자신을 지켜보던 누군가가 외부에 있었다는 점이다. 그 누군가는 목소리 voice 로 들리기도 하고 어렴풋한 형체shadow 로 보이기도 했다. 예컨대 누군가 결정적인 순간마다 전화기 음성으로 강민이 필요로 하는 정보를 알려주거나, 등뒤에서 혹은 창문 밖에서 자신을 바라보는 응시를 보냄으로써 사건의 현장을 벗어나게 한다. 그런데 이 마지막 터널 장면에 이르러 비로소 강민은 배후에서 자신을 바라보던 누군가가 어떤 외부적 타자가 아니라 바로 자기자신일 수 있다는 것을 알게 된다. 그 목소리, 그 희미한 형체는 의식적 강민에게 늘 따라다니는 강민 내부의 대상이다. 정신분석학에서는 이 내부적 대상을 충동drive 의 대상이라 부르기도 한다. 이 대상들은 주체가 의미의 세계에 들어서면서 상실되는 것, 배후로 물러서는 것들이다. 그러나 그것들을 주체에게서 떼어낼 수는 없다. 강민의 뒤를 쫓아다니는 음성과 응시처럼.

현실에서 우리의 시선은 응시와 일치하지 않는다. 의미의 세계로서 현실은 시선이 지배하는 세계이다. 최형사에게 과거를 전달하는 진술 주체가 가능하기 위해선 배후에 있는 낯선 남자의 정체가 배제되어야 하듯이, 의미가 가능하려면 응시가 배후로 물러나야 한다. 하지만 미래의 강민이 과거의 강민과 떨어질 수 없는 깃처럼, 응시는 시선을 가능케 하는 것이면서 시선 자체에 내재적으로 기입되어 있다. 따라서 시선의 주체가 동시에 응시의 대상이 되는 순간은 주체의 '내재적 분열'을 드러냄으로써 '타자'와 맺는 주체의 관계를 보여준다.[4] 그렇다고 '진술 주체'와 '언술 enunciation 주체', 의식적 주체와 무의식적 주체 사이의 '위계구조'를 강조하는 일이 중요한 것은 아니다.[5] 중요한 것은 중심을 하나에서 두 개로 바꾸는 것이다. 진술을 하는 주체가 하나의 중심이라면 진술 너머에서 귀환하는 것 역시 하나의 중심일 뿐이다(이 때의 중심은 모든 중심주의에서 얘기되는 중심이 아니라, 주체를 설명하는 하나의 축으로서 기능할 뿐이다). 주팬치츠Alenka Zupančič 는 중심이 천 개일 필요도 없이, 두 개가 되는 것으로 충분하다고 하면서 '하나가 둘이 되는' One turns to Two 사건에 의미를 부여한다. 둘로서도 충분하다는 의미는, 외양(베일) 너머에 있을 것이라 가정되는 진실 혹은 실재에 열정적인 집착을 보일 것이 아니라 [6] 외양간의 차이, 외양간의 불일치, 그 사이를 보아야 한다는 것이다. 즉 중요한 것은 강민이 아닌 강민 배후의 남자를 발견하는 일이 아니라, 강민과 강민 배후의 남자 그 사이, 두 외양간의 차이라는 점이다. 동굴을 빠져나가도 또 다시 동굴과 같은 터널이 나오는 영화의 마지막 부분은 명확한 진실에 대한 요구와 기대를 무너뜨린다. 요컨대 최형사에게 과거를 말하는 강민의 목소리뿐만 아니라 강민에게 "네 분노를 터뜨릴 때야." 혹은 "알고 싶지 않나? 앞으로 무슨 일이 너에게 벌어질지 그리고 무슨 일이 있었는지"라고 말하는 목소리는 모두 다 강민의 목소리이며, 강민이라는 주체는 바로 이 분열 '사이에' 위치하고 있는 것이다.

터널 속에서의 '사건', 즉 시선과 응시가 만남으로써 주체의 내재적 분열을 보여주는 '사건' 은 바로 시간의 구멍hole in time 에서 [7] 발생한다. 과거와 미래의 만남은 인과론적 시간에서 논리적으로 맞지 않는 '시간의 구멍' 이다. 하지만 바로 이 '시간의 구멍' 에서 주체가 탄생한다. 이 주체는 "나는 둘 다이다" I am both ,"나는 더블이다" I am a double 라고 선언하는 주체와 같다. 또한 이 선언은 정신분석적 의미에서 주체가 자기 자신 즉 내부적 타자와 조우하는 '사건' 이다. 여기서 '사건' 이란 베일 너머의 진실 혹은 외양 너머의 초월적 실재를 발견하는 '사건' 이 아니라, 주체의 두 축, 두 개의 외양, 최소의 차이 minimal difference 로서의 주체에 직면하는 것이다. 그렇다면 이와 같은 주체의 탄생은 '몬스터'의 탄생과 다르지 않다. 몬스터는 인간과 동물, 인간과 신, 남자와 여자 등의 경계를 허무는 존재, 둘 다이면서도 어느 한 쪽으로 환원될 수 없는 특성을 갖고 있는 '사이 존재' in-between 에 붙여지는 이름이기에 '하나가 둘이 되는' 주체의 내재적 분열은 몬스터로서의 주체의 탄생을 예고하는 것이다. 따라서 민수인이 강민에게 직면하도록 한 최후의 진실 한 가지는 주체가 하나의 축에서 이탈되어 새로운 축으로 변환 shift 되는 것, 즉 동그란 원 속에 있는 하나의 중점을 타원형의 두 개의 중점으로 전환시키는 케플러적인 혁명으로서의 탈중심화에 관한 바로 그것이다.

　강민과 강민 배후의 남자의 관계는 강민과 민수인과의 관계에서도 반복된다. 최형사의 조사에 따르면 민수인이라는 인물은 존재하지 않는다. 강민이 민수인을 만났다던 사진관에도 민수인의 흔적은 없다. 강민은 어린 시절 다녔던 학교로 찾아가서 담임이었던 선생님의 얘기를 듣는다. 그의 말에 따르면 민수인은 어린 시절 병으로 죽었다. 그러니까 사진관에서 강민에게 어린 아이 이야기를 들려주고 그를 거미숲에 데려다주기도 했던 민수인은 강민이 만들어낸 환상 속의 인물인 것이다. 강민을 터널로 인도하면서 강민이 진실을 대면할 수 있도록 해주는 민수인 역시 외부적 대상이 아니라 강민 내부의 타자이다. 더구나 선생님에게서 듣게 된 이야기, 즉 강민의 어머니가 바람이 나서 도망가고 아버지는 그 어머니를 찾으러 다녔다는 이야기는 민수인이 사진관에서 들려준 거미숲의 전설이 다름 아닌 강민 자신의 이야기일 수 있다는 가능성을 남긴다. 강민 자신의 이야기가 강민의 환상 속 민수인의 입으로 전해지는 섯이나. 이렇게 강민의 분신이라 할 수 있는 민수인이 강민에게 진실을 볼 수 있도록 해주었다면,

강민이라는 주체는 진실을 감추려는 주체와 자신의 끔찍스러운 진실을 캐내려는 주체 사이에서 분열되는 셈이다.

그런데 흥미로운 점은 강민이 만들어낸 허구 속의 민수인이 단순히 강민에게 진실을 볼 수 있도록 해주는 역할에 그치지는 않는다는 점이다. 민수인은 강민의 일관성을 보장해주기 위한 자아의 방어적 메커니즘으로서 탄생한 허구일 수도 있다. 왜냐하면 수인(강민의 환상 속에서 존재하는 인물)의 입을 빌어 언급된 어린 시절 어머니의 부정과 살해 장면은 지금 강민 자신이 저지른 살해를 논리적으로 정당화할 수 있도록 하기 때문이다. 늑대인간이 부모의 성교 장면을 보았다는 가설을 프로이트가 철회하듯이, '원초적 장면'은 주체가 만들어낸 허구에 가깝다. 강민의 원초적 장면 역시 살인사건 이후 강민이 만들어낸 허구일 수 있다. 왜냐하면 어린 시절 목격했다고 진술되는 정사와 살해 장면이 이후 황수영과 연관된 장면과 비슷하게 처리되고 있기 때문이다. 강민이 치정살인에 대해 자신을 방어하기 위해서는 어린 시절 민수인의 어머니가 저지르는 부정과 죽음이라는 허구가 필요한 것이다. 그것도 자신의 어머니가 아닌 민수인의 어머니로 '자리바꿈'하면서 왜곡된 형태로 나타난다. 강민에게 자기합리화의 구실을 제시하는 민수인은 따라서 진실을 왜곡하는, 강민의 또 다른 자아이다. 강민의 서술 너머에서 우리는 민수인이라는 환상이 강민 자신의 외상적 실재에 대한 최소한의 방어막 역할을 하고 있음을 보게 된다. 강민이 민수인을 통해 서술한 내용은 기억의 복원이 아니라 자신의 일관성을 유지하기 위한 방어로서의 환상이다. 즉 환상은 실재에 대한 방어막의 역할을 할 수 있다.[8]

환상적 대상으로서 민수인이 강민을 진실로 인도하는 민수인과 정확히 일치하는 것은 아니지만, 그렇다고 그 둘이 완전히 별개인 것은 아니다. 왜곡된 방식으로 원초적 장면을 구성해내는 민수인은 바로 그것의 허구성을 통해서 관객으로 하여금 강민이 진실을 회피하고 싶어 한다는 '그의 욕망에 관한 진실'을 바라볼 수 있게 해주기 때문이다. 환상이나 꿈은 단순히 억압된 무의식적 욕망의 실체에 대한 거짓되고 위장된 왜곡의 반복이 아니라, 이 왜곡 자체를 통해서 진실을 말하는 것이다. 따라서 거짓은 바로 진실을 말하는 우회로인 것이다. 이런 점에서 진실에 대한 방어기제로서의 민수인은 강민을 진실로 인도하는 민수인과 분열되면서도, 둘은 다시 하나가 된다. 그리고 분리되었으면서도 하나가 되는 민수인이라는 상상적 대상은 강민이란 존재의 행위와 망각에 어떤 가치나 의미를 복원시켜줄 수 있는 지점으로서 강민으로부터 분리되거나 제거될 수 없으며, 바로 강민 내부에 내재적으로 들러붙어 있다.

따라서 강민과 민수인의 관계 역시 강민과 그 남자의 관계처럼 단순히 위계질서의 관계가 아니다. 분열된 축들은 모두 동일한 차원 위에 있다. 진술주체로서의 강민, 강민의 배후에 있는 그 남자, 강민과 동행하는 민수인, 이 모두가 강민이 된다. 관객은 거짓과 망각이라는 외양 너머의 초월적인 어떤 진실보다 강민/민수인/그 남자 사이의 분열과 틈새, 즉 존재론적 틈새를 들여다보게 된다. 그리고 이것이 〈거미숲〉에서 시간의 뒤엉킴이나 현실과 환상을 가로지르는 영상이 거두는 효과이다.

〈거미숲〉에서 강민의 분열은 민수인과 그 남자, 여기서 그치지 않는다. 또 다른 강민의 가능성이 남아 있는데 그것은 강민의 병실에 있는 노인과 강민이 죽인 최국장에 관한 것이다. 노인은 병실에서 죽은 이후에도 강민이 거미숲으로 향할 때 반대편 리프트를 타고 강민에게 나타난다. 죽기 전에 강민에게 사진관의 열쇠를 건네주는 노인은 아버지의 위치에서 강민이 진리에 다가갈 수 있도록 인도하는 강민의 상상적 대상이다. 한편 최국장은 강민의 직장상사로서 "검이 짧으면 일보 전진해서 찌르고 여건이 불비하면 노력을 배가하라"는 말로 강민을 조롱하고 그의 분노를 자극하는 인물이다. 그는 노인과는 또 다른 의미의 아버지 위치에 있다. 그런데 죽어서 심하게 부패한 최국장의 입속에 우글대는 거미를 보여주는 장면 전에, "거미가 알을 낳는데 그 입속에 우글거려. 죽은 사람이 바로 나야"라고 하는 강민의 진술은 최국장 역시 강민일 수 있는 가능성을 남긴다. 더구나 영화의 마지막 부분에서 보여주는 강민의 손에 난 상처는 강민이 최국장을 물었던 자국과 기묘하게도 일치한다. 최국장이 곧 강민일 수 있는 기괴한 사건이다. 노인과 최국장은 강민에게 '좋은 아버지'와 '나쁜 아버지'의 모습으로 분열되는 강민의 외부적 대상이기도 하지만 또 한편으론 그들은 모두 강민의 '내부적 대상'일 수 있다. 〈거미숲〉은 그나마 현실과 환상을 애써 구분하려던 관객을 결말에 가서 다시 궁지에 몰아넣는다. 강민, 민수인, 강민이 쫓는 혹은 강민을 쫓는 그 남자, 강민이 죽인 최국장, 노인, 병실의 아이, 혹은 우리의 시야 바깥에 있는 그 무엇 등 거듭되는 강민의 분열과 복제를 통해서.

요컨대 과거와 미래, 현실과 환상의 경계에서 강민이 분열되고 복제되는 〈거미숲〉의 서사는 시선과 응시의 분열과 만남을 통한 정신분석적 의미의 주체가 어떻게 탄생되는지 잘 보여준다. 정신분석적 서사분석에서 알 수 있는 것 하나는 주체란 몇 겹의 조각들을 이어붙인 몬스터와 같은 것이며 에고는 그 불안정한 주체의 봉합선을 가까스로 이어주고 있는 에이전시일 뿐이라는 점이다. 따라서 '진정한 주체' authentic subject 의 의미를 찾는 것은 무의미하다. 오히려 주체는 오딧세이가 자신을 명명하듯 '아무것도 아닌 것' Nobody 이다. 〈거미숲〉은 '아무것도 아닌 것', '무', '텅 빔', 혹은 '무의미'에서 탄생하는, 몬스터와도 같은 아슬아슬한 의미의 주체를 보여준다. 강민이라는 주체의 괴물성은 말이 아닌 표정으로 더욱더 잘 드러나는데, 그 표정은 바로 불안이라는 정동 affect 과 연관된다.

나를 불안하게 하는 것

"환상을 창조해 내는 것이 신경증자가 불안anxiety 을 대처하는 방식" 이라는 살레클 Renata Salecl 의 지적은 강민의 상상적 대상들을 염두에 둘 때 흥미있는 지적이다. 이때 "환상은 주체가 자신의 일관성을 유지하기 위해 만든 시나리오로서 자신의 결여를 메우는 방식이다." 즉 환상은 주체가 불안하지 않기 위해, 혹은 진실을 회피하기 위해 만든 방어막이다. 그렇다면 강민을 불안하게 하는 것은 무엇인가라는 질문이 제기될 수 있다. 강민의 경우 무엇 때문에 몇겹으로 분리되는 상상적 대상이 필요한 것인가? 강민이 회피하고 싶은 진실은 무엇인가? 〈거미숲〉은 '후더닛' whodunit 장르의 영화처럼 살인사건을 중심으로 주변인물들의 정체를 밝히는 것이 영화의 주요 모티프처럼 보이지만, 사실 영화를 지배하고 있는 더 큰 모티프는 주체를 지배하고 있는 '불안' 이라는 모티프이다. 강민이라는 주체가 어떤 식으로 무한분열되는지를 살펴보았듯, 여기서 주체란 극히 불안정한 주체이다. 어떤 정체성을 확고하게 지니지 못하는 주체의 괴물성 monstrosity 은 '불안' 이라는 정동에 휩싸여있는 강민의 '일그러진 표정' 과 (위에서 언급된) '환상' 이라는 '증상' 으로 현현한다. 환상이라는 형태로 나타나는 강민의 서사에는 그의 일그러진 표정까지 포획되진 않는다. 강민은 진술이 아닌 표성으로 그의 불안을 드러낸다. 그의 불안은 어디에서 오는가? 불안은 무엇에 대한 대처방식인가?

프로이트의 어린 환자 한스가 말을 두려워한다면, 그것은 뭔가에 대한 불안때문에 그에 대한 대처방안으로서 말 공포증이라는 증상이 생겨났다는 것이 프로이트가 설명하는 '공포'와 '증상' 그리고 '불안'의 상관관계이다. 한스가 말을 두려워하는 (공포심을 갖는 것) 증상을 보이는 것은 더 근원적인 무엇에 대한 불안때문에 생겨난 것이다. 즉 불안은 뭔지 모를 것에 대한 '정동'으로서 객관적인 대상이 없고 대신 그 자리에 대상이 있는 공포증같은 증상이 생겨난다. 프로이트에 따르면 '불안'은 어떤 위험에 대한 '에고의 반응'이다. 불안은 어떤 외상과의 만남을 피하기 위해 공포의 대상을 만드는 식으로 에고가 자신을 방어하는 것이다. 따라서 정신분석에서 불안을 정의할 때 중요한 것은 두 가지이다. 하나는 '불안'이라는 것이 과거의 사건보다는 미래의 사건(앞으로 올 위험)과 연관된다는 점이며 또 하나는 그것이 에고(의 방어)와 연관된다는 점이다. 위험 혹은 외상에 대한 반응으로서의 불안은 과거의 사건과 아주 무관하진 않다. 흔히 모든 주체가 어린 시절 어머니로부터의 분리라는 외상적 사건으로부터 자유롭지 않기 때문에, 불안은 주체와 떨어질 수 없는 정동으로서 존재한다는 것이 정신분석의 주장이다. 강민 역시 이러한 불안의 두 가지 요소를 모두 갖추고 있다.

먼저 과거의 외상뿐 아니라 미래의 사건과 연관되는 '불안'의 시간적 측면을 보자. 강민은 거미숲 취재를 가기 전 황수영을 만났다. 강민은 자신이 맡은 프로그램, 미스터리 극장에 방송 사고를 내면서 평소 강민을 마음에 내켜하지 않는 최국장으로부터 멸시와 조롱을 받는다. 그 뒤 황수영과 저녁을 함께 하는 강민은 그녀에게서 프로포즈에 대한 대답을 듣지 못했다. 그녀는 "조금만 기다려 줘. 곧 답 줄게"라고 모호하게 대답한다. 황수영의 대답은 강민에게 모호한 미래를 남긴 셈이다. 이것은 강민에게 불안의 그림자를 드리우는 결정적인 사건일 수 있다. 예컨대 그들이 하는 인형놀이는 둘의 관계를 상징적으로 암시해주는 역할을 한다. 강민이 거미숲으로 떠나기 전날 황수영은 강민이 선물해준 남녀 한 쌍의 인형을 갖고 포옹하는 자세를 취해 주지만, 그날 밤 강민은 황수영을 상징하는 여자인형이 강민을 상징하는 남자인형의 손을 뿌리치고 공중으로 날아가는 상황을 연출한다. 한 쌍의 인형이 강민과 황수영의 분신이라고 한다면, 강민은 인형놀이를 통해 황수영이 하지 않은 대답에 스스로 답을 한 셈이다. 그것은 황수영이 자신을 떠날 것이라는 답이다. 강민의 제스처나 표정은 미래에 도래할 알지 못할 위험에 대한 불안을 보여준다. 이때 위험이란 신체에 어떤 위해를 가하는 물리적인 위험이 아니라, 에고에 상처를 입히는 정신적 위험이라 할 수 있다. 연인이 떠난다는 것은 물리적인 상처라기보다 정신적 상처에 속한다. 불안이 앞으로 올 위험에 대한 대처방식이라고 한다면, 강민은 여기서 이미 미래의 위험에 대한 일종의 신호불안signal anxiety 증세를 보이고 있는 셈이다.

　미래에 대한 불안은 과거를 변화시키기도 한다. 예를 들면 강민이 연출한 인형놀이는 그의 어린 시절에 대한 환상에서도 비슷하게 반복된다. 강민의 상상적 대상이라 할 수 있는 민수인이 강민에게 거미숲의 전설을 말할 때 전설 속 여자아이는 그렇게 소년의 손을 놓고 공중으로 사라졌었다. 민수인이 강민의 환상 속에 있는 인물임을 감안하면, 공중으로 사라지는 소녀의 모습 역시 강민이 지어낸 허구에 가깝다. 미래에 대한 불안 때문에 과거가 변형된 것이다. 즉 강민은 (인형) 놀이와 (민수인이라는) 환상을 통해 불안을 표출한 셈이다. 과거를 변형하는 일은 여기서 멈추지 않는다. 강민의 놀이와 환상을 불안에 대한 반응이라고 본다면, 강민의 '원초적 장면' 역시 이와 비슷한 의미를 지니게 된다.

민수인이라는 강민의 상상적 대상이 진술하는 '원초적 장면'은 강민의 기억 속에서 왜곡되었다. 자신의 어머니에 얽힌 이야기가 민수인이라는 소녀의 어머니에 얽힌 이야기로 자리바꿈을 하는 것은 미래의 사건과 연관된 소급적인 retroactive 과거의 재구성이다. 결국 미래와 연관되는 불안은 분명 과거에도 영향을 미친다. 과거는 미래에 의해 새로운 의미를 얻게 된다.

강민이 민수인을 통해 '원초적 장면'을 연출하는 것을 보면, 강민의 불안과 관련된 과거의 외상은 (선생님에 의해 진술된 바 있는) 어머니의 가출이다. 바람난 어머니의 가출은 어린 강민에게 있어서 최초의 대상 상실이다. 즉 어머니로부터의 '분리불안'은 강민의 가장 근원적인 불안이라 할 수 있다. 비행기 사고로 아내를 잃게 되는 두 번째 상실은 어머니와의 관계를 반복하는 형태로 강민의 무의식에 자리잡는다. 행복한 결혼생활을 아주 잠깐 맛본 후 찾아온 아내의 죽음은 강민에게 또 한번 치명적인 외상이 될 수 있다. 그에게 여자들은 붙잡을 수 없는 대상이 되어버린 셈이다. 황수영과의 관계를 통해서 강민은 붙잡을 수 없었던 대상을 다시 한번 잡을 수 있는 기회를 얻게 된다. 그러나 황수영의 모호한 대답은 강민으로 하여금 연인의 사랑을 잃게 될 위기의식에 사로잡히게 한다. 연인을 잃게 될지도 모르는 불안은 강민의 살인과 살인의 은폐라는 현실과 환상을 만들어낸다. 즉 다음에 일어날 살인과 살인의 재구성은 분리불안에 따른 것이며 이는 분리에 대한 저항이자 부정의 방식이다.

민수인이라는 상상적 대상을 만들어내는 것 말고도 강민은 황수영에 대해 일종의 '환상'을 품고 있다. 그것은 '남근적 환상'이다. 남자의 환상과 불안의 관계에 대한 라캉의 다음과 같은 비유는 눈여겨 볼 만하다. "무엇보다도 타자의 욕망에 관한 질문이 주체에게 가장 큰 불안을 야기시킨다. 예를 들면 사랑에 빠진 남자는 여자를 꽃병으로 생각한다. 남자는 여자라는 꽃병 안에 뭔가 감춰져 있다고 믿는데 그것은 다른 남자의 팰러스이다." 라캉에 따르면 "남자는 자신이 완벽한 주체라고 믿으려 하지만, 정작 욕망의 대상이 되는 여자를 만나면 그녀를 잃게 될지 모르는 불안을 어찌할 수 없게 된다." [9] 황수영의 욕망이 무엇인지에 대한 질문, "그녀가 원하는 것은 무엇인가?"라는 질문이 강민의 불안을 야기시킨다. 나르시시즘적인 남근적 환상을 지녔던 주체는 이제 욕망의 대상이 되는 타자, 즉 여자가 원하는 것이 자신이 아니라 꽃병 속의 팰러스라고 여기면서 에고에 상처를 입게 된다. 황수영의 모호한 대답때문에 강민은 꽃병 속의 팰러스가 자신이 아닌 다른 남자(최국장)라고 생각하게 된다. 따라서 확고한 대답을 회피하는 연인의 태도는 완벽한 팰러스가 되고자 하는 남성의 에고에 커다란 상처를 입힐 수밖에 없다. 에고에 상처입는 것, 즉 물리적 위험이 아닌 심리적 위험은 불안을 일으키는 원동력이 된다. 불안이 미래시제와 연관될 뿐 아니라 에고와 연관된다는 점은 바로 여기에서 비롯된다.

에고가 경계하는 위협에 대해서 프로이트의 설명을 잠시 보자. 프로이트는 주체가 불안의 정동에 휩싸였을 때, 에고가 경계하는 위험의 정체를 상세히 구체화하기는 어렵다고 보면서도 에고가 느끼는 위협이 앞서 언급한 대로 생명 자체에 대한 위협이라기보다는, 에고의 통일성unity에 대한 위협임을 강조한다. [10] 즉 총체성의 붕괴, 나르시시즘적 리비도 경제의 막강한 손상이다. 주체는 나르시시즘적인 에고의 통일성에 대한 위협에 대해 불안이라는 정동으로 반응한다. 마치 강민이 황수영과의 관계에서 느꼈던 불안처럼 자신이 그녀를 완전히 만족시켜주지 못하는 게 아닐까 하는 생각이 나르시시즘적인 에고의 통일성을 위협하게 된다. 리차드 부스비Richard Boothby의 경우, 공포는 외부적 위험(신체에 해를 가하는 것

등)과 연관되며 불안은 내적 흥분의 잉여와 연관된다고 언급한다. 따라서 불안은 자연적 혹은 적응적adaptive 현상이 아니라, 에고라는 상상적 구조의 상관물이 된다. 즉 자연적 혹은 외부적 위험이 아닐지라도 에고의 통일성에 위협을 주는 것을 주체는 견디지 못한다. 강민에게 황수영의 태도는 에고에 큰 위협으로 다가온다. 프로포즈에 대답하지 않는 연인의 태도는 에고의 나르시시즘에 큰 타격을 입히게 되는 요소이다. '불안한 몬스터'는 그녀가 원하는 것이 자신이 아닌 다른 것일 수 있다는 식의 상처를 입는다. 강민의 불안은 황수영에 대한 남근적 환상의 문제, 환상의 중심에 있는 에고라는 에이전시의 문제와 연관된다.

불안은 '상상적' 구조로서 에고라는 에이전시의 지배를 받는 인간의 고유한 특성이 된다. 철학자들 역시 불안을 인간에게서 떼어낼 수는 없다고 본다. 이런 점에서 프로이트와 키에르케고르의 공통점이 있다. 예컨대 키에르케고르의 영향을 받은 대표적인 신학자 틸리히는 불안이 인간의 유한성에서 비롯되기 때문에 극복이 불가능하다고 보았다. 그 어떤 존재도 자신의 유한성을 극복할 수 없기 때문이다. 그래서 불안은 언제나 현전하며 그렇기 때문에 불안은 존재론적이다. 틸리히의 경우, 존재론적 구조에서 야기되는 불안을 극복하기는 불가능하며 기껏해야 불안의 강도를 줄일 수 있을 뿐이라고 한다. 키에르케고르의 영향을 받은 니부어 Reinhold Niebuhr의 경우, 인간은 자연과 정신의 접점에 놓여 있기 때문에 자유로운 동시에 필연성에 얽매여 있다고 본다. 그렇기 때문에 인간은 유한한 동시에 무한한 존재이다. 불안은 인간의 조건인 자유와 유한성의 불가피한 부산물이며, 자유와 유한성이라는 역설적 상황에 존재하는 인간의 불가피한 정신적 상태라는 것이다. 이처럼 철학자들은 불안을 죽음에 대한 인간의 관계맺음이라고 본다.[11] 이것은 자연적 시간, 진보적 시간, 발전적 시간, 연대기적 시간 등 시간성의 이해로 생겨난다. 따라서 철학자들의 사유를 쫓아가면 불안은 죽음과 시간에 대해 우리 인간이 맺는 '특이한' 관계이며, 그래서 불안의 대상이 없다는 말(없음, 무)[12]은 구체적이고 객관적인 대상이 없을 뿐, 인간에게 내재적으로 침입해 들어와 있는 죽음과 시간성이 불안의 대상으로서 있다는 뜻이 된다. 여기에 정신분석적 의미를 더하면, '부정성' negativity 혹은 '텅 빔'과 같은 '대상 아닌 대상'에게 에고가 반응할 때 비로소 주체가 탄생한다. 에고의 통제를 받는 주체에겐 에고에게 치명적인 위협을 주는 것까지 함께 들러붙어 있다. 실존주의에서의 죽음이 물리적인 죽음이라면 정신분석적 의미에서의 죽음은 '충동' 혹은 '욕망'과 같은 것이다. 정신분석적 의미에서의 주체는 다름 아닌 불안의 정동에 휩싸인 몬스터로서의 주체이다. 한바탕 꿈과 같은 시공간을 건너와 거의 죽어가는 듯한 자신을 바라보는 강민처럼 주체가 탄생하는 곳은 시간의 고리가 끊어진 '구멍'과 같은 곳이다. 그 텅 빔으로 인해 불안한 주체가 탄생한다.

강민의 꿈과 같은 현실에 대해 키에르케고르는 이렇게 말하고 있는지 모른다. "불안은 꿈꾸는 정신에 대한 일종의 규정이다.…… 인간은 불안으로부터 도망칠 수 없다. 왜냐하면 인간은 불안을 사랑하기 때문이다. 인간은 불안을 진실로 사랑할 수도 없다. 왜냐하면 인간은 불안으로부터 도망치기 때문이다."[13] 늘 들러붙어 있는 정동으로서 불안을 사랑하기도 하고 역설적으로 그것으로부터 도망치려 하기 때문에, (인간은 혹은) 강민은 외상에서 멀어지거나 외상에 가까이 다가간다. 주체는 불안을 통해 (충동의 만족을) 즐기면서 동시에 (욕망의 만족을) 연기한다.[14] 그래서 프로이트가 지적하듯이 사람들은 한밤중에 악몽에 시달리다 깨어나면 너무나 고통스러워하면서도 그런 일을 또다시 반복하고 있는지도 모른다. 강민은 부인이 비행기사고로 죽은 후에 부인에게 이렇게 말한다. "잠깐 잠든 것 같은데. 너무 무서운 꿈을 꿨거든." 죽은 아내가 말한다. "그거 꿈 아니야. 그게 현실이야!" 그녀가 말한 것처럼 강민은 '그냥 꿈 꾼 것'이 아니다. 그게 현실임을 모르는 것이 강민의 현실이다. 아내가 죽었다는 사실을 인정하지 않는 것, 신경증자처럼 진실을 알면서도 인정하지 않으려 하고 회피하는 것 그리고 그것을 다시 반복하는 것, 그것이 강민의 현실이다.

불안에 대한 정신분석적, 실존주의적 고찰의 이유가 단지 강민의 불안에 대한 알리바이를 제공하려는 데 있지는 않다. 그보다 이 두 가지 설명에서 공통적으로 유추되는 '꿈과 현실의 관계', 거기에서 파생되는 '배제된 무언가'를 살펴보는 것이 더 중요하다. 앞서 말했듯이 강민의 현실은 '남근적' 환상을 포기하지 못하고 있다. 남근적 환상으로 인해 여성의 이미지는 왜곡되며 현실은 회피된다. 따라서 중요한 것은 강민의 서사에서 '배제된 무언가'를 지적하고 왜곡된 여성의 이미지와 현실의 여성을 똑바로 마주하는 것이다.

불안의 그늘에 가려진 비체화된 여성의 몸

강민의 서사에 있는 세 부류의 여성을 보자. 첫째는 강민의 어머니 혹은 민수인의 어머니로 등장하는 바람난 여자가 있다. 강민은 어린 시절을 기억하지 못한다. 그런데도 '원초적 장면'을 통해 그는 어머니에 대한 서사를 만든다. 비록 학교 선생님이 강민의 어머니가 바람나 도망간 여자라는 기억을 떠올리지만 이것이 진실인지는 확실하지 않다. 바람난 어머니에 대한 이야기는 소문과 환상으로 떠돈다. 둘째는 동일 배우가 연기한 인물로서, 순수한 어린 시절을 환기시키는 단짝 친구 민수인과 민수인을 똑 닮은 아내이다. 민수인이라고 자신을 소개하는 사진관 여자는 어린 시절 강민의 단짝친구의 환생처럼 나온다. 어린 시절 민수인처럼 똑같이 녹색 목도리를 길게 두른 환영으로서의 민수인은 죽은 아내가 그랬던 것처럼 따뜻한 허브차를 끓여주고 오른쪽으로 치우친 강민의 머리를 바로 세워 주는 등의 보살핌으로 자상한 어머니가 된다. 강민은 바람난 어머니와는 반대되는 어머니를 상상속에서 만든 것이다. 셋째는 현재 강민의 연인인 황수영이다. 황수영은 강민에게 죽은 아내의 자리를 메워주는 역할을 하 면서도 또 한편 최국장과의 관계를 통해 강민에게 바람난 어머니를 떠올 리게 한다. 황수영은 강민에게 아내의 죽음 이후로 처음 위안을 줄 수 있 는 여인이었다. 그러나 그녀는 동시에 강민의 불안을 가중시킨 위험한 인 물이기도 했다. 바람난 어머니의 첫 번째 부류와 자상한 아내의 두 번째 부류는 창녀와 아내 혹은 성적인 어머니와 무성적인 어머니의 연속으로 서 남성들의 환상 속에서 반복적으로 나타나는 여성에 대한 이미지들이 다. 그러나 강민에게 황수영은 바람난 어머니와 정숙한 아내라는 두 가지 이미지 모두를 갖고 있다. 왜냐하면 현재의 연인으로서 죽은 아내의 자리 를 메워주는 역할을 하고 있지만 동시에 상사와 불륜 관계를 유지하고 있 기 때문이다. 강민에게 황수영은 어머니와 아내 다음으로 이어지는 사랑 의 대상, 언제든 자신을 떠날 수 있는 대상일 뿐이다.

강민이 인정하기 힘든 것, 회피하려는 것의 중심에는 강민의 어머니, 죽은 아내, 그리고 황수영으로 이어지는 세 여자들과의 관계가 있다. 담임 선생님의 진술을 가지고 유추해보면 강민은 어머니의 죽음을 목격하고 그 사실을 잊기 위해 기억상실을 앓고 있는지도 모른다. 물론 강민이 진짜 과 거에 그것을 목격했는지의 사실 여부는 중요하지 않다. 강민은 환상을 통해서 이미 여자의 죽음을 목격한다. 그렇기 때문에 아내의 죽음은 강민에게 중요한 사건이 된다. 왜냐하면 여자들이 죽음으로써 자신과 분리되는 반복적 상황에 강민이 처하게 되기 때문이다. 아내의 죽음, 그로 인한 사랑의 상실은 황수영과의 관계에서 강민의 불안과 살해로 이어진다.

강민에 의해 살해되는 황수영의 '몸'은 강민의 서사 밑에 가려져서 비체화되고 있다. 요컨대 불안신경증자의 서사 이면에 '타자'의 몸, 여성의 몸이 비체화되어 있다. 강민의 낫질에 힘없이 무너지는 황수영의 몸이 영화의 중심 서사인 강민의 스토리 밑에 감춰진 것이다. 주체의 분열과 '괴물성'을 지적함으로써 주체에 대해 집요하게 설명해내는 정신분석학적 접근도 이러한 여성의 현실을 제대로 지목해내기엔 역부족이다. 따라서 관객은 강민의 일그러진 표정에 압도될 것이 아니라, 유린당하고 살해당하는 여자의 몸에 주목해야 하지 않을까 싶다. 예컨대 강민의 서사에서는 황수영이 바람난 여자에 불과하지만 그것은 최국장의 몸 밑에 깔려 있는 황수영의 몸과 그 몸 위에 떨어지는 사과 부스러기들을 보지 못하는 강민의 허구적 시나리오일 뿐이다. 황수영의 몸과 그 위에서 최국장이 뱉어내는 사과 파편은 강민의 서사가 아닌 관객의 눈에 강렬한 이미지로 다가온다. 최국장의 입에서 튀어나오는 사과 부스러기들과 함께 최국장이 무심히 내뱉는 말("검이 짧으면 일보 전전해서 찌르고 여건이 불비하면 노력을 배가하라")이 멍하게 울려온다. 최국장의 입에서 튀어나온 사과들은 이렇게 말하는 듯 하다. 검이 짧은 여자, 여건이 불비한 '여자'는 몸을 바쳐 충성하라고. 그런데 정작 강민의 서사에는 사과 부스러기들과 같은 비체화된 황수영의 몸이 빠져 있다. 강민이 자신의 여자를 탐하는 남자인 최국장에게 낫질을 하고 황수영까지 죽이는 순간, 그는 자신의 소유물을 훼손당한 것에 불쾌해하는 에고이스트일 뿐이다. 강민은 황수영을 죽이기 전에 말한다. 너무나 태연하게 "단추 채워." 황수영은 죽음을 두려워하며 떨리는 손으로 단추를 채운다. 강민에게 살해되는 장면에서 황수영의 몸은 비체화된 여성의 몸의 현실을 반영해주고 있다. 그리고 강민의 서사 너머에서 황수영의 몸은 강렬한 영상으로 강민의 서사가 말하지 않은 것을 드러낸다.

해석의 유혹을 가진 관객의 경우 강민의 서사를 따라 강민의 수수께끼 풀기에 동참하게 된다. 강민의 내러티브를 따라가다 보면 분열과 복제라는 '탈중심화된' 주체의 이야기를 읽을 수 있다. 진실을 찾아 나선 오이디푸스가 자신의 괴물성을 발견하듯, 강민 역시 시간의 '구멍'에서 몬스터로 태어난다. 과거와 현재, 현실과 환상을 오가면서 강민이라는 주체는 사이 공간에서 의미를 얻게 된다. 살인자이자 살인자를 찾는 자로서, 진실을 회피하면서도 진실을 찾아가는 자로서 불안한 몬스터의 등장은 '상반되는 것들'이 동시에 '함께 있는' 흥미로운 서사를 제시해준다. 그러나 몬스터로 탄생하기까지의 강민의 서사에서 배제되어 있는 '무언가가' 잉여로서 남아 강민의 서사를 위태롭게 한다. 해석되지 않은 잉여로서의 무언가가 오히려 해석을 무너뜨릴 수도 있다는 것이다. 그 무언가는 다름 아닌 여성의 몸과 연관되어 있는 이미지이다. 사과 파편과 여성의 몸이 한 덩어리로 비체화되어 강민의 서사를 일그러뜨리고 있다. 요컨대 우악스런 남성의 입에서 여성의 몸 위에 무수히 튕겨져 떨어지는 사과 부스러기와 강민이 내뱉은 냉혹한 말 "단추 채워"는, 강민이라는 주체의 흥미로운 자기 발견이 여성의 몸을 '비체화함으로써' 가능한 반쪽의 서사가 될 수밖에 없도록 만든다. 더구나 황수영의 몸은 남성의 머릿속에서 나온 허구적 이미지라기보다는 우리 눈앞에 펼쳐지는 (여성의) '현실'을 정확하게 비추어주는 거울의 역할을 한다. 이렇게 〈거미숲〉은 강민의 서사와 그 서사가 감추고 있는 것을 '동시에' 보여주고 있다.

내 안의 유령, 내 밖의 유령
〈장화, 홍련〉

조 현 순

너 진짜 무서운 게 뭔지 알아?

뭔가 잊고 싶은 게 있는데, 깨끗하게 지워버리고 싶은 게 있는데,

도저히 잊지도 못하고 지워지지도 않는 거 있지.

근데 그게 평생 붙어 다녀. 유령처럼 …….

나를 나라고 말할 수 있는 것은 무엇일까? 모체로부터 분리되는 순간 인간은 생물학적으로 하나의 개체로 존재하게 된다. 그러나 사회적 주체로 재탄생하기 위해서는 규범과 질서를 학습받아야 한다. 생물학적 개체에서 사회적 주체로의 변화가 가능하게 하는 가장 기본적인 요건은 가정과 가족이다. 어머니—아버지—나라는 안정된 가족구도 안에서 나는 나를 발견한다. 그런데 이 구조에 다양한 이질적 요건들이 삼투되어 가족구도의 균형에 틈이 생길 수도 있다. 이때 주체는 자기동일싱을 이루지 못하고 이 틈새에서 공포와 위협을 느끼게 된다.

영화 〈장화, 홍련〉(김지운 감독, 2003년)이 불안감과 공포감을 자극하는 이유도 이와 맞닿아 있다. 2003년 개봉 당시 서울 99만, 전국 200만 이상의 관객을 동원한 〈장화, 홍련〉은 이질적이고 균열된 공간으로서의 가정에 관한 이야기이다. 정교하게 배치된 아름다운 미장센을 배경으로 하고 있음에도 영화는 지극히 공포스럽고 끔찍하다. 그 이유는 두 가지다. 하나는 상징적 층위에서 여주인공 수미의 정체성 분열이다. 수미의 시점은 여러 인물 사이를 복수적으로 오가면서 균열되고 중첩된 환상적 정체성을 구현한다. 이때 관객은 누가 무슨 일을 하고 있는지, 앞으로 어떤 일이 벌어질 것인지 판단할 수 없다. 여기서 공포가 발생한다. 관객의 서사적 재구성을 방해하고 지연시키면서 긴장을 유발하는 교란적 장치로 작동하는 핵심 요인은 무엇보다도 수미의 정체성 분열이기 때문이다.

다른 하나는 집이라는 모성적 공간, 상징적 의미화에 저항하는 어머니와의 전 오이디푸스적 관계가 제시하는 비현실적 괴기성이다. 익숙하면서도 낯선, 자연스러우면서도 인위적인 이 기괴한 공간은 해리성 정체장애자 수미에게 환상의 무대장치를 마련하면서 근원적 병인이자 원초적 장면을 제공한다. 집은 친근하면서도 생경하고, 평화로워 보이지만 팽팽한 긴장이 감도는 '기괴한' 공간으로서 공포를 유발시키는 원인이 된다. 한적한 전원 한가운데 홀로 내던져진 이 '집'은 고풍스럽고 고급스런 실내장식과 벽지로 꾸며졌으나 알 수 없는 귀기와 음산한 기운이 팽배하고, 일본식 목조 가옥에 서구식 실내장식이 혼합되어 기묘한 분위기를 연출하고 있어 딱히 시간과 공간을 정의할 수 없는 이상하고 섬뜩한 곳으로 재현된다. [1] 나의 안정되고 공고한 자아 정체성을 위협하는 이질적 대상, 외부적 오염물은 주체의 정체성을 위협하는 유령과 같은 존재이고, 그것은 동일자를 위협하는 타자의 시선이다. 이 영화는 동일자에 포섭되지 않는 타자를 '유령'화하여 다루고 있다. 그 유령은 여주인공 내면의 복수적 인물들의 발현이라는 점에서 '내부의 유령'이며, 여주인공의 환각이나 분열증으로 설명되지 않는 상징층위의 잉여물이라는 점에서 '외부의 유령'이다.

근친상간적 욕망과 우울증

〈장화, 홍련〉은 '스토리 시간'과 '서사 시간'이 어긋나기 때문에 내용을 파악하는 것조차 쉽지 않다. 서사 시간의 첫 장면은 "자신이 누구라고 생각해?"라고 묻는 의사의 질문에서 시작된다. 의사는 '그날'의 일을 이야기해보라고 한다. 이어지는 장면에서 인적이 드문 시골, 아름다운 들꽃과 한적한 선착장이 근방에 있는 일본식 목재 가옥에 수연, 수미 자매가 아버지와 도착한다. 평화로운 듯 보이지만 외진 별장, 불온한 기운이 감도는 전원주택에서 아버지는 두 자매에 대해 뭔가 포기한 듯 무심하게 대하고, 새엄마 은주는 신경증 환자처럼 과장되게 요란을 떨며 환대한다. 아무도 없는데 타닥타닥 발 뛰는 소리, 저절로 켜지는 TV, 냉장고의 고깃덩이에서 나오는 붉은 피, 파닥이는 손에 관한 악몽 등 집에는 불길한 기운이 가득하고, 꿈인지 현실인지 분간되지 않은 채 유령이 출몰하는 가운데 새엄마와 두 자매의 갈등은 점점 긴장의 수위를 높여간다. 결국 새 외삼촌(선규) 부부의 방문에서 긴장은 극도로 고조되고, 외숙모(미희)는 견디지 못해 간질발작을 일으킨다. 아끼던 새의 시체를 수연의 침대에서 발견한 은주는 극도로 분노해서 수연을 옷장에 가두어 처벌하고 수미는 수연의 흐느끼는 소리를 듣고서야 거의 실신상태에 이른 수연을 겨우 구해낸다. 옷장을 치워달라고, 그 여자가 수연을 괴롭힌다고 절규하는 수미에게 아버지는 오히려 수연인 죽었다며 알 수 없는 말을 하고 나가버린다. 수연은 비명을 지르다가 어디론가 사라진다. 아버지가 외출한 사이 새엄마 은주는 수연의 시체라고 생각되는, 피에 젖은 자루를 끌고다니며 매질하다가 옷장에 가두고, 수미는 수연의 시신이라도 구하기 위해 은주와 사투를 벌인다. 그런데 외출한 아버지와 함께 온 사람은 놀랍게도 새엄마였다. 수미는 병원으로 옮겨지고, 그 이후에 은주는 집에 있던 옷장 속의 귀신에게 희생당한다. 마지막으로 이 모든 일의 원인이 되는 '그 날'에 대한 기억이 펼쳐진다.

이 영화는 "두 자매의 이야기 A Tale of Two Sisters"로서 전래동화 「장화홍련전」에서 제목을 전유했다. 「장화홍련전」은 원래 평북 철산 지방의 구전 설화를 바탕으로 한 조선시대 작자미상의 고소설로 대표적인 계모형 가정비극 소설에 속한다. 이 고소설에는 여러 판본이 있으나 공통적인 내용은 다음과 같다. 어머니 장씨가 일찍 병으로 돌아가신 후 좌수 배무룡은 장화, 홍련과 더불어 셋이 살다가 배씨 가문을 지키기 위해 아들을 낳을 새 부인을 얻으려고 허씨 부인에게 재가하게 된다. 마음씨 나쁘고 물질적이고 폭력적인 허씨 부인은 처녀 장화가 임신 후 낙태한 것으로 모함해 누명을 씌운 뒤, 아들 장쇠를 시켜 장화를 연못에 떠밀어서 죽인다. 그리고 언니가 죽은 뒤 홍련도 언니의 뒤를 따라 연못에 자결한다. 억울한 누명을 쓰고 죽은 한을 풀기 위해 두 자매는 신임사또가 부임할 때마다 찾아가지만 5명은 놀라 급사를 하고 6번째 사또가 이들의 무죄를 증명하고 한을 풀어준다. 장화와 홍련은 옥황상제에게 다시 인간으로 탄생할 것을 소망하는데 이유를 물으니 아버지를 모시고 살고 싶어서라고 대답한다. 이들의 효성에 감동한 옥황상제가 자매를 다시 사람으로 환생시켜 이들은 아버지를 모시고 살다가 15세에 16세의 쌍둥이 신랑 윤필과 윤석과 각각 혼인하고, 아버지도 착한 새엄마와 살게 된다.

영화 〈장화, 홍련〉과 고소설 「장화홍련전」은 시대적 배경이나 인물의 성격도 다르고 감독 자신도 별 상관성을 두지 않았지만 두 가지 점에서 공통성이 있다. 딸의 아버지에 대한 강한 애정과, 그것을 방해하는 새엄마의 박해 부분이 그것이다. 고소설에서는 아버지에 대한 사랑을 당대의 규범적 가치이자 이상적 이데올로기인 '효성'으로 명명한다. 한편 영화는 '오이디푸스 콤플렉스'로 해석한다. 또한 고소설은 규범적 효성 때문에 '계모의 악행'과 '친딸의 희생'이라는 선악구도로 묘사했으나 영화는 애정의 대상인 아버지를 사이에 두고 계모와 친딸이 겨루는 '질투'나 '경쟁'의 관계로 구현한다. 그렇다면 「장화홍련전」과 〈장화, 홍련〉은 아버지에 대한 딸의 사랑을 서사의 핵심에 놓고 있는 셈이다. 그런데 아버지에 대한 딸의 욕망은 문명사회에서는 금지되어 있다. 수미가 이 금기를 뚫고 아버지에 대한 욕망을 발현하기 위해서는 방어기제가 필요하다. 수미는 새엄마 은주를 소환한다. 은주는 수미가 합법적으로 아버지 무현을 욕망하기 위한 은폐막이자 가면이다. 수미의 옷장 속에 가득한 똑같은 옷들, 책상 위에 올려져 있으나 실상은 가방 안에서 꺼낸 것과 똑같았던 책 꾸러미, 은주가 챙긴 것과 똑같은, 쓰레기통에서 발견된 무현의 내의 등 수미가 어떤 인물을 반복 상연한다는 것을 시사하는 장면은 도입부부터 제시된다. 이는 은주의 모습으로 행동하는 수미와 원래의 수미사이의 분열이자 갈등이다. 수미는 은주가 되어 아버지/남편의 내의를 챙기고, 식탁을 차린다.

수미가 은주와 동일시하는 이유는 근친상간적인 사랑에 대한 방어기제를 작동시키면서 자신의 욕망을 달성하기 위해서이다. 아버지의 욕망의 대상은 병들고 무력한 친엄마가 아니라 젊고 매력적인 새엄마이다. 수미는 은주의 페르소나를 차용해서 붉은 립스틱을 바르고, 관능적인 나이트 가운을 걸치며, 거리낌 없이 안방의 부부침실에서 아버지와 한자리에 들기까지 한다. 은주는 수연의 도플갱어이자 짝패인 것이다.

은주는 수미가 차용한 페르소나의 일부이기는 하지만 은주와 수미의 관계는 적대적이거나 경쟁적이다. 은주에 대한 적대감은 두 가지로 해석이 가능하다. 하나는 아버지라는 대상을 두고 경쟁하는 적수나 라이벌이라는 의미에서이기도 하고, 다른 하나는 친엄마와 수연의 죽음의 원인제공자가 은주와 수미라는 사실과 관련이 있다.

우선 근친상간적 욕망은 라이벌 대상에 대한 경쟁적 적대관계를 야기한다. 수연이 알 수 없는 소리와 그 작용 때문에 놀라 언니 방으로 피신오자, 그 원인을 규명하고자 수미가 아래층으로 내려가면서부터 은주와의 대립관계가 표면화된다. 수미는 잠든 아버지를 애정 어린 눈으로 바라본 뒤 이불을 끌어올리고 얼굴을 어루만져 주는데, 은주는 아빠가 주무시는데 깨우려는 것이냐며 야단친다. 둘의 적대 양상은 엄마가 딸을 나무라는 것이기보다는 한 남자를 두고 두 여자가 경쟁하는 양상으로 그려진다. 수미는 때로는 은주의 모습으로, 때론 자기 자신의 모습으로 각각 남편과 아버지에 대한 욕망을 발현한다.

수미가 은주와의 환상적 동일시를 극적으로 표현하는 부분은 은주가 동생 부부를 초대해 놓고 '미친 남자'에 대해서 말하는 부분이다. 이 '비만 오면 핑 도는 미친 남자'의 이야기는 은주가 자신의 동생에게 어린 시절의 재미있는 이야기를 회상하는 형식으로 되어있으나, 이 에피소드에는 즐거움과 웃음이 있는 것이 아니라 극대화된 긴장과 공포가 있다. '미친 남자'는 비만 오면 옷을 벗고 뛰쳐나가는데, 비가 오다 말다 오락가락하던 어느 날 이 남자는 옷을 '입었다 벗었다' 하면서 어쩔 줄 모른다는 이야기다. 은주는 혼자 포복절도하며 이 이야기를 전하는데, 사실 이는 은주와 동일시하는 수미의 상황을 재현한다. '입었다, 벗었다'라는 것은 마치 수미가 은주의 정체성을 입었다 벗었다하는 것과도 같다. 은주는 선규에게 기억나느냐고 반복해서 묻고 그런 기억이 없다는 선규의 말에 "왜 기억 안 나? 너 미쳤어?"라고 쏘아댄다. 사실 미치거나 정체성이 분열된 사람은 은주의 연기를 하는 수미 자신인데 스스로 인정할 수 없어 그것을 타인에게 투사하는 것이다.

수미가 은주와 적대적 동일시를 하는 두 번째 이유는 은주야말로 친엄마와 동생을 죽음으로 몰아넣은 장본인이기 때문이다. 그리고 그 용서할 수 없는 대상은 어머니와 수연의 죽음에 어느 정도 책임이 있는 자기 자신이기도 하다. 엄마와 엄마를 닮은 수연의 죽음은 수미가 인정할 수 없어서 떠나보내지 못한 대상에 대한 우울증으로 연결되고, 은주에 대한 적대감은 죄의식으로 인한 자기처벌로 이어진다. 수미는 은주가 되어 수연을 학대하는데 사실 학대하고 학대당하는 것은 각각 수미의 초자아와 자아이다. 수미는 자신의 죄의식과 상실감을 덜기 위해서 은주와 동일시할 뿐 아니라 수연과도 동일시한다. 수미가 수연과 동일시하는 것은 은주의 학대와 처벌을 받으면서 자신의 죄의식을 덜고자하는 소망 때문이다.

이제 수미는 수연이기도 하다. 수미의 빨간 카디건은 수연의 빨간 치마로 연결되고, 엄마에 대한 연민과 새엄마에 대한 적개심도 둘을 하나로 묶어주는 중요 요인이다. 수연은 첫 장면에서 등장하는 말라죽은 꽈리처럼 이미 현실에는 존재하지 않는 대상, 수미의 무의식 속에만 등장하는 유령같은 대상이다. 은주의 말처럼 말없는 수연은 언니의 행동을 따라하는 수미의 일부처럼 보인다.("넌? 넌 왜 안 따라가? 언니 하는 대로 따라 해야 되잖아?") 수연의 대사는 극히 제한되어 있고 그것조차 거의 수연과 단

둘이 있을 때만 나타난다. 수연은 수미의 내부에 들어와 있는 수미의 일부이다.

수미가 은주와 동일시하는 것이 근친상간적 욕망 때문이라면, 수연과 동일시하는 이유는 무엇일까? 그것은 수연이 수미의 근친상간적 욕망에서 온 과오때문에 상실한 대상이라서, 그 죄의식이 만든 우울증적 자아의 일부이기 때문이다. 수미는 '그날' 이후 자신이 누구인지에 대한 확신을 상실했다. '그날' 이후 수미는 스스로의 정체성을 규정하지 못하고 끊임없는 우울증에 시달리는 것이다. 그날은 사랑하던 엄마와 동생 수연이 세상을 떠난 날이다. 수미는 동생의 방에서 옷장 엎어지는 소리를 듣고 올라온 은주를, 자꾸 엄마행세 하려드는데 제발 상관하지 말아달라며 야박하게 거절한다. 이미 상황을 파악한 은주는 자신이 지금 구해주지 않으면 수연이 죽게 되리라는 것을 알고 "너 지금 이 순간 후회하게 될 지도 몰라. 명심해."라고 경고하는데, 수미는 "지금 당신이랑 이렇게 마주보고 있는 거만큼 더 후회할 일이 있겠어?"라며 은주에 대한 적개심을 앞세운다. 결국 수미는 아버지에 대한 사랑으로 눈이 멀어 증오와 적개심때문에 동생의 죽음을 막지 못했고, 그것이 평생의 죄책감이 되어 수연을 애도하지 못하고 자신의 일부로 합체하는 우울증을 앓고 있는 것이다.

따라서 수미가 은주나 수연과 동일시하는 근본적인 이유는 아버지에 대한 오이디푸스적인 사랑에 있다. 아버지에 대한 사랑이 은주라는 방어기제를 만들고, 수연이라는 희생자를 만든다. 그리고 동생을 죽게 한 원인이 자신이라는 죄의식은 수미를 우울증으로 몰고 간다. 은주의 모습으로 수미는 자신의 근친상간적 사랑을 당당하게 과시하는 반면, 수연의 모습으로 나타난 수미는 아버지에 대한 근친상간적 사랑 때문에 상실한 수연에 대한 '불가능한 애도'를 보여준다. 아버지에 대한 근친상간적인 사랑이 여동생을 상실하게 만들었다는 죄의식이 수미의 우울증의 핵심적 요인으로 간주된다. 이제 수미는 은주이기도 하지만 수연이기도 하고 셋은 같은 사람이다. 수연이 목이 꺾인 귀신의 꿈을 꾼 날 수연은 초경을 시작하고, 그것은 사실 수미와 엄마의 생리일이기도 하다.

프로이트에 의하면 우울증은 사랑하던 애정의 대상을 상실했을 때 주체가 보이는 두 가지 반응 중의 하나로서 애도와는 분명하게 구분된다. 애도나 우울증은 둘 다 사랑하던 대상을 잃고 난 뒤 주체가 보이는 고통스런 반응이다. 그런데 애도에서는 대상에 대한 리비도를 철회하고 일정 기간이 지난 뒤 다른 대상으로 사랑을 옮겨가는 반면, 우울증에서는 다른 대상으로 사랑을 옮기는 것이 불가능해서 자신의 에고로 대상을 합체하며, 나의 에고가 되어버린 그 대상을 괴롭히게 된다. 수미가 애도하지 못해서 자신의 내부에 합체한 것은 동생 수연이다. 수미는 아버지에 대한 근친상간적인 사랑 때문에 임박한 수연의 죽음을 알아차리지 못했고, 잠시 망설이다가 수연을 구하려고 되돌아오는 은주를 저지했다. 수미가 상실한 것은 수연이므로 이 때 상실한 대상은 구체적이지만, 수연을 상실하게 된 근본적 원인은 아버지에 대한 사랑과 새엄마에 대한 증오였기 때문에 의식적 층위에서는 상실을 인정할 수가 없다. 상실이 근친상간적 욕망 때문에 유발되었다는 것을 인정할 수도 없기 때문에 극복도 불가능하다. 그래서 상실한 대상은 애도되지 못하고 수미의 내부로 들어와 수미의 자아를 구성한다. 수미의 원래 자아는 초자아가 되고, 수연이 들어온 자리에 수미의 자아가 형성되는 것이다. 우울증에서 환자의 자기 파괴적 행동이 당당하고 거침없는 것은 자신의 내부에 들어온 자아를 원래의 자아였던 초자아가 학대하기 때문이다. 은주가 된 수미는 핏물이 흐르는 수연의 시체를 이방 저방 끌고 다니며 쇠막대로 여러 번 내리친다. 애도되지 못한 사랑이 내부로 들어와 대상에 대한 가학적 쾌락을 발현하는 것이다. 곤궁하고 피폐해지는 것은 새엄마의 학대를 당하는 수연이 아니라, 초자아의 처벌을 받는 수미의 자아이다.

이렇게 수미의 정체성 분열, 즉 자아 경계 장애의 핵심에는 근친상간적 욕망으로 인한 우울증이 있다. 〈장화, 홍련〉에서 수미는 아버지에 대한 금지된 근친상간적 사랑 때문에 동생의 상실을 막지 못했고, 그 결과 인정할 수 없는 수연의 죽음을 거부하고 수연을 자신의 몸에 합체하여 은주의 모습으로 동생 수연에게 박해를 가하는, 즉 자신을 스스로 학대하는 인물로 표현된다.

동성애적 욕망과 우울증

수미의 우울증은 엄마나 여동생에 대한 동성애적인 욕망에서 발현된 것으로 해석할 수도 있다. 수미의 수연 사랑은 아버지에 대한 애정 때문에 동생의 죽음을 막지 못했다는 죄의식으로 존재하기도 하지만, 그 이전에 애초부터 근원적으로 배제된 동성애적 관계를 환기해볼 단초를 제공한다. 동생에 대한 사랑은 아버지에 대한 사랑을 은폐하거나, 아버지에 대한 사랑 때문에 보지 못한 희생물의 형태로 존재하는 것이 아니라, 그 이전부터 이미 존재하고 있던 것으로 생각해 볼 수 있다는 것이다. 수미와 수연의 관계는 보통의 자매애 이상으로 강한 연대 속에 있으며 수미는 마치 어머니처럼, 연인처럼 수연을 끌어안는다.[2] 수연은 언니에게 모든 것을 내맡긴듯한 수동적 모습을 보이며 귀신의 섬뜩한 느낌이 들 때마다 수미의 방을 찾곤 하는데 그럴 때마다 수미는 어머니처럼, 연인처럼 침대 안에서 수연을 꼭 끌어안고 다독여주며 등을 어루만져준다. 수연도 자연스럽게 불쑥불쑥 수미의 침대로 기어들거나 가슴팍으로 파고든다.

수연에 대한 수미의 사랑은 새엄마의 핍박으로부터 수연을 구원하는 장면에서 극적으로 구현된다. 은주는 자신이 아끼던 새의 죽음과 잘려나간 사진에 대한 처벌로 수연을 옷장에 가두고, 어둠 속에서 잘못했다고 울부짖는 수연을 뒤로한 채 옷장 문을 잠그고 사라진다. 수미는 뒤늦게 수연을 구해와 자신의 침대에 누이며 사랑으로 다독이고 더 일찍 구원하지 못한 스스로를 자책한다. 이런 수미를 보고 아버지는 "그 말들, 그 행동들, 대체 뭐지?"라고 힐문하고, 수미는 "수연이 방 옷장 치워줘."라는 요구로 응대한다. 아버지는 그 얘기는 더 이상 안하기로 했지 않느냐며 대화를 단절한다. "그 여자가 수연일 자꾸 괴롭히고 있어. 매번 옷장 안에 가두어두고."라고 절규하는 수미에게 아버지는 말한다. "그러지마. 제발 그러지마. 수연인 죽었잖아." 아버지가 수연의 죽음을 언어적으로 선언하는 순간 수연은 비명을 지르고 존재를 감춘다.

수연의 죽음을 선언하는 아버지의 언어는 수연과 수미의 동성애적인 관계를 근본적으로 거부하는 동시에 수연의 존재 자체를 부정하는 행위라는 의미에서 발화수반적 수행문 illocutioanry speech [3] 의 역할을 한다. 아버지의 수행문을 통해 수연은 자취를 감추게 되는데 그 이전까지는 수미의 자아의 일부로서 존재한다. 그리고 이 동일시의 근원에는 수연에 대한 수미의 동성애적인 욕망이 있다. 수미는 자신을 은주와 동일시해서 아버지의 욕망의 대상이 되고자 하는 근친상간적인 욕망도 가지고 있지만, 다른 한편으로는 자신이 보호하거나 구원해주지 못한 어머니 혹은 여동생에 대한 동성애적인 사랑을 품고 있는 것이다. 수연에 대한 사랑은 근본적으로 양가감정이라서 수연을 사랑했던 만큼 사랑은 증오로 바뀌고, 자신의 내부에 들어와 자신의 자아 일부가 된 증오의 대상을 수미가 처벌하게 된다. 그리고 이 사랑은 아버지에 대한 근친상간적 사랑 이전에, 어머니에 대해 느낀 근원적인 동성애적 사랑을 동생에게로 전이시키는 것이라 할 수 있다. 수연은 언제나 죽은 친엄마를 닮아 있고, 둘은 내성적이고 침묵하는 희생자라는 공통성을 가지며, 무엇보다도 함께 죽음을 맞이한 인물이기 때문에 수연과 친엄마를 동일인물 선상에 놓을 수 있다.

주체가 자신의 몸을 몸으로 인식하게 만드는 것, 몸을 몸으로 발화할 수 있게 하는 것은, 버틀러에 따르면 억압된 근친상간 이전에 아예 배제되어 있는 '동성애의 금지'이다. 이것은 금지를 금지로 명명해 억압하기 이전에 애초부터 배제되었지만, 완전히 사라지지 못하고 이미 자아 안에 선취되어 주체를 구성한다는 의미에서 '우울증'의 구조를 가지고 있다. 여자아이는 자신의 어머니에 대한 동성애적인 욕망을 욕망으로 인정할 수 없었기 때문에 완전히 애도하지 못해서 자신의 몸에 합체하고 있다. 그러나 그 대상은 완전히 사라진 것이 아니라 금지의 형식으로 이미 내 안에 들어와 있기 때문에 우울증은 '선취된' preempted 배제로서 작동한다.

수미가 수연의 정체성을 합체하고 있는 것은, 수연이 죽은 어머니의 모습을 투사하기 때문이다. 수미의 엄마에 대한 동성애적인 욕망이 수연에 대한 욕망으로 전이된 것이다. 수미에게는 아버지에 대한 근친상간적 사랑 이전에 어머니에 대한 동성애적 사랑이 근원적으로 배제되어 있었고, 그 배제된 사랑을 수연에게로 전이하여 수연을 자신의 몸에 합체하고 있는 것이다. 그래서 수미는 자신에게 합체된 수연을 반복 소환하여 외부의 공포로부터 보호해주고, 초경을 치르는 무력한 소녀의 불안을 완화시키면서 수연에 대한 애틋한 사랑을 표현한다. 수미는 친엄마의 편에서 새엄마와 적대적인 관계를 형성하기는 했지만 친엄마에 대한 적극적인 애정의 강도를 발산하는 것으로는 표현되지 않는다. 그 금지된 동성애적인 욕망은 수연에게로 전이되어, 이미 죽은 대상에 대한 사랑과 보살핌을 하게 된다. 즉 수연에 대한 수미의 사랑은 근원적으로는 어머니에 대한 것이 투사된 것이고, 어머니에 대한 애도되지 못한 동성애적 욕망은 수연에 대한 것으로 나타나 그것이 수미의 정체성 일부를 형성하게 된다. 실제로 수미의 병든 어머니는 영화 전체에서 단 한 마디의 대사도 하지 못한다. 그저 점점 갈수록 '엄마를 닮아 가는', 그래서 엄마와 비슷하게 말수도 적고, 새엄마의 갖은 핍박에도 묵묵히 견디며, 엄마와 더불어 옷장 속에서 함께 희생되는 수연을 통해 수미는 어머니의 모습을 상상한다.

수연에 대한 사랑은 죄의식이나 죄책감과도 맞닿아 있다. 수연의 죽음을 막지 못한 것에 대한 죄의식은 스스로를 가학적으로 처벌하는 상황으로 이어진다. 수미는 자신을 처벌할 때는 은주라는 폭력적 대상을 환상적으로 소환해서 자신의 초자아로 형성하고, 아버지의 욕망의 대상이 되지 못해 파멸한 친엄마/수연을 자신의 자아로 형성한다. 초자아의 자아 학대는 새엄마의 친엄마/수연 학대로 나타난다. 은주가 수연이나 수미 자신에 대해서 정신적, 육체적으로 가학적 폭력을 가하는 것은 한편으로는 수미의 죄의식을 상쇄하려는 무의식적 행위이기도 하지만, 다른 한편으로 보면 인정될 수 없는 상실, 슬퍼할 수 없는 상실인 게이 우울증과 관련되어 있다. 이 상실에 대한 분노와, 분노의 공적 금지는 자살로 이어진다. 수미의 환상 속에서 일어나는 학대당하는 수연이나, 은주와의 결투에서 치명적인 부상으로 목숨을 잃을 뻔 했던 수미는 슬픔이 사회적으로 인정되지 않아 발생하는 자살 충동이라고 할 수 있다. 퀴어 네이션의 다이 인즈 die-ins [4] 도 문화적으로 금지되고 좌절된 슬픔의 과정이 빚은 정신적 결과에 대한 응답을 사회적으로 발현한 것이라 할 수 있다.

이처럼 수연에 대한 애도되지 못한 사랑, 그것은 어머니에 대한 애도되지 못한 동성애적 사랑이며, 완전한 극복이 불가능해서 수미의 일부를 형성하고 있는 또 다른 수미의 정체성이라고 할 수 있다. 수미가 처벌하는 것은 애도되지 못한 애정의 대상이었던 어머니와 그 어머니의 분신인 수연이 자신의 몸으로 들어왔을 때, 그 대상에 대한 애증의 양가감정 때문에 자신의 자아가 된 애정의 대상에 대해 적대감을 발현하는 새디즘이라고 할 수 있다. 그리고 그것은 자신에 대한 파괴욕구로 이어진다. 수미가 은주가 되어 끌고 다니면서 학대하는 것은 인형도, 죽은 수연의 시신도 아닌, 수미 자신이다. 그것은 자신에 대한 학대를 통해 사회적으로 인정받지 못한 욕망을 표현하는 폭력적 양식이다. 표면적으로는 동생의 죽음을 막지 못한 것에 대한 죄의식으로 나타나지만, 어쩌면 동생의 죽음을 막지 못한 이유가 아버지에 대한 근친상간적 사랑이기보다는, 그 이전에 근원적으로 배제되어 있는 어머니에 대한 동성애이고, 그 사랑에 대한 사회적 금기 때문에 생긴 폭력적 반응이라고 볼 수도 있다.

떠나버린 대상에 대한 수미의 애도와 우울증은 죽은 새에 대한 두 가지 반응과도 같다. 수미는 은주가 아끼는 새의 목을 부러뜨려 죽임으로서 은주에게 복수하고자 한다. 그런데 죽은 새는 동시에 두 장소에서 발견된다. 하나는 새장 안에 있고, 다른 하나는 수연의 침대 위에 있다. 새장 안의 새는 현실의 새로서 무현의 손에 합당한 매장을 당한다. 무현은 죽은 부인이나 딸에 대해 정상적 애도를 한 뒤 은주라는 다른 대상으로 리비도를 발산하기 때문이다. 그러나 수연의 침대에 놓인 새는 매장되지도 애도되지도 못한 채 수연을 처벌하는 동기로, 실은 수미의 자기학대와 자살충동의 원인으로 작동한다. 이 환상 속의 새는 상실했으나 애도하지 못한 어머니와 수연을 자신의 몸에 합체한 수미의 상황을 그대로 보여준다. 사랑하던 대상 어머니/수연을 구하지 못한 것에 대한 죄의식으로, 또 그런 자신에 대한 학대로서 수미의 우울증을 보여주는 것이다.

은주가 수연에게 가하는 가학행위나 눈물로 비는 수연의 피학적 양태도 사실은 분열된 수미의 이중적 모습이다. 수미는 새엄마가 되어 견딜 수 없는 죄를 지은 자신(수연)을 처벌하기도 하고, 수미 자신의 모습이 되어 불쌍한 자신(수연)을 구하기도 한다("미안해, 언니가 못 들었어."). 그것은 수연에 대한 인정될 수 없는 동성애적인 사랑이자, 그 사랑이 인정받지 못한 것에 대한 폭력성이라고 할 수 있다. 매질하고 협박하고 가두는 손도, 그로부터 구원하고 위로하고 안도를 주는 손도 사실은 수미의 분열된 자아이기 때문이다.

이들의 갈등이 극한점에 닿는 것은 어느 한 자아가 다른 자아를 죽이는 상태이다. 수미는 은주가 끌고 다니는 자루 속의 수연을 구원하고자 필사적으로 은주와 대립하고, 목숨을 건 사투 속에서 쏟아진 바늘들에 등을 찔리고, 가위에 손등을 찍히며, 약장을 부순다. 그 결과 은주는 마지막으로 모든 것을 끝내기 위해 눈을 가린 무거운 석고를 힘겹게 끌고 와 수미의 머리에 내려치려고 한다. 이 때 은주는 '전에 했던 말 기억나?' 라고 물으며 언젠가 이런 날이 오리라던 자신의 다짐이 있었다는 것을 시사한다. 은주에게 정말 무서운 것은 잊고 싶고 지우고 싶은 것이 도저히 잊혀지지도, 지워지지도 않으면서 유령처럼 평생을 몸에 붙어 다니는 것이다. 사실 잊을 수도 지울 수도 없는 것은 애도가 불가능해서 수미가 평생 자신의 몸에 달고 다니는 수연이며, 사랑했던 대상이기에 떠나보낼 수 없어 자아에 합체하고 있던 수연에 대한 동성애적 욕망이다.

"수미야!"라고 부르는 아버지의 호명은 수미/수연/은주라는 세 인물간의 모든 환상적 전개를 중단시킨다. 깨진 약장을 등 뒤에 두고 피흘리는 오른손을 치료하던 무현에게 은주는 '수미는요?' 라고 묻고 무현은 '이제 그만 좀 해, 나도 이제 지쳤어' 라고 말한다. 수미가 진짜 은주를 만날 때 수미는 지금까지의 정체성 균열과 혼란을 모두 깨닫는다. 안방에서 붉은 립스틱을 지우고, 식사때마다 약을 먹으며, 찻물을 올리고, 새 목을 비튼 것은 바로 은주의 모습으로 행동한 수미 자신임을 깨닫는 발견의 순간이다. 처음부터 수연은 없었고, 이 집에 도착한 것도 치료가 어느 정도 호전을 보이던 수미 혼자였던 것이다.

수미의 1인 3역 모노드라마는 우울증의 양식으로 구현되는 수행적 정체성 performative identity 을 효과적으로 구현한다.[5] 수미는 상황에 따라 수연이 되기도 하고, 은주가 되기도 하면서, 때로는 은주와 수미의 경쟁적 적대관계를, 또 때로는 수미와 수연의 동성애적 애착관계를 표현한다. 은주, 수미, 수연이 한 자리에 있을 때 수미의 정체성은 고도로 분열되어 수미의 은주에 대한 부정적 감정과, 수연에 대한 긍정적 감정이 교차 작용한다. 그리고 수연의 죽음에 대한 수미의 죄의식은 자신의 일부인 수연을 두 번, 세 번 죽임으로써 스스로를 처벌하는 가학성으로 전개된다. 수연은 이미 죽었지만, 아버지가 수연의 죽음을 선언할 때 수미의 자아 속에서 수연은 다시 한 번 죽는 것이고, 은주가 수연의 시신을 끌고 다니며 학대할 때 또 한 번 죽는다. 수연의 죽음은 반복되어 등장함으로써 수미 자신의 죄의식과 자기학대 성향을 동시에 되울린다.

수미는 아버지에 대한 동성애적인 사랑을 유지하고자 투쟁하는 철저한 이성애자처럼 보이지만 사실은 레즈비언 우울증 환자이고, 자신의 내부에 동성에 대한 금지된 욕망을 선취하고 있다. 그래서 수미는 아버지의 욕망의 대상이 될 때에는 모호하고 매혹적인 여성의 모습을 보이는 반면, 은주로부터 수연을 보호할 때는 당당하고 구원적인 남성의 모습을 보인다. 수미는 아버지에 대한 근친상간적인 욕망과 어머니의 모습을 한 수연에 대한 동성애적인 욕망 사이에서, 아버지의 욕망의 대상이 되고 싶은 은주의 모습과, 수연을 은주로부터 보호하는 강한 남성의 모습 사이에서 불안하게 오가고 있는 젠더 우울증, 혹은 우울증적 이성애자의 모습을 구현하는 것이다.

죽었으나 죽지 않은 어머니

지금까지 수미는 근친상간적 사랑 혹은 동성애적 애착 때문에 자신이 누구라고 생각하는지, 아니면 사진속의 자신의 모습을 보고 그것이 누구인지를 규명하는데 실패한 우울증 환자로 설명했다. 근친상간적인 사랑이나 동성애적 사랑은 치명적인 공포의 근원과 불가해한 환상의 무대를 제공하여, 수미는 새엄마 은주가 되어 아버지 무현에 대한 오이디푸스적 사랑을 보여주기도 하고, 동생에 대한 인정될 수 없는 동성애적 욕망이 가져온 슬픔과 그로 인한 자살 충동을 펼치기도 한다. 그런데 〈장화, 홍련〉에는 이런 정체성 분열로 설명되지 않는 진짜 공포의 근원으로서 유령이나 귀신도 등장한다.[6] 그것은 죽은 친엄마의 혼령이자 온 집을 떠돌고 있으나 언어화될 수 없는 정동 affect 이다.

이 영화에서는 세 번의 강력한 반전이 핵심적 역할을 한다. 첫 번째 반전은 수연이 죽은 인물임을 무현이 선언할 때 발생하고, 두 번째 반전은 서울에서 사람을 데리러 간 무현이 자동차 멈추는 소리, 대문 여는 소리, 발소리를 통해 데려온 인물이 바로 은주라는 것을 보여줄 때 발생한다. 그런데 무엇보다도 중요한 세 번째 반전이 있다. 그것은 바로 지금껏 모든 일이 죽은 수연과 살아있는 은주를 연기로 구현한 수미의 일인극이었다는 것이 다 밝혀지고 난 뒤에 벌어진 은주의 죽음이다. 은주는 모든 사건이 종료된 뒤, 친엄마가 자살한 그 집에 남아 있다가 이상한 소리에 이끌려 이층 수연의 방으로 향하는데, 가는 발걸음마다 마룻장에는 핏물이 배이고, 대못질로 잠겨있어야 할 방은 손쉽게 열린다. 여기서 은주가 심한 한기와 더불어 보는 것은 친엄마의 가운자락 혹은 엄마와 함께 죽은 소녀 귀신 수연이다. 옷장 속의 가운 끈으로 나타난 유령은 모든 사건이 수미의 환각에 의한 일인극이었다는 기존의 객관적 시점의 설명을 뒤엎는 장면이다. 옷장은 병든 어머니가 자신의 처지에 비관하여 목을 매단 장소이고, 가운자락은 어머니가 목을 맨 수단이라면 분명 이 유령은 죽은 친엄마이다. 은주는 친엄마의 유령에 의해 비명과 더불어 사라진다.

은주의 죽음과 관련된 장면은 논의의 여지가 많다. 수미가 시각적으로 구성했던 다양한 공포의 양상들이 마지막에 가서 객관적인 시선으로 설명되고 해석되는데 반해서, 은주의 죽음은 직접적으로 보여지는 것이 아니라 주관적 목소리로만 전달되고, 그 이후에 은주가 다시 등장하지 않기 때문이다. 정신병원의 수미는 마치 친엄마와의 관계를 자신의 몸에 안고 있는 듯이 아무 말 없이 적대적인 몸짓으로 은주의 팔을 억세게 잡는다. 그것은 마치 이 모든 비극의 원인에 대한 원한과 증오의 표현처럼 보이고, 뒤이어 은주는 상징적인 해석으로는 설명되지 않는 유령에 의해 희생되기 때문이다.

사실 〈장화, 홍련〉에는 수미의 정체성 분열만으로는 설명되지 않는 다양한 유령들이 등장한다. 수연의 초경이 시작되던 날 목을 꺾고 검은 머리를 늘어뜨리며 나타난 유령, 미희가 간질 발작을 일으키던 사이 싱크대 밑에서 보았던 구정물을 뒤집어 쓴 여귀, 은주의 역할을 흉내내던 수미가 싱크대 아래 떨어진 핀을 주워들면서 등 뒤로 느낀 서늘한 시선의 주인공 초록 여귀 등 집 자체가 설명할 수 없는 귀신으로 가득하다. 이는 정체성 장애를 일으키는 수미의 환상만으로 설명되지 않는 억압된 모성적 대상이 잔존하고 있다는 표식으로 읽힐 수 있다.

수연의 복합적이고 다중적인 정체성 혼란은 영화의 시작과 끝에 언어적 상실로 설명된다. 첫 장면에서 의사는 수미에게 '자신이 누구라고 생각해? 그날 일에 대해서 얘기할 수 있을까?'라고 질문하는데 수미는 소통이 전혀 불가능한 세계 속에 침잠해 있다. 그것은 죽은 어머니와의 관계를 여전히 유지하고 있기 때문이다. 어머니로서, 아내로서 자신의 위치에 위협을 느낀 친엄마는 약을 먹고 수연이 방의 옷장에 목을 매서 자살한다. 그런데 이 죽은 친엄마는 죽음 충동처럼 수미를 대양의 침묵 속으로 빠져들게 하는 근원적 요인이 된다.

크리스테바의 우울증도 무의식적 대상상실이라는 점에서는 프로이트의 우울증과 유사하다. 크리스테바의 경우 우울증은 특히 언어나 기표의 측면에서 논의되는 경향이 있고 아버지의 기능이나 기표작용에 실패해서 어머니와의 전오이디푸스적 관계를 유지시키는 상태로 논의된다. 크리스테바는 우울증과 울병이라는 것이 사실상 경계가 불분명한 것으로서 우울증은 우울증/울병의 혼합체라고 설명하는데 이 우울증/울병 환자는 공통적으로 대상을 상실하고 나서 확신할 수 없는 '의미망의 수정'에 속하게 된다.[7] 이 의미망, 특히 언어는 우울증에서는 보장이 되지 않기 때문에 우울증과 언어의 상실은 중요한 관련성이 있다. 애도의 주체는 일차적인 어머니 대상의 상실을 인정한다는 면에서 페티시즘적인 '부정'의 국면에 해당하지만, 우울증 환자는 가벼운 상태에서는 '부정의 부인'denial of negation이라는 이중적 작용으로 나타나고 심하면 '부정의 거부'

repudiation of negation라는 우울증적 정신병이 될 수도 있다.[8] 수미는 부정의 부인이라는 우울증에서 부정의 거부라는 정신병의 상태로까지 변화한다. 어머니의 상실 혹은 수연의 상실을 일차적으로 부인하면서 인정과 부정이라는 양가성이 어느 정도 성립되었다가, 완전히 거부하는 국면에 들어서면서 언어를 전적으로 상실하게 되는 것이다.

정리하면 크리스테바의 우울증은 무의식적 대상상실이라는 면에서는 프로이트를 계승하고 있으나 그것을 언어적 관점에서 아버지의 기능이나 기표작용의 획득에 실패한 것으로 본다는 점에서 특이성을 가진다. 즉 우울증은 정신병이 되기 전인 '부정의 부인' 기제로 나타나는 것으로[9] 무의식적인 상실 중에서도 '언어적인 무'와 관련된다. 부인의 결과로 생긴 이 정동의 고통은 '의미없는 의미' meaning without significaiton 로서 울병 환자는 아무것도 말하지 않으며 말할 것이 없다. 그들은 모국어의 가치를 완전히 상실하고 모국어에 대해 완전히 외국인이라서 죽은 언어를 말하고 이 죽은 언어는 그들의 자살을 전조하면서 산 채로 묻혀있는 '물' a Thing 을 감춘다. 이들은 '물'에 고착되어서 대상이 없으며, 그 총체적이고 의미화 불가능한 물은 무의미하다. 그것은 '그저 무이고, 그들의 무이며, 죽음이다' mere Nothing, their Nothing, Death.[10] 우울증 환자의 언어 붕괴는 보편적 의미화 연쇄나 언어적 통합을 불가능하게 한다. 마지막으로 울병 환자는 극단적인 양극을 오가는 현상을 보인다. 울병 환자의 상실은 어떤 대상에 대한 것이 아니라 '정동'이나 '시간의 기억'과 같은 심리적 대상에 관한 것이기 때문에 주관적 구성물이며 심리적 무덤 속에 있는 (상상적 영역의) 불분명한 재현물이다. 이 무의식적인 울병은 조병과 같이 발생하면서 활력과 무력, 사랑과 증오라는 양극적 양상으로 발현된다. 왜냐하면 우울증은 "모성적 대상에 대한 불가능한 애도"[11]의 방식이기 때문이다.

수미가 분리하지 못한 어머니는 죽은 혼령으로 떠도는 어머니, 병들어서 자기 주장도 못하고 간호사에게 자기 자리를 고스란히 빼앗기면서도 한마디 못하고 침묵하는 대상이다. 정신병원의 수미는 크리스테바의 우울증 환자처럼 죽음과 같은 침묵을 몸으로 표현하면서 언어작용이나 기표화에 실패하고 모성적 대상과의 관계를 유지한다. 병원에서의 수미는 의사의 말에도 전혀 대답하지 못하고, 새엄마의 격려에도 언어적 대응을 하지 못한다.

목소리를 낼 수 없어서 목을 매고 죽은 어머니는 수연의 모습이고 또 수미 자신이기도 하다. 수미는 죽은 수연을 자신의 몸에 합체한 채 죽은 어머니의 삶을 죽음을 통해 산다. 수미의 우울증은 죽은 어머니와 죽은 수연이라는 부정을 부인하는 기제로서 나타나며, 심한 우울증 상황에서는 언어를 완전히 상실하고 죽음을 상연한다. 이 언어적 상실이 죽음이나 죽음에 대한 충동으로 드러나고, 다소 우울증이 완화된 기간에는 새엄마에 대한 증오와 아버지에 대한 사랑이라는 활력으로 표현된다. 은주가 아끼는 새의 목을 부러뜨려 일부러 눈에 띄도록 두거나 모든 사진에서 은주 부분만 가위로 오려내는 행위는 새엄마에 대한 적극적 복수와 응징의 행위이다. 크리스테바의 우울증 환자들에게 공통적으로 나타나는 적극적 공격성과 소극적 자살충동의 교차반복인 것이다.

언어적인 무를 구현하는 죽은 어머니는 귀신의 방식으로 귀환한다. 그것은 수미가 수연과 은주 사이를 넘나드는 정체성 해리라는 상징적 의미망 너머에 있는 것으로서 언어적으로 해석될 수 없는 소름, 추위, 기분 나쁜 소리와 같은 정동으로 다가온다. 수미는 '그 여자도 이 집도 이상해'라고 하는데, '그 여자'기 이상한 것은 그 여자가 아닌 자신이 그 여자의 연기를 하기 때문이라고 생각할 수 있어도, '그 집'이 이상한 것은 상징적 언어로는 설명되지 않는 모호한 잉여물을 남긴다. 이것을 간질 환자 미희는 '싱크대 밑의 어떤 여자'로 표현한다. 미희의 발작은 수미가 은주처럼 차려입고 은주 역할을 하는 데서 오는 긴장을 이기지 못한 것이기도 하지만, 그것이 설명할 수 없는 부분은 객관적 분석이 불가능한 또 다른 유령들의 가능성이다. 극한 긴장상태에서 간질성 히스테리 발작을 일으켰던 선규의 처는 설명 불가능한 모호한 말을 남긴다. "자기야, 나 그 집에서 이상한 거 봤어. 싱크대 밑에 어떤 여자 ……." 수미도 싱크대 앞에서 정체를 알 수 없는 노란 머리핀을 마주하고 싱크대 밑을 기어 다니는 원귀를 순간적으로 포착한다. 그것이 돌연 이동하는가 싶더니 어느새 그녀의 공포어린 시선 뒤로 검은 머리를 풀어헤친 채 식탁에 앉아 있는 여자를 느낀다. 정말 공포를 주는 부분은 언어적 해석이 불가능한 떠도는 유령이다.

어머니의 떠도는 혼령은 현실의 상징적 언어로는 설명할 수 없는 '진짜' 유령이다. 아무도 없던 방에 누가 있다가 나간 흔적이 나타나고, 늦은 밤 갑자기 TV가 켜지는가 하면, 마룻장에는 핏물이 배이고, 삐걱거리는 계단에는 귀신의 소리가 울리며, 수연의 초경이 시작된 날 귀신은 목을 꺾고 다리 사이에 붉은 피를 흘린다. 싱크대 밑의 귀신은 새엄마 흉내를 내는 수미조차 파악하지 못하는 '기괴함'이다. 이 귀신은 '머리핀'으로 나타나 수미에게 공포를 주기도 하고 '목을 맨 끈' 혹은 '가운 자락'으로 나타나 자신의 상징적 위치를 빼앗아간 은주를 처벌하기도 한다.

남편의 새 여자 때문에 목을 맨 어머니는 「누런 벽지」의 여주인공처럼 바닥을 기어 다니는 가부장제의 희생양이지만, 오물을 뒤집어쓴 채 주방 싱크대 아래를 기어다니는 유령의 모습으로 나타나거나 가운자락을 흘리며 은주의 죽음을 교사하는 장롱 귀신으로 나타나기도 한다. 그러나 처벌되거나 처벌될 위기에 불안하게 놓인 것은 은주라는 개체이기보다는 은주가 차지하려던 상징적 어머니의 위치인지도 모른다. 상징적 어머니의 위치라는 것은 안정되어 보이지만 언제나 누군가의 침입에 열려있고 불안정한 방식으로만 존재한다. 그것은 어머니의 위치를 두고 대결과 경쟁 구도에 있는 친엄마, 새엄마, 딸 사이에서 불안하게 흔들리기 때문이다. 불안한 것은 어머니뿐 아니라 어머니-아버지-자녀의 상징적 위치로 이어지는 친족관계일 수도 있다. 오이디푸스적 가족구조 자체가 친족 양식의 구조를 구성하기 위해서 근친상간이나 동성애 혹은 모성적 대상과 같은 현실의 많은 억압과 배제를 기반으로 해야 하는 것이라면, 그 가족 구조 자체가 특정 담론이 생산한 유령적 양식이 될 수 있는 것이다. 유령이 새엄마, 여동생, 친엄마로 자리바꿈을 하는 것이 아니라, 친족구조 자체가 유령으로, 혹은 유령의 방식으로 존재하는 것인지도 모른다. 현대의 가족은 구성원만 교체된 또 다른 공고한 구조가 아니라 더 이상 안정된 삼각구조의 토대 위의 가족이 불가능하다는 것을 보여주는, 유령이 난무하고 귀신이 춤추는 교란적 상태로만 존재하는 것일지도 모른다.

잉여로서의 유령/타자

고소설 「장화 홍련전」과 영화 〈장화, 홍련〉의 공통점은 가부장적 이데올로기가 만든 효성이나 오이디푸스 콤플렉스의 이름으로 아버지에 대한 딸의 사랑을 조장하고 그것에 방해가 되는 인물을 적대시한다는 점이다. 그런 의미에서 두 서사는 모두 가족 중심의 오이디푸스 삼각구조에 입각해 있다는 것을 보여준다. 고소설과는 달리 현대의 〈장화, 홍련〉은 여성의 욕망을 딸의 입장에서 적극적인 방식으로 표현한 점이 차이라 할 수 있다.

끊임없는 가학 행위를 통해 수미는 '용서' 받으려 한다. 그러나 은주는 어머니의 자리를 차지하기 위한 욕망의 화신으로, '용서'를 구하지 않은 인물로 그려진다. 그 결과 수미는 살아있으나 상징적 죽음의 상태에 있고 은주는 실제적인 죽음의 상태로 내몰리게 된다. 살아있으나 죽음을 사는 수미와, 안정된 상징적 지위를 차지하고도 죽게 되는 은주, 그리고 죽었으나 죽지 않고 되돌아온 어머니는 모두 불안한 어머니의 상징적 위치를 드러내며, 나아가 안정되고 공고해 보이는 가족 구도가 안고 있는 많은 내부적 균열과 틈새를 보여준다.

불안정한 것은 어머니의 위치만이 아니다. 무현은 오이디푸스 가족구도를 유지하려는 이 시대의 가부장처럼 제시되지만 사실은 가부장의 와해를 보여주는 인물이다. 그는 병이 나아가는 딸을 외상의 한가운데 밀어넣고, 끔찍한 새엄마를 환기시킬 새외삼촌 부부를 굳이 부탁해서 초대하는가 하면, 딸과 한 침대에 들어 딸의 등을 끌어안고 딸이 잠들 때까지 기다리기도 하고, 자신이 나쁜 아빠임을 인정하며 "나쁜 아빠조차 안 되잖아?"라는 딸의 핀잔을 듣기도 한다. 무현은 가족 로망스를 공고히 하는 핵심적 축이 아니라, 병든 아내 대신 젊은 여자를 택하고, 딸의 욕망을 알고도 그것을 확대 조장하는 아버지답지 않은 아버지이다. 그것은 아버지라는 상징적 위치의 불안정성을 드러내는 것이면서, 나아가 안정된 가족구도란 유령과도 같은 환상적 대상임을 반증한다. 무현은 "아빠가 모든 것다 해결할 줄 알아? 너희 엄마는 나야"라는 은주의 대사가 사실 수미의 목소리라는 것을 듣고 있으면서도[12] 도대체 왜 수미를 문제의 현장으로 데려왔는지에 대해서 아무런 설명을 하지 않는다.

모든 여자들은 아버지를 사랑하고, 남자를 사랑하는가? 어머니와의 관계나 여성 동성애적인 가능성은 없는가? 수미가 진정으로 원한 것은 새엄마가 되어 아버지의 사랑을 받는 것이기보다는 복합적인 양상으로 펼쳐진 여성의 욕망 발현 양식을 보여주려는 것이 아닐까? 수미는 어머니와 수연을 자신의 몸에 합체해서 애도하지 못한 동성애적 사랑을 몸으로 보여주기도 하고, 전오이디푸스적 단계에 고착되어 죽은 어머니와의 관계를 유지하기도 한다. 목소리를 잃고 비체로 전락한 어머니는 되돌아와 자신의 욕망을 드러내고 상징계의 틈새를 보여줄 가능성을 구현한다.

〈장화, 홍련〉은 이처럼 친엄마, 새엄마, 수미, 수연이라는 네 명의 여성 주인공을 중심으로 한 다중적인 정체성 혼란, 동일시와 욕망을 보여주는 문제적인 작품이다. 타자화되고 비천시되는 것은 근친상간적인 욕망, 동성애적 욕망, 애초부터 배제된 어머니와의 관계이고, 그것은 유령의 방식으로만 존재하는 불안한 가족구조로 구현된다. 유령의 방식으로 존재하는 가족구조는 근친상간의 금기 이전에 복잡하게 교직된 여성인물들의 동성애적 욕망의 문제를 소환하는 방식으로, 또 목소리를 부여받지 못해서 유령으로 떠도는 죽은 어머니에게 목소리를 부여하는 방식으로 드러날 수 있기 때문이다.

버틀러는 '상실은 표시될 수도 없고 재현될 수도 없으며 가장 어려운 상실은 상실 자체의 상실'이라고 주장한다. 언제 어디선가 무엇인가가 상실되었는데 아무도 그 이야기를 하지 않고 어떤 기억도 그것을 떠올리지 못하는 것 말이다. 이 상실은 완전한 회복이 불가능하고, 그 회복 불가능성 자체가 새로운 정치 행위주체의 조건이 되는 유령과도 같은 행위주체를 만든다. 회복 불가능한 것이 상실이고 상실의 새로운 행위주체는 '우울증적 행위주체'melancholic agency이다. [13] 유령과 같은 새로운 행위주체는 '돌이킬 수 없는 상실'이 가진 우울증의 풍요로운 의미를 풀어낼 수 있을 것이다. 유령은 내 안에 있고 내가 곧 유령일 수 있기 때문이다. 모든 단일한 정체성을 지향하는 움직임은 유령을 만든다. 그 유령은 나의 정체성을 형성하는 것일 수도 있고 사회 속에서 억압하고자 하나 억압되지 않는 잉여물이거나 잔존물일 수도 있다.

로고스 없는 마녀?
〈얼굴 없는 미녀〉

엄 미 옥

한 여자가 글을 쓰고 있다. 미친 듯이. 종잡을 수 없는 모호한 표현과 횡설수설은 한껏 부풀어올라 있는 그녀의 머리카락처럼 뒤엉켜있다. 그녀는 완성된 문장으로 글을 쓰는 것이 아니다. 컴퓨터와 합체된 듯이 열중하는 동작, 과거 혹은 내부의 어떤 지점을 향해 무한 질주하는 듯한 포즈. 이 모습 자체로 글 쓰는 행위에 대한 집중된 애착과 넋두리성의 자기토로를 구현해 낸다. 포박에서 벗어나거나 막혀있는 어떤 것을 토해내려고 하는 처절한 몸부림, 그것이 오히려 불확실한 문장을 압도하며 관객의 긴장을 유발한다.

이때 갑자기 방 안의 책들, 꽃병, 와인 잔, 장미꽃, 인형들이 공중으로 떠오르기 시작하다가 부서져 내린다. 떨어진 파편에 피범벅이 된 그녀, 짐승처럼 비명을 지른다. 공포와 충격, 끼기스런 이 장면은 영화 〈얼굴 없는 미녀〉(김인식 감독, 2004년)의 시작으로, 영화의 분위기를 시종일관 지배하면서 여주인공에서 남성 인물들에게로 점차 전이되어 가는, 그 어떤 것을 보여주고자 하는 상징적 장치다.

영화는 어디까지가 허구인지 혹은 실제인지 알 수 없다. 현실과 환상의 경계를 오가며 히스테리 여자, 지수의 서사를 따르면서 줄곧 그녀의 기이하고 알 수 없는 행위와 욕망에 집중하고 있다. 또 이 과정에서 지수의 욕망을 이해하지 못해 괴로워하며 끌려다니는 남성인물들을 보여준다. 글의 내용을 알 수 없었던 것처럼, 그들은 그녀의 말과 행위를 전혀 이해하지 못하거나 이해하려 하지 않는다. 다만 그들이 대상화한 한 여성의 변덕과 파괴성, 일탈성에서 분출되는 묘한 매력에 포획되어 점차 파멸의 길로 들어서게 되는 과정을 드러낼 뿐이다.

그리고 우리는 지수가 혹은 저 남자들이 도대체 왜 저렇게 되었을까? 라는 의문을 갖게 된다. 영화에서는 그 해답을 친절하게 제시하지 않는다. 그렇다면 원인에 대한 질문은 잠시 접어두고, 현재의 지수의 증상과 증후를 쫓아가다 보면 그녀의 진짜 욕망에 도달할 수 있지 않을까? 어쩌면 영화가 말하려는 것이 그것일지도 모르지 않는가!

동성애자를 다룬 영화 〈로드무비〉로 화제를 모았던 김인식 감독의 두 번째 장편 〈얼굴 없는 미녀〉는 "비주얼이 강한 심리 드라마를 만들고 싶었다"는 감독의 말처럼, 세련되고 강렬한 영상과 공간적 이미지를 통해 상처받은 현대인들의 단절감과 소통하지 못하는 관계를 그리고 있다.[1] 여주인공 지수(김혜수 분)는 경계선 장애를 앓고 있으며 히스테리적 주체로서의 면모를 보이는 것이 특징이다. 남자 주인공 석원(김태우 분)과 민석 역시 심리적인 상처를 지니고 있으며 히스테리적 주체로서의 탄생을 예고한다.

따라서 이 글에서는 〈얼굴 없는 미녀〉를 히스테리 담론으로 분석해 보고자 한다. 먼저 자아부재와 의지 상실이라는 여자의 병인 히스테리가 가부장제의 억압 아래서 여성이 자신의 욕망을 연출함으로써 가부장제의 불완전함을 폭로하는 것으로 해석되기까지의 역사를 살피고, 이를 토대로 〈얼굴 없는 미녀〉를 살펴보기로 하자.

정신분석학의 출생지: 히스테리

히스테리는 정신분석학의 탄생이 이루어질 수 있게 했다고 해도 과언이 아니다. 브로이어와 환자 안나 O의 만남이 그 시작이었다. 안나 O는 무의식적 기억으로부터 고통 받고 있었는데 그 기억으로부터 사라졌던 사건들을 말로 표현하자 히스테리 증상이 사라졌던 것이다. 안나 O는 자신이 브로이어로부터 받는 치료를 '대화치료' talking cure 라고 불렀다.[2] 이어 프로이트도 히스테리를 신경생리학으로 치료할 수 없다는 발견 아래 히스테리환자들과 대화치료를 통해 기존의 영역과는 다른 새로운 정신분석학을 개척할 수 있었다. 브로이어와 프로이트 전에도 히스테리를 둘러싼 이론은 무성했지만 자아 및 의지를 상실한 여자의 병이거나 비정상적인 여성의 병이라는 이미지를 고착시키는 담론이 주를 이룬다.[3]

히스테리는 그리스어로 자궁을 뜻하며 히스테리아는 자궁의 이동을 의미한다. 이 병명은 히포크라테스에 의해 확립되었다. 그는 여자들에게만 나타나며 신체기관의 원인이 규명될 수 없는 특정한 증세를 '자궁에 의해 야기되는 질식' 이라고 지칭하고 특히 처녀, 과부, 불임여성에게 발생한나고 보있다.[4] 즉 여자의 몸속에 살머 불만을 느낄 때면 끊임없이 돌아다니는 일종의 동물을 자궁으로 생각했는데, 그리스 고전시대에도 이러한 자궁 이동설이 널리 보급되었다.[5] 중세에는 아우구스티누스의 영향으로 인간의 모든 고통과 질병이 원죄의 탓으로 여겨졌는데, 이 원죄는 죄많은 여자의 유혹 때문이므로 여자에게만 나타나는 원인 모를 질병을 악의 탓으로 돌리게 되었다. 자궁은 추방되어야 할 악마의 표상 속에서 여성의 섹슈얼리티를 억압하는 기제가 되고 있는 것이다. 프랑스의 의사이자 작가인 프랑소와 라블레와 동시대의 파라셀수스에 의해 히스테리의 원인이 점차 두뇌로 옮겨오게 된다. 동물인 자궁이 여성의 하체를 떠나서 상체로 옮아오는 것이다. 미셀 푸코는 히스테리의 원인이 점점 위쪽으로 옮아오는 과정이 17세기에 시작되어 계몽주의 시대까지 이어졌으며 히스테리를 심리질환에 포함시키게 되었다고 한다.[6] 18세기에 히스테리는 노동하지 않는 부르주아 여성들의 게으름과 욕구불만에 의한 질병으로 간주되기도 한다. 샤르코는 히스테리 발병 조건을 두 개의 관념 혹은 갈등의 조건으로 보았는데 여전히 과학적 사고방식을 완전히 극복하지 못하고 있다. 이러한 히스테리에 대한 왜곡된 이미지는 의학적이고 과학적인 담론을 형성시켰고 이런 담론을 통해 고착된 히스테리의 이미지는 일반인의 사고방식을 지배해왔다.

19세기 말 프로이트와 브로이어에 이르러서야 비로소 히스테리는 성적 억압에 의한 것으로 해석된다. 프로이트는 히스테리를 여성이 욕망 특히 억압된 성적 욕망을 응축과 전치를 통해 몸 언어로 연기하는 것이라고 했다. 즉 주체에 의해 명료하게 발화될 수 없는 욕망이자 끊임없이 대체되는 욕망이 히스테리이다. 그는 1896년 「히스테리 병인론」에서 히스테리를 유아기 외상적 체험(성인-아버지로 추정됨-으로부터 성적 유혹을 당함)으로 발생한 불쾌한 혹은 고통스런 무의식적 관념과 이것이 등장하는 것을 막기 위한 방어 사이의 심리적 산물의 갈등이라고 말한다. 즉 언어로 표현될 수 없기 때문에 발산될 수 없었던 외상적 체험, 무의식적 기억이 신체적 증상으로 나타나는데, 이것이 히스테리의 고전적 증상인 전환 히스테리이다. 심리적 외상이 신체적 증상으로 전환되어 나타난다는 의미이다.

라캉은 이때 무의식은 상징적, 언어적 가치와 구조를 가지고 있으며 무의식적 기억으로 보존되어 있는 관념이나 언어의 작용으로 말미암아 히스테리 증상이 생긴다고 말한다. [7] 프로이트는 1897년 초기의 유혹설을 철회하고 환상설을 제시한다. 신경증의 원인이 되는 외상적 체험은 실제로 일어난 사건이라기보다는 신경증자가 만들어낸 환상이라는 것이다. 라캉은 여기서 환상과 심리적 실재의 중요성을 발견했다. 기실 라캉의 실재는 프로이트가 강조한 히스테리자의 환상, 심리적 실재를 설명하는 개념이기도 하다. 즉 실재는 존재하며 동시에 존재하지 않는 것으로 상징화되기를 거부하고 상징계에 동화될 수 없는 것, 상징적 질서의 균열을 드러내는 논리적 불가능성이다. 히스테리 증상은 주체가 상징계로 진입하면서 억압된 실재가 상징적 기표의 망을 뚫고 올라와 몸으로 나타난 것 [8] 이다. 나아가 라캉은 히스테리아를 자신의 욕망을 만족되지 않은 상태로 유지하려는 주체로 정의한다. [9] 그리고 「전이에 대한 개입」에서 히스테리를 팔루스적 질서를 넘어서는 사랑, 진정한 여성성에 대한 질문으로 해석하기도 한다. 그에 의하면 히스테리는 상징계 속에서 끊임없이 실재를 추구한다. 실재 앞에서는 상징계의 의미와 언어가 정지하듯이 히스테리는 상징계의 남성 중심적 언어와 지식과 권력을 교란하거나 그것을 몸의 언어로 대체한다. 욕망의 충족을 거부하는 히스테리아는 타자의 욕망이 결핍되었음을 아는 자이며 이는 상징계의 보순과 틈을 인식하는 자이다. 히스테리아는 상징계의 진입을 도와주는 대타자를 승인하고 그의 법에 복종하면

서도 그 법을 무화시킨다. [10]

한편 크리스티나 폰 브라운은 히스테리를 서구의 사유가 존재해서는 안 되는 표현불가능성의 상태를 어떻게든 바꿔 쓰기 위해 만든 하나의 개념이라고 정의하면서 정상성이 무엇이냐에 따라 그 정상에 넣을 수 없는 모든 것을 히스테리로 부른다고 보았다. 폰 브라운은 히스테리의 시각으로 어머니 자아, 섹슈얼리티, 의식 등의 개념을 고찰하면서 이들이 지닌 이중적 의미를 밝히는데, 서구문화사가 성적(性的)존재로서의 인간을 말살하는 역사로 이해될 수 있다는 명제를 세운다. 이는 대문자 자아[11]가 소문자 자아[12]를 집어삼키고 특히 소문자 자아로서 여성의 성적 존재를 무화시키는 과정을 말한다. 그에 의하면 히스테리는 바로 이러한 소문자 자아가 자신의 대문자 자아 즉 로고스에 대항하도록 도와줌으로써 로고스, 이성, 합리성으로 표상되는 대문자 자아가 인간과 자연을 계획 가능한 존재로 만드는 과정을 지체시키도록 하는 효과적인 저항형식이 된다. 즉 대문자 자아를 인위적이라고 희화화함으로써 대문자 자아가 소문자 자아를 밀어내는 것을 거부하는 것이 히스테리이다. 여기서 히스테리 환자는 자신의 욕망을 드러내기 위해 가장하고 연출하는 배우가 된다는 점이 중요하다. 그는 여성뿐만 아니라 남성히스테리에 대해서도 분석하고 있는데, 남성 속에서 억압된 여성성에 주목하고 있다.

이상에서 히스테리가 유랑하는 자궁에서 기인한다는 그리고 자아부재의 표상이라는 왜곡된 해석으로부터 출발하여 가부장제 아래서 여성이 자신의 억압된 욕망을 연출하는 것으로 해석되기까지의 과정을 살펴보았다. 이제 히스테리는 여성의 무의식을 발견케 하는 지점으로 가부장제가 금하는 지식과 권력을 욕망하면서 여성이 죽거나 미치지 않고 자신을 표현하는 욕망의 다른 언어적 표현이자 가부장적 질서를 교란하는 전복의 공간이며 협상의 전략으로 평가되고 있다.

위대한 거짓말쟁이 히스테리아 - 지수

〈얼굴 없는 미녀〉는 아내를 잃은 정신과 의사 석원이 유부녀 지수를 치료하는 과정에서 연민을 느끼기 시작하고 점점 지수에게 빠져들면서 걷잡을 수 없는 집착으로 치닫게 되고 결국 비극적인 결말에 이른다는 내용이다. 이 과정에서 지수와 석원을 중심으로 석원의 부인 희선(김난휘 분), 희선의 애인인 락커, 지수 남편 민석의 애인인 혜영, 그리고 지수의 과거 연인 정서(한정수 분)를 둘러싸고 동일한 사건이 반복되거나 공간이 반복되는 구조로 전개된다. 또한 환상과 실재를 오가며 관객으로 하여금 어디까지가 허구인지 진실인지 그 경계를 알 수 없게 한다. 이러한 경계 흐리기는 지수가 나타내는 증상과 유사성을 띤다.

〈얼굴 없는 미녀〉에서 지수는 경계선 인격 장애borderline personality disorder를 앓고 있다. 경계선 장애는 신경증의 일종으로 장애의 스팩트럼이 대단히 넓고 병 자체가 규정이 안 되어 있으며 그대로 방치할 경우 정신 분열증으로 전이될 가능성도 있다고 한다. 이러한 경계선 장애는 그 증상과 증후가 히스테리의 그것과 흡사하며 크게 보아 히스테리에 포함된다고 할 수 있다.

지수는 한껏 부풀린 사자머리에 빨간 립스틱을 칠한 입술, 빨간 밍크를 즐겨 입고 불안정한 시선과 저음의 목소리를 지녔다. 마치 팜므파탈이나 섬뜩한 마녀를 연상케 하는 이미지의 그녀는 쇼핑 후 카드 결제가 안 되자 남편에게 전화하고 핸드폰을 집어던지는 등 신경질적인 행동을 보이며 카터를 끌고 주차한 차를 찾지 못해 주차장에서 오랫동안 방황하기도 한다. 때로는 자살시도를 벌여 핏빛 욕조에서 발견되는 등 예측 불가능한 행동을 일삼는다. 그런가하면 밤에 넋 나간 얼굴로 텅 빈 광장과 공허한 도시 속을 거닐기도 한다. 이러한 과장되고 한편으로는 희화적인 이미지는 히스테리 환자의 표준 증상에 부합하는 것으로 보인다. 한편 지수는 마치 로고스가 규정하는 여성성을 흉내 내는 것처럼 남편인 민석에게 특별히 연약하고 수동적으로 자기에게 애정과 보호를 해줄 것을 요구하다가도 신경질과 변덕을 부려 그를 피곤하게 만든다. 남편 민석은 그런 지수를 이해하려고 하지만 종잡을 수 없는 그녀의 변덕에 점점 지쳐가면서 그녀를 방치한 채 직장 동료와 바람을 피운다.

영화의 첫 장면, 지수의 소설 쓰기는 매우 의미심장하다. 그녀는 결혼한 뒤 첫 번째 맞는 생일날, 남편에게 앞으로 한 달에 한 편씩 소설을 쓰겠다고 선언한 후 방에 틀어박혀 미친 듯이 소설을 쓴다. 그러나 선배로부터 출판을 거절당하고 만다. 그 소설의 내용은 구체적으로 드러나지 않는다. 다만 최면치료과정에서 지수가 말하는, 옛 연인과 처음으로 만나는 장면이 소설의 처음 부분과 동일한 것으로 유추할 수 있을 뿐이다. 지수의 글쓰기는 꿈의 장면처럼 파편화되어있다. 보편적이며 일상적인 문법으로는 지수가 구현하는 글 내용을 파악할 수 없다. 지수의 비문법적인 글, 혹은 신들린 듯한 글쓰기 행위는 상징적 언어질서를 위반하려는 것처럼 보인다. 그녀의 히스테리적인 글쓰기 행위와 글의 내용은, 마치 이성적 질서의 세계, 로고스를 무시하거나 로고스라는 존재가 아예 없는 것처럼 연기하는 자아의 욕망 표출 장치로 기능한다.

지수는 정신과 의사 석원에게 최면치료를 받으면서 고백형식의 서사를 들려준다. 이야기는 세 가지 내용을 담고 있다. 첫째 우유에 약을 타서

쌍둥이 언니를 살해한 일, 둘째 첫사랑 애인에게 버림을 받고 그가 사고로 죽은 일, 셋째 7개월 만에 세상에 나온 두 아이를 화장한 후 그 재를 카나리아의 먹이로 준 일이다. 죽음이나 살인의 욕구와 관련 있는 이 서사는 과거로 거슬러 올라가 트라우마의 근원장면에 도달하여 그것을 사후적으로 재구성한 것이다. 그러나 마치 이 영화의 구조가 현실과 환상의 경계를 자유자재로 오가는 것처럼 어디까지가 최면상태에서 드러난 무의식인지 혹은 의도적으로 꾸며낸 이야기인지 알 수 없다. 모두 진실이 아닌 허구일지도 모른다. 그녀가 자신의 억압된 기억을 선별하고 선택하여 들려주기 때문이다. 그녀는 자신의 역사를 간직한 기억의 보유자이기도 하지만 선별자이자 해석자이기도 하다. 따라서 그녀가 최면상태에서 들려주는 서사는 마치 최면치료가 욕망하는 의학담론의 확신과 의사인 석원을 조롱하고 거부하고 있는 듯하다. 이렇게 지수가 말하는 무의식적인 언어는 그녀의 분열증적인 글쓰기와 동일하다고 할 수 있다.

〈얼굴 없는 미녀〉에서는 줄곧 지수의 증상과 증후를 통해서만 지수의 히스테리를 짐작케 할 뿐 지금의 지수를 낳게 한 원인을 분명하게 제시하지 않는다. 환상과 실재, 원인과 결과를 구별하기 힘든 모호한 경계들 속에서 그 원인을 유추할 수 있을 뿐이다.

석원은 이런 지수에게 남에게 버림받을 것 같은 두려움에서 오는 경계선 장애라는 진단을 내린다. 지수는 그런 진단에 어울림직한 행동을 연기하거나, 서사를 재구축해 낸다. 그녀는 남편의 외도를 알게 된 후 버림받을 거라는 두려움을 지닌 존재, 과거 연인과의 사랑에 실패하고 또 그의 죽음으로 인한 상실감을 극복하지 못한 주체인 듯 보이고자 한다. 그리고 떠나간 연인과의 사이에서 낳은 쌍둥이의 죽음, 쌍둥이 언니를 살해한 일에 대한 죄책감 등 사랑했지만 잃어버린 대상을 기억하며, 상실을 내면화한 우울증적 주체로 가장하기도 한다. 지수는 석원과 최면치료 도중 정사를 나누는 과정에서 석원의 얼굴 위로 옛 연인인 정서의 모습을 떠올리기도 하며 석원을 통해 정서를 다시 느끼면서 이루지 못한 사랑을 완성시키려는 것처럼 보이기도 한다. 그러나 그녀는 오히려 우울증 증세를 연기하며 모방하고 있다. 석원의 클리닉에서 그녀가 세 번째 서사를 들려주면서 하는 말, "밤마다 기도해요 그를 죽게 해달라고 그가 거센 파도에 휩쓸려 붉은 피가 하얀 눈 위에 점점이 뿌려지기를 기원해요. 무서운 기도가 그 사람을 죽게 했어요. 속죄하는 마음으로 미친 듯이 글을 써요." 즉 떠나간 애인 정서가 죽기를 바라고 속죄하며 흐느끼는 지수의 절규는 그야말로 연극무대에서 배우가 행하는 독백과 같다. 안나 O의 개인극장을 연상케 하듯이, 자신이 주인공이 되어 공연을 벌이고 있는 것이다. 나아가 그녀는 이 치료를 '거짓말 게임'이라고 명명하기도 한다. 자기가 하는 이야기를 거짓말이라고 하는 사람, 그녀는 진정 위대한 거짓말쟁이 히스테리아다. 자기가 파괴되었음을 연기하는 사람은 파괴되지 않은 것이다.

가부장적 시선으로 바라볼 때 지수는 버림받는 것이 가장 두려운 신경증 환자이거나 연인의 죽음에서 헤어나지 못하는 우울증적 주체여야 한다. 그런데 지수의 실제 행동은, 오히려 마치 남자들로부터 버림받지 못해 안달난 사람의 그것처럼 비정상적이며 일탈적이다. 이런 비정상적인 행동을 통해 지수는 그 너머에 있는 것, 즉 가부장제 아래 무의식적, 의식적으로 경험한 억압과 분열을 드러내고자 한다. 성적 존재로서의 자아를 지키고자 하는 것이다. 가부장 시선이 판단한 경계선 장애, 혹은 우울증은, 사실은 자신을 그렇게 보고자 하는 상징 질서와 억압적인 가부장제 시선으로부터 자유로와지기 위한 전략이다. 이러한 전략은 히스테리적 주체로서 그녀의 연출을 통해 변형되고 위장된 형태로 드러난다. 마치 로고스 없는 마녀처럼 예측 불가능한 행동을 한다든가 최면치료 과정에서 거짓말 게임을 하는 등으로 말이다. 이러한 연기로 성적 존재로서의 소문자 자아를 보호할 뿐만 아니라, 여성의 정체성을 억압하는 대문자 자아의 승리를 방해한다. 대문자 자아가 표상하는 로고스의 논리와 질서, 이성 등 상징계의 모순과 결핍을 드러내는 것이다.

또한 지수는 석원의 아내인 죽은 희선의 환영을 자주 본다. 정신병동으로 향하는 구름사다리, 그 긴 복도에서 석원이 죽은 아내의 애인에게 휴대폰을 건네고 있을 때, 희선이 남편과 애인 두 남자의 등을 어루만지다 지수를 스쳐 사라지는 모습, 석원의 병원을 찾았을 때 하얀 가운을 입고 혼자 병원 복도를 걷는 모습과 만난다. 그리고 도시 한 복판 텅 빈 광장에서 희선의 환영을 보고 "저 여자 슬퍼 보여요. 지금 우리와 함께 걷고 있는 저 여자."라고 석원에게 말하기도 한다.

마취과 의사 희선은 한 환자의 사망이 자신의 실수인 양 깊은 죄책감을 느낀다. 병원은 그런 희선을 냉대함으로써 암묵적으로 희선을 과오의 책임자로 몰고 간다. 석원 역시 괴로워하는 아내를 도와주지도, 이해하지도 않음으로써 자살에 동조하는 셈이 된다. 지수가 희선의 환영을 자주 만날 수 있는 까닭은, 로고스 혹은 상징질서의 보이지 않는 폭력이 한 여성을 자살로 몰고 갔다는 점을 충분히 직시할 수 있는 직관을 지수가 지녔기 때문이다. 지수에게 희선은, 같은 지점에 위치한 동질적인 존재로 인식된 것이다. 나아가 그녀들은 희선이 애인과 석원을 교환하듯이, 지수가 남편과 석원을 교환[13] 방법으로 히스테리적 주체로서 서로 공모하고 있다.

전이된 히스테리 - 석원, 민석

〈얼굴 없는 미녀〉에서는 지수뿐만 아니라 석원과 민석 등 남성인물들도 저마다 심리적 상처를 지니고 있다. 그리고 영화의 상당부분이 이들 남성 스토리에 할당되고 있다. 이러한 사실은 이 영화를 단지 중산층의 예쁜 여성 히스테리 환자라는 캐릭터를 통해 남성 판타지의 산물로써 여성 히스테리아의 전형을 더욱 강화시키는 것으로만 볼 수 없는 방증이기도 하다.

석원의 경우, 그는 근대의학 담론과 이성을 철저히 신뢰하는 의사이다. 그는 아내가 자살한 후, 죽은 아내의 휴대폰으로 걸려오는 애인의 목소리를 듣게 된다. 복수하는 심정으로 그 애인의 음성을 계속 받아주지만 결국 그 남자를 만나 핸드폰을 건네주며 아내의 죽음을 전한다. 아내의 배신과 죽음을 못견뎌 하던 그는 병원을 그만두고 미국으로 떠난다. 그는 미국으로 떠난 지 1년 후 돌아와 과거 자신의 환자였던 지수를 우연히 다시 만나면서 그녀의 치료를 맡게 되고, 브로이어가 안나 O에게 행한 최면 치료를 연상케 하는 최면 요법을 실시한다. 그러나 그는 "가끔 내가 누군지 잘 모르겠어요"라고 자아부재를 연기하는 혹은 "난 아주 할 말이 많은 여자예요"라며 스스로 선택하여 지어낸 서사를 들려주는 지수의 연기에 점점 빠져들게 된다. 고립된 섬처럼 고독하게 살아가던 그에게 지수는 유일한 탈출구가 되고, 때로는 그녀에게서 죽은 아내의 환영을 보기도 한다. 마침내 그는 지수에게 사랑을 느끼고 최면상태의 그녀를 육체적으로 범하게 된다. 그가 친구에게 "이젠 그녀 없이 견디기 힘들어 최면 상태가 아닌 상태에서 그녀가 나를 사랑하는지 확인하고 싶어"라고 하는 말에서처럼, 이제 더 이상 그녀 없이는 견딜 수 없게 된 것이다. 그는 심지어 "여덟송이 빨간 장미 그 속에 하얀 장미 한 송이 당신은 아홉송이의 장미를 가지고 내게로 옵니다"라며 지수에게 최면을 걸고 매일 밤 그녀를 기다린다. 하지만 그는 오지 않는 지수를 기다리다 황폐해지고 시들어간다.

그는 지수처럼, 쇼핑 후 카터를 끌고 지하 주차장에서 방황하는가 하면 차 사고를 내거나 술과 담배로 스스로를 방기하기도 한다. 여기서 분석가로서 석원의 위치와 피분석가로서 지수의 위치가 전도되는 것을 알수 있다. 지수의 욕망이 무엇인지 정확히 알 수 없는 석원은 오히려 지수의 히스테리에 전이되고 만다. 지수를 모방하고 반복하는 석원의 히스테리 양상을 통해, 그 또한 로고스로 표상되는 대문자 자아 아래 자신 안의 억압된 타자성을 발견하고 괴로워함을 알 수 있다. 아내를 잃은 상실감을 지수를 통해 극복해보려고 하지만, 치료를 쓸 데 없는 것으로 만드는 지수의 연기에 점점 빠져들면서 더욱더 혼란스러워지고 그 또한 히스테리에서 자유롭지 못하다는 것을 드러내는 것이다.

한편 지수의 남편 민석은 한 치의 오차와 실수도 허용하지 않는 긴장 속에서 생활하는 외환딜러이다. 그는 직장 동료와 바람을 피면서도, 또 아내 때문에 치명적인 실수를 하고 회사를 그만두면서도 이혼 제의를 하는 지수와 결별하지 못한다. 그리고 지수가 교통사고로 죽고 옛 애인과 다시 만나 관계를 맺지만 여전히 아내로부터 자유롭지 못하다. 그는 죽은 아내의 핸드폰으로 들려오는 석원의 메시지를 받아준 지 한 달째 되는 날, 드디어 애인으로부터 "민석씨 점점 이상해지고 있어"라는 말을 듣는다. 그리고 영화의 초반부에 석원이 자신의 죽은 아내의 애인에게 핸드폰을 건넸던 것처럼 지수의 핸드폰을 석원에게 건네준다. 민석 또한 석원을 반복하고 있는 것이다. 서로들 닮아가는 석원과 민석은 점점 나약해지고 의지를 상실해간다. 자아를 상실할 위기에까지 처하면서 이들이 보여주고 있는 것은 여성의 욕망을 알 수 없다는 것, 그들 또한 히스테리에서 자유롭지 못하다[14]는 사실이다. 그들은 혼란 상태에 빠지면서 자신 안에 내재되어 있는 타자성에 눈뜨게 된다. 남성 인물들의 이러한 자기 안의 억압된 타자성에 대한 인식은 로고스가 강제한 대문자 자아로서의 정체성의 불완전함을 드러낸다. 즉 로고스가 규정한 남성주체의 자아가 완벽한 자아가 아님을 폭로하는 것이다. 이는 강력한 로고스가 표상하는 대문자 자아 아래 소외되었던 성적 존재로서의 소문자 자아를 발견케 하는 지점이며 이러한 자아가 대문자 자아에 저항할 수 있도록 만드는 것이 히스테리임을 입증하는 것이다.

창조적 힘으로서의 히스테리

히스테리는 기존의 상징적 질서와 로고스에 의해 규정된 대문자 자아로서의 정체성에 의문을 던지고 균열을 내며 자신의 성적 존재로서의 소문자 자아에 대한 주장을 담고 있는 비밀을 드러내는 파괴적이고 창조적인 힘이다.

지수는 히스테리아로서 가부장제를 교란시키고자 하는 자신의 욕망을 적극적으로 연출하며 억압에서 해방되고자 한다. 때로는 남편과 석원의 요구에 순응하며 그들의 욕망에 관심을 보이기도 하지만 결국 자신의 욕망에 따라 거짓과 진실 사이를 오가며 증상을 선택하고 형성하는 등 능동적인 태도를 보인다. 또 남편과 석원 사이를 오가며 남성들을 교환하면서, 연기하는 자아와 관찰하는 자아로 분열되어 연기를 펼쳐보인다. 히스테리아의 이러한 욕망과 연극은, 표면적으로는 완벽하고 건강하게 존재하는 듯한 로고스 혹은 남성 중심적 사회의 불완전함을 폭로하는 전략이자 연출이다.

석원은 지수와의 최면치료를 통해 히스테리가 전이되면서 고정된 정체성의 경계를 무너뜨리고 자신 안의 소문자 자아를 발견하는 히스테리적 주체가 됨을 예고한다. 이 과정에서 지수는 사고로 신체가 파편화되어 시신도 수습하지 못한 채 매장당하고 석원은 얼굴 없는 지수의 환영을 본다. 지수의 잘려나간 육체, 얼굴 없는 몸은 상징적 질서에 포섭되지 않는 실재이자 가부장제와 로고스가 규정하는 육체의 형상에 대한 부정으로, 정상의 육체를 탈피, 無로 만들기 위한 언어이다. 또 정신과 육체의 통일이라는 자아의 기표를 거부하고자 하는 강렬한 저항의 형식으로 볼 수 있다. 얼굴이 없는 가면을 쓰고 연출되는 그녀의 언어는 "나는 위대한 대문자 자아에 가치를 두지 않는다." "불완전한 성적 존재인 나는 적어도 내가 존재한다는 사실을 알고 있다"[15] 라고 항변하는 듯하다.

영화 속에서 이러한 지수와 석원의 모습은 석원에게 정신과 치료를 받는 다른 환자들에게서도 발견된다. 친아버지가 자신을 범했다고 끝까지 우기는 수연의 근친상간 욕망은 단순히 아버지에 대한 욕망으로만 환원될 수 없는, 위장된 욕망이다. 그러한 수연의 욕망이 근친상간의 욕망으로 전치되면서 상징적 질서가 금기하는 욕망을 가장하고 연출하는 히스테리의 면모를 보여준다는 점에서 그녀는 지수의 다른 형태라고 할 수 있다. 석원의 아내 희선 또한 남편과 애인을 교환하면서 자신의 욕망을 드러내고 지수와의 잦은 조우를 통해 그 욕망을 지수에게 전달한다. 결국 환영을 통해 지수와 함께 석원을 교환하기도 한다. 이는 지수가 희선과 심리적 동일시를 갖게 만들고 곧 희선의 욕망이 지수의 욕망이기도 하다는 사실을 입증해 준다. 또 여자친구를 지독히 짝사랑한 나머지 점점 집착에 빠지는 대학생 형규 또한 지수에게 걷잡을 수 없이 빠져들면서 자아를 상실해가는 석원을 상기시킨다. 지수의 남편 민석 또한 지수로부터 벗어나지 못하고 상실감에 시달리면서 히스테리 주체로서의 탄생을 예고한다.

석원과 민석이 지수에게 전이된 형태로이긴 하지만 그들 또한 히스테리에서 자유로울 수 없다는 것은 정상과 비정상을 구분하는 가부장적 상징 질서에 대한 모순과 불완전함을 드러내는 기능을 하고 있다. 로고스와 상징적 질서가 강제하는 남성과 여성으로서의 대문자 자아가 완벽한 것이 아니라는 사실을 폭로하는 것이다.

지수는 얼굴 없는 몸의 증상을 통해서뿐만 아니라 분열증적인 글쓰기와 석원의 클리닉에서 토해내는 서사를 통해 자신의 억압된 무의식과 욕망을 드러낸다. 그녀의 파편화된 문장들과 서사는 우회적이고 탈선적인 히스테리의 언어이며, 남성분석가인 석원을 역전이의 혼란에 빠뜨린다. 언어로 말해지지 못한 무의식을 몸으로 또 허구인지 진실인지 알 수 없는 언어로 이야기하며 가부장제의 질서를 교란하고 있는 것이다. 한편 지수의 글쓰는 방에서 모든 물체들(책들, 와인 잔과 투명한 유리병들, 액세서리, 조그만 인형들)이 부유하면서 부서지듯이 영화의 마지막에 석원의 클리닉에서도 모든 기구들이 떠다니다가 한 번에 부서진다. 이러한 파열과 지수의 조각난 육체는 유사성을 띠고 구조화되면서 지수의 성적 존재로서의 소문자 자아의 편린을 환유한다. 그리고 지수의 죽음마저 반복하는 석원의 죽음은 그가 단지 지수가 행한 연기에 속아 넘어간 것 혹은 지수를 범한 것에 대한 응징으로만 볼 수 없다. 그보다 아직까지 그가 환각으로 귀환한 지수의 욕망을, 즉 가부장제가 규정한 로고스에 균열을 내는 실재를 대면할 수 없음을 보여주는 것은 아닐까? 자신 안의 타자성(여성성)에 겨우 눈을 뜨게 되면서 히스테리적인 면모를 보이기는 하지만, 석원은 여전히 여성의 진정한 욕망과 실재를 대면할 힘이 없는 것이다.

물론 히스테리적 주체로서 지수의 죽음은 아직까지 대문자 자아로 표상되는 견고하고 지배적인 상징적 질서를 완전히 무너뜨릴 수는 없다는 사실의 방증이기도 하다. 로고스 없는 마녀는 견고한 가부장제를 위협하고 상징적 질서에 틈을 내는 요소이므로 마땅히 처벌받아야 했던 것이다. 그러나 그녀의 죽음과 그 후 환각으로 귀환한 실재는 그러한 사회의 불완전함과 결여를 드러내면서 대문자 자아의 경계를 무너뜨릴 수 있다. 여기에 히스테리의 전복적 성격과 그 파괴적 힘이 있는 것이다.

3부: 타자의 목소리들

바리데기/하기
〈영매〉

문 영 희

아픈 여자들

　몸이 아우성친다. 여기 저기 안 아픈 데가 없다. '그분'이 오셨는지 몸 따로 마음 따로다. 가끔가다 환청이 들리고 헛것이 보인다. 잠을 이루지 못한다. 이 병원 저 병원, 용하다는 한의원도 다 다녀보고 대체의학의 비법이란 것도 모두 써봤다. 병원은 신경성, 한의원은 기가 약하고 순환이 안 되어서, 대체의학은 먹는 것과 마시는 것과 생활습관이 나빠서라고 진단한다. 병원 1년, 한의원 1년, 대체의학 1년에 몸은 지칠 대로 지치고 돈만 탕진했다.

　꿈을 꾼다. 어지러운 꿈들이다. 꿈속에서 언제나 무서운 할아버지, 호랑이, 백마 등이 호령하고 허벅지를 깨물며 짓밟고 지나간다. 자고 일어나면 꿈이 생시인지 생시가 꿈인지 분간할 수 없다. 잘못한 일도 없는데 가슴이 벌렁거리고, 귓속에선 시도때도 없이 방울소리와 장구소리가 요란하다. 새벽에 호랑이꿈을 꾸고 미친 듯이 산길로 달려올라가 나무 밑을 파

보니 거기에 누가 쓰다 묻어놓았는지 무구가 파묻혀 있다. 늘상 어깨에 누가 타고 앉아 있는 것 같고 입으로 저절로 휘파람 소리가 나오며 지나가는 사람에게 저도 모르는 소리를 해댄다.

이런 일들이 한 여인에게 일어났다고 가정해 보자. 그녀에게 조언하는 두 부류의 사람들이 있을 수 있다. 한 부류는 그 모든 현상을 과학 혹은 학문에 의존해 '분석'하거나 '치료'해야 할 그 어떤 질병 혹은 증후로 파악한다. 독일 폰 브라운 여사의 견해를 믿는 사람들은 그녀를 히스테리라 명명할 것이며 프로이트 가문의 학설을 믿는 사람들은 정신분석기에 집어넣어 여인의 무의식을 끄집어내려 들 것이다.

다른 한 경우는 여인의 모든 증상들을 믿음, 혹은 종교와 관련시키는 것이다. 이때 이 여인의 병명은 신병(神病), 신 혹은 귀신이 조화를 부려 걸린 병으로 판단한다.

예수의 제자들은 당장 교회로 끌고 가거나 안수, 기도원요양, 단식기도 기타를 권할 것이다. 불교신자들을 절에 가서 백일치성을 드리든지 매일 백팔배를 하든지, 그도 안 되면 천배기도를 올리고 공양미 삼백석이라도 바치라고 권고할 것이다. 혹 어떤 사람은 용한 점집을 소개시켜주거나 무당에게 직접 데려가는 수고도 아끼지 않을 것이다.

그런데, 이런 식으로 몸인지 신경인지가 아픈 사람 중에는 왜 여성, 그 중에서도 괄시받고 천대받는 생활을 하거나 교육받지 못한, '정상'의 기준 밖으로 밀려난 여성들이 많을까. 그녀들은 마음이 아픈 건가 몸이 아픈건가. 살다 병이 드는 것인가 질병의 고통 속에서 삶을 꾸려나가는 것인가.

확실한 병명도 없는 병적 증후들이 유독 우리사회의 가장 변두리에서 힘겹게 살아가는, 소외된 여성들에게 들러붙는 이유가 뭘까? 우선 근대의

학에는 자궁에서 생기는 병을 제외한 여성의 질병 개념이 따로 존재하지 않았다는 사실이다. 자궁 질환을 빼면 모든 질병의 기준은 남성이었다. 여성의 질병은 남성의 병의 기준보다 조금 약한 정도로 수치화하고 치료에 적용되어 왔다. 여성의 병은 병 그 자체가 타자화되어 왔던 것이다. 남성에게서 흔히 발견되지 않는 여성들의 병적 증후는, 따라서 이름이 따로 있을 수 없었다. 그저 움직이는 자궁이 돌아다니며 신체 기관 여기저기를 못살게 굴거나, 물길, 혹은 사랑을 받지 못한 자궁이 시들거나 화나서 걸리는 병을 여성의 병이라 치부했으며, 이를 통틀어 히스테리라 명명해 왔던 것이다. 이런 시각으로 여성의 병을 관찰했다는 것은, 자궁을 지닌 존재로서 생물학적으로만 여성을 파악한 결과이다. 우리나라에서는 그것을 '체'라 하고, 그 '체'를 내려주는 민간요법이 있었다. 이런 전래의 치유 방법 역시 제도권 의학이 사기 혹은 속임술로 타자화했다. 예전에는 많이 볼 수 있었던 '체내림'이란 간판은 어디서도 찾아볼 수 없다. 실제 체내림을 하는 곳도 많이 줄어 전국에 몇 군데만 있을 뿐이다. 이 시술을 한다는 것은 불법의료행위에 해당하기 때문에 공공연하게 간판을 내걸 수가 없게 된 것이다.

두 번째는 가부장제도 속에 내재한 독성이다. 여성에게 가부장장제도란 숨쉴 때마다 함께 마셔야 하는 아황산가스이거나 마시는 물에 포함된 소량의 독극물로 작용해왔다. 인지하지 못한 사이에, 세월이 지나면 지날수록 여성의 몸과 마음에는 독소가 쌓이고 유해가스가 충전된다. 순간순간은 눈에 보이지 않고 느낄 수 없다. 하지만 일정량이 몸과 마음을 충분히 적셔줄 때, 바로 그때 원인도 없고 이유도 없는 병들이 몰려오는 것은 아닌가? 여성의 병인을 제도 자체로 본다면, 병에 걸리지 않을 여성은 하나도 없을지도 모르겠다. 어쩌면 여성자체가 질병인지도 모른다. 그중에는 정수기나 공기청정기를 쓸 수 있어서 발병확률이 상대적으로 낮은 여성들도 있을 것이다. 여성 중에서도 하위주체들이 이 병을 많이 앓고 또 그중에서도 소외된 여성이 병을 전환시켜 몸을 바꾸거나 존재 자체를 바꾸게 된다는 사실을 신병을 앓고 내림굿을 받아 무당이 되는 여성들의 예에서 찾아낼 수 있으며, 질병의 치료방식, 혹은 해소 과정을 통해 알 수 있다.

우선 정신과 진료/상담을 받는다고 가정해 보자.

예약을 한다. 진료/상담 날짜를 정한다. 병원에 가니 간호사가 먼저 심리검사를 해야 한다고 한다. 심리 테스트 용지에는 여러 가지 설문이 들어있다. 간략하게 요약하면 다음과 같다.

1. 나이 2. 성별 3. 직업 4. 결혼여부 5. 가족병력 6. 본인병력 7. 자녀 출산 여부 8. 우울한 적 있나? 있으면 얼마나, 어떻게? 9. 체중이 줄거나 불었나? 10. 불면증이 있나? 11. 꿈을 자주 꾸나? 12. 기운이 없고 무기력한가? 13.자신이 가치없다는 느낌이 드는가? 14. 자살에 관해 생각해 본 적 있는가? 15. 손을 반복해서 씻나? 16. 까닭 없이 불안한가? 기타 등등. 개인의 프라이버시는 낱낱이 '기록' 되고 수치화된다. 수치화된 기록을 근거로 여인은 정신질환자 혹은 정상인이라는 '판정' 을 받게 된다.

심리검사가 끝나고 의사와 상담한다. 상담실은 매우 안락하게 꾸며져 있다. 의사와 독대한다. 여인은 무슨 말을 꺼낼지 모르는 상태에서 잘생긴 의사의 얼굴을 바라본다. 의사는 아주 친절하게 이것저것 질문하기 시작한다. 우선 가족관계. 결혼했냐. 했다. 그러나 이혼했다. 의사 눈 반짝. 언제 했는지 물어봐도 되냐. 그래, 물어봐라. 이혼한 지 5년 넘었다. 왜 했는지 물어봐도 되냐. 그래, 말 나온 김에 다한다. 성격차다. (그러나 아무리 의사지만 내밀한 이야기는 하기 싫어 좀 거른다) 아이는? 있다. 어디에? 왔다갔다 한다. 의사는 무엇인가 열심히 적는다. 이혼녀인 것이 내 병하고 무슨 상관이람. 이혼하고 얼마나 살기 편해졌는데 ……. 본격적으로 말문을 열고 이왕 온 김에 이야기나 좀 하자 싶었는데 땡! 면담 끝이니 다음에 다시 예약하고 오시랜다. 바깥에 나가니 간호사가 처방전을 준다.

약을 먹으니 정신이 몽롱하다. 그러나 기분만 나쁘다. 쓸데없이 과거 이야기를 들추어서. 그때 생각이 자꾸 떠오른다. 무시하고 억지로 잠을 청한다. 약기운에 잠이 잘 온다. 며칠간은 내리 잠만 잤다. 그러다가 또 다시 증세가 시작이다. 면담날짜는 며칠 남았다. 약을 먹어도 소용이 없다. 병원 갈 날만 기다린다.

"이십 대 때 얘기를 해 보세요."

"못하겠어요. 창피해서."

"사르트르가 그런 말을 했죠. 창피하다는 느낌은 나를 타자화하는 것이다. 나를 대상화시켜서 다른 사람의 시선으로 나를 보는 거죠."

"네, 저 그거 인정해요. 다른 사람의 시선을 의식한다는 것."

"그것은 일차적인 방어의식이죠."

"그렇군요."

                  – 김형경, 『사랑을 선택하는 특별한 기준』1, 94쪽

그나마 학력자본이 있고 경제적으로 궁핍하지 않은 여성이라고 가정할 때 이런 방식의 치료/상담이 가능하다. 만약 그녀가 하루하루 육체노동으로 연명하는 하위주체거나 태어날 때부터 교육과 기타 모든 혜택에서 배제된, 학력자본도 인석자본도 지니지 못한 여성이라면? 이야기는 달라지지 않을까? 심리테스트는 물론 의사와의 치료/상담과정에서 과연 자

신이 하고 싶은 이야기를 이어갈 수 있을까? 정신분석의의 말을 이해할 수나 있을까? 그 병원이 여인의 몸의 증상들을 해소하는 데 일조할 수 있을까?

교회나 절은 어떨까? 우선 교회. 목사는 자꾸만 '회개' 하고 '기도' 하라고 한다. 여인은 살아온 기간 동안 잘못한 모든 것을 '회개' 하는 기도를 한다. '하나님 아부지. 제발 용서하시고 제 몸 좀 낫게 해주십시오. 전번에 과일 사면서 오천원 내고 거스름 돈 천원 받아야 하는데 과일가게 아저씨가 만원 받은 줄 알고 육천원 돌려준 것 그냥 가지고 온 것 '용서' 하십시오. 그리고 또 신호등 빨간불인데 아무도 없어서 그냥 건넌 것도 '용서' 하십시오. 무엇보다, 마음속에 하나님이 잘 안 받아들여지니 그것도 '용서' 하시고 제발 몸만 낫게 해주십시오.' 기도하다 보니 여인은 자신이 무지 잘못한 것 같은 죄책감에 휩싸인다. 목사가 안수기도를 한다. '죄인' 을 '용서' 해 주십사고 기도한다. 그리고 다음 부흥회에 참가하란다.

부흥회에 갔다. 유명한 목사님이란다. 목사님은 마이크에 대고 주님의 복음을 전한다. 소리가 너무 커서 귀가 터질 것 같다. 신자들은 손뼉치며 주여! 주여! 합창한다. 가슴을 치고 울면서 주를 찾기도 한다. 이 낯선 풍경 속에 저만 정상인 것 같다. 교회는 다시 안 가기로 결심한다.

절에 가 봤다. 교회보다는 조용해서 좋다. 부처님이 여러 분이다. 어느 부처님이 병 낫게 해 주는 부처님인지 모르겠다. 무조건 절을 올린다. 스님은 목탁을 두드리며 경전을 외우신다. 그런데 경전의 내용이 무엇인지 하나도 모르겠다. 자꾸자꾸 절만 한다. 절하다 보니 땀이 비오듯 흐르고 숨이 가빠온다. 누구에게, 무슨 이유로 절하는지 모르겠다. 허리도 아프고 다리도 아프다. 스님이 설법을 하시는데 반은 알아듣겠고 나머지는 무슨 소린지 모르겠다. 내 몸 아픈데 설법까지 들으려니 힘들다. 공양을 했다. 사람들은 자기들끼리만 함께 밥을 먹는다. 왕따가 된 기분이다.

점집을 찾기로 했다. 용하다고 입소문난 점집이다. 새벽 다섯 시에 표를 받아야 된단다. 새벽에 일어나 남산으로 가서 표를 받았다. 상담은 오후 한 시. 12시에 가니 이미 사람들이 죽 둘러앉아 있고 선녀님(무당)은 보이지 않았다. 시간이 되니 신당 안쪽으로 표 받은 순서대로 안내된다. 여인은 점집이 처음이라 언니를 대동하고 갔다. 여기서는 혼자 들어오지 말고 함께 들어오란다. 문을 열고 쭈뼛거리고 들어서자마자 불호령이 내린다. '썩 물러가라. 감히 어느 안전이라고!' 무서워서 나가려는데 선녀님이 부른다. '손님 보고 안 그랬어. 손님 어깨에 있는 귀신 보고 그랬으니 이제 앉아.' 숫제 반말이다. 그나저나, 귀신이라니.

선녀님은 생년월일을 묻고 어디서 왔는지를 물은 다음 불시할아버지 전에 공손히 절을 하고 방울을 흔든다. 그러다가 부채를 좍- 편다. 음성이 달라진다. 굵은 남자 목소리다. '신명들었어. 신 받아야 해. 날짜 정하고 내림굿 받어.' 신을 받다니? 그럼 내가 무당이 되어야 할 팔자란 말인가?

당신이라면 어떻게 하겠는가. 그것은 선택의 문제이기도 한 동시에 선택의 문제 이상의 것일 수도 있다. 선택 과정에서 이미 그녀가, 태어나기 전부터 지녀왔던 모든 것들이 포함될 수 있다. 물론, 많은 사람은 의학과 과학과 종교의 도움을 받는다. 또 다른, 가난하거나 무지하거나 환경이 극도로 열악한 많은 여성은 타자화된 종교의 도움을 받는다. 강신무가 된 사람들의 대부분은 이런 고통을 죽기 직전까지 겪고, 그들 말에 의하면 '운명'이거나 '죽는 것 보다 나아서' 무당이 된다는 사실이다. 그들은 인간/신을 매개한다. 신/인간이자 타자로서 삶/죽음을 공유하면서 살아가야 한나. 죽은 자를 불러내 산 자아 대면시키고, 죽은 자의 원과 한을 산 자가 공감하게 함으로써 삶과 죽음을 휘젓고 뒤섞으며 아기와 조상을, 영원히 정지된 채로 떠돌아다니는 시간의 영혼을 현실의 공간에 부려놓는다. 굿이 행해지는 순간, 시간은 뒤섞여 과거와 미래가 현재 속에 혼융되고 육과 혼과 백이 함부로 뒤섞이며 죽은 자와 산 자가 함께 숨쉬는 새로운 공간이 된다.

그러나 그것은 순간일 뿐. 현실에서는 지지부진하게도 미신, 혹세무민, 비과학으로 낙인찍힌 타자의 삶을 살아내야 한다.

바리-데기/되기, 혹은 바리-하기

무당(巫堂)의 한자 무(巫)는 하늘과 땅 사이에 서서 펄럭이는 소매로 신을 모시는 사람으로, 그 소매의 형상을 본따 만들었다 한다. 또한 의학을 나타내는 '醫'의 처음 모양은 '毉' 였다고 한다. 바리데기가 약수(藥水)로 죽은 사람을 살려내었듯이 먼 옛날 무당은 제사장 혹은 의료인으로서 기능했었다. 제도가 정립되고 의술이 발달하면서 무당의 역할은 바뀌어갔다. 무당은, 조선시대에 이르러 최고의 천시를 받기에 이른다. 남성본위의 유교제도는 무당이 설 자리를 빼앗았다. 서양 중세가 약초 다루고 의술 행하는 여성들을 마녀라는 이름으로 타자화했듯이, 조선사회에서 무당의 능력은 왜곡되고 변질되어 혹세무민하고 잡신 섬기는 자로 배척되었다. 그러는 한편 지배계층이 필요로 할 때면 몰래 무당의 능력을 악용하기도 했다. 당골(단골)들의 궂은일을 뒤치닥거리하는 존재에 불과한 존재로 전락한 그녀들은 일상생활에서는 하세'받고' 무시'받고' 냉대'받으'면서도 꿋꿋이 세습하고, 좀비처럼 살아남아 신딸들을 재생산해 왔다.

식민지 근대 계몽담론과 서양종교는 과학과 이성과 신성의 이름으로 다시 한 번 무당을 축출해내기에 이른다. 한국의 무는 기괴한 것, 잡스러운 것, 미신적이며 초자연적인 것으로 타자화되었다. 이제 세습무(世襲巫)[1]가 설 자리는 그나마 문화의 이름으로 5년이나 7년 단위로 행해지는 풍어제인 마을굿, 매년 행해지는 강릉단오제, 그 밖의 문화공간에서 행하는 문화행사 등으로 점점 좁혀지고 있다. 게다가 천대받는 것이 지긋지긋하여 자손들에게는 무업을 가르치지 않았다. 자손들은 뿔뿔이 흩어져 부모가, 할머니 할아버지가 무당이란 사실을 숨긴 채 낯선 도시에서 힘겹게 살아간다. 그러다 이도 저도 안 되면 다시 굿판으로 돌아온다. 정작 세습무의 수혜자들은 민속연구자, 인류학자 등이다. 세습무가 행하는 풍어제나 씻김굿은 오래지않아 그저 연행행사에 불과한, 오리엔탈문화 혹은 민속문화로 자리잡을 것이 틀림없다. 그럼에도 불구하고 굿은 여전히, 아니 과거보다 더 다양한 방식으로 성행하고 있다. 세습무의 세습은 줄었지만 강신무(降神巫)[2]의 경우 리좀적 재생산구조로 가족 다양체를 형성하며 번성해 나간다. 또한 현대문화가 다양한 형태로 변형된 굿을 요구하기도 한다. 실제로 세습무의 대가 거의 끊긴 남서부지방에서 세습무들이 행하던 굿은 강신무의 손에 넘겨져 변형된 형태로 연행되고 있다.

무당의 시조 바리공주의 서사는 철저하게 구송되어 전해져 왔다. 문자, 즉 이성의 세계에 몸 담그지 않은 채 여성이, 여성 화자의 목소리로 여성 주인공의 삶을 노래로 부르고 또 그것을 기억하고 변형하여 다시 부르고 한 것이 오늘날까지 이어져 왔다는 사실 자체에서 유교중심의 가부장사회 바깥에 위치한 타자들의 노래라는 것을 직감할 수 있다. 바리데기무가는 죽은 자를 천도하는 진오귀굿(새남굿) 과정에서 불리어진다. 제주도를 제외한 전국지역에 공통으로 존재하지만 지역마다, 또 구송하는 무당마다 다 다르게 노래한다. 굿의 전승과정 자체가 철저한 개인전수이며,

가르치는 자와 배우는 자 사이에 일정한 방식이 정해져 있지 않다는 특수성과도 맞닿아있다. 또한 굿판의 생생한 현장성과도 맞물려있다. 전승과 구송이라는 기억의 형식은 현장에서의 응용과 상상을 만나 굿판의 상황과 분위기에 따라 같은, 그러나 서로 다른 무수한 새 텍스트를 만들어낸다. 기본 서사 구조는 크게 다르지 않지만 구송자에 따라 양보할 수 없는 차이를 내제한 체 구송된다. 울주 유일순본과 화순 임장업본이, 신안 진금순본과 서울 새우젓집본이 서로 다르며 남부지역과 중서부지역, 동해안 지역의 무가가 현격하게 다른 특징을 지닌 채 전승되어 왔다. 이렇게 서로 다른 바리무가 서사의 기본 단락은 다음과 같이 정리되어 있다. [3]

1) 바리공주부모가 혼인을 하기 위해 점을 치나 점의 결과를 무시한다.

2) 바리공주 부모가 혼인을 한다.

3) 바리공주 부모가 연이어 딸을 낳는다.

4) 일곱번째도 공주를 낳는다.

5) 바리공주가 버림을 받는다.

6) 석가여래가 함에서 바리공주를 구원해낸다.

7) 비리공덕 할아비 할미가 바리공주를 키워준다.

8) 바리공주가 성장하여 부모를 찾자 겨우 둘러댄다.

9) 바리공주 부모가 병에 걸린다.

10) 병에 필요한 약이 약수임을 알게 된다.

11) 점을 쳐서 바리공주를 찾아야 함을 알게 된다.

12) 바리공주가 부모를 만난다.

13) 바리공주는 자신을 찾아온 사람들과 부모임을 확인하는 시험을 한다.

14) 여섯 딸에게 부탁하나 모두 핑계를 대고 거절한다.

15) 바리공주가 약수물을 가지러 길을 떠난다.

16) 바리공주는 원조자를 만나 유용한 물건을 받는다.

17) 바리공주는 도중에 지옥에서 죄인들을 구제한다.

18) 바리공주는 약수 지키는 이를 만난다.

19) 바리공주는 약수를 얻기 위해 일정한 대가를 행한다.

20) 바리공주가 꿈을 꾸어 부모의 위독함을 알게 된다.

21) 바리공주가 돌아오는 도중에 저승 가는 배들의 행렬을 구경한다.

22) 바리공주가 시간이 늦어서 벌써 상여가 나온다는 말을 목동아이에게서
    듣는다.

23) 바리공주가 부모를 살려낸다.

24) 바리공주의 남편이 대궐을 헐고 입시를 한다.

25) 키를 재어보고 바리공주와 남편이 천생연분임을 안다.

26) 바리공주가 부모 살린 공을 인정받는다.

27) 바리공주 외 다른 사람들도 공덕을 인정받는다.

　　중서부지역의 기본단락인 위 바리무가에서 특별히 살펴보아야 할 부분은 5) 7) 15) 17) 23) 27) 단락들이다. 조선의 국왕인 어비대왕이 딸만 일곱을 낳았다. 유교적 가부장제를 아버지의 법으로 설정해 놓았던 조선사회에서, 그것도 왕에게 후사를 이을 아들이 없다는 설정 자체가 바리무가의 정치성을 드러낸다. 철저한 장자상속제의 조선국왕에게 딸만 있고 아들이 없다는 것은 왕권 혹은 부권의 결여를 증명하는 것 외엔 아무 의미가 없다. 유교적 질서 안에서 여성은 과거나 현재 아니면 미래에, 맡았거나 맡을 수 있는 역할-안사람 혹은 어머니로서만 존재했다. 또한 바리데기가 약수를 구하기 위해 무장승에게 해 주었던 물긷기, 불때기, 밥하기 등 사적 노동을 담당하는 역할로서만 존재했다. 이러한 역할을 담당하지 못하거나 역할에서 벗어난 일을 하고자하는 욕망을 지닌 여성은 어김

없이 타자화된다.

무당도 그중 하나다. 무당은 질병을 퇴치하고 억울하게 죽은 혼령을 위로하며 액을 막아 우환을 다스릴 줄 아는 여자이다. 유교적 질서체계는 여성의 이런 능력을 절대 인정하지 못한다. 가부장적 가치기준을 넘어서는 과잉, 혹은 비정상으로 기능하기 때문이다. 이런 여성들은 정상성 여성의 권역에서 밀려난다. 타자화하거나 천민으로 묶어 제도 안에 발붙이지 못하게 하는 것이다. 아이들에게조차 머리를 조아리는 천민으로 전락하여 집집마다 돌아다니며 구걸을 하여(도부를 받아) 질긴 목숨을 연명해야 한다.

재미있는 것은, 바리무가에서 부모에 의해 '버려진' 딸인 바리공주가 서사단락의 주체이자 행위의 주체로 등장한다는 사실이다.

시왕(十王)에 본(本)을 받고 / 시왕에 앉절 받세
오구시왕 아버니는 몇 살을 잡수시고 / 오구시왕 어머니는 몇 살을 잡쉈는가
오구시왕 아버니는 옐여덟살 잡수시고
오구시왕 어무니(어머니)는 옐일곱살 잡수시고

– 『한국무가집』

왕과 왕비라고 부르지 않고 철저히 오구시왕, 즉 바리공주의 어머니, 아버지로 부른다는 사실에서 서사의 주인공이 바리공주 자신임을 알 수 있다. 그렇다면 부모가 '버린', 혹은 '버려진' 바리공주가 아니라 부모로부터 버림을 '받은' 바리공주이다. 이 '받다'라는 동사에 어떤 의미가 숨어있지 않을까? 조선시대의 무(巫)가 철저한 핍박에도 불구하고 면면히 이어내려 올 수 있었던 이유도 여기에 기인한다. 조선사회의 남성지배적 세

계관에 대응할 수 있는 방법으로서의 무 혹은 무가의 여주인공은 버려져야 마땅한데, 여성의 입장에서는 '버려지는' 것이 아니라 버림, 그것조차 '받아' 낸다는 의미로 작용하고 있다. 뿐만 아니다. 신병들린 자들은 신조차도 '받는다'. 가부장제로부터 받을 것이라곤 '버림' 밖에 없는 타자들은 스스로를 구원하는 방법을 알고 있다. 제도를 원망하거나 한탄하고 분노하는 방식은 수가 낮은 표출방식이다. 그런다고 해결될 일이 아니다. 그들은 원망, 원한, 분노가 들어가야 할 자리에 농담 한 자락을 깔아놓는다. 제도 그 자체를 농담화함으로써 자신을 타자화시킨 것을 슬쩍 무화시켜버리는 방식, 아무 것도 아닌 것으로 비틀어버리는 방식이 그들이 지닌 정치성이다. 말하자면 그들은 현실을 허구화하는 방식으로 타자들의 생존방식을 만들어낸 것이다.

따라서 바리데기 무가에는 조선사회의 버림받은 자들을 위한, 버림받은 자들이 살아가기 위한 조건이 제시되어 있다. 7)단락의 비리공덕할아비 할미 부분이 이를 증명한다. 조선사회는 늙은 홀아비, 늙은 홀어미, 부모 없는 자식, 자식 없는 늙은이 이 네 유형을 사궁(四窮)이라 하여 타자화했다. 비리공덕 할미와 할아비 역시 자손이 없으므로 버림받은 타자이다. (할미, 할아비라는 용어 자체가 늙은 남자, 여자를 비하하는 용어임에 틀림없다.) 이 할미 할아비가 역시 타자인 바리데기를 거둬 기르는 것이다. 그들은 부처님으로부터 질문을 받는다. 무슨 공덕을 하였느냐는 것이다.

석가세존 하시는 말씀이
그러면은 무슨 공덕을 하였느냐
비럭공덕 할먼 하는 말이 부모님 무슨 공덕을 하였느냐 하시어
월천강에 다리를 놓아 월천 공덕 하였습니다
밥없는 사람 밥을 주어 구난 공덕하고

옷없는 사람 옷을 주어 공덕을 하였느니라

그러면은 석가세존이 하는 말이

부모없는 자손 갖다 데려다 길러도 큰 공덕이라 하시니

- 『한국 무가집』

밥 없고 옷 없고 부모 없는 자들. 이들을 구제하는 사람은 가진 자, 제도나 제도 안의 사람이 아니라 못 가진 자, 없는 사람 취급받는 자, 제도 바깥의 사람들이다. 타자들은 자신을 위해 남의 것을 빼앗거나, 제도의 법칙대로 욕망을 달성하기 위해 노력하지 않는다. 노력한들 제도가 포용해 줄 리 없다. 봉건제는 오히려 타자들을 타자화하는 방식으로 유교질서를 공고히 한다. 그러므로 버려진 이들은, 버려졌다는 사실을 인정하지 않을 때, 제도의 욕망에 부응하지 않을 때 타자의 정치학을 구현할 수 있다. 그 방법 가운데 하나는, 제도와 질서 자체에 순진하게 '무지' 해 버리거나 '무시' 해 버리는 것이다. 질서 자체를 뒤집거나 비틀어서 우스꽝스럽게 여기면 버려지고 말고가 없다. 타자들의 의식은 제도 바깥에 배제되었다는 소외의식이 아니라 제도를 훌쩍 뛰어넘어버리는 초월의식이다. 생존방식 또한 제도 안의 생존방식과 달라진다. 나와 내 가족, 내 자손을 위해 욕망하고 모으고 계승하는 것이 아니라 리좀적으로 가족다양체를 형성해내는 것이며, 아무것도 없는 중에서도 그나마 지닌 것을 주고 또 주는 것이다.

그들에게 이승은 저승이며 현실은 거대한 농담이거나 허구와 다름없다. 죽는 것이 오히려 나은 삶인, 죽음과 삶이 뒤집힌 삶을 사는 자들이다. 그들에게는 주는 것이 곧 얻는 것이며, 받는 것이 곧 빼앗기는 것이다. (버림 '받다' 의 의미를 다시 생각해 보라) 따라서 타자는 전도하고 뒤집고 비틀어버려 무화시키는 역전의 힘을 자신의 정치성으로 삼는 것이다.

그 다음 23)단락을 살펴보자. 바리공주는 이미 죽어 저승으로 향하고 있는 상여를 세우고 아버지의 입에 약수를 부어넣는다. 죽은 아버지를 살려내는 것이다. 철천지효녀라고 칭송되는 이 부분을 다시 음미해 보자. 과연 그럴까? 서천서역국의 약수는 불사약이다. 상여를 세우고 이미 죽어 저승 문 앞에 당도한 아버지를 살려낸 이유가 무엇일까? 아버지-딸을 유기했으며 더 이상 생산 능력도 없는 아버지를 살려내 무엇을 하자는 것인가? 아버지는, 조선사회에서 아버지의 법을 지켜내지 못한 무능한 왕이다. 그토록 원하던 아들 하나 낳지 못해, 제도 안의 법으로 본다면 오히려 사궁지수(四窮之首)로 각인되었다. 바리공주는 그런 아버지를 편안하게 영면하시게 버려두지 않는다. 상여를 세우고 기어이 다시 살게 함으로써 이제는 저승으로 건너갈 수도 없게 막아 버렸다. 바리의 입장에서는 저승과도 같은 이승(가부장 구조)에 영원히 살아 있으라(갇혀 있으라), 즉 저승(탈 가부장구조)에 오지 말라는 의미이다. 절대 죽지 않고 영생을 누린다는 것은 욕망에 부합하는 것인가 오히려 비참인가? 그렇다면 바리공주의 약수는 오히려 독수로 작용한 것은 아닐까? 평생 늙지 않는, 그러나 절대로 장자승계는 할 수 없는 왕이라면 사는 것이 죽는 것보다 못한 것 아닌가? 이제 바리데기는 스스로 바리-되기(아버지, 당신께서 저를 버리셨어요? 좋아요 버림을 '받아' 바리가 '되어' 약수를 길어오겠어요)함으로써 아버지를 살려내었고(가부장 제도의 감옥에 가두어버렸고), 살려낸 다음에는 바리-하기(아버지의 딸로서 아버지의 왕국에서 아버지의 법으로 사는 대신 다른 세상을 선택 '하여' 스스로의 법을 세우겠어요)의 정치학으로 아버지와 아버지의 법을 버린다. 이로써 버려진 자는 막내딸 바리가 아니라 바리의 부모로 역진되는 상황이 벌어진 것이다.

바리-하기의 진수는 아버지 앞에서 불충을 핑계삼아 자신의 아홉 아들을 과시할 뿐 아니라, 이승에서 함께 살자는 아버지의 소망을 저버리고 저승을 인도하는 사령신이 된다는 사실이다. 아버지, 당신은 당신 왕국의 법을 끌어안고, 그러나 결코 욕망을 달성하지 못한 채 다시는 우리들 타자의 영역에 발 들여놓지 말고 영원히 머무르세요. 저는 바리의 법과 질서가 통하는 세상을 만들겠습니다. 이것이 바리데기에서 바리되기로, 다시 바리하기로의 정치학이다.

> 버리다 버리더기 던지다 던지더기 / 시왕산 약물로 사람 살린 한생초로
> 부친을 살렸읍니다 / 버리더기 부친님께 죄를 지었습니다
> 죄라니 무슨 죄냐 / 질값 삼년 삼값 삼년 물값 삼년 전이 몰라 못 갖구 가서
> 슥삼년 아홉해를 살고 보니 아들 구형제를 낳습니다
>
> ─ 『한국무가집』

딸만 일곱 낳은 아버지에게 아들 구형제 낳았다고 말하는 것은 막급한 불효불충이요 죄다. 그런데 바리공주는 죄지었음을 분명히 하며 자신이 아홉 아들을 낳았다는 사실을 이야기하는 것이다. 이것은 죄를 용서받기 위함인가, 아비를 놀리기 위함인가. 뿐만 아니다. 그녀는 제도 안으로 포섭되지 않는다. 바리─하기의 적극적인 행위를 통해 아버지의 나라, 가부장제 자체를 스스로 버리고 무조신으로 등극하게 된다. 바리데기 무가는 바리되기를 거쳐 바리하기가 되는 과정을 통해 가부장 사회 자체를 비웃으며 제도를 한꺼번에 희화해 버리는 힘을 지니고 있다. 허구와도 같은 현실세계에서 버림받은 바리데기는 그 버림을 달게 받는다. 스스로 부모를 버리고, 무장승도 버리고, 아들들도 버린다. 그리고 버림받은 타자들을 위무하고, 현실의 폭력을 비껴서 현실보다도 더 따뜻하고 환상적인 허

246

구의 세계(저승)로 인도하는 무조신이 된다. 그녀는 몸을 바꾸었다. 몸이 바뀌니 보이지 않는 것을 볼 수 있고 들리지 않는 소리를 들을 수 있다. 가부장제가 그토록 자랑하는 부자승계의 법칙을 버리고 모녀승계, 즉 신어머니와 신딸이라는 승계의 새 법칙을 세워 스스로 바리되기에서 바리하기로 나아간다.

바리데기 무가는 제도가 타자화한 여성들의 정치학을 놀이와 굿의 형식으로 드러낸다. 그들은 제도를 농담화하며, 신과 신어머니와 신딸이라는 새로운 형태의 가족을 현실화하여 다른 세상에서의 삶을 꿈꾸며 노는 것으로 정치성을 드러내는 존재다.

영화 〈영매〉 뒤집어보기

2003년 9월. 서울의 한 극장은 특이한 영화 한 편을 상영했다. 무당의 삶을 다룬 기록영화 〈영매(靈媒)〉(박기복 감독, 2003년). 이 해에는 무당과 굿을 소재나 주제로 한 극영화도 두 편이나 선보였지만(〈오구〉·〈4인용 식탁〉) 〈영매〉만큼 뜨거운 관심과 찬사를 받지는 못했다. 세습무와 강신무들의 삶과 굿현장을 따라가면서 감독은 현대사회가 타자화한 무당―인간의 신산한 삶을 그려내려 한다. 첫장면을 눈물 흘리며 작두 타는 무당(황해도무당 이해경)으로 내세운 것에서, 신도 인간도 아닌 존재로서 자기 운명을 살아가야 하는 여성들에 대한 감독의 따뜻한 시선을 느낄 수 있다. 아쉬운 것은 남성 나레이터의 낮은 목소리가 날것인 채로 제시되는 광기와 비체적인 것을 이성적인 것으로 바꾸어놓으려 한다는 사실이다. 친절한 해설 형식을 띤 나레이터의 음성이 분위기를 가라앉히고 속도를 떨구며 히스테리 상황, 연기 상황을 정리하려 든다. 여성이 비문법으로 떠드는 수다와도 같은 목소리를 누르고 규격화해 버리는 설경구의 제어와 간섭은 비논리성−여성성 자체를 방해하고 지연하는 역할을 한다. 이러한 나레이터의 역할은 기록영화가 지닌 생생한 현장성과 다양한 해석의 여지를 감소시키며, 비판적으로 말하자면 영매를 동정하는 또 다른 시선, 즉 영매를 제대로 타자화하는 한 형식으로 작용할 수도 있다. 따라서 여기서는 프레임 바깥으로 돌출되어 나온, '친절한 나레이터씨'의 시선과 제어가 미치지 못하는 생경한 장면들을 다시보기 함으로써 〈영매〉가 제시하려 하는 일정한 시선을 비틀고 뒤집어보려 한다. 제도와 과학과 종교와 이성의 힘을 빼고 비논리적이며 히스테릭한 방식으로 영화읽기를 시도해 보자는 것이다.

'몰라' 철학자들의 놀면서 바리−되기

우선 경북 포항시 방석 2리의 풍어제 장면. 5년마다 여는 마을행사이다. 마을 대표가 제관을 맡고 굿은 세습무 집안이 주제한다. 풍어제는 놀이형식을 띤 대동제. 카메라는 방석 2리의 굿 현장을 세세하게 비추어준다. 그나마 옛 흔적을 간직하고 있는 풍어제에서 세습무가 현재 어떤 방식으로 명맥을 유지해 가는지 보여주는 동시 마을굿에 참여하는 마을주민과 무당가족, 굿이 진행되는 과정을 보여주고자 함이다. 뒤집어보기 해보니 무당 김영희와 그 가족무당들의 굿장면보다 그것을 즐기는 할머니들이 눈에 들어왔다. 한쪽 눈이 찌그러진 곰바치 김두남을 비롯한 늙은 할머니들이 일제히 몰려나와 춤을 춘다. 너무도 자연스런 그 동작은 김금화의 굿판에서 춤추는 사람들과 현저하게 대비되는 것이었다. 무당 김금화는 황해도 배연신굿의 기능보유자로 무당으로서는 최고의 명예와 지위를 지니고 있는 큰무당이다. 이 무당이 신딸과 동기들을 데리고 배연신굿 하는 장면이 잠깐 비치고 그다음 굿을 구경하는 수많은 문화종사자—기자, 외국인 민속학자, 엘리트 여성들—과 함께 춤을 춘다. 빠른 장단에 맞추어 추는 난장의 춤은 어색하기 짝이 없다. 마치 이렇게 하는 것이 굿을, 문화를 이해하고 즐기는 것이라는 듯한 생뚱함이 눈에 띈다. 문자와 이미지로 무엇인가를 구축하는 인텔리들이 '이런 데선 이렇게 노는 것이야' 하는 이성의 지시에 따라 손과 팔, 다리와 허리 등의 신체 각부분이 따로 노는, 마치 몹시 흥겨운 듯한 과장된 몸동작과 일자무식의 할머니들의, 몸이 시키는 대로 어깨와 팔, 궁둥이와 다리가 저절로 조화를 이루며 신명을 내는 자연스런 몸동작은 동작 자체가 다른 것이다. 평생 호사한 적 없고 지식을 가져본 적도 없는, 문자 그대로 '몰라' 철학의 소유자인 할머니들의 신들린 흥분상태에서 바리데기들의 바리되기 행위를 읽는다.

'몰라' 철학이 뭐냐고? 할머니들이 자신을 표현하는 말하기 방식. 일종의 정치성이다. 예를 들면 이런 거다. 고추장을 기막히게 잘 담그는 할머니가 있다 하자. 사람들이 질문한다. '할머니, 이거 너무 맛있네요. 어떻게 담갔어요?' 할머니는 이렇게 응수한다. '몰러 …… 어떻게 했는지. 며느리도 몰러 그건.' 이때 '몰라'란 단어는 '네게 비결을 알려주기 싫다'는 의미로 작용한다. 농촌에도 기독교의 영향은 커서, 할머니들조차 전도의 대상으로 삼는다. 할머니들은 저승 가서 영생을 얻을 것이니 예수를 믿으라는 이웃사람의 말에 '난 몰러 …… 그런 것.'이라고 응수한다. 이 경우의 '몰라'는 회유와 설득을 일축해 버리는 센스다. 이것이 할머니의 자기발언 방식이고 정치성이다.

이 '몰라' 철학의 소유자 할머니들이 굿판에서 노는 모습은 전혀 모르지 않는 자들의 모습이다. 일생 바리데기로 살아오던 이들이 이날 하루만

큰은 바리되기가 되어 신명나게 바리하기를 하며 노는 것이다. 그들은 몸과 마음이 따로 놀지 않는다. 빠른 꽹과리 장단에 맞춰 팔을 아래 위로 휘젓고 어깨짓을 한다. 집단으로 신들려 버린 것이다. 신나다, 신오르다, 신명나다, 신바람나다 등의 단어에서 알 수 있듯 신은 하늘에서 하강하는 것이 아니라 각자의 내부에서 솟아난다. 놀리는 여자 무당과 노는 여자 할머니들이 합체할 수 있는 것은 타자들 스스로에 내재해 있는 신명을 뻗쳐 올려 한바탕 난장의 굿판을 만들어 가상을 현실화하기 때문이다.

> 무녀: 할매 여 오셨네
> 아이고 시간도 다 돼가고
> 소리를 좀 불러 드리자
> (할머니들을 향하여)제가 할매들한테요
> (잽이를 향하여)여봅소 장구재이요
> (무녀는 시간을 자꾸 끌어서 미안하다는 듯이 장고잽이를 향하여 웃는다. 장고잽이가 다시 장고를 치기 시작한다. 무녀의 노래가 시작되자 기다렸다는 듯이 할머니들이 앞으로 나와서 덩실덩실 춤을 추기 시작한다)[4]

무당이 놀리면 함께 놀고 웃기면 함께 웃고 울리면 함께 울며 춤추면 함께 춘다. 여기서 무당은 신의 말씀을 전하는 중개자로서의 임무를 놓아 버린다. 신명 오른 굿판의 할머니들이 곧 무당이기 때문이다. 굿판 안에서 할머니들은 무당보다 더 무당스럽다. 그들은 현실을 허구화하고 허구를 현실로 믿는다. 무당, 관객은 합체되고 신들린 자로서, 굿의 관람자가 아니라 굿판의 엄연한 주체가 된다.

씻김굿-타자들의 놀이 공간

다음 진도 무당편. 세습무 한용심(78), 채둔굴(83) · 채정례(74) 자매는 진도 세습무다.

한용심(78)은 끝까지 인터뷰를 거부한 세습무. 카메라를 응시하는 노란 눈은 마치 그 눈 자체가 카메라 렌즈가 되어 우리를 관찰하는 것 같다. 무당은 몸으로, 신으로, 노래로 말할 뿐이다. 그런데 몸도 신도 노래도 없이 내가 너희들에게 무슨 말을 할 것이냐 하는 투로 카메라를 노려본다. 그녀는, 마치 외계에서 불시착한 것처럼 주름투성이의 얼굴로 입을 꼭 다물고 카메라를 응시했다. 그녀는 눈으로 모든 말을 전했다. 남의 조상을 위해 푸닥거리하고 비손하며, 남의 집의 액막이를 위해 한겨울에도 집 바깥에서 밤새 떨며 치성을 드린다. 돌아오는 것은 가난과 냉대, 천시와 폭력이다. 자신은 어느 곳에서도 위로받을 수 없고 오직 억울하게 죽어간 귀신들만 위로해야 한다. 천하디 천한 삶을 사는 동안 쌓이고 맺힌 한과 외로움이 온몸에서 풍긴다.

채둔굴 · 채정례 자매 역시 무당의 생활이 너무나 힘들고 신산스런 것이라 자손 중 어느 누구에게도 굿을 가르치지 않았다고 한다.

"이것(당골)을 벗기 위해서 …… 아그들이 모두 서울 가 있제 …… 그렇게 크는 아그들이 내가 나가서 굿을 하믄 아그들이 혹시 보면 얼마나 신산스러울까. 그라고 딱 덮어두고 안나댕긴 것이 인자는 멍청이가 되어 버렸단 말이여."(채둔굴)

"우리는, 친정 어머이가 아주 진도를 뒤집었어요. 그렇게 잘했어요. 어머이 딸네들이 넷이거든. 너이 다 했어요. 내가 딸 너이에서는 제일 막네. 아직까지는 나 혼자 하고 있어요.(채정례)"

"옛날에는, 당골이라고 참 하세가 너무나 많았어. 그라기 때문에 내가 8남매를 키움시로 내가 이런 고상을 하고 이런 고통을 겪으고 하는 것도 어디한데 내 자슥들을 뭣하러 갈쳐야 ……. 하나도 안 갈쳤거든. 세상이 요케 좋아질 줄 알았으면 한나라도 갈칠 것을. 딸이 다섯이나 되기 때문에. 세상이 요케 좋아지기 때문에 지금은 아그들 한나도 못갈친 것이 후회가 나요.(채정례)"

채둘굴 · 채정례 대에서 세습은 끝났다. 무당 자손이라고 손가락질 받게 하기 싫어 모든 자식들을 도시로 내보냈다. 그녀들의 욕망은 자손들이 자신과는 다른 삶을 살게 하는 것이었는지도 모른다. 그러나 '선산에 봉황이 울어'서 그랬는지, 하세 받고 손가락질 당하던 무당 채정례를 이제는 '선생님'이라 부르며 그림자처럼 따라다니는 사람들이 생겼다. 세상이 '요케' 좋아진 것이다. 채정례 할머니는 현재 서울 모 대학원에서 박사학위 공부를 하는 여성을 제자로 두고 있다. 당신의 아들딸들은 천시받지 않게 하기 위해 객지로 보내 뿔뿔이 흩어져, 역시 존경받지 못하는 삶을 살고 있는데, 막상 선생님이라고 존대받는 지금 그 혜택은 높은 공부를 한 서울 선생님이 받게 되니 이런 아이러니가 없다.

진도 씻김굿은 1980년도 문화재 제 72호로 지정, 유네스코 세계유산 지정 여부의 논의, 한국음악의 대표적인 장르로 TV와 매체에 소개, 외국 공연, CD와 다큐, 영화 제작 등으로 유명세를 타기 시작했다. 채정례 할머니도 진도의 유명인사가 되었다. 소리좋은 진도 3례(조공례, 김대례, 채정례) 가운데 유일하게 진도의 옛 소리를 전할 수 있으며, 전통 형식에 의거해 씻김굿을 할 수 있는 거의 유일한 분이기 때문에 찾는 사람이 많아지고 무대에 서는 일도 잦아졌다.

그렇다고 채정례 할머니가 요즘의 연예인들처럼 새로운 귀족이 된 것은 아니다. 끊임없이 노동하고 많은 자식들과 자손들의 뒤치다꺼리까지 감당해야 한다. 일생동안 멸시받고 굶주리다가 요즘 와서야 선생님 소리를 듣게 되었을 뿐이다. 80평생의 한이 그녀의 눈동자에 실려 있었다. 간절히 염원하는 듯한, 먼 곳을 응시하는 젖은 눈시울에서 평생 동안 얼마나 모진 삶을 질기게 겪어내었는가를 짐작할 수 있다.

"나는 죽어서 태어나믄 …… 한번 이-쁘게 한번 생겨갖고

이, 저 ……

소리하는 사람.

일등 가수가 되든지 그란하믄 일등 국악원이 되든지.

너무 고상스러.

이것이 겁나게 고상스런 일이야.(채정례)"

'겁나게 고상스런' 무당의 삶 대신 죽어 다시 태어나면 노래만 하는 사람이 되고 싶다고 했다.

그런 그녀가 노구를 이끌고 언니 채둔굴의 씻김굿을 주관했다. 채둔굴은 풍이 들어 한쪽 손을 떨며 자주 혀를 길게 빼물던, 채둔굴이 키우던 진돗개보다 더 초라한 할머니였다. 이 노인은 하루종일 혼자 멍하니 바람소리에 귀를 귀울이고 먼 곳을 응시하거나 담배를 피우며 아무도 없는 집을 지켰다. 말붙여주는 사람이래야 오다가다 들르는 동생 채정례뿐. 무릎이 귀에 닿게 굽은 허리로 햇볕에 고추를 넣어 말리거나 지나가는 우체부나 구성하면서 혼자 사는, 자식들을 위해 '멍청이'가 돼 버린 무당이다. 채둔굴은, 불원천리하고 달려온 동생 채정례에게 '왔냐' 소리도 못한 채 돌

아가셨다. 그런 언니의 마지막을 위해 아우가 해준 것이 씻김굿이었다. 허리는 굽고 목소리는 쉬었다. 그러나 채정례가 선생 대접을 받기 위해서는 그 노구를 이끌고 무언가를(요즘 사람들이 하지 못하는) 보여주지 않으면 안 되는 것이다. 그녀가 추는 춤이, 소리가, 80년 세월의 경험이 자본이 되어 버린 것이다.

흔히 씻김굿은 죽은 자를 천도하기 위해 여는 굿이라고 한다. 그러나 씻김굿판은 죽은 바와 다름없는 지질한 삶을 살았던 타자들이, 죽음으로써 '처음' 호명되고 '처음' 대접받으며, '처음'으로 자신의 존재를 남에게 현현해 보이는 부활의 권역이 아닐까. 네 자매 중 살아남은 막내가 죽은 언니들을 불러낸다. 평생 남들을 씻겨주는 것으로 업을 삼았던 언니들이 아우에게 씻김을 받으며, 비로소 무당이 아니라 인간으로서 존재하게 되는 자리가 아닐까.

그렇다면 씻김은 '산 자와 죽은 자의 화해' [5] 가 아니다. 산자의 의식 속에 내재해 있는 죽음을 불러내 죽음, 그 낯선 타자를 내 안에 맞아들이는 형식이다. 또한 사자(死者)의 몸에 내재한, 아직 죽지 않은 혼을 불러내는 형식이다. 그리하여 살아있는 사람 내부의 죽음과 죽은 자에 관한 기억, 죽은 자의 혼, 심지어는 죽은 자의 먼저 가신 조상과 죽은 자의 친구의 혼까지 모두 모여 기억의 축제를 벌이는, 타자들의 놀이공간이다.

죽어서야 겨우 불러나온 혼령들과 불러 낸 산 자들이 죽음/삶의 경계를 지워버리고 함께 논다. 경계가 지워진 굿판은 차례로 호명된 조상과 이제 막 죽음에 입문한 주인공, 그리고 그 주인공의 자손들이 함께 벌이는 비일상의 축제판이다. 씻김을 받은 자는 거꾸로 씻기는 자를 씻어주는 역할을 수행한다. 씻김 받는 자와 씻는 자, 즉 죽은 사람과 산 사람 간의 경계는 일시에 허물어진다. 살아있는 자는 자신 내부의 죽음의 공포를 축귀

한다. 죽은 자는 다시 살아, 살아 생전 못다한 원과 한을 풀고 용서와 화해를 청한다. 산 자들은 망자가 살아있을 동안 절대로 표출하지 않았던 말들을 죽고 난 후에야 듣게 된다. 마찬가지로 산 자 역시 망자에게 살아 생전 하지 못했던 모든 말들을 비로소 하게 된다. 경계를 버린 타자들이 이루어내는, 노래와 춤, 사설과 가락의 시·공간으로서 씻김굿은 존재하는 것이다.

비체/trance/trans로 바리-하기

세습무들의 굿은 세월의 흔적이 느껴진다. 오랜 묵힌 김치처럼, 푹 삭은 젓갈처럼 깊은 맛이 우러난다. 세습무들의 굿이 누대로부터 학습받아 정제된 예술성을 띠고 있다면 강신무의 그것은 날것이어서 생경하기조차 하다. 그러면서도 세습무의 굿에서는 볼 수 없는 장면을 연출해내는 힘이 있다. 그녀들은, 굿판 안에서는 미친 여자들이며 히스테리 여자들이다. 강신무의 굿판은, 때로는 의뢰자의 요구사항을 넘어서기도 하고 때로는 의뢰인 스스로가 히스테리적 주체가 되어 광란의 현장을 보여주기도 한다. 마치 복장도착 환자처럼 수시로 옷을 갈아입으면서 현실을 trans한다. 그러면서 곧바로 무아-황홀경 trance 의 상태에 빠져든다. trance-트란세오 transeo 즉 'trans(넘어서)+eo(가다)' 의 합성어인 이 단어의 의미처럼, 무당은 일상세계를 넘어서 비일상의 세계로 질주하며, 여무가 남성신으로 트랜스하고, 여성이 남성복장으로 트랜스하는 것이다. 장군신이 실리면 장군의 음성으로, 동자신이 실리면 애기 목소리와 몸짓과 응석으로 시도 때도 없이 변하는 이들은 비체의 미친 여자들일까 연기하는 히스테리 환자들일까.

진도 강신무 박영자(56)는 이웃집 아낙이 의뢰하는 재수굿에서 친정 어머니로 트랜스 trance/trans 되어 한바탕 남편에게 닦달하고 굿판을 뒤집어놓았다. 하라는 공부(굿)도 못하게 (사위가) 너무 부려먹는다는 것이 트랜스된 어머니의 푸념이었다. 제갓집의 불행과 아픔보다 자신의 불행과 아픔이 더 컸던 탓이다. 이유는 남편 때문. 일자무식의 박영자는 평소에 남편에게 불만이 쌓여갔다. 무지하다고(박영자는 무학의, 한글 해독을 못하는 여인이다) 자신을 무시하는 것에 대한 불만, 쳐다보지도 않고 말도 걸지 않는 것에 대한 불만, 박영자는 무당이면서도 가부장제에 종속된 삶을 살아야만 하는 사람이기에 평소에는 남편에게 아무말도 못하고 소처럼 일만 하는 농촌아낙이다. 그러한 박영자의 불만이 굿판에서 어머니를 동원하게 하는 것이다.

어머니와 더블이 된 박영자는 (사위에게) 호통치고, 모욕준다. 그리고 (남편에게) 자신의 존재를 확인받고자 한다.

"니 마음은 안 변했쟈? 변했냐? (울면서 노래) 우리딸 막대하지 마라. 너거 집와서 자슥 낳고 너거집 와서 부자 만든 죄밖에 없응께 ……. 니가 언제 이런 존 집에 살았냐, 이 도둑놈아!"

평소의 박영자는 조신하고 공손하게 남편을 받잡아 모신다. 남편에게 한마디도 불평하지 못한다. 온갖 수발 다 들고 노동하면서 무시는 무시대로 당한다. 그러나 그 수위가 높아지고 한계상황이 오면 어머니-딸로 합체하고 트랜스한다. 어머니로서 사위를 혼내는 한편 딸로서 남편의 마음을 떠보는 것이다. 전형적인 히스테리 상황이다. 비문자와 비이성의 세계에 속한 무당들은 고전적인 큰동작-활처럼 몸 뒤집기, 기도 막혀 기절하기, 눈동자 돌아가며 광란하기 등 근대이전 히스테리 여성들의 발작 모습

을 재현한다. 요즘의 실제 히스테리 여성들에게서 이런 동작은 찾아보기
힘들다. 문자와 이성의 세계에 속한 현대여성들의 히스테리는 몸으로 구
현하지 않는다. 거식증과 임신거부, 선병질적인 신경증 등 비교적 '고상'
한 히스테리를 구현하고 있다. 지식인 여성 히스테리와 무당들의 히스테
리는 이렇게 다른 장면을 연출하는 것이다.

　인천의 황해도 만신 박미정(37)은 재수굿의 생타살굿 과정에서 온몸
에 피를 묻히고 배를 가르고 누운 생돼지의 몸뚱이를 물어뜯는다. 닭의 목
을 비틀어 닭머리를 떼어 흔든다. 박미정의 눈동자는 미친 여자의 그것처
럼 돌아가 있다. 의뢰자의 운수가 아주 불길하여 산 짐승의 피로 대속하
여 온갖 잡신과 횡액을 막는다는 것이다. 아이 낳을 때의 어머니의 자궁
을 연상케 하는 타살굿 장면은 비리고 생경하고도 역겹다. 어떤 힘이 자
궁 문을 열어 어미의 몸속에서 아이를 이탈시키는 것일까? 어떤 힘이 닭
목을 손으로 비틀어 분리하고 맨발로 작두를 타게 하는 것일까? 이성과
합리의 시각으로 볼 때 이러한 비체화과정은 비논리이자 초자연이며 설
명이 불가능한 마술에 불과하다. 그러나 비체화과정의 진짜 의미란, 내 안
에 있는 공포, 현실이 타자에게 가하는 폭력성, 괴물과도 같은 현실 등을
스스로 괴물되기 함으로써 몰아내 버리는, 적극적인 방법으로서의 비체화
과정이 아닐까. 박미정은 이 과정을 통해 의뢰인의 집에 곡소리가 날 것
이라는 예언을 했고 우연인지 이 예언은 적중했다. 임순자(49)의 아들이
사고사한 것이다.

　임순자는 다시 굿을 의뢰한다. 이번에는 아들 혼령을 위로하기 위한
지노귀굿이다. 지노귀굿 과정에서 대를 잡은 어머니의 몸에 아들이 실렸
다. 어머니는 trance/trans되어 아들과 너블이 된다. 어머니(아들)이 곡하
며 운다. '아이구 엄마 …….' 그리고는 대를 놓지 않고 온 방바닥을 대로

257
바리데기/하기 〈영매〉

휩쓸면서 통곡한다. 아들로 트랜스한 임순자는 엄마 잃은 슬픔과 급작스런 죽음에 대한 분노, 아들 잃은 어머니의 슬픔과 회한이 뒤엉킨 몸부림을 연기한다. 이번에는 무당 차례. 무당이 다시 아들이 된다. 어머니가 듣고 싶은 말을, 동생들과 친척들에게 함직한 말을 아들의 음성으로 공수한다. 할머니 앞에서 무당은 손주가 된다. 무당, 어머니, 죽은 아들은 한 몸이 되었다. 동생들도 무당-오빠를 붙잡고 울기 시작한다.

"엄마 걱정하지 말고 좋은 데 가서 잘 살아."(여동생)

눈물과 회한, 광란과 히스테리의 상태에서 가족들과 무당은 가족극을 연출한다. 그 순간만큼은 죽은 자와 산 자는 동일한 시·공간에서 숨쉬고 대화한다. 진혼의 가족극장은 죽은 아들을 떠나보내는 것으로 끝난다. 상황은 바뀌고 이성을 되찾은 가족들은 눈물을 닦고 원래의 위치, 무당은 무당으로, 어머니는 어머니로 돌아온다. 이제 그들은 더 이상 애도하지 않고 우울증에 빠지지도 않는다. 죽은 자를 떠나보낸 그 자리에 상을 펴고 서로 권하며 한 음식을 나누어 먹는다.

비체, 괴물, 히스테리적 주체로 트랜스한 바리-하기란 자신 내부의 타자와 외부현실에 존재하는, 귀신보다 더 두려운 현실에 적극적으로 대응하는 방식이다. 또한 히스테리적 상황을 만들고 그 상황 속에서 트랜스한 타자들의 연기를 통해 원한, 애도와 우울증을 벗어던지는 적극적인 계기를 마련함으로써 기억의 상처를 치유하거나 카타르시스하는 의미를 지닌다.

바리하기- 타자의 생존방식

제도는 안과 바깥을 구분함으로써 내부를 공고히 하고 질서를 만들어 간다. 이 과정에서 걸림이 되는 모든 것들을 바리데기한다. 최영장군은[6] 조선의 바리데기였고 마마(손님-천연두)신은 건강의 바리데기였다. 유교의 바리데기가 무속이었다면 과학의 바리데기는 미신이다. 객관과 이성의 바리데기는 히스테리이며 근면과 성실의 바리데기는 게으름과 무능이다. 이런 식으로 바리데기들은 존재해 왔고 또 영원히 존재할 것이다.

영화 〈영매〉가 시사하는 것은 이런 모든 바리데기들의 삶의 방식을 스스로 보여주고 있다는 점이다. 그것은 타자(바리데기)가 아니라 주체(바리하기)가 되어 오히려 바리데기 한 주체를 타자화시켜 버리는, 웃음의 방식이며 농담의 방식이다. 쉼 없는 노동 속에서도 유머 한 자락으로 현실을 뭉개버리는 저, 할머니들의 몰라 철학을 보며, 눈물 흘리고 스스로 비체가 되면서도 노래와 춤으로 맺힌 것을 풀어나가는 무당들을 보며 타자의 생존방식을 배운다. 나아가 요즘 유행하는 코미디 프로그램에서도 유쾌하게 전복하는 타자들의 힘을 느낄 수 있다. 왕따들의 놀이 〈혼자가 아니야〉, 소외된 할아버지들의 유머 〈버려〉, 386컴퓨터처럼 느리고 뚱뚱한 윤택이 자아내는 웃음 〈좋아좋아〉, (이상 〈웃찾사〉), 비체의 농담 〈뚱뚱교 교주〉 (〈개그콘서트〉)들은 바리하기 한 바리데기들이 비정상의, 비체화된 자신을 온몸으로 연기함으로써 진짜 비체인 정상사회를 비틀고 풍자하는, 유쾌한 웃음의 생존방식이다.

하늘(天)과 땅(地)사이에 사람(人)이 있다. 이 세 글자를 모두 합한 것이 무(巫)이다. 이 한자어 안에는 바리데기의 철학이 온전히 담겨 있다. 남이건 여이건, 부자이건 가난한 자이건, 건강한 자이건 병든 자이건, 산 자

이건 죽은 자이건 하늘 아래 땅 위에 모두 함께 존재하는 사람들(人人) 이
라는 의미다.

내 여자친구를 만나볼래?

〈여고괴담 두 번째 이야기〉

허 윤

남녀공학이나 남자학교를 배경으로 한 영화들은 코미디나 로맨스를 지향한다. 이성이 같은 공간에 있으면 뭔가 사건이 일어나거나, 희극적인 상황이 벌어지게 되는 것이다. 남자 고등학생이 등장하는 영화는 성에 대한 관심으로 관객들을 웃기거나(〈몽정기〉), 죽음도 갈라놓지 못한다는 식의 우정(〈친구〉)으로 청소년기를 아름답게 기억한다. 반면 우리의 여고를 보라. 여고에는 로맨스와 코미디 대신 공포가 출몰한다. 학교를 떠나지 못하고, 주변을 맴도는 여귀들은 일련의 공포영화로 형상화되고 있다.

〈여고괴담〉 시리즈는 1998년 처음으로 발표된 이래, 〈여고괴담 두 번째 이야기〉 〈여우계단〉을 거쳐 2005년 4편 〈목소리〉까지 개봉한 바 있다. 각기 다른 감독들이 전혀 다른 이야기를 담아내고 있는 영화들은 '공포'라는 장르로 묶인다. 여자고등학교라는 특수한 공간을 배경으로 벌어지는 이야기들을 공포영화, 괴담으로 형상화하는 것이다. 〈여고괴담〉에는 엄청나게 힘이 센 괴물이나 마법을 부리며 변신하는 마녀, 아이를 소유하려는 욕망에 들뜬 어머니는 없다. 오히려 사회적으로 약자라고 할 수 있는 여자고등학생이 등장한다. 성희롱을 일삼는 남자선생님과 '늙은 여우' 라 불리는 여자선생님 속에서 그녀들은 '약하고 힘없는' 것으로 여겨진다. 하지만 관객은 원혼으로 돌아온 소녀들을 통해 공포를 목격한다. 여기서 주목할 것은 우리가 여고에서 찾아낸 '공포' 가 무엇이냐 하는 점이다.

네 편의 영화는 '여고' 에서 펼쳐지는 '여성들 사이의 사랑과 우정' 에 대해 이야기한다. 여성 사이의 사랑과 우정을 공포의 대상으로 삼는 것이다. 로빈 우드[1] 는 공포영화가 공포의 대상으로 삼는 것들에 대해 이야기한다. 공포영화는 사회가 두려워하는 타자들을 공포의 대상으로 재현한다는 것이다. 사회는 공포의 대상을 '괴물' 로 표상해야만 유지될 수 있고, 따라서 지속적으로 동성애자/외국인/아이/여성을 '억압된 타자' 로 만들어낸다. 이들은 공포영화 속에서 괴물이나 공포를 주는 대상으로 귀환한다. 바바라 크리드[2] 는 공포영화 속 괴물 중 특히 여성에 대해 이야기한다. 그녀는 남근적 어머니나 초능력을 사용하는 여인, 여성의 재생산능력 등에 대한 공포를 분석하면서, 여성이 공포의 대상으로 그려지고 있음을 밝힌다. 이들은 '괴물로서의 여성성'monstrous-feminine으로 명명되는 이러한 특성은 남성 지배질서에서 지속적으로 타자로 재현되어온 여성이 또 다른 괴물로 재현되는 과정을 보여준다. 특히 대부분의 영화에서 괴물은 처벌받고 사라진다는 점은 타자가 사회에서 축출되는 과정을 보여준다. 괴물은 처벌받고 사회를 떠난다. 그들은 정상인이 아니기 때문이다. 괴물을 처벌하는 과정에서 관객이 느끼는 카타르시스는 사회 속에서 타자를 배제할 때 느끼는 쾌감이라 할 수 있다.

무서운 여자들, 무서운 학교

70년대 이후, 스크린에서 찾아보기 힘들었던 공포영화가 1998년을 기점으로 속속 개봉되기 시작한다. 이들 공포영화는 숙성된 인력과 자본, 기술을 바탕으로 할리우드 급의 영화 만들기를 표방하고 나선다. 그런 와중개봉한 〈여고괴담〉은 공포영화라는 새로운 장르를 개척해서 성공을 거두었다. 이제 귀신은 더 이상 야산이나 공동묘지 등을 헤매지 않는다. 머리를 풀고 입가에는 피를 흘리며 가냘픈 목소리로 자신의 한을 이야기하지않는다. 돌아온 귀신들은 학교를 뒤흔들며, 공포로 몰아넣는다.

한국의 귀신영화에서 고전적인 괴물은 소복을 입고, 머리를 길게 기른처녀귀신이나 사람을 간을 빼어 먹는다는 구미호였다. 처녀귀신은 이승에서의 원한을 풀지 못해 귀신으로 다시 등장하여, 관객에게 공포와 연민을불러일으켰다. 반면 구미호는 강렬한 섹슈얼리티와 본능을 무기로 남성들을 살해하는 만행을 저질렀다. 처녀귀신이 한을 풀고 저승으로 돌아간다면, 구미호는 과잉된 섹슈얼리티를 자랑한 것에 대한 처벌로 인해 사람들에게 잡혀 죽임을 당한다. 한국 공포영화의 두 축인 셈이다. 소복을 입은처녀귀신이건, 입가에 피를 흘리는 구미호이건, 모두다 외따로 떨어진 산속 깊은 마을, 혹은 묘지를 배경으로 활동한다. 또한 양쪽 다 주인공은 여자이다. 무서운 여자들은 깊은 산을 넘어가는 나그네나 고을에 새로 부임한 원님을 공포에 몰아넣는 것이다. 심약한 우리네 원님들은 그녀들의 의도와는 상관없이 죽어나가기도 하였다. 이후 공포영화는 새로운 공간을찾아낸다. 환상적 공포와 기이함은 가장 친숙한 곳에서 출발하는 법, 이제 영화는 현대사회에서 가장 친숙하고 익숙한 공간으로 시선을 돌린다.

〈여고괴담〉은 가장 근대적이고 규격화된 공간인 학교를 공포의 공간

내 여자친구를 만나볼래? 〈여고괴담 두 번째 이야기〉

으로 만든다. 푸코의 지적처럼, 학교는 훈육의 공간이며, 그 속에서 학생들은 감시와 처벌의 대상이 된다. 사회가 요구하는 인간상을 만들기 위해 학교는 훈육과 감시, 처벌로 이어지는 일련의 행위를 반복한다. 이 과정에서 개개인은 서로 다른 위계질서를 점유하게 되고, 학생들 사이에는 여러 가지 간극이 생겨난다. 공부 잘 하고 가정 형편도 넉넉한 아이들은 선생님의 사랑을 받는다. 유쾌하고 활발한 아이들은 친구들의 사랑을 받는다. 공부를 잘 하는 것도 아니고, 적극적이고 활발하지도 않은 아이는 여러 명의 친구가 아니라 자신을 알아주는 딱 한명의 소중한 친구를 만난다. 특히 여고생의 경우, 그 특별한 친구의 의미는 더욱 커진다.

사람들은 보통 '청소년기의 진한 우정'이란 말을 들으면, 바로 남자 고등학생을 떠올린다. 동네 깡패의 위협 앞에서 몸을 던져 친구를 구해주는 남자들 식의 우정을 말이다. 이에 비해, 여자의 우정에 대해서는 의심의 눈초리를 보낸다. 여자의 우정은 사랑 앞에서 흔들리고, 여자는 서로를 질투하며, 여자의 적은 여자라고 말한다. 그들의 생각과 달리, 하루의 절반 이상을 함께하는 여고생들의 우정은 남성들의 '그 무엇'을 뛰어넘는다. 〈여고괴담〉을 보라. 그녀들은 자신의 우정을 죽음으로써 증명하고 있지 않은가. 죽어서도 잊지 못하는 것이 자신의 부모도 아니고 친구라는 점은 여고생들 사이의 우정을 단적으로 보여준다. 여고를 둘러싼 이야기들은 귀신으로 가득하다. 귀신들은 저마다 학교에 얽힌 한을 풀기 위해 스크린 위에 등장해서, 학교를 공포의 공간으로 만든다. 그 속에서 원혼으로 소환되는 여성들과 그들의 우정은 '괴물'이라는 타자성의 외피를 입는다.

시리즈의 첫 번째 작품인 〈여고괴담〉은 입시와 성적위주의 한국 교육과 폭력적인 선생님들에 대해 비판을 가하고 있다. 여학생들에게 체벌을 가하거나 성희롱을 하고, 집안환경 등으로 친구들 사이를 이간질시키는 선생님이 전면에 등장하는 것이다. 개봉 당시 교원 단체 총연합회에서 상영금지 가처분 신청을 하기도 했다. 하지만 〈여고괴담〉에 대해 관객들이 보이는 반응은 대단했다. 많은 사람들이 '자신의 경험과 같다'는 고백을 했고, 〈여고괴담〉 속 학교가 결코 과장이 아님을 입증했다. 학교라는 근대적 훈육 기관에서 타자로 소환되는 여학생들은 생전에는 피해자였고, 죽은 이후엔 귀신으로 귀환한다. 학교의 구석구석을 돌아다니는 원혼의 시선은 학교를 공포의 공간으로 만들어낸다. 모두가 하교하고 난 후의 텅 빈 교실, 학교 지하의 수위실, 먼지 낀 책걸상이 놓여있는 창고 등은 공포를 불러일으키기에 충분하다. 볕이 들지 않는 음습한 공간에서, 원혼들은 자신의 가장 소중한 친구에게 공포를 준다. 선생님과의 갈등, 친구와의 갈등 등으로 죽은 귀신은 원귀가 되어 학교로 다시 돌아왔다. 이는 전통적 원혼담에 학교라는 현대적 공간을 추가한 것이다. 그리고 이 전략은 사람들에게 공포와 연민을 불러일으켜 〈여고괴담〉이라는 시리즈를 낳았다.

여고괴담 시리즈의 세 번째 작품인 〈여우계단〉은 학교에서 벌어지는 서열과 감시, 학생들 사이의 차이를 노골적으로 표면화하고 있다. 흔히 도시괴담으로 전해지는 1등과 2등 사이의 우정과 질시를 다루며, 〈여고괴담〉의 다른 어느 시리즈보다 공포영화의 관습을 충실히 지키고 있다. 영화는 학교라는 공간을 중세의 고딕 성으로 형상화한다. 영화의 중심을 이루는 장소인 기숙사와 기숙사로 가는 계단은 히치콕의 〈싸이코〉와도 흡사하다. 계단을 지나 언덕을 오르면, 성같은 기숙사가 등장한다. 기숙사의 외관은 튼튼해 보이지만, 내부는 오래된 나무바닥과 낡은 창문 등 마치 고딕 공포영화와 같은 분위기가 형성된다. 귀신이 돌아다니는 기숙사는 삐걱거리는 소리와 꺼졌다 켜지는 오래된 전등으로 여고생들의 공포를 자극한다. 시청각적 요인을 갖추었으니, 이제 무서워하기만 하면 된다고 말이다. 학교 내부도 마찬가지이다. 먼지 쌓인 지하창고나 석고상이 가득한 미술실은 어둠과 정적 속에서 살인의 현장으로 변한다.

영화는 시작과 끝을 기숙사 앞 여우계단으로 장식한다. 영화는 홀로 계단을 오르며 주문을 외는 소녀는 계단의 숫자를 세며 '여우'에게 소원을 빈다. 이 장면은 영화 속에서 반복적으로 등장한다. 서로 비는 내용은 다르지만, 소녀들은 계단을 오르며 자신의 욕망을 토로한다. 조용히 그리고 나지막하게 "여우야 여우야 내 소원을 들어줘"라고 말이다. 그리고 그녀들의 욕망은 파국을 불러온다. 끝까지 뉘우치지 않는 원혼은 친구의 반격으로 불에 타 죽고, 얼핏 학교는 평화를 찾는 것처럼 보인다. 하지만 소녀는 또 다시 계단을 오르고, 원혼은 기숙사에서 그로테스크한 미소를 짓는다.

〈여우계단〉이 중세풍의 공간을 재현했다면, 〈목소리〉는 현대적인 공간을 보여준다. 〈목소리〉의 학교는 전편과는 달리 현대적으로 재정비된 공간이다. 회색빛의 네모난 학교는 전체가 통유리로 되어 있고, 엘리베이터까지 갖추고 있다. 중심이 되는 장소 역시 지하 보일러실과 음악실, 방송실, 엘리베이터 등이다. 모두가 기계로 가득 찬 공간이다. 특히 원혼이 주로 등장하는 장소인 음악실 앞 복도와 엘리베이터는 적막이 흐르는 가운데 제시된다. 엘리베이터에서 자살한 효정의 귀신이 출몰하는 장소도 이곳이다. 영언의 시체가 발견되는 것도 엘리베이터이다. 네모난 상자 속에 갇혀 공포를 체험하는 장면이 실제로 영화 속에서 반복 재현된다. 물론 여기서도 하교 후의 학교가 문제이다. 학생들이 모두 하교한 이후의 학교는 폐쇄된 고성과 마찬가지이기 때문이다. 더구나 이미 죽어 귀신이 된 영언은 학교를 떠날 수 없다. 영화는 학교 밖을 벗어나지 못하는 귀신이라는 설정을 통해 공포는 학교 안에서 오고, 학교를 벗어나는 순간 사라진다는 것을 분명히 한다. 학교 밖은 영언이 그토록 감추고 싶어 했던 진실이 있는 공간이다. 선민은 학교 밖을 벗어나면 영언의 목소리를 들을 수 없고, 귀신의 존재와 마주서지도 않는다. 진실이 아닌 것, 정상이 아닌 것은 모두 영화의 밖으로 물러난다. 학교 밖을 벗어나지 못하는 영언과 효정은 학교에 남아 자신의 존재를 지키기 위해 다른 학생들에게 공포를 준다. 자신의 존재를 증명할 목소리를 지키기 위해 살인을 감행하는 것이다.

여고괴담 시리즈 속의 학교는 모두 다른 모습으로 묘사된다. 중세의 고딕 성과 같은 공간이 되기도 하고, 기계들이 가득한 현대적인 공간이 되기도 한다. 이제 귀신들은 우리가 일상에서 마주하는 학교라는 공간으로 귀환한다. 낮의 학교는 학생들로 가득 찬 생기의 공간이지만, 밤의 학교는 아무도 없는 공포의 공간이 된다. 원혼은 학교 곳곳을 배회하고, 원혼의 존재를 감지하는 그녀의 친구들은 숨 막히는 공포의 순간을 헤맨다. 영화를 보는 관객도 마찬가지이다. 관객들은 그녀의 친구들의 시선, 피해자의 시선으로 공포의 대상을 관찰한다. 각기 다른 개성을 가진 학교 속에서 공통적인 요소는 무엇인가. 학교가 모든 것을 갖추고 있다는 사실이다. 우리의 고등학교는 아침 8시에 시작되어 저녁 9시에 끝난다. 모두가 같은 옷을 입고, 같은 밥을 먹으며, 같은 공간을 하루에 12시간씩 공유하는 것이다. 가족보다 더 친한 친구가 되고, 집처럼 친근한 공간이 되는 셈이다. 손을 잡고 화장실까지 함께 가는 친구의 상실은 가장 큰 아픔이 되고, 〈목소리〉의 영언과 선민처럼 서로를 기억하기 위해 몸부림치게 된다. 하지만 죽음이라는 결절의 순간은 가장 친한 친구 사이를 한순간에 역전시킨다. 가장 친숙한 것이 낯설어지는 순간, 그 순간 공포가 탄생한다.

죽음으로써 존재를 증명하는 아이

〈여고괴담〉 시리즈는 친밀한 감정적 유대관계를 맺고 있는 여고생을 중심으로 진행된다. 이들은 텍스트의 중심에서 서사를 구성하고 이끌어나 간다. 그녀들의 우정은 사랑과의 경계선에 놓여있다. 사랑과 집착으로 변 해가는 우정은 여고라는 시공간적 특성으로 말미암아 확산된다. 단순히 '친구'가 갖고 싶었던 여학생들은 억울한 죽음 끝에 귀신으로 귀환한다. 그들은 죽은 이후에도 자신의 특별한 '여자친구'를 잊지 못한다. 죽음과 도 바꿔가면서 지킬 정도의 숭고한 우정 혹은 사랑이다. 여기서 시리즈의 두 번째 영화 〈여고괴담 두 번째 이야기-Memento mori〉(김태용, 민규 동 감독, 1999년)가 빛을 발한다. 영화는 여고생의 성정체성과 우정, 사 랑을 서정적으로 그려낸다. 귀신은 공포와 혼란을 불러일으키지만, 그 누 구도 죽지 않는다. 퇴마에 해당되는 반격이나 역전 없이 귀신은 스스로의 힘으로 현실을 떠나간다. 이로써 〈여고괴담 두 번째 이야기〉는 가장 서정 적인 공포영화가 된다.

여고는 성인이 아닌 미성년의 여성들만을 모아놓은 공간이다. 동시에 상징질서를 재생산하는 교육기관의 대표이며, 학생들을 사회라고 하는 성 인의 세계에 합류시키기 위해 준비시키는 기관이다. '사회화'라는 용어가 그러하듯 훈육과 감시를 바탕으로 일정 수준의 개인을 만들어내는 것을 목표로 하는 것이다. 여고생들은 학교 제도 안에 귀속되어 있지만, 동시에 그곳으로부터 이탈되어 있고, 본능을 제어하지 못한다. 따라서 백문임[3]의 지적처럼, 이들은 "보호와 육성의 대상"이자 "권리는 없고 책임질 능력도 없는 비(非)인간"으로 그려진다. 그리고 그 감시의 공간을 함께 살아가는 것은 '동성 친구'라는 사실은 〈여고괴담〉시리즈의 바탕을 이룬다. 〈여고괴담〉이 처음 개봉한 1998년, 관객들의 리뷰 속에서 상당수 여성들의 고백적 경험이 올라왔다. 자신의 학교에도 '미친개'와 같은 선생님이 있었다는 식의 경험 고백은 〈여고괴담〉이 영화 텍스트일 뿐 아니라 텍스트 외부와도 상호조응하고 있다는 것을 밝혀준다. 이는 무서운 대상이 단순히 이질적인 타자에 그치는 것이 아니라 내 이야기이자 내 친구의 이야기인 것으로 느끼게 되는 것을 의미한다.

여고괴담의 여귀는 공포를 주는 존재이지만 동시에 연민의 대상이 되기도 하다. 연약하지만 동시에 무서운 존재가 여고생이 되는 셈이다. 화장실도 손을 잡고 함께 들어가고, 쉴 새 없이 쪽지를 주고받으며, 친한 무리들끼리 그룹을 형성하는 여고의 상황은 독특한 '친구' 문화를 만들어낸다. 그리고 많은 수의 여성이 그 경험을 공유한 바 있다. 컨텍스트와의 조응은 영화 자체에 대한 이해를 용이하게 만든다. 무서워하는 것도 '나'이고, 무서운 것도 '나'이다. 이후 이어진 〈여고괴담〉 시리즈 역시 마찬가지이다. 이중 특히 〈여고괴담 두 번째 이야기〉는 학교라는 상징계의 질서를 넘어서려고 하는 나르시스트의 죽음을 보여준다.

학교는 소속된 구성원들이 집단의 질서에 순응할 수 있도록 만드는 역할을 한다. 상징계의 질서를 담보하고 가르치는 공간인 것이다. 하지만 상상계의 나르시스트들은 상징계를 훼손하고 어지럽힌다. 그들은 상징계의 질서를 거부하고, 자신만의 세계를 보여준다. 〈여고괴담 두 번째 이야기〉의 효신이 바로 그런 인물이다. 〈여고괴담〉에서 반 아이들의 따돌림으로 인해 죽어야했던 소녀의 영혼이 진정한 친구를 찾아 학교를 배회하는 것처럼, 소녀들은 자신의 모든 것을 알아주는 친구 혹은 사랑 대상을 갈망한다. 고등학교라는 한정된 공간에서 자신을 알아주는 나의 분신이 무엇보다 절실해지기 때문이다. 〈여고괴담〉의 소녀들은 모두가 자신의 분신을 찾아서 "조화로운 화음"을 만들기를 희망한다.

들리니? 세상엔 음이 있어. 사람마다 다른 음을 내는 거야. 그래서 화음이 되기도 하고 불협화음이 되기도 하고. 너와 난 아주 조화로운 화음을 듣게 될 거야. 넌 이 음을 꼭 기억해야 돼.

그 화음이 깨지게 되었을 때, 여고는 공포의 밀실로 변한다. 자신의 '조화로운 화음'이 깨지게 되었을 때, 여고생들은 죽음으로써 자신의 존재를 증명한다. 내가 너의 친구이고, 내가 너를 사랑하고 있다고 말이다. 그녀들의 죽음은 자신의 존재를 증명하는 사건이 된다. 하지만 그녀들의 귀환은 한갓 공포에 지나지 않는다. 귀환한 그녀들은 선생님을 죽이고, 친구를 죽인다. 하지만 〈여고괴담 두 번째 이야기〉는 다르다. 여기서 물리적으로 죽는 사람은 없다. 단지 불협화음을 조화로운 화음으로 바꾸어낼 뿐이다.

이 영화는 귀신으로 귀환한 소녀를 괴물로 그려내는 대신 화음을 찾아가는 여고생들의 나르시시즘을 보여준다. 효신과 시은, 민아의 관계가 그것이다. 진지하고 열정적인 효신과 시은의 관계가 현실의 "코미디의 언어"[4]에 의해 붕괴되는 순간 영화는 비극으로 접어든다.

첫째 날, 한 아이가 죽었다. 머리가 텅 비어진 채. 아마도 진실을 기억해냈나 보다.
둘째 날, 한 아이가 죽었다. 다리가 잘리어진 채. 아마도 진실에 다가갔나 보다.
셋째 날, 한 아이가 죽었다. 귀들이 베어진 채. 아마도 진실을 엿들었나 보다.
넷째 날, 한 아이가 죽었다. 두 눈을 잃어버린 채. 아마도 진실을 보았나 보다.
다섯째 날, 한 아이가 죽었다. 혀가 사라져버린 채. 아마도 진실을 말했나 보다.
여섯째 날, 한 아이가 죽었다. 두 손이 없어져버린 채. 아마도 진실을 썼나 보다.

일곱째 날, 한 아이가 죽는다. 아마도…….

온갖 색깔의 펜과 색종이, 심지어 사탕과 약까지 동원된 일기장 뒤로 깔리는 내레이션은 영화의 시작을 알린다. 진실에 접근한 죄로 머리, 다리, 귀, 혀, 손, 그리고 목숨까지 잃는 아이는 효신 본인의 이야기이기도 하지만, 그런 효신을 기억하고 닮아가는 시은과 민아의 이야기이기도 하다. 자신의 욕망이라는 진실과 대면하고 죽음을 택한 것은 효신이었지만, 효신과 동일시한 민아와 효신의 죽음을 애도하는 시은 역시 진실과 대면해야하는 공포의 상황에 직면한다. 효신은 물리적으로 죽었지만 시은과 민아 역시 상징적으로 죽음을 맞이한 셈이다. 다음 장면은 다리가 묶인 채 풀에서 가라앉는 효신과 시은을 보여준다. 시은은 효신과의 끈을 풀고 푸른 물의 세계에서 밖의 세계로 나아간다. 물 안은 평온과 죽음, 여성적 연대가 가능한 공간이다. 물 밖이 상징계를 구성하는 학교의 수영장인 데에 반해, 물 안은 타자와 주체가 하나가 될 수 있는 상상계적 공간이 된다. 효신은 시은과의 연대가 가능한 상상계에서 죽음을 맞이한다. 하지만 시은은 효신을 밟고 물 밖으로 나간다. 시은은 물 밖의 세계와 시선을 의식한다. 타인을 통해 자신을 인식하고, 타인의 평가에 대해 민감한 반응을 보인다. 시은은 상징계로 진입하는 것이다. 하지만 효신은 자신을 뿌리치고 나가는 시은의 뒤에서 물 안으로 가라앉는다. 물 밖으로 뛰쳐나간 시은이 "일기는 새로 쓰면 되지"라며 자신의 정체성을 긍정하기까지의 변화는 상징적 죽음과 재생의 단계와도 맞먹는다. 효신의 죽음을 통해 입사 체험과 같은 통과의례를 경험한 시은은 새롭게 탄생하는 것이다. 이처럼 영화의 프롤로그는 시은과 효신의 관계를 압축적으로 제시함으로써 영화 전체를 꿰뚫는 맥을 보여준다.

어둡고 푸른 분위기의 프롤로그가 끝나면 영화의 세계가 갑자기 변화한다. 상징계의 아침으로 복귀하는 것이다. 카메라는 빛으로 가득 찬 운동장과 그 운동장에서 달리고 있는 시은, 학교의 담을 넘는 민아를 보여준다. 프롤로그의 주인공이 효신이었다면 본편의 주인공은 시은과 민아인 셈이다. 이때부터 영화는 새로운 전환점을 맞이한다. 효신과 시은의 과거와 현재가 교차 편집되며 신체검사가 진행된 하루를 기록한다. 효신과 시은의 만남과 헤어짐, 효신이 시은의 생일에 자살하는 이유 등을 보여주는 것이다. 이때 텍스트를 이끌고 나가는 것은 민아이다. 민아는 수돗가에서 그들의 교환일기를 습득한 후, 효신과 시은의 뒤를 쫓는 또 하나의 시선이 된다. 민아의 시선은 민아를 바라보는 효신의 시선과 겹쳐지며 효신과 민아가 하나로 동일시되는 양상으로 드러난다. 영화의 과거를 움직이는 효신과 현재를 움직이는 민아가 하나로 합쳐지는 것이다.

영화 속에서 벌어지는 사건은 모두 신체검사가 진행된 하루 동안 일어난다. 하지만 서사는 일 년 여의 시간을 구성해서 보여준다. 그 날은 시은의 생일이기도 하다. 효신은 시은과 하나가 되기를, 시은의 생일이 자신의 생일이 되기를 희망한다. 그리고 그 날 자살을 택함으로써 자신의 죽음과 탄생을 새로이 정의한다. 시은은 자신의 섹슈얼리티를 긍정하며 드러내지도 못하고, 어느 누구에게도 상실에 대한 슬픔을 호소하지 못한다. 그녀의 외상은 영화의 시간질서를 흔들어놓고, 과거의 고착점으로 돌아가게 한다. 그리고 다시 현재로 돌아와 자신의 상처를 치유한다. 이 모든 과정은 효신의 죽음과 맞물려 돌아간다.

말 못하는 아이와 듣지 못하는 아이

　　효신은 조용하고 도도하다. 반의 다른 친구들과는 말도 섞지 않는다. 국어 선생님의 말처럼 '시시한 세상을 조롱하고 있는' 건지도 모른다. 그녀가 학교에서 입을 여는 것은 수업 시간에 창작한 시를 발표할 때 뿐이다. 선생님의 호명을 받고, 즉석에서 시를 짓는 효신은 여느 아이들과는 다른 화법으로 인해 미움을 산다. 효신이 선택한 언어는 일상의 언어가 아니다.

　　아무도 없다 아무도 있다 그러나 없다 아닌가 있나 없는 것 같아 아니야 있어 없다고 했지 그것은 거짓 진실은 있다 있다는 거짓 거짓은 있다 있다는 진실 아무도 몰라 아무도 없어 그래서 몰라 아무도 있어 그래도 몰라 정답은 있다 아니다 없다 있다는 진실 없다는 진실 없다는 거짓 진실은 거짓 거짓은 진실 나는야 몰라 아무도 나야 나는야 아무다 누구나 나다 나는야 누구나 될 수 있다 진실이 거짓이 되듯

　　효신의 시는 진실과 거짓이라는 양 극단이 결국은 하나에 지나지 않음을 이야기한다. 누구나 될 수 있지만 동시에 누구도 아닌 혼란은 효신의 내면을 보여주는 것인 동시에 그녀의 감수성을 상징적으로 드러낸다. 속사포처럼 시를 뱉어내는 효신은 타인과 소통하지 못한다. 자신의 말을 듣고는 있지만 이해할 수 없는 이들과는 소통할 수 없는 것이다. 따라서 그녀는 다른 사람을 향해서는 말하지 못하는 주체가 된다. 의도적으로 말하지 않는 것이 아니라 상대가 그녀를 이해하지 못함으로 인해 말하지 못하는 주체가 되는 것이다. 그녀가 말을 하면 상대는 화를 내거나, 비난을

한다. 연안과의 대화는 싸움으로 끝났고, 선생님과의 대화는 섹스로 이어졌다. 그녀는 자신이 원하는 방식으로는 소통하지 못하는 존재가 되는 것이다.

효신이 택한 것은 시은이다. 시은은 육상부 선수로 큰 키와 납작한 가슴, 짧은 머리를 하고 있다. 효신이 교복 치마를 입은 채 단추를 한 두 개쯤 풀고 나오는 데 비해, 시은은 교복보다는 운동복을 입은 모습으로 등장한다. 시은에게 있는 여성적 섹슈얼리티를 지워내는 것이다. 교환일기를 쓰자는 제안에도 "난 그런 거 못하는데"라고 대답할 뿐이다. 또한 시은은 잘 듣지 못한다. 특별한 이유는 없다. 귀가 멍멍해져 다른 사람의 말을 제대로 듣지 못하는 것이다. 시은은 듣기를 거부한 주체이고, 효신은 소통을 거부한 주체라는 점에서 통한다. 효신과 시은은 말이 아니라 텔레파시로 소통한다. 효신이 하는 말이나 그들의 교환일기는 효신의 일방적인 독백에 가깝다. 교환일기는 효신의 목소리가 된다. 영화 속에서 내레이션으로 등장하는 일기의 구절이 모두 효신의 목소리인 것은 그 때문이다. 일기는 효신이 시은에게 보내는 연서(戀書)이자 세상에 내미는 말인 것이다. 하지만 이것 역시 소통을 전제로 하고 있지는 않다. 그들의 교환일기는 효신의 열렬한 사랑고백과 정성 어린 문구들로 가득 차 있다. 둘 중 한 사람이 먼저 죽으면 비가 오는 날 데리러 오겠다는 효신의 다짐도 목소리로 남아있을 뿐이다. 시은에 대한 효신의 애정은 영화 전편에서 일방적으로 과잉되어 흘러넘친다. 눈부처를 이야기하는 효신에게 시은은 "미친년"이라고 대꾸하고, 그들의 공개적 애정고백은 상징계의 질서에 의해 패배하고 만다. 시은은 반 아이들 앞에서 자신에게 키스하는 효신을 밀쳐낸다. 한달 전으로 돌아가자고 애원하는 효신에게 시은은 "넌 하나도 안 특별해." "난 네가 창피해." "마음대로 해."로 일관한다. 일기장이라는 공

274

간 밖에서 효신의 일방적 말하기는 실패를 거듭한다.

여기서 민아가 등장한다. 민아는 수돗가에서 우연히 교환일기를 주운 이후 시은과 효신의 관계에 주목하기 시작한다. 이미 2학년이 되어 다른 반으로 갈린 시은과 효신의 사이를 수소문해 보고, 같은 반인 시은에게 호의를 보인다. 일기장 속 효신의 목소리에 동화되는 것이다. 효신이 자살하고 난 직후 민아가 한 달 전 효신의 모습을 보는 환각을 경험하는 것도 여기에서 기인한다. 일기장을 읽은 이후 민아는 점점 효신을 닮아가고 있는 것이다. 민아는 효신이 그랬던 것처럼 시은과 교감한다. 청력검사에서 탈락할 위기에 처한 시은을 돕는 것도 민아이다. 그녀는 교실에서도, 양호실에서도 시은과 효신의 교환일기를 놓지 못한다. 민아는 일기장 속 효신의 목소리에 중독된다. 이제, 민아와 효신의 관계는 단순한 동일시로만은 설명되지 않는다. 민아는 일기장, 즉 효신의 지시에 따라 여러 행동을 실천에 옮긴다. "내가 어떤 앤지 알고 싶으면 이걸 뜯어봐." 라는 지시를 따라 일기장을 펼치고, 거울에 비친 자신의 얼굴을 본다. 이는 효신=민아라는 공식을 보여준다. 하지만 본래 수신자는 시은이다. 즉 발화자인 효신은 수화자로 예정된 시은에게 '나는 바로 너' 라는 사실을 말하는 셈이다. 이는 효신의 나르시시즘이 시은을 향해 투사되었음을 확인시켜준다. 효신은 시은을 자신의 또 다른 자아로 선택하는 것이다. 프로이트는 이를 나르시시즘적 사랑 대상의 선택[5] 이라고 말한다.

동일시를 기반으로 전개되는 나르시시즘적 사랑 대상 선택은 〈여고괴담〉 시리즈 전체를 꿰뚫는 축이 된다. 자신의 자아이상이나 닮은꼴로서 친구를 사랑하는 것이다. 네 편의 〈여고괴담〉은 각각 정도의 차이가 있을 뿐 동성애적 우정에 대한 이야기를 담고 있다. 영화 속에서 드러나는 여자 동성애는 프로이트가 「여자 동성애가 되는 심리」 등에서 설명한 방식과는 차이를 보인다. 그는 여자 동성애가 스스로를 남성적 여성으로 자임하여 여성을 사랑하거나 사랑 대상으로 어머니를 택하는 것이라고 말한다. 효신은 신체적 특징이나 남성성 콤플렉스, 어머니에 대한 사랑 때문에 여성을 사랑하는 것은 아니다. 영화는 학교 밖을 벗어나지 않으며, 영화 속에 나오는 성인은 학교 선생님뿐이다. 부모나 가족의 존재는 어디서도 등장하지 않는다. 효신은 남성성 콤플렉스를 가진 것처럼 보이지도 않는다. 그녀는 자신만의 언어를 가지고 문학적 권력을 휘두르기도 한다. 또한 자신이 여성의 섹슈얼리티를 가지고 있음을 국어 선생님과의 관계를 통해 굴절된 방식으로 보여주고 있기도 하다. 효신은 적극적으로 상상계에 남아있기를 희망한다. 자신을 뿌리치고 물 밖으로 나간 시은과는 달리, 타인과의 완전한 일치가 가능한 상상계적 세계에서 자아를 외부로 투사, 동일시한 대상을 사랑하는 것이다. 이는 효신의 나르시스트적 기질을 통해 확인해볼 수도 있다.

19세기 후반의 성의학자 헤브록 엘리스는 동성애를 나르시시즘과 연결시킨다. 그는 동성애가 남성이나 여성이 이성을 사랑하지 않고 자신을 투영하는 다른 남성이나 여성을 사랑하는 자기애의 병리현상이라고 하였다. 인간은 발달 단계에 따라서 자기애에서 대상애로 전환되는 것이 보통인데, 동성애자들은 자기애 단계에 머무른다는 것이다. 이를 프로이트의 용어로 설명하면, 나르시시즘적 대상 선택이 된다. 프로이트는 자아를 향한 리비도는 대상으로 전환될 때에도 완전히 사라지지 않고, 어느 정도는 남아서 자기 안에 유지되어 대상 리비도와 조화를 이룬다고 한다. 하지만 몇몇 사람들의 경우에는 대상 리비도와 자아 리비도 사이의 균형이 깨져서 붕괴하게 되는데, 이를 보여주는 것이 나르시시즘적 사랑 대상의 선택이다. 타인이 아니라 현재의 나나 과거의 나, 혹은 미래에 자신이 되고 싶은 모습을 사랑하는 것이다. 이는 자신의 자아 리비도를 외부로 모두 투사시켜 대상을 자기와 동일한 존재로 만드는 것이다. 리비도가 전부 자기를 향하거나, 대상을 향하는 것은 모두 징후적 행위이다. 나와 닮아있는 대상에 자신을 동일시한 나머지, 자아의 자존감을 지키기 위해 남아있던 자아 리비도는 모두 대상을 향하게 된다. 이 과정에서 자신을 낮추고 대상을 높이는 과정이 등장하기도 한다. 상대를 자신의 '자아 이상'ego ideal으로 설정하고, 자신의 모든 리비도를 상대에게 투여하는 것이다.

효신은 시은을 향해 끊임없이 외치고, 자신의 사랑을 증명하려 한다. 시은은 효신과 분리되는 것이 아니라 하나로 연결된다. 일기장 속 거울은 이를 분명하게 보여주는 소재가 된다. 효신이 시은의 생일 밑에 자신의 생일을 기입하는 것도 같은 행위이다. 같은 날 태어난 더블double 과도 같은 존재가 효신과 시은이라는 것을 밝히는 셈이다. 효신은 시은과 하나가 되기를 희망하고, 같은 날 태어나기를 원한다. 그래서 그녀는 시은의 생일날 자살을 감행한다. 〈여고괴담〉 시리즈의 소녀들은 같은 모습을 하고 있다. 그녀들은 자신의 닮은꼴인 사랑 대상을 선택함으로써 자아 리비도를 모두 외부로 투사시킨다. 따라서 대상과 나는 분리되는 것이 아니라 하나로 연결된다.

우리의 죽음을 관찰하는 아이

일기장에 적힌 대로 '메멘토 모리, 죽음을 기억하라'는 주문을 외우는 민아는 환각으로 효신의 손길을 체험한다. 주문을 외우고, 죽은 자의 존재를 체험하는 민아는 이미 죽은 효신의 존재를 느끼고, 거기에 사로잡히

277

내 여자친구를 만나볼래? 〈여고괴담 두 번째 이야기〉

게 되는 것이다. 이는 민아가 효신이 숨겨놓은 약을 먹는 것으로까지 이어진다. 효신은 일기장에 "네가 먹은 건 내가 만든 독약이야. 만일 날 사랑하지 않는다면 넌 오늘 죽게 될 거야. 해독약을 만들고 있긴 한데 잘 모르겠어. 만들게 되면 연락 줄게." 라는 메시지를 남긴다. 이미 그 약을 먹고 복통에 시달리던 민아는 "해독제야. 이걸 찾아다녔지. 날 믿는다면 먹어." 라는 효신의 메시지에 약을 먹는다. 하지만 정작 알약을 먹은 민아는 죽을 듯한 고통에 사로잡히게 된다. 효신이 자신의 죽음을 준비하며 남겨놓은 알약과 메시지는 모두 방향을 바꾸어 민이에게로 향한다. 효신이 만들어놓은 제의에 걸려들어 효신의 죽음을 재체험하는 것이다. 이제, 민아는 상징적 죽음의 단계에 들어선다.

효신은 자신의 죽음을 철저하게 준비한다. 일기장 속에 남겨진 메시지 '죽음을 기억하라' 는 자신의 존재를 기억하라는 효신의 당부이다. 자신이 죽으면 그냥 "한 아이가 죽었다."로 기억되고 싶다는 효신의 말은 죽음을 준비하는 자의 것이다. 그녀는 현실세계에 적응하지 못하고 스스로 죽음을 선택한다. 수면에 비치는 자신의 모습에 빠져, 물속으로 들어간 나르키소스처럼, 효신은 스스로의 존재를 자살로 입증해 보인다. 이전까지 그녀와 사이가 좋지 않던 아이들은 효신의 존재를 실감하고, 그녀의 죽음을 염려하기 시작한다. 몸싸움까지 벌이며 다투던 합창반의 지휘자는 효신을 위한 위령제를 준비한다. 민아는 효신과 시은에게 집착한 나머지 친한 친구 연안과 다투기까지 한다. 시은도 효신의 죽음으로 인해 변모한다. 반에서 외톨이로 소통하지 못하던 효신이 발견한 것은 자신과 꼭 닮은 모습의 시은이었다. 말이 없고, 잘 듣지 못하는 시은은 아무에게도 자신의 속을 이야기하지 못하던 효신과 짝이 되었다. 효신은 자신과 시은을 완벽하게 동일시한다. 거울에 비친 시은의 얼굴이 자신의 본질이라고 믿는 것이다. 하지만 시은은 효신처럼 생각하지 않았다. 상징계의 질서를 거부하고 나서는 효신과 달리 시은은 주변의 시선을 의식했기 때문이다. 효신의 죽음 이후, 시은은 효신에 대해 인정하고 받아들이게 된다. "너를 미워한 적은 한번도 없었어." 라고 말하는 시은의 뒷모습은 스스로에 대한 고백에 다름 아니다. 민아 역시 효신의 갑작스런 죽음과 일기장으로 인해 효신의 죽음을 체험한다. 늘 함께하던 친구들과 다투고, 평범한 것으로 인정되던 세계에 의문을 가지게 된다. 효신의 죽음은 그렇게 상징계의 질서에 균열을 가한다. 그리고 우리 모두가 겪는 죽음과도 같은 제의를 관찰한다.

효신은 스스로 죽음을 택함으로써 학교의 질서를 붕괴시킨다. 학생들이 농담처럼 내뱉었듯이 학생들의 자살은 학교의 존재 자체를 위태롭게 하는 사건이 된다. 영화는 스스로 죽음을 택한 뒤, 자신의 죽음을 관찰하는 효신의 시선을 배치한다. 효신이 죽은 이후, 영화에는 음화로 처리된 효신의 시선이 등장한다. 때로는 옥상에서 내려다보고, 때로는 옆에서 지켜보는 그녀의 시선은 자신의 죽음을 지켜보는 모습으로까지 이어진다. 민아가 환각으로 보는 효신의 자살 속에는 옥상에서 내려다보는 효신의 존재가 있다. 이제 효신은 학교의 질서를 본격적으로 무너뜨리기 시작한다. 새가 교실 안으로 날아들고, 문은 닫혀서 열리지 않는다. 비가 억수같이 쏟아지는 가운데, 아이들은 비명을 지르기 시작한다. 그리고 그런 혼란을 위에서 내려다보는 효신의 '눈'이 있다. 잠겨 있는 눈과 쏟아지는 비, 스피커를 통해 흘러나오는 이상한 소리 등은 공포 분위기를 조성하고 효신은 직접 아이들 앞에 나타난다. 아이들은 소리를 지르며 당황해한다. 이때 영화는 효신의 눈에 비견되는 상징적 '눈'을 비춘다. 위에서 내려다보며 혼란을 조장하는 '눈'은 집단 히스테리를 묵묵히 관찰한다. 이 공포의 상황을 해결하는 것은 시은이 내뱉은 "생일 축하해."라는 말이다. 시은은 효신과의 마지막 순간과 그때 뒤돌아서서 내뱉었던 말을 기억한다. 한번도 널 미워한 적이 없었다는, 생일을 축하한다는 시은의 고백에 이어 효신의 눈은 사라진다. 시은이 내뱉은 생일 축하 인사는 단순히 생일에 대한 인사가 아니라 그녀들이 하나일 수 있음을, 하나의 생일을 공유하는 존재가 될 수 있음을 암시한다. 시은에 대한 효신의 사랑을 인정하고 받아들이는 것, 거기서 영화 속 세계가 평화를 찾는 것이다. 이제 귀신은 사라지고 없다. 시은은 효신의 죽음을 통해 자신의 정체성을 인정하고 새롭게 태어나는 것이다.

일기장을 잃어버렸다고 텔레파시로 이야기하는 민아에게 시은은 "괜찮아. 일기는 다시 쓰면 되니까."라고 말한다. 이 과정에서 시은과 민아는 자신의 정체성을 확고히 한다. 죽음과도 같은 상징제의를 통해 레즈비언으로서 자신을 정체화하는 것이다. 세계는 그녀들이 성숙해가는 과정을 보여주고, 영화는 세계와 화해하는 그녀들을 보여준다. 〈여고괴담 두 번째 이야기〉에서 공포영화의 기색이 많이 느껴지지 않는 것은 이때문이다. 시은과 효신의 사랑이 이루어지는 대목, 시은이 자신의 섹슈얼리티를 레즈비언으로 긍정하는 순간, 영화는 평화를 찾는다. 여기에는 괴물로서의 여성 동성애자가 등장하지 않는다. 효신을 제외한 어떤 인물도 실질적 죽음을 맞이하지 않는다. 효신의 죽음을 바라보는 모두, 그리고 효신 자신은 죽음을 바라보며, 상징적 제의를 치르게 된다. 이 과정에서 효신의 타자성이 자리를 확보하고 세계와 화해하는 것이다. 효신은 학교라는 굳건한 상징계에 균열을 가한다. 하나의 규준된 틀로 학생들을 판단하는 사회에 대해 스스로의 죽음으로써 구멍을 만들어내는 것이다. 그리고 그 구멍은 또 다른 효신인 시은, 민아를 낳는다. 이제 영화는 공포를 조장하지 않는다.

이는 같은 시리즈의 3편 〈여우계단〉과는 다른 결론이라고 할 수 있다. 〈여우계단〉은 직접적으로 동성애에 관한 논의를 영화의 문맥 속으로 포함시키고 있지는 않다. 하지만 여성 간의 사랑과 우정에 관해 이야기하고 있는 것은 분명하다. 친구에 대한 자신의 욕망을 적극적으로 표현한 소녀들은 그로 인해 '죽음'이라는 극단의 '처벌'을 받는다. 효신과 소희가 그러하다. 동일한 출발선을 가지고 있기는 하지만 두 영화는 사뭇 다른 결론을 내린다. 〈여고괴담 두 번째 이야기〉는 레즈비언의 정체성 확인 과정을 통해 스스로의 정체성을 긍정하며, 효신이라는 나르시스트를 통해 상징계에 균열을 가하고 있다. 이는 〈여고괴담 두 번째 이야기〉를 무섭지 않은 공포영화로 만든다. 반면 〈여우계단〉은 레즈비언에 대한 확실한 처벌을 통해 공포영화로서의 자리를 굳건히 한다.

혜주(의 모습을 한 소희의 원혼)는 자신을 사랑하지 않은 사람들을 처벌한다. 영화는 과잉된 피와 폭력을 부른다. 이상할 정도로 많은 양의 피를 뒤집어 쓴 혜주의 모습은 괴물의 모습과도 같다. 영화는 끝까지 레즈비언으로서 소희의 정체성을 명명하지 않는다. 소희가 귀신이 된 것은 진성이 자신을 배신하고 대회에 나가려고 했기 때문이고, 혜주는 소희에게 빙의되어 살인을 저지른 것이라고 주장한다. 이런 결론은 소희라는 인물을 하나의 완전한 여성괴물로 그려낸다. 사랑한다고 말하면서 친구를 죽이고, 그 이후에도 여전히 기숙사에 남아서 떠도는 영혼은 귀신이고 괴물인 것이다. 〈여우계단〉은 공포영화가 타자들을 괴물의 위치에 올려놓음으로써 공포를 형성한다는 것을 잘 보여주고 있다. 하지만 그 과정에서 여성괴물은 레즈비언이기 때문에 귀신이 되거나 복수극을 벌이는 것이 아니라는 '합리적' 설명을 덧붙인다. 이전의 할리우드 영화에서 여성 동성애를 '우정'으로 포장해서 타자화했던 작업을 반복하고 있는 셈이다. '우리는 그녀가 레즈비언이기 때문에 무서운 것이 아니라 귀신이기 때문에 무섭다.'는 설득은 '무서운 것은 레즈비언이 아니다.' '레즈비언은 없다.'는 결론으로까지 이어진다. 레즈비언의 기표를 비워두고, 복수와 원한이라는 보편적 주제를 포함시킴으로써 영화는 자신이 표현하고자 했던 바를 가리고 싶어 한다. '말해서도 안 되는 존재'가 되는 것이다. 이는 상징계에서 '타자성'으로 규정되고 있는 그녀들의 자리를 보여준다.

〈여고괴담 두 번째 이야기〉는 다르다. 이 영화는 나르시스트인 효신이 자신의 죽음으로 상징계에 균열을 이루는 순간을 보여준다. 그녀의 죽음은 시은과 민아를 각성시키고, 학교라는 질서에 위협을 가한다. 효신의 원혼은 귀신의 눈으로 등장하지만, 동시에 학교를 뒤흔들 만큼 대단한 공포의 대상으로 존재하는 것이다. 하지만 효신의 눈은 슬프다. 그녀는 아이들에게 공포를 주지만, 동시에 자신의 슬픔을 감당하고 있기도 하다. 진정으로 사랑했지만 그 사랑을 거절당하고, 죽음으로 자신을 증명할 수밖에 없었던 효신은 무서운 아이인 동시에 무서워하는 아이인 셈이다.

옥상에 선 아이들

〈여고괴담 두 번째 이야기〉는 옥상에서 놀고 있는 효신과 시은을 비추며 마무리한다. 옥상은 효신과 시은이 선생님과 아이들의 눈을 피해 자유로운 생활을 즐길 수 있는 공간이다. 비스듬이 놓여있는 처마 위에 위태롭게 서 있는 효신과 시은의 모습은 상징질서 속에서 그녀들이 위치한 자리이다. 위험하지만 포기할 수 없는 즐거움이다. 효신과 시은은 옥상에서만 행복할 수 있었고, 효신은 그런 옥상에서 뛰어내린다. "나는 죽을 수도 있어."라는 효신의 마지막 말은 죽음으로써 자신의 전존재를 입증하는 다짐이다. 죽음으로라도 너에 대한 나의 사랑을 입증하는 그녀의 태도는 상징계가 얽어놓은 틀에 매이지 않는 효신의 자유로움을 보여준다. 영화의 마지막은 노을이 지는 가운데 옥상에서 양말 등속을 너는 효신과 시은을 보여주며 그녀들의 평화로운 시간을 아름답게 색칠한다. 적갈색 노을 안에서 행복하게 웃고 있는 두 아이는 너무나 아름답다. 이는 〈여고괴담 두 번째 이야기〉가 차지하는 특수한 위치를 설명한다. 영화는 원혼이 돌아와 남은 친구들을 위협한다는 시리즈의 규칙을 충실히 따르고 있다. 동시에 공포영화의 규범에서는 벗어나고 있기도 하다. 이 영화에서 효신은 괴물로 남아 있지 않는다. 〈여고괴담〉, 〈여우계단〉과 〈목소리〉에서 귀신들이 학교에 남아 떠나지 못하는 것으로 그려진 데 반해, 효신은 학교를 떠난다. 학교에는 효신이 남겨놓은 결절의 흔적만이 남아 있다.

〈여고괴담〉 1편은 진정한 친구를 얻지 못한 여고생이 귀신이 되어 수십 년간 학교생활을 반복하고 있다는 설정에서 출발한다. 진정으로 자신을 위하는 친구를 만나기 위해 반복해서 학교를 다니는 진주는 나를 이해해줄 특별한 누군가를 찾는 여고생의 모습을 담아내고 있다. 그녀가 구하는 것은 어머니의 사랑이나 선생님의 사랑, 남자친구가 아니라 또래인 여자 친구이다. 현실을 지탱하게 해주는 친구의 존재가 각별한 것이다. 〈여고괴담 두 번째 이야기-Memento mori〉는 보다 본격적으로 레즈비어니즘에 대해 이야기한다. 육상을 하는 체육부 소녀 시은과 학교에 적응하는 것을 거부하는 예민한 감수성의 소유자 효신은 서로를 '조화로운 화음'으로 여긴다. 시은과 효신의 일기장을 획득하는 민아를 매개로 하여 자살한 효신과 시은, 민아의 사이가 중개되는 이 영화는 여고의 레즈비언이라는 독특한 소재를 미학적으로 형상화한다. 사랑을 거부당한 효신이 귀신으로 변해 학교에 나타나고, 소동을 일으키는 과정은 일련의 공포영화와 같다. 하지만 영화는 효신의 죽음 이후 갑작스레 공포물로 선회하는 과정에서 어색함을 드러낸다. 이는 이 영화가 공포영화와는 어울리지 않는다는 것을 보여준다. 자신의 정체성을 긍정하고 세계와 화해하는 레즈비언은 타자로 명명되는 것이 아니기 때문이다. 타자를 괴물로 만들어 공포를 조성한다는 공포영화 장르의 규칙에서 벗어나는 설정이다. 효신의 사랑을 받아들이고 화해하는 시은과 자신의 정체성을 새롭게 찾아내는 민아의 모습은 레즈비언의 존재를 현실에 있는 아이들로 만들어낸다. 괴물같은 여성으로 그려내는 것이 아니다. 따라서 영화는 공포라는 장르적 관습에서는 실패할 수밖에 없다. 이는 시리즈의 다른 작품과 비교하여 볼 때 현저히 다른 점이라 할 수 있다.

여고괴담 시리즈의 3편인 〈여우계단〉은 전작에 비해 다소 통속화된 공포물이 되고 만다. 어느 사회에서나 있을 법한 도시 괴담 urban legend 을 토대로 여성들 사이의 자리다툼과 선망, 질투의 시선을 읽어내는 것이다. 재능과 실력, 좋은 성격까지 갖춘 소희와 그녀의 절친한 친구이자 경쟁자인 진성의 관계는 이를 보여주는 대표적인 케이스이다. 〈여고괴담 두 번째 이야기〉와 〈여우계단〉은 하나의 시리즈임에도 불구하고, 공간적 배경과 등장인물 사이의 관계를 제외하고는 닮은 점이 거의 없어 보인다. 모두가 여고를 배경으로 하고, 여고생들 사이의 사랑과 우정에 대해서 이야기하지만 그려내는 방식이 상이하기 때문이다. 〈여고괴담 두 번째 이야기〉가 여고생의 레즈비언 섹슈얼리티를 긍정하면서 세계와 화해시키는 데에 반해, 〈여우계단〉은 끝까지 괴물로 현현하는 레즈비언을 보여준다. 한쪽은 공포영화로서는 성공하지 못했고, 다른 한 쪽은 공포영화가 되었다는 차이는 여기서 기인한다. 공포영화가 여성, 여학생, 레즈비언의 타자성을 얼마나 효과적으로 활용하고 있는지를 보여주는 것이다. 타자성을 괴물로 묘사함으로써 영화는 관객에게 공포를 가져다준다. 따라서 형상화되는 타자성이 무엇이냐는 관객이 어느 지점에서 공포를 느끼느냐 하는 부분이기도 하다. 레즈비언 섹슈얼리티는 영화의 관습 속에서 공포의 대상으로 그려지고 있다. 공포의 대상인 '타자'를 적절히 형상화하지 못하면 공포영화의 장르적 관습에서도 실패할 수밖에 없다. 여기서 우리는 현재 사회의 타자가 무엇인지를 확인하게 된다. 여자, 학생, 그리고 레즈비언이 그들이다.

〈여고괴담 두 번째 이야기〉가 갖는 의미는 여기서 구체화된다. 영화는 효신과 시은을 괴물로 그려내지 않는다. 효신은 무서움을 주는 만큼이나 처연함을 주는 존재이다. 영화의 시작에서 보여준 것처럼 효신은 상상계의 질서에 속하는 인물이다. 타자와 주체가 하나가 될 수 있고, 상대방을 타자로 규정짓지 않아도 관계가 가능한 세계 말이다. 상징계의 질서는 효신의 세계에서 등장하지 않는다. 그렇기에 그녀는 금기로 지정된 레즈비어니즘을 적극적으로 실현하는 주체가 된다. 동시에 자살이라는 금기를 범하기도 한다. 금기의 위반과 극복을 통해 상징계에 균열을 가하는 것이다. 그녀는 타자이지만, 절대 약한 존재가 아니다. 그녀는 자신의 주체적인 판단과 의지로 상징계에 균열을 가하는 타자이다. 이때, 타자성은 나름의 의미를 획득하게 된다.

공포영화 속에서 괴물로 재현되는 여성은 강하고 주체적인 여성, 상징계를 위협하는 여성이다. 영화는 그들을 비체로 만들어, 공포의 대상으로 치환해 낸다. 영화 속 괴물은 주인공들의 반격 아래 비참한 최후를 맞이한다. 피 흘리며 쓰러진 괴물은 더 이상 무서운 존재가 아니다. 공포영화는 현실의 타자들을 영화 속 괴물로 소환하여, 괴물을 무찌르는 과정을 보여준다. 그 과정에서 현실의 관객들은 타자의 소멸과 제거를 목격하는 것이다. 하지만 〈여고괴담 두 번째 이야기〉는 다르다. 이 영화 속 타자는 세계와 화해하고, 물러가는 모습을 보인다. 타자는 소멸되지 않고, 살아남는다. 타자와 타자 아닌 것 사이의 경계가 사라지는 순간이다. 상징계의 질서가 그녀를 가둘 수 없었기에, 그녀는 스스로 그 질서에 틈을 만들었고, 그 구멍을 통해 상징계의 변화를 이루어냈다. 죽음을 걸고, 상징계의 결절을 이룩해낸 셈이다. 관객에게는 이 결절이 잔혹한 공포영화보다 더 무섭게 다가올 지도 모를 일이다.

편리한 금자씨와 폐교괴담
〈친절한 금자씨〉

이 경

그 여자는 거기에 없었다

〈친절한 금자씨〉라는 영화제목에 금자는 없다. 금자에 대한 누군가의 판단과 호명만이 있을 뿐 정작 금자는 없다. 친절하다고 판단되고 금자씨라 호출될 따름이다. 구체적 한정과 지시에도 불구하고 이 호칭이 텅 비어 있는 것은 이 때문이다. 오직 부르는 자의 입장과 목소리만 드러나는 것이다. 따라서 친절도 금자씨도 금자의 것은 아니다. 이는 친절하게 보일까봐 붉은 눈화장을 한다는 그녀 자신의 설명과 도합 세 사람을 죽인 셈인 그녀의 경력에 대한 일별만으로도 쉬 알 수 있는 사실이다.

금자에 관한 영화임에도 불구하고 금자가 없는 영화제목처럼, 세간의 영화읽기 역시 금자의 목소리에 귀 기울이지 않는다. 복수와 속죄의 절차 혹은 감독과 배우의 스타일에 관해서만 이론이 분분했을 뿐이다. 외부의 시각만이 부산하게 드러나 있는 깃이다.

복수와 속죄의 모티프에 금자를 묶어두는 것은 곧 금자의 이야기를 백선생이라는 적에 대한 한풀이에 고착시키는 일이다. 주인공이 자신의 능동적 행위에 의해서가 아니라 오직 적에 의해서만 규정된다는 사실 자체가 금자에 대한 해석의 결여를 의미한다. 백선생이라는 절대악은 당연히 처리되어야 하는 것이기에 그것에 대처하는 금자의 입장은 별도의 이해를 요하지 않는다. 역할이 선 규정된 금자보다 이영애의 미모나 스타일이 더 부각되는 것은 이런 이유에서이다. 철지난 물방울 무늬 원피스도 어쩌지 못하는 이영애의 미모, 혹은 검정 롱코트를 입고 상대에게 총을 겨누는, 말 그대로 '죽이는' 맵시에 대한 찬사 또한 결과적으로 금자를 팔호치고 넘어가는 데 일조한다. 의도했든 의도하지 않았든 간에 친절한 금자씨라는 제목은 향후 비평에 대한 보도지침이 되어버린 셈이다.

애초에 악이 있었고 백선생이라 불리우는 이 절대악은 영화의 기원을 이루지만, 정작 내러티브를 추동하는 힘은 금자에게서 나온다. 그에게 먼저 접근함으로써 '준비된' 희생자의 길을 가는 것은 그녀 자신이기 때문이다. 그가 아무리 악무한의 존재라 할지라도 이 사실은 변하지 않는다. 바로 이 점에 유의할 때 우리는 복수 삼부작이라거나 속죄의 모티프 혹은 스타일의 문제를 넘어서 금자라는 존재를 제대로 응시할 수 있게 된다. 금자와 백선생의 역학관계를 제대로 풀어낼 수 있을 때 흔히 복수와 속죄, 혹은 스타일에 묶여 있는 기존의 영화읽기를 넘어설 수 있게 된다는 것이다.

하여 이 글은 호출되는 금자가 아닌 금자라는 주체에 초점을 맞춘다. 호명주체의 규정이 아니라 피해를 '준비' 하고 복수를 생산하는 금자의 목소리와 액션을 예의주시하고자 한다. 내러티브에 길게 드리워진 타자화의 그늘을 걷어냄으로써 금자의 것을 금자에게 돌려주고자 하는 것이다. 그것이 또 다른 타자화의 시작에 지나지 않는다 할지라도 말이다.

'준비된' 피해자

금자를 이해하기 위해서는 우선 그녀의 고등학교 시절로 돌아가야 한다. 그녀의 과거를 발굴하는 일은 화려한 현재 스타일과의 연결고리를 찾는 길이다. 그것은 단순히 과거의 시간을 회복하는 일이 아니라 금자의 정체를 확인하는 일이다. 철없는 여고생이 마녀 혹은 성녀로 변신하는 과정을 '인간적으로' 이해하는 일이기도 한 것이다.

백선생이 악한인 것은 명백한 사실이지만 그 악을 그녀의 서사로 불러들인 것은 금자 자신이다. 백선생이라는 악마는 이금자에 의해 서사 안으로 개입한다. 임신한 여고생 이금자는 백선생에게 전화를 걸어 임신을 고지하고 갈 곳 없음을 고백하지만 그녀의 어투는 사정이나 부탁이 아니라 어떤 제안에 가깝다. 옛날에 당신이 섹시하다고 말했던 나 이금자는 지금 임신을 해서 갈 곳이 없다는 이 거두절미한 통화는 결국 유혹이다. 지금은 비록 교복을 입은 채 임신한 몸이지만 왕년에 섹시했던 것처럼 미구에도 섹시할 것이니 나를 아니 받아들이지는 못할 것이라는 강렬한 유혹인 것이다.

즉 금자는 단순한 피해자가 아니라 적극적으로 피해를 자처한 자이다. 여고생의 몸으로 임신을 한 것도 금자이고 엉뚱하게 자신의 몸을 의탁할 대상으로 백선생을 점찍은 것도 그녀 자신이다. 오히려 교생시절 금자에게 섹시하다고 말했던 그 인연으로 금자를 들인 백선생이야말로 수동적 수혜자인 셈이다.

그러나 금자를 쉽게 받아들인 것처럼 쉽게 그녀를 내치는 백선생으로 인해 금자는 피해자로 위치이동한다. 금자의 섹슈얼힌 유혹이 그에게 유효했던 것처럼 금자에게 죄를 전가하고 싶은 유혹 또한 그에게 절실하기 때문이다. 그는 결국 아이를 미끼로 금자에게 유괴와 살인죄를 덮어씌운다. 천륜과 무관하게 임신한 금자를 받아들인 그에게는 천륜을 이용하는 일도 간단한 것이다.

금자는 백선생의 협박으로 인해 수동적 피해자의 길로 일시 접어드는 듯하지만 곧 자신의 페이스를 되찾는다. 감옥이라는 징벌공간을 대안학교와 대안교회로 바꾸어냄으로써이다. 학교는 섹스와 임신 등의 함의를 지니고 감옥은 오히려 학교 혹은 교회의 기능을 지닌다. 감옥 바깥에서는 반교육적 반종교적으로 살았지만 감옥에서 비로소 생업을 위한 제빵 기술을 배우고 교리문답과 신앙 간증에 충실한 것이다. 감옥에서 금자의 신세계는 화려하게 개시된다.[1] 감옥은 금자의 영광을 위한 필연적 계기가 되어버린 셈이다.

죄 없는 죄인이 되어 십 삼 년간 감옥살이를 하지만 바로 여기서 그녀는 천사 혹은 마녀로 재탄생한다. 친절한 천사이기도 하고 마녀를 죽이는 마녀이기도 하지만 무엇보다도 그녀는 유능한 학생이다. 감옥이라는 대안학교에서 그녀는 신앙에서 생활까지, 친절에서 살인까지 모든 것을 익히고 배운다. 교복을 입고는 이루지 못했던 자기계발의 기능을 죄수복을 입고 완수하는 것이다. 종교면 종교, 제빵기술이면 제빵기술, 친절이면 친절, 살인이면 살인 그 모든 방면에서 이금자는 단연 우등생이다. 종교를 믿었다 하면 목사의 혼을 빼 놓을 정도로 믿고, 제빵기술을 배웠다 하면 그토록 열악한 재료로도 왕이 먹을 법한 케이크를 만들어낸다.

친절의 능력도 대단해서 자신의 신장을 떼어주는 일에서부터 동료를 죽이는 살인에 이르기까지 극단을 왕복한다. 폭력을 요할 때는 폭력, 희생이 필요한 사람에게는 희생, 신장이 절실한 자에게는 신장을 아낌없이 제공한다. 비전향장기수의 오랜 똥오줌 수발도 웃으면서 해치우고 마녀라 불리우는 여자에게서 동료들을 구출해주는 일도 쉽게 해낸다. 황금빛 후광을 두른 자답게 운세 또한 그녀의 편이다. 드넓은 목욕탕에서 단지 비누 한 장으로 거구의 마녀를 가볍게 쓰러뜨린다.

그녀의 친절은 단순히 자신을 희생하는 데서 그치는 것이 아니라 사람을 죽이는 것으로까지 진행된다. 모두가 원한다면 살인까지도 불사하는 그녀의 매너야말로 '죽이는' 친절인 셈이다. 감옥의 동료들을 성적으로 학대하는 마녀를 죽였기에 그녀의 신성은 드높아진다. 마녀의 죽음은 곧 감옥 내의 축제가 된다. 살인을 했음에도 불구하고 '친절한 금자씨' 혹은 '천사'의 명예가 그대로 유지되거나 증폭되는 것은 바로 이 때문이다. 천사와 악마를 한몸에 품었기에 그녀는 마녀의 호칭을 물려받지만, 그것은 어디까지나 애칭이며 본명은 여전히 천사일 수밖에 없다. 이금자는 살인까지 불사하는 막강 친절의 화신으로 등극하는 것이다.

하지만 이상에서 보인 종교적 열정과 친절은 모두 내수용이다. 감옥 바깥에서 신앙과 친절은 더 이상 제시되지 않는다. 감옥 바깥으로 나오자마자 "너나 잘 하세요"로 목사를 배척하며, 실제로 목사는 돈을 받고 백 선생에게 금자의 동태를 보고함으로써 금자의 말이 갖는 예언적 친절은 증명된다. 출소 후 이루어진 유일한 속죄행위는 자신이 유괴한 아이의 부모를 찾아가 스스로 손가락을 자르는 일이다. 목사를 잘라내고 원모에 대한 죄의식을 잘라내는 일은 복수를 위한 일종의 의례에 해당한다. 종교적 압박에서 벗어나고 윤리의 면책까지 확보한 그녀의 행장에 이제 더 이상 장애는 없다. 복수를 위한 시스템만이 가열차게 작동될 뿐이다.

'준비된' 희생자인 이금자는 이제 그 준비를 밑천으로 바깥을 향한다. 금자기 베풀었던 모든 친절은 일종의 사조지을 형성한다. 금자의 친절에 감동받은 동료죄수들 모두는 복수의 편리를 위해 자발적으로 몸을 던진다. 선 친절 후 보답, 즉 감옥에서 행한 금자의 모든 친절은 감옥 바깥에서 실용적인 대가로 환산된다. 한 친절은 금자가 기거할 방 혹은 금자가 입을 옷으로 환산되고 어떤 친절은 총으로 변신하여 돌아온다. 또 어떤 친절은 백선생과의 동거라는 치명적 대가로 환산되기도 한다. 금자의 친절에 대한 보답으로는 다소 과한 비용인 경우임에도 불구하고 이들은 그것을 기꺼이 감수한다. 금자의 친절에 화답하기 위해서라면 '그 인간'과의 동거에도 과감하게 몸을 던지는 것이다.

그러나 목숨을 건 충성에도 불구하고 이들은 프레임 밖으로 신속히 사라진다. 이들은 모두 금자의 영광을 위해 동원된 인력이기 때문이다.[2] 총과 옷 그리고 방을 내어주고 백선생을 유인하는 것까지가 그들이 담당한 단계이다. 다음 단계에 자리를 내어주고 이들이 총총히 사라진 자리에 백선생의 처단을 위한 또 다른 담당자들이 들어서는 것이다.

폐교괴담

금자의 친절은 하나의 목적을 지닌다. 그것은 백선생을 향한 복수이다. 복수라는 목적은 단일하지만 그를 통해 금자는 많은 것을 욕망한다. 복수와 속죄, 그리고 구원을 한꺼번에 욕망하지만 분명히 드러나는 것은 복수일 뿐이다. 속죄는 자신이 유괴한 아이의 부모를 찾아가 자신의 손가락을 자르는 것으로 어느 정도 실천되지만 구원은 이루어지지 못하며, 우리는 그녀가 구원을 원했다는 사실조차도 알지 못한다. 영화가 끝날 무렵 금자씨는 끝내 구원받지 못했다는 해설자의 말에서 그녀의 꿈을 뒤늦게 알게 될 따름이다.

그러나 복수와 구원은 병립하기 어렵다. 받은 만큼 돌려준다는 일종의 계산적 합리성에 속하는 복수와 초월에 속하는 구원은 애당초 동일선상에 서 있지 않다. 패착은 속죄와 복수를 같이 두는 무리수에서 이미 예정되어 있다. 백선생을 응징하는 것에서 속죄와 구원을 찾기란 이미 잘못 들어선 길인 것이다.

　구원에 대한 해설자의 해설 혹은 속죄를 강조하는 해석자의 해석을 넘어 금자는 정확하게 복수를 겨냥한다. 금자의 친절은 오직 백선생에 대한 복수에만 초점이 맞추어져 있다. 복수의 준비를 마친 그녀가 실천을 위한 행동대원을 모집하는 것은 당연한 수순이다. 백선생에게 복수할 권리는 일차적으로 그에게 아이를 잃은 부모들에게 있다. 아이가 입양된 금자보다는 아이를 잃은 부모들이 복수를 위한 권리의 일 순위를 차지하는 것이다. 금자는 아이를 잃고 세상을 잃은 부모들을 폐교로 불러모으는데, 여기서 복수를 주제로 한 강의와 회의가 이루어진다.

　복수라는 실무를 담당하기 위해서는 교육이 요청된다. 행동대원은 이미 동기가 충분한 피해자들이지만 그들을 복수라는 실천으로 이끌기 위해서는 계기가 제공되어야 한다. 복수를 위한 소양교육은 금자가 담당한다. 도합 13년간의 긴 교육과정을 수료한 그녀는 경력 또한 화려하기 때문이다. 총 세 사람을 죽였으나 그 모두에 대해 정당성을 스스로 확보한 그녀의 경력이야말로 복수를 설명할 수 있는 충분조건인 것이다.

　두 번에 걸친 살인은 모두 나름대로 합리적인 이유가 있는 행동이다. 첫 번째 살인은 대리인 자격으로 한 것이기 때문에 합리화가 가능하다. 상대가 마녀인 만큼 동료 모두가 그녀의 제거를 원한다는 사실은 그녀를 죽이기 위한 충분한 이유가 되는 것이다. 두 번째 살인의 이유는 합리화에 더욱 열려 있다. 청부살해업자인 그들이 먼저 그녀를 죽이려 했기에 그녀의 대응은 한 점 의혹이 없는 정당방위 행위일 뿐이다. 두 번에 이른 살인에는 그늘이 없다. 첫 번째 살인은 온 감옥을 활기차게 만들었고 검은 가죽코트를 휘날렸던 두 번째의 살인은 우리에게 '죽이는' 자태를 선사했을 뿐이다.

경험과 논리로 무장한 그녀는 이제 최후의 기획을 지휘한다. 모두의, 모두에 의한, 모두를 위한 피의 동맹을 이끌어가는 것이다. 교단에 선 그녀는 먼저 법의 무용성과 개인복수의 필요성을 압축적으로 제시한다. 백한상에 관한 한 피해자들은 그를 처벌할 권리를 갖는다. 이 때의 권리는 의무에 가깝다. 예방도 하지 못했고 처벌도 하지 못한 국가와 법의 원죄를 물어 개인의 복수의 당위만을 역설하는 것이다.

복수의 동기도 충분하고 소양교육도 충분히 받은 이들은 최종적으로 시청각 교육을 받는다. 아이의 살해장면이 담긴 비디오 테이프의 시청각 효과는 선동의 계기로서 충분하기 때문이다. 이로 인해 아이의 부모들은 피의 복수극에 기꺼이 매달린다.

이상과 같이 진행된 폐교에서의 복수는, 그 처절함에도 불구하고 괴담이 될 수밖에 없다.

우선 제시될 수 있는 이유는 살인을 둘러싼 의무 권리 절차가 영화의 내러티브를 구성한다는 것이다. 복수라는 대의를 전제하고 있다 하더라도 죽임을 목표로 한 의무와 권리 그리고 절차는 윤리적이지 않다. 그럼에도 불구하고 동해보복의 원칙은 마치 윤리처럼 과장된다. 물론 이 동해보복을 따라가는 과정에서 웃음을 통한 비판적 거리화가 시도되고는 있지만 그 거리는 생명의 윤리와는 무관하다. 민주적으로 죽임을 의논하고 위생적으로 이를 처리하는 '문명적' 과정이 웃음의 진원지일 뿐이다. 그 웃음 속에서 살인 그 자체를 둘러싼 윤리의 문제는 실종된다.

다음으로 들 수 있는 근거는, 법의 불신임이라는 복수의 대전제가 이의제기의 대상이라는 사실이다. 법의 무용성으로 인해 개인적 복수의 단계로 나아갈 수밖에 없다고 금자는 설명하지만, 이는 금자가 구사하는 논리의 틈인 동시에 내러티브의 틈이다. 자신이 죽일 수도 있지만 우선권을 양보한다는 금자의 친절은 여기서 그 토대를 상실한다. 법이 제대로 작동하지 않고 경찰이 제대로 역할을 하지 못하기 때문에 유괴사건을 막지 못했다는 금자의 비판은 복수를 추동하고 추인하는 토대를 이루지만, 여기에는 정작 불신의 핵을 만든 것이 금자 자신이라는 인식이 빠져 있다. 법이 제대로 작동하지 않게 된 것은 금자의 허위증언에서 비롯하기 때문이다. 스스로 판관으로 임해서 마녀를 처단한 것 또한 동일한 맥락에서 설명된다. 물론 이런 생명을 건 거래에 아무런 역할을 하지 못하는 법의 무능은 성토되어야 하고 금자의 위법이 어쩔 수 없는 어미의 선택임을 인정한다 하더라도 법을 교란시켰다는 사실 자체는 사라지지 않는다. 이에 대한 반성의 단계 없이 이루어지는 법에 대한 불신임은 그 토대가 허약할 수밖에 없다. 하여, 이후에 이루어지는 복수의 실천은 해답이 되지 못한다.

마지막으로 지적되어야 하는 것은 응징되어야 하는 폭력만큼 응징을 위한 방법의 폭력 또한 심각하다는 사실이다. 그것은 복수심을 소환하기 위해서 부모에게 아이의 살해현장을 보여주는 잔인함으로 드러난다. 이는 아이를 잃은 부모의 상처가 다시는 아물지 못하도록 소금을 뿌리는 일이며 나아가 그들을 두 번 죽이는 일이기도 하다. 치유되지 않는 상처를 망각의 가능성으로부터도 차단해버리는 것이다. 아이가 죽는 현장 혹은 죽기 직전의 현장을 비디오로 목격시킴으로써 복수를 선동하는 기획은 피해자로부터 치유의 가능성마저 차단해버린다. 피해자를 가해자로 전환시키기에 그들로부터 넋놓고 슬퍼할 권리조차 박탈해가기 때문이다. 아이의 살해현장을 보는 부모에게서 눈을 뗄 수 없는 우리 또한 관음증의 한가운데 배치됨으로써 이들의 혼돈에 대한 구경꾼의 역할을 담당하게 된다. 여기에 스스로 야만을 드러내는 오리엔탈리즘의 혐의를 걸 수 있는 것은 이 때문이다.

그리고 무엇보다도 이들의 복수가 균열을 남기지 않는 단순괴담에 그치는 것은 치유의 부재 때문이다. 치유의 꿈은 거세되고 받은 만큼 돌려주어야 한다는 복수의 쿨한 합리성만 드러나 있는 것이다. 이 계산적 합리성 속에서 생명은 교환가치의 회로 속으로 소멸되고 만다. 받은 만큼 주겠다는 등가원리가 주체이지 정작 인간은 주어의 품위를 획득하지 못하는 것이다. 인간은 등가성에 의해 소환되고 실행되는 객체에 해당될 뿐이기에 폐교의 복수현장에는 처리의 괴담만이 낭자할 뿐이다.

치유는 없고 처리만 있는 복수의 과정은 닫힌 모성에서 그 기원을 찾을 수 있다.

닫힌 섹슈얼리티, 닫힌 모성

아이를 가짐으로써 이금자는 자신의 존재를 텍스트에 새기기 시작한다. 그녀의 맨 처음 액션은 백선생에게 전화를 걸어 임신을 알리고 거취를 의뢰하는 것이다. 그 후에 전개되는 금자의 역정, 즉 백선생의 피해자와 복수하는 주체라는 두 노선을 전적으로 지배하는 것 또한 모성이다. 천사와 마녀, 친절과 복수라는 두 축을 이끌어가는 힘은 온전히 모성에 달려 있다. 오직 모성이 그녀를 유능케 한 것이다.

바로 이 지점에서 우리는 모성이 작동하는 모든 영역에 백선생이 빠짐없이 끼어든다는 사실을 상기할 필요가 있다. 모성은 백선생을 불러내고 백선생 또한 모성을 이용한다. 여기서 금자를 백선생에게로 추동하는 힘은 모성이다. 아이를 낳고 기르기 위해서는 그가 누구라도 그의 곁에 가야 하기 때문이다. 정화를 위해서는 악이 필요하다는 신학적 테제는 금자와 백선생의 관계를 단적으로 설명한다. 모성이 그 신성을 드러내기 위해서는 악을 요청한다. 금자의 영광을 위해서 전제되어야 하는 것은 백선생이라는 악이다. 백선생은 금자의 전제가 된 셈이다. 백선생의 죄를 면하기 위해 금자가 동원된 것이 아니라 금자의 영광을 위해 백선생의 악역이 요청된 것이다.

영화는 금자의 능력을 온전히 모성에만 열어놓는다. 백선생의 반사효과로 인해 그녀의 모성은 더욱 돋보인다. 장애에 부딪힌 모성이라는 키워드 하나로 그녀는 두루 유능해지며 희생의 신성까지 획득한다. 그녀가 신성해진 것은 딸의 목숨을 지키기 위해 살인누명을 덮어쓰면서부터이다. 교도소에 들어오자마자 '홍반장'으로 변신하여 모든 문제를 해결하는 것도 같은 이유에서이다. 딸을 위해 희생된 모성은 '애를 가진 애'에 불과하던 금자에게 비장과 숭고의 의미를 덧입힌다. 희생을 통해 모성을 증명하는 순간 신성이 덤으로 덧씌워진 것이다. 포기를 통해 그 모성의 신성은 더욱 완전해진다. 살인을 한 죄인은 엄마 될 자격이 없다는 금자의 선언이 이를 잘 요약한다.

바로 이 신성함 때문에 금자는 섹스로부터 자유롭다. 이성애든 동성애든 그녀는 섹스로부터 분리되어 있다. [3]

금자의 하수인으로 백선생과 동거하는 박이정과 백선생의 섹스는 적나라하게 드러나지만, 금자와 백선생의 관계는 프레임 안에 들어있지 않다. 우리의 관념 속에서만 어렴풋이 짐작될 뿐이다. 동거인이지만 두 사람의 섹스는 시각화되지 않는다. 아이를 임신하고 그 아이 때문에 백선생과 동거하고 그 아이때문에 감옥행을 택하는 어미의 트랙에 섹스는 끼어들 여지가 없는 것이다.

마녀와의 관계도 마찬가지다. 마녀와 다른 여자의 섹슈얼리티가 클로즈업될 동안 금자는 프레임 바깥에 존재한다. 시각과 청각을 두루 활용하여 마녀의 섹슈얼리티는 구체화되지만, 그녀의 마수로부터 금자는 원천적으로 배제된다. '마른 인간'이라는 이유 하나로 그녀는 섹스로부터 면제된 것이다. 머리를 깨끗이 묶고 손에는 비누를 든 채 위생처리를 담당할 뿐이다.

나루세 빵집 청년과의 섹스 또한 비가시적이다. 유일하게 섹스를 거론하지만 이들의 관계 역시 화면으로 현현하지 않는다. 아름다운 여자와의 섹스를 앞둔 소년의 두려움만 이 화면을 가득 채울 뿐이다. 팬티를 입고 반듯이 누워 손을 모으고 있는 그의 자세에는 뭔가 성스러운 것이 임할 기미가 있다. 성(性)이 아니라 성(聖)에 가까이 간 자의 경건함이 서려 있는 것이다. 금자는 옷을 입고 침대 끝에 앉아 그의 반응을 체크할 따름이다. "좋았어?"라고 묻거나 "다른 사람은 별로라고 그러던데"라고 언급할 뿐 정작 그녀 자신은 섹슈얼리티의 바깥에 존재한다. 침대에 걸터 앉아 누운 소년을 관망할 따름인 것이다.

모성의 대의에서 출발한 복수의 노선에 섹스가 끼어들 수는 없다. 양말 한 짝 벗지 않는 금자의 태도가 이를 단적으로 설명한다. 그 결과, 마녀의 호칭을 물려받지만 금자라는 마녀에게 섹슈얼리티는 거세되어 있다. 이런 배제적 모성은 그 자체로 윤리의 결락지점이 된다. 백선생과 마녀 그리고 이금자라는 대립항이 대표하듯 여기서 인간은 '섹슈얼' sexual과 '어섹슈얼' asexual로 분류된다. 섹슈얼은 엽기와 폭력의 함의를 지니며 어섹슈얼에는 모성과 신성의 의미가 부과된다. 어섹슈얼은 아름다움, 선, 피해자, 모성 등의 함의를 지니며, 섹슈얼은 추함, 악, 가해자, 불임의 의미로 고착된다. 님포매니아라는 과잉, 불임이라는 결핍 그리고 식인과 살해의 의미를 섹슈얼에 새김으로써 신성을 극대화하는 모성은 배제적일 수밖에 없다.

이러한 배제적 모성, 닫힌 모성이 치유보다 처리를 지향하는 것은 당연한 귀결이다. 모성은 부동의 중심을 차지하지만 타자를 타자화함으로써 구성되기에 치유의 윤리와는 거리가 멀다. 모성에서 만사는 비롯되었지만 모성이 최종적으로 귀결되는 곳은 죽임이기 때문이다. 아이를 잃은 부모에게 복수를 주선하는 '죽이는' 친절로 인해 결국 실종되는 것은 모성인 것이다.

복수를 통해 피해자들을 죽임의 대열에 줄 서게 한 금자는 이제 이들에게 속물의 혐의를 덧씌운다. 아이를 잃은 피해자에서 살인의 공모자로 전환한 부모들은 그 속물성을 심문받게 된 것이다. 그것은 백선생에게 지불했던 돈을 되찾으려는 부모들의 시도를 통해 이루어진다. 돈을 되돌려 주겠다는 금자의 약속을 상기시키며 계좌번호를 '발설'하는 한 어머니의 눈빛과 목소리는 그 자체가 이미 약자의 것인데, 이런 위축된 태도를 제시한 감독의 의도도 문제적이지만 더 문제적인 것은 그 여자를 응시하는 금자의 눈이다. 카메라는 순간 금자의 얼굴을 초점화하므로 우리 또한 금자의 시선을 경유해서 그 여자를 볼 수밖에 없다. 이때 카메라에 잡힌 금자의 표정은 낯설다. 아이 잃은 부모는 죄인이라는 세상의 통념을 재현하기 때문이다. 법과 경찰의 역할을 부인하고 개인적 복수를 압박한 그녀는 정작 상식의 눈으로 그 부모를 단죄한다. 아이를 잃은 부모의 돈에 대한 욕심은 아이를 잃지 않은 금자씨가 보기에 좋지 않았던 것이다. 상실과 고통으로 점철되어야 하는 아이 잃은 부모의 외길에 돈은 일종의 외설이 되는 셈이다. 드러내어서는 안 될 욕망을 드러내었기 때문이다. 우리 또한 금자의 시선을 따라 굴절된 시각으로 아이 어머니를 본다. 아이를 죽인 자를 처죽인 아수라판 직후에 거론되는 교환가치를 딱하게 바라보게 되는 것이다.

바로 여기서 금자의 윤리가 지니는 틈새가 드러난다. 금자가 초월의 위치를 획득하는 순간 발밑의 허방도 같이 제시된다. 죽임은 죽임으로 되갚는다는 동해보복의 원리는 일종의 계산적 합리성이다. 금자는 그 단순한 계산을 윤리의 위치로 격상시킴으로써 복수를 대의로 등극시킨 셈이다. 계산이 둔갑한 대의는 처리에 급급할 수밖에 없다. 이 과한 윤리를 영화의 절정으로 올려놓은 패착은 처리와 모성을 뒤엉켜놓을 수밖에 없는 것이다.

그리고 영화는 괴물을 저버렸다

닫힌 모성의 닫힌 섹슈얼리티는 마녀와 백선생을 저버린다. 모성과 몬스터의 대결구도에서 닫힌 모성만큼이나 괴물성 또한 평면적이다. 바람난 남편과 그 정부를 잡아먹거나 아이 다섯을 유괴하여 단지 귀찮다는 이유로 모두 죽여버린 엽기의 목록에도 불구하고 이들의 괴물성은 함량미달이다. 살인, 식인의 혐의에도 불구하고 이들은 '세지' 않다. 결코 다이하드가 못되는 이들의 투지가 이를 단적으로 드러낸다. 이들은 단 한번도 살려달라고 말하지 않는다.[4] 세상의 기울과 오래 맞붙을 의지가 없는 것이다. 마녀는 죽는 줄 모르고 죽고 백선생은 죽는 줄 알고 죽는다. 무지한 마녀만큼 무력한 백선생 또한 괴물로서는 현저하게 자격미달인 것이다.

괴물의 품위는 살려달라고 애원하지 않는 데서 찾아지는 게 아니라 정상성을 되비춤으로써 획득된다. 유아살해 혹은 식인의 폭력이 아무리 충격적이라 하더라도 정상성을 비틀지 못한다면 그것은 엽기적 일격에 그칠 뿐이다. 마녀와 백선생은 우리를 규율하는 정상성을 문제삼을 만큼 '미치지' 못한 것이다. [5]

금자씨는 이 괴물들을 거세함으로써 자기영역을 확보하지만 그들이 의지가 없었던 만큼 대결로 인한 승리의 의의 또한 현저하게 감소될 수밖에 없다. 단지 엽기적 폭력의 목록만이 늘어날 뿐이다. 마녀와 백선생은 모성의 대척지점에서 영화를 구성하지만 모성만큼 그들의 괴물성 또한 평면적인 것이다.

마녀는 남편과 정부를 죽이고 또 먹어버린 엽기부인인 동시에 감옥의 모든 뚱뚱한 여자를 섹스파트너로 삼는 님포매니아이다. 백선생 또한 유괴한 아이의 부모로부터 약속한 돈을 받아낼 동안인 그 잠깐의 시간이 귀찮아 아이를 모두 죽여버린 이력의 소유자이다. 그럼에도 불구하고 이들이 통념에 갇혀 있는 이유는 열외적 특성 때문이다. [6] 영화는 사회적으로 생산되는 괴물의 욕망에는 맹목인 채 태생적 괴물성만을 부각시킨다. 마녀와 백선생은 불임과 추악 그리고 과잉성애와 범죄의 표식을 가진 태생적 괴물에 불과한 것이다.

뚱뚱한 몸에 기괴한 얼굴의 우소영은 마녀라 불린다. 관리되는 몸이 아닌 거구의 소유자이고 미인이 아닌 추녀이며 통제되지 않는 성 중독자인 동시에 일부일처제의 피해자이기도 하지만 이와 같은 소수자로서의 거점은 모두 간과된다. 추악하고 뚱뚱하며 시인의 경력이 있는 색정광으로만 부각됨으로써 마녀의 존재에 대한 이해가능성의 여지는 아예 생략된

편리한 금자씨와 폐교괴담 〈친절한 금자씨〉

다. 남편과 정부의 간통, 관리되지 않는 성, 비만, 추한 외모 등 소수자적 지점은 모두 제 이선으로 물러나버리며 단지 배척되어야 하는 괴물로서의 특질만이 부각된다. 또한 폭력과 성중독을 동일시해버림으로써 다른 섹슈얼리티의 여지를 없애버린다. 문제는 일방적이며 수직적인 폭력에 있는데 그 점을 간과한 채 성적 과잉만을 초점화한다. 폭력의 문제에 성적 취향을 덧씌움으로써 결과적으로는 비정상의 폭력만을 극대화시켜 고발하게 되는 것이다.

백선생 또한 이해가능성의 범주 외곽에 존재하는 태생적 몬스터이다. 자신의 죄를 금자에게 전가하는 은폐욕망과 살해현장을 비디오로 떠 놓은 노출욕망의 모순, 도합 다섯 명의 아이를 유괴해 죽인 방법과 요트라는 목적의 부조리는 이해가능성의 범주를 넘어선다. 식사라는 시작이 있고 정사라는 중간이 있고 다시 식사라는 끝이 있는 이상한 아침풍경은 정사의 한가운데서 이루어지는 협상으로 인해 더욱 그로테스크하다. 동거녀는 외출을 사정하고 그는 허락하는 대신 돈은 내지 말라고 명령하는 것이다. 죽음이 예정되어 있음에도 불구하고 유창하고 친절하게 금자의 사연을 아이에게 번역하는 장면은 또한 그로테스크를 넘어 웃음을 자아내게 하기도 한다. 금자가 아이와 헤어진 사연은 곧 자신의 죄를 폭로하는 일임에도 불구하고 백선생은 마치 자신이 월트 디즈니 영화의 해설자라도 된 것처럼 가열차게 번역을 계속하는 것이다.

이 모든 에피소드는 그는 처리되어야 하는 괴물이라는 하나의 결론으로 수렴된다. 마치 애초에 식인하는 뚱뚱한 괴물이 있었고 그로 인해 간통이라는 사건이 추가됨으로써 모든 것이 괴물의 식욕 속으로 삼켜지는 마녀의 경우처럼 자식을 둘 수 없는 유괴살인자인 백선생 역시 괴물성 외의 다른 속성은 가지고 있지 않다. 애초에 괴물이 있었다는 이러한 통념이야말로 이 영화의 한계다. 악하고 악하여 모든 것이 악한 이들의 절대 악은 그럼에도 불구하고 파괴력이 없다. 세상이 다 아는 추악에서 한 발자국도 나아가지 못했기 때문이다. 이토록 두꺼운 악마성에도 불구하고 마녀와 백선생은 도리어 선의 의미를 더욱 부각시킨다. 추와 악이 선과 미의 정상성을 비트는 것이 아니라 추와 악 그 자체로 드러남으로써 선과 악 그리고 정상과 비정상의 경계를 더욱 공고히 하는 것이다.

이로 인해 이들을 죽이는 일은 생명이 아니라 바이러스를 제거하는 작업처럼 제시된다. 마녀의 죽음을 알게 된 재소자들의 활기와 백선생을 처리한 부모들의 결기가 이를 잘 설명한다. 이들은 죽임의 대상이 아니라 퇴치되거나 제거되는 존재다. 마녀를 죽이는 도구로 락스가 채택되는 것은 이 점에서 의미심장하다. 퀴어 코드의 정치성이 없다 하더라도 여자끼리의 성은 배제되어야 하며 여자 색정광은 얼룩을 제거하듯 제거되어야 한다. 정상성에 위배된 얼룩은 강력한 락스로 위생처리되어야 하는 것이다. 피와 살이 튀는 방식을 취하긴 하지만 단 한 번의 대항도 없이 죽는 백선생 역시 제거되는 처지이기는 마찬가지다. 비옷을 입고 장화를 신은 이들의 복장과 비닐에 고인 피를 처리하는 이들의 행동은 저 인종청소의 작업과 다르지 않다. 마녀와 괴물을 처리함으로써 회복되는 것은 결국 정상성의 기율이다. 마녀의 호칭을 물려받고 백선생을 죽인 혐의를 나누어 가짐으로써 이들이 회귀하는 곳은 정상성인 것이다.

두부 모양의 케이크에 머리를 처박는 금자의 후회는 복수의 뒤끝을 무겁게 하고, 금자씨는 끝내 구원받지 못했다는 뒷담화 또한 이러한 결여를 확인시키지만, 영화는 여기서 더 나아가지 않는다 돌이킬 수 없는 지점에서 찾아와 너무 가볍게 사라지기 때문이다. 마녀와 백선생이 죽은 뒤 마치 뒷북처럼 들이닥친 후회는 얼룩의 지위를 얻지 못하는 것이다.

무수한 자기 인용과 자기 패러디로 드러나는 영화의 상호텍스트성은 더 뼈아팠어야 했을 금자의 후회를 차단시킨다. 금자의 후회와 영화의 소회가 충돌하였기 때문이다. 지난 영화의 배우[7]들을 소환해 자축하고 싶은 영화의 나르시시즘이 금자의 후회를 희석시키고 만 것이다. 유명배우들을 카메오로 불러 모으는 단맛에 대한 영화의 집착처럼 우리 또한 "너나 잘하세요"라는 대사를 소비하며 그녀의 후회를 물타기한다. 저 편리한 금자 씨처럼 괴물성의 거울에 우리를 비추어보기를 한사코 거부하면서 말이다.

비체들의 유머
『일요일 스키야키 식당』

임 옥 희

비체들의 위험한 유머

사랑에 좌절한 주인공이 신발을 신은 채 침대에 벌렁 드러눕는 할리우드 영화의 한 장면은 어린 시절의 나에게는 대단히 생소하게 다가왔다. 낭만적인 사랑의 고뇌에 공감하기에 앞서 '어떻게 저럴 수가'라는 생각이 먼저 들었기 때문이다. 포장도로가 드물었던 그 시절 비가 오는 날이면 길은 온통 진흙 반죽으로 변했다. 그래서 비 오는 날 노란 장화 한 번 신어 보는 것이 어린 시절의 꿈이었다. 걸음을 옮길 때마다 코고무신 밑창의 진흙무게는 점점 더 늘어갔다. 급기야는 아예 신발이 진흙바닥에 껌처럼 달라붙어 벗겨지고는 했다. 한국 원주민으로서는 진흙덩이를 밑창에 잔뜩 달고 있을 것만 같은 구두를 신은 채 침대 위에 드러눕는 것은 상상하기 힘들었다. 세계 어디서나 신발은 댓돌에 놓여 있어야 정갈할 뿐만 아니라 제자리에 있는 것이라고 생각했다. 침대나 식탁은 신발이 있을 자리가 아니었다. 이는 찰랑거리는 긴 머리카락이 여성적인 섹시함의 상징이기도 하지만, 반찬과 몸을 뒤섞고 있으면 유혹적이기는커녕 불결해 보이는 것과 마찬가지다. 식탁 위에 놓여 있는 신발이 지저분해 보이는 것처럼 흰 블라우스 위에 떨어져 있는 김치 국물도 마찬가지다. 이처럼 오염, 불결은 그 자체의 속성이라기보다 제자리에 위치하지 않는 어떤 것의 속성이다.

크리스테바는 이처럼 '제자리'에 있지 않음으로써 기존 질서를 교란하는 것을 비체abjection 라고 일컫는다. 비체는 정체성, 체계, 질서를 교란하며, 정해진 자리, 위치, 규칙을 존중하지 않는 것이다. 법을 준수하는 순치되고 정결한 몸을 만들기 위해서 주체는 필연적으로 자기 몸 안에 있는 것들을 바깥으로 밀어내야 한다. 이렇게 보면 비체는 육체 자아가 형성되기 위해 육체 안에 있지만 육체 외부가 되어야 하는 것들, 똥, 오줌, 아이, 월경, 체액, 죽음 등을 일컫는다. 이것들은 주체와 대상, 안과 바깥의 경계 자체를 교란시킨다. 예를 들어 체액은 몸으로부터 새어 나오고 바깥과 교통함으로써 고유하고 정결한 몸이 불가능하다는 것을 보여준다. 이런 맥락에서 보자면 오염, 감염, 부패에 취약한 몸을 정화하여 고유한 몸으로 만드는 것은 불가능하다. 죽음은 몸이 외부와 극단적으로 합체되는 것이다. 죽을 때까지 삶의 편에 서서 죽음을 견디도록 해주는 타자가 다름 아닌 비체이기 때문이다.

서구문화는 비체의 전형적인 특성을 점액질이라고 한다.[1] 끈적거리고 흐르는 점액은 불결한 것으로 간주된다. 점액질이 여성적인 것과 등치되면서 온갖 우의적인 의미와 서사가 첨가된다. 점액질은 특히 서구 문화에서 몸의 젠더화에 주요한 역할을 한다. 공포영화에서 외계의 생명체는 주로 이런 점액질 속에서 인간먹이를 소화시켜 자기 알을 부화시킬 때까지 자양분으로 삼는다. 에일리언의 몸을 구성하는 점액질은 생식공간이자 소화기관이며 배설기관(인 곳)에서 흘러나온다. 그것은 어둡고 축축하고 미끈거리는 질, 혹은 남자를 삼켜서 먹어치우는 톱니와 같은 여성성에 대한 공포로 재현된다.[2] 여성 자체가 끈적거리는 비결정성이 아님에도 불구하고 여성과 점액성을 연결시키는 문화적, 상징적 장치는 무엇일까? 점액성 자체를 여성과 결부시켜 우의적으로 해석하려는 것이 바로 가부장적 상징질서이다.

몸의 점액성과 관련하여 월경(月經)은 월경(越境)함으로써 몸의 경계를 흐려놓는다. 가부장제 사회에서 월경은 흔히 불결하고 부정한 것으로 간주된다. 월경 중인 여자는 신성한 제의에서 배제되었다. 이처럼 월경(月經)의 월경(越境)에 대한 두려움은 흐르는 피에 대한 두려움(전쟁터에서 흘리는 남성들의 피는 순결하고 영웅적인 것처럼 묘사되지만)이기도 하지만, 임신한 여성의 몸처럼 경계를 위반한 것에 대한 공포이기도 하다. 이런 공포와 불결은 비체의 속성이라기보다 주체가 자기공포를 투사시킨 것과 다르지 않다.

'어디에 존재하는가' 라는 정황적인 위상에 따라 주체/비체가 나눠지는 포스트모던 시대에 이르러 비체라는 개념은 국가, 영토와 같은 공간개념으로 확장될 수 있다. 국경선이 갈라놓은 국가적 비체들이 월경하여 국경을 헝클어놓으면 어떻게 될까. 마몬 실코의 『사자의 책력』에는 5백 년 전 도살된 원주민 인디언의 예언대로, 국경선 너머로 쓸어낸 아메리카의 원주민들이 국경을 넘어 밀물처럼 밀려들어오게 된다. 비체들의 귀환이야말로 혁명적인 상황이다. 그 이전까지 비존재로 존재했던 자들이 자신의 목소리를 내면서 제자리에 있기를 거부할 때 그들을 비체로 만든 지배계급은 비로소 비체들이 몰고 오는 끔찍한 상황에 오금이 저리게 된다. 비록 그것이 환상으로 구성된 픽션이라고 할지라도.

이 글에서는 비체가 보여주는 공포뿐만 아니라 유머의 힘을 읽어내고

자 한다. 비체는 자신을 극화시켜 농담의 대상으로 만들고 그렇게 놀고 있는 자신을 응시하고 있다는 의미에서 제 3의 시선 혹은 유머의 시선을 가지는 것이다. 그런 전략은 단지 수동적이고 소극적인 저항만은 아니다. 제도와 이기적인 주체는 자기 안의 타자를 비체로 만든다. 타자화된 비체는 공손하게 그런 폭력에 순응하는 것 같으면서도 사실은 자신을 비체로 만들고 있는 주체의 두려움을 조롱하면서 모욕을 가한다.[3] 모욕의 기술로서 비체가 가진 유머와 공포에서 타자화된 것들의 정치성을 찾아볼 수 있을 것이다.

배수아의 최근 소설들인 『일요일 스키야키 식당』, 『이바나』, 『에세이스트의 책상』 등을 읽어보면 비체가 주체에게 두려움과 끔찍함을 불러일으킬 뿐만 아니라 동시에 유머러스하기도 하다. 그들을 타자화시킨 사회세력의 시선으로 볼 때 비체화된 이들의 삶은 구차스럽고 분명 비천하다. 그럼에도 불구하고 배수아의 비체들은 스스로의 비천과 빈곤을 응시하면서 자기 삶을 농담 대상으로 만든다. 그들은 자발적으로 제도라는 건축물 바깥으로 걸어 나가 홈리스로 살아간다. 제도 자체를 농담으로 만든다는 점에서 이들은 크리스테바가 말하는 단지 공포의 힘들로서의 비체를 벗어나는 지점에 서 있다. 그것이 배수아가 그린 비체들의 정치성이다. 그와 같은 농담의 힘과 정치성은 비천한 등장인물과 상황과는 전혀 어울리지 않게 묘사되는 배수아식 비체화된 방언이 발휘하는 효과라고 볼 수 있다.

배수아의 텍스트는 국가, 젠더, 언어, 계급, 혈연의 경계를 허물어내고 있는데 이것을 비체개념으로 확장시켜 읽어보고자 한다. 상징적인 제도들은 악취와 고름을 끊임없이 방류하기 때문에 말짱하고 말끔한 얼굴을 할 수가 있다. 프롤레타리아트, 여성, 범죄자, 홈리스, 도박꾼, 살인범, 중독자, 광인들, 이주노동자들, 노인들, 이방인, 이교도, 과부, 고아 등을 방류

한다. 자본주의 사회에서 비체화된 사회적 부적격자들과 부산물들이야말로 제도가 정결한 얼굴을 할 수 있도록 해주는 '구성적인 외부'이다. 이처럼 기존질서는 정화된 정치적 몸체를 만들기 위해서, 자기 배설과 자기정화를 통해 내부의 타자를 외부에 부려놓는다. 하지만 이렇게 버려지고 비체화된 것들은 그 속성상 제자리에 머물려고 하지 않고 기회만 있으면 귀환하여 정결하고 정돈된 공간의 질서를 교란시키고자 한다. 그래서 이 글은 부적절한/부적절해진 비체들이 만들어내는 시적인 유머와 타자의 정치에 주목해 보고자 한다.

신성모독의 모계사회

장편(掌篇)이라고 해야 할 정도의 단편인 「일요일 스키야키 식당」은 짧은 길이와는 대조적으로 엄청난 강도를 가지고 있다. 전직 국립대학교수였던 '마'. 마는 이상의 「날개」(1936), 손창섭의 「잉여인간」(1959) 이후로 가장 철저한 비체이다. 손창섭의 『잉여인간』에 실린 「미해결의 장」에서 화자인 '나'는 구제품 장사를 하는 어머니, 재봉틀을 돌리는 누이와 애인인 광순에게 기생한다. 광순은 매춘으로 가족의 생계를 책임지고 있다. 무위도식하는 화자의 아버지는 미국 유학만 하면 학계, 정계에서 떵떵거리며 살 수 있다고 아들들을 독려한다. '나'의 남동생들인 지철, 지웅은 산다는 것의 목표가 미국 유학에 있다. 그럼에도 법과대학까지 나온 나는 유학 준비는커녕 하릴없이 윗목에 누워 세월을 보낸다. 미국유학을 준비하지 않는 화자는 온가족으로부터 보빌의 대상이 된다. '나'는 집안에 있기가 무료하거나 아버지의 따가운 시선을 받으면 슬며시 일어나 광순의 집으로 가서 그녀가 누웠던 자리를 차지하고 눕는다. 그러다가 말없이 나가 광순이 매춘하는 '오피스' 앞에서 그녀를 기다린다. 그녀는 '위자료' 명목으로 그의 호주머니에 백 환을 찔러준다. 광순이 넣어준 백 환짜리로 그는 '젠자이'를 청한다. 타락한 세상에서 의식적으로 타락한 '나'는 포주처럼 호객행위를 하고 받은 돈으로 만두를 사먹는다.

　광순의 오라버니인 문선생은 진성회(眞誠會) 회원이다. 진성회는 '진실하고, 성실한 사람들끼리 모여 국가, 민족, 인류 사회를 위해서 진실하고 성실한 일을 하다가 죽자는 모임이다. 진성회의 회원인 광순의 오라버니는 동생이 인육시장에서 벌어온 돈으로 생계를 유지하고 있다는 사실에 고개를 들어 하늘을 쳐다볼 수 없다면서 세 명 뿐인 다른 회원들에게 자결을 하겠노라고 맹세한다. 다른 동지들의 지극한 만류에 그는 자살하려는 마음을 거둬들이고 매춘하는 여동생에게 기생하는 치욕적인 삶이나마 동생의 영혼을 구원하기 위해 계속하기로 한다. 이 단편에서 남자들은 삶에 지쳐 부패한 여성의 몸을 자양분으로 삼아 고물고물 기어 나오는 구더기들이다.

　「잉여인간」의 '나'와 마찬가지로 마는 돈경숙에게 업혀 살아간다. 마는 제도교육 기계가 그 자체의 기관을 정화하기 위해 토해 낸 배설물이다. 마의 끔찍한 탐식은 그처럼 우스꽝스럽고 비천하다. 『독학자』에서 보다시피 배수아가 가진 제도교육에 대한 혐오감이 '마'라는 전직 국립대학 교수에게 투사된 것은 아닐까라는 의문이 들 정도이다. 마는 교통사고 후 머리를 다치고 대학에서 쫓겨난다. 바싹 마르고 음식에 까탈스러운, 소식주의자였던 그는 어느 날 치즈로 소양을 넣은 만두를 너무 많이 먹고는 복통을 일으켜 병원에 실려 간다. 병원에서는 아무런 이유를 찾지 못한다. 만두 소양이 장에 찰싹 달라붙은 것이 아닐까 등등의 온갖 추측성 진단이 난무했지만 결과적으로 아무런 소득 없이 일주일 입원했다가 퇴원한다. 퇴원 한 뒤 이발하러 나간 마가 교통사고로 쓰러졌을 때 모양도 그다지 변하지 않은 만두소양이 계속해서 그의 내장으로부터 꾸물꾸물 기어 나온다. 그 엄청난 양의 만두들이 바싹 마른 마의 몸 어디에 다 들어 있었을까 싶었다. 그 사고 이후 마는 문자 그대로 제도권으로부터 거세당한다.

헛갈증에 걸린 마는 동시에 폭식증(환)자이다. 먹어도, 먹어도 허기가 져서 자신의 딸을 팔아먹고 자신의 신체마저 먹어치우다가 마침내는 입만 남은 신화 속의 에릭식턴처럼, 마는 '먹고 싶은 것은 다 먹어야지' 라고 껄떡거린다. 마는 한 때 자기 제자였으며 지금은 부암동 골목에서 신혼방을 구하러 다니는 진주(물론 서로 알아보지 못한다)를 보고서 "돈이 있으면 조금만 나누어줄 수 있어? 아, 없으면 괜찮아 ……. 많이 달라는 건 아냐. 동전이면 돼. 100원만 줘. 돈이 많다면 200원도 좋아"라고 말한다. 마는 일하지 않는다. 그는 돈경숙이 통사정하여 얻어준 유리 배달 일을 거부했다는 이유로 돈경숙에게 마대로 얻어맞는다. 그럼에도 그는 게으를 수 있는 권리를 온몸으로 실천한다. 마는 고양이 오줌냄새가 밴 침대보 위에 벌거벗고 드러누워 버섯이 살짝 익고 있는 스키야키 국물을 상상하면서 입 안에 고인 침을 질질 흘린다. 마의 겨드랑이는 돈경숙의 사타구니 지린내가 풍긴다. 스키야키 생각에 침을 줄줄 흘리는 마의 턱에 돈경숙은 고양이 밥그릇을 가져다 댄다. 마가 흘려놓은 커다란 비듬 덩어리가 뚝하면서 마룻바닥에 떨어지고 고양이가 마의 비듬을 핥는다. 그가 기식하고 있는 부암동의 빈민 아파트는 삶의 구질구질한 흔적이 사방에 배여 있다. 침, 콧물, 비듬, 고양이 오줌, 음식 냄새, 걸레 냄새, 지린내 등.

오랜 제도교육을 받고 제도교육을 남당한 자에게서 찾아볼 수 있는 순치된 몸을 마에게서는 찾아볼 수 없다. 이상과 손창섭 등의 남성 작가들의 텍스트에 등장하는 남성인물들은 회의하면서 기생하는 지식인들이다. "나는 기생한다는 사실을 회의한다, 고로 나는 존재한다"고 생각하는 코기토들이다. 그들은 그런 회의로 인해 기생하는 자신들이 숙주인 여성들보다 우월하다는 점을 전리품인냥 전시한다. 반면 회의하면서 기생하는 식객들을 조롱하기로 작심이라도 한 듯, 마는 철저하게 동물인간으로 살아간다. 그는 문명화된 제도들의 순치력을 영도(零度)로 만들어버린다. 그에게는 동물적인 감각만이 눈을 반짝 뜨고 되살아난다. 오감 중에서도 미각은 더더욱 게걸스럽다. 그는 동물성 그 자체다. 마는 제도의 순치력을 조롱하는 인물이자 국립대학의 징후적인 존재이다. 학교, 법, 가부장제와 같은 제도적, 상징적 질서는 마를 퇴출시켰다고 할 터이지만, 오히려 마는 스스로 그런 제도로부터 철저하게 일탈한 존재다. 제도는 자신들이 처벌한 비체가 (해직교수의 복직처럼) 공적 정의감이라는 사적인 양심을 품고 제도로 복귀하기 위해 분투함으로써 제도의 권력을 인정해줄 때 비로소 자기 권위와 권력을 확인받는 법이다. 그런데 마는 그런 선망, 양심, 분노, 지식인으로서의 문화적 속물근성 등을 전혀 보여주지 않는다. 그렇다면 제도로서는 너무나 허탈할 수밖에. 마처럼 철저하게 제도의 권위를 패러디하면서 동물되기로 일관하는 인물은 우리 문학사에서 찾아보기 힘들다.

가부장적인 제도로부터 축출된 마가 살고 있는 세계는 패러디 된 「모계사회」다. 오로지 돈돈돈하는 돈경숙은 아무리 돈타령을 해도 가난의 대물림으로부터 결코 벗어날 수 없다. 처녀시절에는 버스차장이었다가 이후 버스기사와 결혼했지만 게으른데다 주먹질까지 휘두르는 그와 헤어지고 나서도 그녀의 형편은 풀릴 기미가 없다. 지금은 청소부 임금으로 생계를 유지해가지만, 식객인 마와 잘 생긴 건달 아들을 건사하기도 버겁다. 그녀는 극악스럽고 폭력적이다. 노동하는 건강한 여성노동자의 환상을 그녀에게서 찾기는 힘들다. 자본주의 사회에서 가난하다는 이유만으로 빈자들이 윤리적일 수 있다는 등식을 그녀에게서는 찾을 수 없다. 전직 국립대 교수라는 것에 혹해서 마와 재혼했지만 지금 그녀는 후회막심이다. 문명의 세례를 받기 이전의 상태인 전문명화 단계(전오이디푸스 단계)로 되돌아간 마에게는 아내가 곧 어머니이다. 그는 현재의 마누라인 돈경숙에게 식충 노릇을 하면서 고양이와 청어를 사이에 놓고 다투는 지경에 이른다. 그는 동물적인 삶으로 퇴행했지만 동물이 살아남는 방식인 사냥은 하지 않는다. 돈경숙의 아들인 세원은 잘 생긴 외모 말고는 내세울 것이 없다. 재혼한 엄마의 죄의식과 부채의식을 부추겨 용돈을 얻어내고 그 돈으로 여자 친구와 즐길 궁리만 한다. 이것이 현대판 모계사회의 성모자의 모습이다. 돈경숙은 무력한 마에게는 폭력을 휘두르고 구박하면서도 잘 생긴 아들 앞에서는 무릎 꿇고 숭배하는 무조건적인 사랑의 성모다.

「모계사회」는 그야말로 비체화된 모계사회의 축도이다. 마는 먹고 싶은 게 있으면 돈경숙을 엄마로 부르면서 그녀의 시혜에 모든 것을 내맡긴다. 어린아이 상태로 퇴행했으므로 그의 삶은 기생이 아니다. 아동이 어머니의 보호와 보살핌을 받는 것은 아동이 누려야 할 당연한 권리로 간주되므로. 이처럼 가부장제 사회에서 남성이 모성을 활용하는 방식은 마의 모습에 그대로 투영되어 있다. 남자는 아이로 퇴행하고 싶어하고, 여자는 퇴행한 어린아이를 희생과 헌신으로 보살피면서 가부장제와 공모한다.

성모자와 달리 「성모녀」에서 표현정은 딸인 부혜린이 코끼리가 되도록 단것과 초콜릿을 주면서 자신에게 묶어놓는다. 자신이 죽을 때까지 딸이 자기를 돌봐주기를 원하므로 그녀는 딸이 연애질을 할까봐 철저히 감시한다. 부혜린에게 엄마는 죽음처럼 두려운 존재이다. 혹은 '죽음처럼 엄마를 사랑' 하고 있다. 표현정과 부혜린의 모녀관계는 홉스를 생각나게 만든다. 홉스는 모성을 조롱하는 발언을 한 바 있다. '만인에 대한 만인의 이리'에서 모성 역시 예외는 아니다. 생사여탈권을 쥔 어머니는 영아살해도 마다하지 않는다. 그런 어머니가 자식을 살려두는 것은 미래의 기대효과 때문이다. 자식으로부터 효라는 반대급부의 가능성을 보기 때문에 죽도록 방치하지 않는다는 것이다. 표현정이야말로 효를 받기 위해 딸을 거두어주면서 자기 품안에 가둬놓는다. 어머니 가게에서 하루 종일 옷수선을 하지만 부혜린은 용돈 한 푼 받지 못한다. 행여 딸이 바람이 나서 돈이나 소비하고 사내나 만나고 다니면 어떡하나가 표현정의 걱정거리다. 사내란 놈들은 하나같이 연애에 빠져든 여자를 봉으로 아는 썩을 놈들이라고 그녀는 믿고 있다. 그녀에게 '영원한 것은 돈으로 살 수 있는 것'이다. 그 돈으로 살 수 있는 것에는 자존심이란 항목이 들어 있다.

부혜린을 키운 것은 '8할이 죄의식이었고 2할이 초콜릿'이었다. 표현정은 부혜린의 아비가 넘겨준 빚더미 때문에 이 팔자가 되었다는 식으로 표독하게 몰아세워 부혜린을 항상 죄의식에 시달리게 만든다. 그녀는 죄의식으로 우울해진 부혜린에게 초콜릿을 항우울증 치료제 삼아 제공한다. 부풀어오르는 부혜린의 몸피만큼이나 점점 커지는 것이 표현정의 사랑이다. 초콜릿에 중독된 딸을 애도하고 죽여서까지 품고 있으려는 어머니와 그 어머니를 죽음처럼 두려워하면서도 그 그늘에 있는 딸이야말로 성모자의 패러디로서의 성모녀이지 않을까.

배수아의 모계사회는 유토피아적인 환상과는 달리 가부장제의 온갖 모순을 부려놓는 공간이다. 그런 맥락에서 가족이라는 억압적 공간을 헤치고 나온다고 여성들이 곧장 해방되는 것은 아니다. 한어머니 가정은 가부장제의 흉터처럼 비참과 빈곤의 흔적을 남기고 있다. 독일을 배경으로 하고 있는 『에세이스트의 책상』에서 요아힘의 엄마인 아네스는 혼자이다.

그녀는 매일 흠뻑 마셔야만 잠들 수 있는 알코올 중독자이며, 집세가 싼 지역을 찾아 전전하는 전망 없는 실업자이다. 같이 살아줄 남자를 찾기 위해 주말마다 '독신자 클럽의 파트너 찾기 파티'를 기웃거린다. 그녀는 비혼모의 아이들에게 지급되는 양육비로 살아간다. 요아힘은 독학자로 살아가야 하는 고달픈 삶을 어머니 탓으로 돌린다. 이것이 독일이라는 1세계에서마저 비체화된 성모자의 모습이다.

1세계라고 하더라도 비체화된 존재들의 삶은 이처럼 빈곤하다. 한 번도 존재하지 않았던 이상적인 가족에 대한 향수를 가진 사람들은 가족구성원들이 뿔뿔을 흩어지게 만드는 페미니즘의 해방전략이야말로 우파의 소개(疏開) 전략이라고 신랄하게 비판한다. 서구 식민주의자들은 토착민의 집단적인 정치적 세력화와 부족집단구조를 약화시키기 위해 원주민들을 강제이주, 강제 소개시킴으로써 가족을 붕괴시켰다. 이렇게 본다면 중산층 백인 페미니스트들의 가족해체 전략은 가족을 가져본 적이 없거나 혹은 이미 가족이 해체되어버린 이산의 무리들에게는 역설적으로 백인남성 제국주의 기획과 공모하는 전략이 되는 셈이다. 서구에서 군사세력과 산업세력은 가족을 정복하고 분리하는데 착수한다. 한어머니 가정의 여성들은 더 이상 자신들이 사는 곳에서 일하지 않는다. 가족구성원들은 뿔뿔이 흩어지고 고립된다. 독신으로 지내는 많은 여성들과 비혼모들은 더 이상 집에서 요리하고 청소하지 않는다. 직장까지 이동거리가 먼 이들은(대부분은 집세 등으로 인해) 아이들을 위해 요리할 시간도, 그들을 돌볼 시간도 없다. 음식은 패스트푸드로 때운다. 패스트푸드점은 그들의 몸집처럼 비대해진다. 이런 한 어머니 가족은 잠재적인 저항의 세포단위를 고립시키고 약화시키는 과정의 일부이기도 하다. 여자들이 부엌에서 해방된다고 해서 그들의 삶이 해방되는 것은 아니며, 오히려 자본의 욕망에 더욱 종속적일 수밖에 없는 불확실한 삶으로 내몰린다.

이런 맥락에서 배수아의 새로운 모계사회는 모성을 이상화하는 가부장제의 기획을 비판함과 동시에 페미니스트들이 원하는 해방된 모계 사회가 이런 모양새는 아닐까라고 조롱하는 듯하다.

퀴어들의 유혹적인 유랑

재닛 윈터슨Jeanette Winterson의 『육체에 새겨지다』Written On the Body를 읽다 보면 화자의 성별이 누군지 도대체 알 수 없다. 이 소설은 낭만적 사랑은 환상이라는 것을 꿰뚫고 있는 화자에 의해서 전개된다. 사랑을 믿지 않는 화자인 그/녀는 그럼에도 루이스와 통속적인 사랑에 빠진다. 루이스는 예술사 박사학위를 가진 섬세하고 아름다운 여성이지만, 엘진이라는 유대인 남성과 결혼한 유부녀인데다가 백혈병으로 시한부 인생을 살고 있다. 이 텍스트는 화자의 젠더를 숨기고 있기 때문에 '우리'는 이 사랑이 이성애인지, 동성애인지 가늠하기 힘들다. 어떤 순간에는 성적 허풍으로 인해 화자가 남성 바람둥이처럼 다가오기도 하고, 다른 순간에는 그런 성적인 과장을 조롱하는 레즈비언처럼 느껴지기도 한다. 화자는 카사노바처럼 자신과 사랑에 빠진 여자들을 전리품처럼 전시하다가 후반으로 가면 전혀 다른 사람처럼 어조를 바꾸면서 삶과 죽음을 철학적으로 해부한다. 그러다가 화자의 목소리는 연인의 몸을 해부하는 의사와 같은 유사과학적인 어조로 바뀐다. 「인체를 구성하는 세포, 조직, 계, 강」에 이르러, 피부 표면의 아름다움 너머에 있는 루이스(활액, 부어오른 임파선, 비장, 등)는 임상병리학 텍스트로 번역되고 전이된다. 루이스의 T 세포들이 그녀의 몸을 외부의 적들로부터 보호하기를 포기하고 그녀에게 등을 돌려 어떻게 쿠데타를 일으키는지가 철저히 분석된다. 텍스트의 마지막에 이를 때까지도 화자인 '나'의 젠더는 종잡을 수 없다. 작가가 의도적으로 화자의 성별을 감질나게 만들기 때문이다.[4] 이처럼 『육체에 새겨지다』는 독자들의 참을 수 없는 호기심에 영합하여 서사를 전개한다. 독자는 매순 간 그/녀의 젠더를 파악하려는 견딜 수 없는 호기심과 자기 내면의 불안 과 불확실성으로 인해 짜증스러워질 수도 있다. 젠더의 불확실성을 고정 시키려는 독자들의 속내와 영합하면서도 조롱하는데 이 소설의 묘미가 있 다. "대관절 화자가 남성이냐, 여성이냐가 뭐가 그렇게 중요해, 이 속물들 아"라고 비웃는 것처럼 말이다.

윈터슨의 소설과 흡사하게 배수아 소설의 등장인물들은 젠더 정체성 과 섹슈얼리티를 구태여 구분할 필요가 없는 퀴어들이다. '나' '너' 혹은 알파벳으로 호명되는 인물들은 젠더를 구분하려는 독자의 호기심을 단숨 에 천박한 것으로 만들어버린다. 『이바나』, 『에세이스트의 책상』에서의 Y, K, B, M 등은 여성인가, 남성인가? M은 중성적이다 못해 무성적인 존재 처럼 보인다. 이들 텍스트에서 상투적인 여성/남성, 섹스/젠더의 이분법 은 존재하지 않는다. 문화적, 사회적 젠더와 생물학적 섹스는 서로 교차 하고 중첩한다. 구태여 밝히자면 남자인 '나'는 여자 '처럼' 머리를 길렀 고 불면의 밤 시간을 보내기 위해 보조간호사로 일한다. 그 남자 B는 자 신이 남성임을 증명하는 서류들을 불태운다. 그 여자 K는 타고난 노동자 이며, 아름답고 키가 컸으며 둥글고 우아한 '광대뼈'를 가지고 있다. K는 그처럼 아름답지만 비사교적이고 자폐아처럼 은둔적이다. 그/녀는 자신 의 성적 정체성을 부정한다. 그래서 K는 성별을 표시하는 대명사인 그/그 녀라고 불리는 것을 철저히 거부한다.

뿐만 아니라 배수아의 소설에서는 친족관계를 가리키는 언어들마저 거의 사라져 버린다. 이들의 관계가 근친상간과 같은 부주의하고 금기된 사랑인지 아닌지도 불분명하다. 언어 없이는 근친상간도 없다. 엄마, 아빠, 누나, 오빠, 고모, 이모와 같은 촌수와 세대를 가르는 언어 없이는 적절 혹은 부적절한 관계가 드러나지 않기 때문이다. B의 고등학교 시절 연인이자 과외선생이었던 Y는 B의 부모님과 친구사이이다. B를 돌봐주고 가르쳐주었던 Y를 B가 처음 만났을 때 B는 19살, Y는 46살이었다. Y는 B의 아버지의 연인처럼 보이기도 한다. 사실 Y는 B에게 또 다른 어머니였다. B의 아내인 산나는 결혼의 긴장과 매혹을 간통에서 찾는다. 이처럼 젠더, 섹슈얼리티, 언어, 결혼제도, 가족 등 무엇 하나 안정적이고 고정된 것은 없다.

이들에게 혈연과 친족은 해체되고, 미래는 불확실하고 불안정하다. 비체화된 이들은 정상성/계급성/생산성에 목매는 중산층들에게 특히 두려울 수밖에 없다. 마의 전처인 박혜전과 마의 친구인 백두연에게서 보다시피, 한국사회에서 중산층의 공포는 계층추락으로 비체가 되는 것이다. 신분이 상승하기보다 하강하기가 더 쉬운 유동적인 중산층은 자기 계층에서 언제 밀려날지 모른다는 불안과 공포로 인해 기존의 교육, 가족, 학연, 지연에 결사적으로 집착한다. 비체화된 존재들은 자신들의 그런 욕망을 비추는 거울노릇을 하기 때문에 중산층에게는 끔찍한 존재가 된다. 그런 맥락에서 비루한 중산층과 속물적인 문화권력에 대한 배수아의 공격은 신랄하다.

반면 배수아 텍스트에서 제도적, 계급적으로 비체화된 인물들은 사회적 부적격자로서 보여주어야 할 비루함과 비천함을 보이지 않는다. 빈자들이 보여줄 수 있는 부자들에 대한 공경과 비굴을 보여주지 않는다는 점에서 그들은 자신을 비천하게 만들려는 제도의 의지에 이미 언제나 저항하고 있다. 가진 자들이 기대하는 방식대로 (문화적, 상징적 가난을 포함하여) 가난을 두려워하지 않고 가진 것을 선망하지 않는다면 가진 자들의 허영심은 결코 채워질 수 없기 때문이다. 그들은 자발적인 가난을 누리는 자들이며, '근본'을 중시하는 우리 사회에서 근본조차 알 수 없는 고아들이다. 『이바나』에서의 K와 '나'처럼, 그들은 불면에 시달리면서 길 위에서 서성거리거나 아예 집을 떠나 유랑하는 홈리스들이다. 생산성/정상성과는 거리가 먼 거식의 아이들이다. 그들은 자본주의적인 욕망이라는 보편언어로부터 일탈하여 각자의 방언 속에서 살아간다.

각자의 방언 속에서 살아가는 퀴어들은 이바나처럼 유랑한다. 『이바나』에서보다시피 이바나는 포착할 수 없는 욕망의 방언이다. 이 텍스트 속의 편집자가 말하듯이 이바나는 여성으로 전이되기도 한다. 동시에 이바나는 K와 '나'가 13,000마일을 달린 중고자동차이다. 이바나는 그것을 타고 스쳐지나온 동유럽의 여러 도시 이름이기도 하다. '이바나'라는 고유명사는 단일한 대상을 지칭하는 것이 아니다. 놀랍게도 그것은 임의적인 의미가 덧붙여짐으로써 점점 무거워지는 자의적인 기표이자, 욕망을 추동시키는 상징계의 구멍처럼 보인다. 바르트의 말처럼 1차적인 고유명사로서의 이바나는 누구나 알겠지만, 상징적인 의미로서의 이바나는 포착될 수 없다. 천 개의 시선이 있으면 천 개의 이바나가 있을 것이며, 따라서 천 개의 방언이 있을 것이므로.

이바나는 K와 '나'의 도착적인 사랑 혹은 페티시의 대상이다. 그들의 섹슈얼리티와 리비도의 등고선은 육체라는 한정된 공간을 벗어나 기계, 나무, 도로, 도시로 확장되면서 우주적 욕망의 지형도를 그린다. 이바나는 '나'의 연인이었던 Y의 이름이 됨으로써 유사(類似) 근친상간적인 욕망의 대상이 되기도 한다. 그것은 또한 '우리'가 쓴 여행기의 이름이다. 이처럼 결코 정체화할 수 없는 욕망의 이름이 이바나이다. 이바나는 고정되지 않은 글쓰기 자체이자 길 위에서 떠도는 이들의 여정과 같은 것이다. 이바나는 의미를 발생시키고 의사소통할 수 있는 정보를 전달하기보다 무의미와 소음을 가로질러 감으로써 의미의 궁극적인 행선지에 도착하는 것을 지연시킨다.

'영혼을 가진 낡은 존재'인 이바나는 대도시의 노동과 그것이 주는 새로운 대가의 창출이라는 생산성과는 대조를 이루면서 점점 더 낯설고 기괴한 사물로 전이되어 나간다. 따라서 이바나는 시스템 사회 안에서 초래된 일상의 변이체로 이해할 수 있다. 이바나와 합체변신함으로써 '나'와 K는 시스템 사회를 떠날 수 있기 때문이다. 혹은 그로 인해 떠날 수 있다는 환상을 유지한다. 텍스트 상에서 K와 '나'는 시스템 사회가 밀어낸 비체들이다. K는 타고난 노동자로서의 의식을 부끄러워하지 않으면서도 그 시스템으로부터 발작적인 도피를 하려는 양가적인 속성을 가지고 있다. 이 '두 가지 상반된 의식은 K에게 스트레스로 작용했다. K는 머리를 옥죄어오는 불면을 일으키는 시스템 사회를 영원히 떠나야 한다'는 강박에 사로잡혀 있다. K와 '나'가 이 시스템 사회로부터 탈주하기 위한 '육체의 저항이 불면증'이었다. '나'는 잠을 잘 수가 없어서 불면의 밤을 보내면서도 막상 그 잠이 잠시라도 찾아올까봐 불안하다. K는 아침이면 허겁지겁 지하철을 탄다. 지각하지 않으려고 초조한 삶을 보낸다. 오랜 노동의 결과 K는 불면으로 죽음을 생각하는 단계가 되었다. 정년인 55세까지 같은 사무실에서 일만 해준다면, 보험회사가 K의 나머지 인생을 관리해 줄 것이다. 시스템은 노동자를 불러 부품으로 활용하는 대신 남은 인생을 관리해주겠다고 약속한다.(즉 노동하는 노예적인 삶에 중독되어도 좋다, 착취당해도 좋다, 정규직만 되게 해다오라고 간청하기에 이른 요즘 노동자들은 부품이 아니라 일회용품으로 소모된다.) 이와 같은 시스템에 중독되면 일주일 동안 미친 듯이 일하고 주말에는 소파에 드러누워 텔레비전이나 영화를 보면서 다시 주중으로 되돌아가는 일상생활이 유지되지 않으면 불안으로 견딜 수 없어진다는 데 문제가 있다. 평생 동안 계속된 시스템의 중독으로부터 해독하는 것은 용이한 일이 아니다. 그 시스템이 비록 시궁창이라고 할지라도.

> 그들은 서로에 대해 공허한 찬사를 던지고 좀더 세속적으로 유명해지기 위해서 최대한 덜 세속적으로 보이는 포즈를 취하곤 했다. 그들은 자신들의 지성에 대해서 세속적으로 보답해주지 않는 사회를 증오하느라 언제나 바빴고 겉으로는 지성만으로 배부르다는 표정을 하고 있었지만 실상은 정당이나 대학이나 전직 국회의원이나 고급관료를 어쩌다 알게 되면 그 인연을 만족스럽게 생각하고 특별히 유지하고 싶어 하며 남몰래 자랑스럽게 생각했다. 지금 생각해보면 내가 머물렀던 곳은 시궁창이었다. 에고이즘이라는 고급 외투를 입고 독설이라는 값비싼 향수를 뿌리고 자신의 이름을 알기 위해 방충제 세일즈맨보다 더 요란하게 떠들어대는 한 무리의 신사와 숙녀들, 그들의 지적인 대화와 아방가르드인 체하는 연출과 감미로운 칭찬의 말과 싸늘한 경멸의 표정이 뒤범벅된 시궁창 말이다.(90)

위 인용문에서 보다시피 K와 '나'는 시스템으로부터 밀려난 비체이지만 동시에 '나'는 시스템 자체가 시궁창임을 아는 유머의 존재이다. 이 때 유머의 시선은 시스템 안에 있으면서도 그 시스템을 무대화하여 그것을 조롱할 수 있는 시선을 의미한다.[5] '그들'로 통칭되는 문화적인 속물들이 냉소주의에 머물러서 시스템과 공모하고 있다면 나는 그들과의 거리유지에 의해서 냉소를 넘어서는 유머의 시선을 유지하게 된다. 왜냐하면 나는 내 안에 들어와 있는 비체화된 타자의 욕망을 알고 있으므로. '나'는 회사를 떠나서는 아무 것도 할 수 없는 기생충이자 낙오자 이상의 아무 것도 아니라는 점을 분명하게 인식하고 있다. 그러므로 떠나고 싶다는 생각 자체가 나에게는 실패할 혁명의 꿈이다. 일하지 않고 살아가는 삶에 대해서 죄의식과 수치심을 느끼는 것, 결국 그것은 창녀의 기둥서방과 다르지 않다는 것이 자본주의 시스템의 논리이다. 그러므로 일하지 않는다는 것은 '구걸, 폭력, 자선, 구호사업, 정부의 저소득층 정책에 기생하는 것'이다. 그러므로 '나'와 K가 자본주의 시스템의 중독에 저항하는 것은 스스로를 비체로 만듦으로써 그 제도를 비체화하는 것이다. 그래서 K는 떠남을 믿는다. K에게 돌아오는 여행, 그 여행의 기행문으로 돈을 버는 것 등은 상품으로서의 관광에 지나지 않았다. 그래서 K는 영원히 길 위에서 떠도는 홈리스가 된다.

하지만 K처럼 완전히 자본주의 시스템의 중독에서부터 궤도이탈할 수 있는 사람이 얼마나 될까? 자본주의로부터 탈주하려는 낭만적인 혁명은 오래 전에 실패했다. 그 실패는 이제 신자유주의라는 이름으로 모든 사람들을 자유롭게 해 주었다. 자본과 시간을 가져서 자유로운 자들과 그 양자로부터 그야말로 자유로운 비체들은 다른 동심원을 이루면서 살아간다. 1등석을 타고 세계의 자본의 이윤을 챙겨가는 보보스와 성산업과 노동시장의 인력으로, 인신매매로 팔려가는 이산의 무리들이 있다. 이들 사이의 그 어디쯤에 배수아의 자발적인 홈리스들이 떠돌고 있다. 비천하지만 비극적이지 않게, 빈곤하지만 아름답게.

모국어 풍경 너머: 근친상간의 방언들

배수아의 문체는 모국어의 어법으로 보자면 비체(非體)다. 작정하고 문체의 낯설기를 수행하려고 하지 않는 한 소설가들은 서사를 구성하면서 적절하게 제도화된 말투를 따른다. 하지만 그녀는 나이, 남녀, 계층, 취향, 촌수 등에 따른 어미변화를 거의 무시해 버린다. 한국어 어미에서 볼 수 있는 존칭을 존중하는 적이 드물기 때문이다. 얼핏 보면 그녀의 문장은 한국어를 번역투로 다시 한 번 옮겨놓은 이본들 같기도 하다. 배수아는 번역투의 자기 문장을 익히 의식하고 있다. 「나는 그냥 낙서할 뿐이다……」에서 "내가 살고 있는 내 사촌의 집을, 너는 다시 방문할 수 있어(어떠냐? 이런 완전한 번역투가)"라는 식으로 독자를 조롱하면서 반문한다. 독자를 조롱할 뿐만 아니라 자기 자신의 글쓰기마저 낙서이자 소음일 수 있다는 점을 의식함으로써 농담의 대상으로 삼는다.

사실 전문번역가라는 사람들치고 배수아식의 어색한 문장으로 번역하는 사람은 드물 것이다. 번역일수록 더더욱 번역투를 지우고 가능한 모국어의 질서에 맞추려고 의식적으로 노력하기 때문이다. 인도유럽어족에서는 찾아보기 힘든 존칭마저 한국적인 맥락에 맞춰서 발명해 낸다. 나이, 젠더, 촌수 등에 따라 존칭/비칭이 없는 언어를 우리 맥락에 맞게 존칭과 비칭을 열심히 가르고 구분하고 위계화한다. 결과적으로 번역은 우리 사회의 위계질서를 반복하고 지속시킨다면 배수아의 문체는 한국어의 위계질서, 나아가 관습화된 담론의 위계질서를 전복한다.

그녀의 언어는 부적절한 장소에 의미를 부려놓는다. 그런 맥락에서 언어는 방언이며 '거짓말과 오해이며 과장이고 소문' [6] 이다. 배수아의 언어는 상황과 인물을 비대칭적으로 활용함으로써 일상언어의 문법을 파괴한다. 「일요일 스키야키 식당」에서 '마'는 교양과 품위를 거론하는 전처 박혜전에게, '개구리 좆만한 것'을 드러내 놓고 침대에 누워 "안녕, 전처"라고 인사를 한다. 그의 지적 환경과는 대조적인 이 국적불명의 인사는 비루하고 불결한 주변 환경과는 대조적으로 경박하고 경쾌하다. 그래서 읽는 독자로 하여금 실소하지 않을 수 없도록 만든다. 그의 입에서 흘러내리는 침처럼 삶의 궁상과 땟국이 흘러내리는 환경 속에서 그의 입으로부터 튀어나온 말들은 캔디 만화의 여주인공처럼 가볍고 유쾌하다. 이처럼 비대칭적인 언어 사용의 틈새에서 배수아의 방언들은 증식한다. 요즘 "너나 잘하세요"라는 〈친절한 금자씨〉의 한 마디의 대사는 "너나 잘해"라는 고전적인 어법보다 천 배의 모욕과 조롱과 섬뜩함이 실려 있다. 그것이 존칭과 비칭을 교묘하게 뒤섞어놓은 비체화된 시적 언어가 주는 신선한 폭력성이다.

그녀의 언어는 제도적인 문학 언어의 방언이다. 모국어에 겹쳐지고 감춰져 있는 것이 방언이다. 이때 방언은 사투리를 의미하지 않는다. 우리말의 순수성을 유지하기 위해, 우리말에 들어와 있는 외국어(일어, 영어, 몽골어, 중국어 등)의 흔적을 말끔히 지워서 순결한 모국어를 유지하려는 순결주의자들의 망상을 한순간에 조롱하는 것이 혼성적인 글쓰기가 주는 정치성이다. 한번도 순결한 적이 없었던 민족언어를 순결한 성처녀로 화석화하려는 욕망에 깔린 민족주의적인 언어사용은 배수아 텍스트에서는 주저 없이 무시되어 버린다. 국적불명의 혼성적인 언어 사용은 교양과 품위를 논하는 문화의식과 순수 모국어를 고수하려는 민족의식을 일시에 깨어버린다. 그래서 그녀의 방언들은 방자하고 방만하다. 그런 발칙함은 문법이라는 상징적 법을 준수해야 할 강박을 느끼지 못하는 여성적인 글쓰기의 힘일 수 있다.

『에세이스트의 책상』에서 배수아는 민족주의적인 냄새를 풍기는 모국어 대신 자국어라는 표현을 쓴다. 배수아의 소설적 언어는 국가라는 영토, 상상적 공동체임을 확신시켜주는 모국어를 변경함으로써 국가적 정체성으로부터 벗어나고자 한다. 『상상의 공동체』에서 베네딕트 앤더슨은 자국어의 형성이 국민국가의 전제였음을 밝힌 바 있다. 서구에서 자국어화 vernacularization 는 세 가지 외부요인에 의해 민족의식의 발흥에 기여한다. 우선 라틴어 자체의 성격이 변화하게 되었다. 라틴어는 신성한 아우라를 가진 언어였다. 그것은 성직자들이나 해독할 수 있는 언어였으며, 민초들은 이해할 수 없는 신비하고 심지어 마술적인 언어였다. 하지만 종교개혁의 영향으로 루터의 저작은 베스트셀러가 되었다. 신교와 인쇄자본주의의 결탁은 성경의 값싼 대중판들을 개척하면서 새로운 독자층을 창출하고 동시에 이들을 정치적, 종교적 목적에 동원할 수 있게 되었다. 이들은 출판시장을 확장하기 위해 자국어들로 라틴어 성경을 번역했다. 절대군주가 될 가능성이 있는 사람들에 의해 행정의 중앙집권화의 도구로서 지역어가 보급되었다. 그로 인해 대중적인 언어 민족주의가 출현하게 되었다. 이처럼 자국어화와 민족국가라는 것은 뗄래야 뗄 수 없는 관계이다. 이런 민족국가와 자국어에 의해 국민화가 진행되었다. 앤더슨에 따르면 우리는 언어에 의해 국민국가의 구성원이 되는 것이지 한 국가의 구성원이었기 때문에 그 언어를 사용하는 것은 아니라는 이야기가 되는 셈이다. 이런 맥락에서 보자면 배수아는 민족국가 구성원임을 보여주는 모국어와 순치되고 제도화된 언어를 거부함으로써 국민국가의 구성원으로 호명되는 것에 저항한다.

그렇다고 자국어를 뛰어넘는 보편 언어 혹은 야만의 언어 역시 불가능하다. 『에세이스트의 책상』은 글쓰기에 관한 사색 자체라고도 볼 수 있다.

이 텍스트에서 화자인 '나'는 나를 불러 국민으로 만들어주는 자국어를 버리고자 한다. '나'는 아이러니컬하게도 국경선에 따라 구획되는 개별적인 자국어가 아니라 M과 함께 코스모폴리탄적인 보편언어를 추구한다.

독일어를 자국어로 하고 있는 M은 이 세상의 수많은 자국어로 다르게 불리는 개념의 정수, 그것을 '나'에게 가르치고자 했다. '나'는 언어가 운명인 소설가임에도 불구하고 모국어를 버리고 M이 주장하는 음악과도 같은 보편 언어를 함께 추구하려고 한다. M은 자신이 추구하는 보편언어를 '야만인의 언어'라고 일컫는다. 왜냐하면 '언어를 알게 된다는 것은 결국 자국어의 경계를 넘어서서 사고하는 것'이며 표면적으로는 방대한 표현을 사용하는 대신 간단한 몇 가지 표현으로 만족하게 되므로 상당히 미개해 보일 수 있다는 이유에서였다. 그래서 두 사람은 여러 자국어로 표현되는 추상의 정수, 그래서 야만의 언어일 수밖에 없는 공통의 언어를 추구한다. '그것은 국적이 없으며 나라를 만들지 않는다. 그것은 완벽한 의사소통이 가능한 언어이다. 왜곡이 없고, 의도와 행위, 존재와 의미가 결코 달라지지 않는 이상적인 공통의 언어이다.' M은 의지만 있으면 자국어의 경계를 넘어서서 음악처럼 보편언어에 도달할 수 있을 것이라는 단호한 믿음을 갖고 있다. 언어가 자유의지로 넘어설 수 있는 것이 아니라 의식의 감옥일 수도 있다는 사실, 다른 자국어를 가진 사람들끼리 의사소통은 불가능성의 약속인지도 모른다는 점을 M은 인정하려 들지 않는다. M이 그처럼 집요하게 보편언어에 매달리는 것은 완벽한 의사소통의 언어로서의 '사랑'을 꿈꾸었기 때문인지도 모른다.

사랑 혹은 M으로 상징되는 존재는 얼핏 보면 순수한 이상 혹은 보편언어 그 자체처럼 보인다. 이 텍스트에서 M은 텍스트 후반에 이르면 구체성을 상실한 채 마치 하나의 절대추상 혹은 음악처럼 존재한다. '나'의 기억이 사후적으로 재구성한, 그래서 내가 정말 M을 만나기나 했는지조차 의심할 정도로 기억은 희미하고 불확실해진다. 나는 '글을 쓰고 있을 때만이, 나는 비로소 내가 되며 진실로 집에 있는 듯이 느낀다'라고 말한다. 그로 인해 M과 나는 글쓰기 행위로 인해 창조되고 재구성되는 존재들이 된다. 바로 이런 측면에서 비평가들은 M에게 인격보다는 절대추상과 보편언어를 추구하려는 나의 자아이상이라고까지 추상화시켜버린다.

하지만 두 사람이 헤어지는 순간, M의 보편언어가 얼마나 무모하고 취약한 것인지 절실하게 드러난다. 마지막 수업시간에 '나'는 독일어작문을 에리히에게 제출하고, 다른 때와는 달리 에리히로부터 칭찬을 듣는다. M의 눈동자에 빠져버린 '나'는 M에 대해서 쓰지 않을 수 없었다. 작문내용은 슈베르트의 노래를 빌려서 표현한 나와 M과의 관계였다. 독일어 교사인 에리히는 파티에서 나에게 결정타를 날린다. "그대로 계속해서 노력한다면, 요코 타와다처럼 독일어로 에세이를 쓰지 못한다는 보장도 없잖아. 그렇지 않아? 하지만 그렇다고 해도 역시 나는 요코 타와다가 왜 굳이 외국어로 글을 써야 하는지 알지 못하는 것처럼 마찬가지로 너에 대해서도 이해하지 못할 테지." 에리히가 이런 말을 한 것은 M과 '나'의 관계에 대한 순간적인 질투심 때문인가? 에리히의 발언에 맞서 M은 언어는 단순히 기술적인 것이 아니라 보편 운운하는데, 에리히의 직격탄이 날아든다. "너의 이상주의를 받아들인다고 하더라도 그러나 무엇 때문에 그 보편정신을 찾아 방황하는지 그것이 설명해주지는 못하지. 단지 슈베르트의 노래 때문에?"

슈베르트의 〈겨울 나그네〉 중에서 〈너는 나를 사랑하지 않는다〉의 노래 가사, "내 심장이 산산이 찢이지고 있네. 너는 나를 사랑하지 않는다"라는 사랑의 정서를 이해하기 위해 자국어를 포기하고 보편언어를 추구

해야 하느냐는 것이 에리히의 지적이었다. 합리적 화용론자인 에리히의
입장에서는 M과 '나'의 보편언어와 보편정신의 추구는 투명한 의사소통
과 정보교환을 위한 것이라기보다 정신적 사치와 이해하기 힘든 기벽이
자 결벽이라는 지적이었다. 에리히의 모욕에 M의 모욕이 나에게 덧붙여
진다. M은 순수한 육체적 호기심 때문에, 더 이상의 별다른 의미는 전혀
없이, 에리히와 잠자리를 한 적이 있다는 말을 한다. 이 상황은 '나'가 한
국으로 절박하게 되돌아와야 하는 시점이었고, 그것을 견딜 수 없었던 M
이 나에게 복수하기 위해 내뱉은 말인지 어떤지는 알 수 없다. 다만 두 사
람이 추구했던 보편언어로서는 그런 소유욕, 질투, 절망, 분노, 황량함과
같은 것을 공유할 수가 없었다. 나를 구성하고 있다고 보았던 쿨한 초월
성은 간 곳 없다. 'M은 나에게 복수하기 위해서 그런 일을 한 것일까? 남
아 있는 자가 되어 떠나는 자를 전송해야만 하는 입장을 역전시키기 위해
서, M 자신이 먼저 떠나기로 고의로 결심한 것인지도 몰랐다. 나는 질문
하고 또 질문했다. M의 영혼이 나와 함께 있다면 왜 에리히가 문제가 되
는가. 에리히와 M에게 나는 사회적 약자였다. 결코 대등한 관계가 아니
었다. 그들에게서 언어를 배우고 있다는 사실은 이미 내 정신세계의 열등
함을 드러낸 것이었다. 내가 약자인 것을 나는 누구보다 잘 알고 있다. 우
리가 서로를 알기 위해서 사용한 언어는 단지 방언에 불과했다. 그것은 표
현이라는 과정을 통해서 M과 나를 모방하고 있었다.' 다시 말해 우리가
언어를 사용한 것이 아니라 언어가 나와 M이란 존재를 모방하고 있었다
는 그 절실한 치욕에서 나는 벗어나지 못한다. 독일어를 사용함으로써 독
일인이 되고, 한국어를 사용함으로써 한국인이 된다면, 내가 언어를 사용
하는 것이 아니라 언어가 나를 활용하는 것이다. 보편언어라는 것은 없다.
그로 인해 나는 산산조각이 난다. 그래서 "두 거울 사이에서 무한대로 반

영되는 수치심만이 남아 있었다". 수치와 상처만을 안고 나는 M을 떠나보낸다. 나는 M의 눈동자에 익사한다. M과 '나'는 음악적인 보편언어 혹은 완벽한 사랑의 언어에 도달하지 못한다.

보편언어를 파편화시킨 곳에서 방언들은 무한 증식한다. 방언들로 소란스러운 곳에서 모국어, 보편언어의 권위는 실추되고 타락한다. 모국어를 방언으로 만들어서 불가능한 보편언어와 충돌시키는 배수아의 전략은 국가, 젠더, 나이, 계급의 위계질서를 넘어서는 가능성 혹은 불가능성을 열고 있다.

비체되기를 꿈꾸며

자신의 근본을 정체화하는 국가, 가족, 젠더, 섹슈얼리티 등이 해체된 뒤에는 어떤 일이 발생할 수 있을까. 배수아의 텍스트에서 개인들은 국가, 민족, 가문, 학연에 대한 정체성 따위는 안중에 없다. 그들은 국가, 모국어, 가족의 배신자이며 어디에도 정착하지 못한 채 유랑한다. 제도적인 문체를 비체로 만듦으로써 모국어나 보편언어가 하나의 방언에 불과해진다면 언어에 의해 구성되는 주체의 정체성은 붕괴되지 않을 수 없다. 모국어의 틈새에서 그녀의 언어는 방언들의 놀이터이자 실험장이 된다. 언어가 유랑하는 것처럼 배수아 텍스트의 많은 등장인물들은 K처럼 유영한다. K처럼 세상 끝까지 떠돌다 결국은 행려병자로 마감할 수도 있을 것이다. 근대초기 길 위를 떠돌다 미치거나 죽거나 했던 신여성들처럼. 그들 또한 대부분 행려병자 수용소에서 생을 마감했다

일하지 않고, 결혼도 하지 않지 않는 거식증자들인 이들은 세상의 비

참을 자본주의 방식대로 비참하게 느끼지 않는다. 버리기 위해 생산하는 자본주의 사회에서 버림을 당한 존재로서의 반응을 보이지 않는다. 콘스라베이스의 음색처럼 게으르면서도 우아한 『일요일 스키야키 식당』에 실린 단편 「콘트라베이스」의 노용은 제도에 의해서 비체가 되었다기보다 적극적으로 비체 '되기' 로 살아간다. 마치 아녜스 바르다의 다큐멘터리 〈이삭 줍는 사람들〉에서 나오는 홈리스들처럼 노용은 일하지 않는다. 자본의 축적으로 이윤을 창출하는 것만이 유일한 윤리인 자본주의적 윤리의 비윤리성을 온몸으로 보여주는 자가 노용이다. 자본주의 사회는 일의 결과를 재빨리 똥(쓰레기)으로 버리지 않으면 시스템 자체가 무너지게 된다. 일해서 번 돈으로 냉장고를 열심히 채워야 하고 채운 음식은 재빨리 버려야 한다. 채워놓은 음식으로 인해 다른 사람의 부엌은 비게 된다. 미친 듯이 일해서 똥으로 만들어버리는 자본주의적인 생산논리의 부패한 얼굴을 본 노용은 '나 그런 것쯤은 알고 있거든,' 하고 냉소하면서도 그 시스템 속에서 공모하는 냉소주의자가 아니다. 그는 쓰레기를 생산하기 위해 일하는 자본주의적인 생산과 일의 원칙에 적극적으로 저항하는 인물이다.

그러므로 노용은 가난으로 인한 열등감이 없다. 가난한 하층계급으로 살아가는 것에 대한 열등감으로부터 노용은 자유롭다. 노용은 이름처럼 사회에서 보면 아무런 용도가 없는 그릇이지만 그의 입장에서는 스스로 그런 용도에 사용되지 않기로 작정한 사람이다. 그런 맥락에서 그는 제도로부터 비체가 된 것이 아니라 스스로 비체되기로 살아간다. 그래서 버려진 음식을 수거해서 먹으면서 일하지 않는다.

일하지 않는 것 자체가 비체되기를 꿈꾸는 노용의 정치성이다. 그 대신 노용은 삶을 예술로 만든다. 노용은 콘스라베이스의 케이스만큼은 품고 있다. 『이바나』의 '나' 는 불면의 밤을 떠돌면서도 『희랍인 조르바』를 손에서 놓지 않는다. 이들은 『당나귀』에서 보다시피 거리의 부랑자 시인이었던 찰스 부코우스키처럼 집 없는 삶 자체를 '비체되기'의 예술과 정치로 승화시킨다. 거식으로 가벼워진 몸으로 이들은 비상을 꿈꾼다. 마지막 하늘이 끝난 뒤에도 새는 날아야 하니까.

후주

1부: 유랑하는 가족들

소문난 아버지, 소년이 되다 〈올드보이〉

1 이 글은 영상예술학회의 학회지인 『영상예술연구』 제5호 (2004. 11)에 실렸던 「위기 시대의 가족 로망스와 근친상간의 영화적 재현」의 '상위 버전'이라고 할 수 있다. 이 전의 글은 분석의 대상이 되었던 텍스트들을 사회 현상에 대해 기술적 descriptive 이라고 설명함으로써 정치적 판단을 유보하고자 했고 덕분에 스스로 한국사를 '실패 한 가부장의 역사'로 묘사하는 또 다른 '기술적인 텍스트'가 되어버렸다. 이는 내가 비판하고자 했던 수사적 전략을 그대로 답습하는 것이었으며, 그로 인해 주장은 길을 잃었다. 이 글은 그 잃었던 길을 되찾는 과정이다.

2 "우리역사, 머슴살이 하는 아버지와 비슷," 『연합뉴스』, 2004.08.13.

3 문승숙, 「민족 공동체 만들기 − 남한의 역사와 전통에 담긴 남성 중심적 담론(1961-1987)」, 일레인 김, 최정무 편저, 『위험한 여성 − 젠더와 한국의 민주주의』, 박은미 옮김 (삼인, 2001), 54쪽.

4 자세한 내용은 문승숙 위의 글 참조.

5 http: // www.cine21.com / Magazine / mag _ pub _ view.php?mm = 005001001&mag _ id = 27660

6 프로이트, 「토템과 터부」, 『종교의 기원』, 이윤기 옮김 (열린책들, 2003).

7 Sigmund Freud, *Collected Papers* 5, ed. James Strachey (New York: Basic Books, 1959), pp.74-78. http: // darkwing.uoregon.edu / adoption / archive / FreudFR.htm.

8 린 헌트, 『프랑스혁명의 가족 로망스』, 조한욱 옮김 (새물결, 1999).

9 위의 책, 11쪽.

10 위의 책, 10쪽.

11 조혜정, 「'남성다움'의 구성과 재구성: 사회적 기능과 종속 기제를 중심으로」, 『한국의 여성과 남성』 (문학과 지성사, 1988), 289-290쪽.

12 김혜경, 오숙희, 신현옥, 「자본주의적 산업화와 한국가족의 역할 변화」, 『여성과 사회』 3호. (윤택림, 『한국의 모성』 (미래인력연구원 지식마당, 2001), 58-59쪽에서 재인용.

13 국가가 효과적인 근대화를 위해 '제도적 모성'을 바탕으로 여성을 '어머니'로 포섭하는 과정에 대해서는 손희정, 『한국의 근대성과 모성재현의 문제 - 포스트 뉴 웨이브의 공포영화를 중심으로』 (중앙대학교 첨단영상대학원 석사 학위, 2004) 참조.

14 김경일, 『중세의 정신, 근대의 '문명' : 좌절된 근대 50년, 한국의 근대와 근대성』 (백산서당, 2003), 96쪽.

15 윤택림, 『한국의 모성』 (미래인력연구원 지식마당, 2001), 122-138쪽.

16 이에 관련해서는 윤택림의 위의 책이나 이선옥, 「신현모양처 이데올로기의 부상」, 『여성과 사회』 제8호 (1997) 등 참조.

17 산업사회에서 요구되는 가부장의 남성다움에 대해서는 조혜정, 「'남성다움'의 구성과 재구성: 사회적 기능과 종속 기제를 중심으로」, 『한국의 여성과 남성』 (문학과 지성사, 1988), 280-290쪽 참조.

18 린 헌트, 『프랑스혁명의 가족 로망스』, 조한욱 옮김 (새물결, 1999), 제 2장 「좋은 아버지의 성장과 몰락」 참조.

19 위의 책, 60-61쪽.

20 지구의 역사 시퀀스는 성경을 세밀하게 패러디하면서 '아버지 하나님'의 자리에 '아버지 외계인'을 앉힌다.

21 유아는 어머니라는 타자를 인식하면서 자신의 주체 경계를 형성하게 되고, 이처럼 주체가 아님으로써 경계를 형성하는 '비천한' 모든 존재가 비체이다. 크리스테바에 따르면 어머니는 무엇보다도 비체적인 존재라고 할 수 있는데, 그것은 유아의 배변 활동에 대한 교육 및 월경이라는 생리 활동을 통해서 더욱 분명해진다. 비체의 자세한 내용에 관해서는 줄리아 크리스테바, 『시적 언어의 혁명』, 김인환 옮김 (동문선, 2000), 고갑희, 「줄리아 크리스테바의 경계선의 철학」, 『페미니즘 - 어제와 오늘』 (민음사, 2000), 엘리자베스 라이트, 『페미니즘과 정신분석학 사전』, 박찬부, 정정호 외 옮김 (한신문화사, 1997), 토릴 모이, 『성과 텍스트의 정치학』, 임옥희, 이명호, 정경심 옮김 (한신문화사, 1994) 등을 참조.

약한 자여, 그대 이름은…… 〈봄날〉

1 크리스티나 폰 브라운, 『논리 거짓말 리비도 - 히스테리』, 엄양선 윤명숙 옮김 (여이 연, 2003).

2 위의 책, 280쪽.

3 '여성성'이라는 용어는 논란의 소지가 많은 민감한 개념이다. 서구 문화사는 성적 존 재로서의 인간을 어떻게 말살해왔는가의 과정이라는 브라운의 통찰을 빌어 재구해 보 자면, 여성성이라는 개념은 두 가지 의미를 갖는다고 볼 수 있다. 성적 존재로서의 인 간이 지니는 여성성 · 남성성과 사회적 문화적으로 구성된 인위적인 이미지로서의 여 성성 · 남성성이 그것이다. 이 글에서 '여성성'은 전자인 성적 존재로서의 인간의 양 성성 중 하나로서의 의미로 사용되었고, '남성성'은 주로 근대 로고스 이성중심주의 가 구축해온 후자의 의미로 사용되었다.

4 앞의 책, 330쪽.

5 이러한 현상은 특히 얼마 전 방영된 드라마 〈불량주부〉에서 잘 드러났다. 이 드라마 는 부부사이의 의도적으로 전치된 권력관계를 통해 우리사회의 남성중심주의에 딴지 를 거는데, 주인공 구수한(손창민 분)은 실직 후 마지못해 전업주부가 되면서 자신도 몰랐던 자신의 여성성을 되찾으면서 새로운 '인간'으로 다시 태어난다.

가족놀이는 이제 그만! 〈아일랜드〉

1 멜로드라마는 1790년대 말 루소에 의해 새롭게 등장한 장르로서 가족로망스를 관철 시키는 것에 초점을 두었다. 사회적 신분 상승과 가족의 교체라고 하는 환상을 많은 관객에게 가져다줌으로써 가족로망스를 주입시키는데 큰 역할을 했던 것이다. 자세한 내용은, 린 헌트, 『프랑스 혁명의 가족로망스』 (새물결, 1992) 참조.

2 "저는 여자 혼자 외롭게 일로 성공하는 모습이 당연하게 보이진 않아요. 그들에게 창 구가 있어야 하고 그게 사랑이라고 생각해요. 저한테 사랑의 개념이라는 게 그래요. 내일 헤어진대도 지금 나한테 행복을 주는 사람, 저한테는 일이건 사랑이건 자기 정 체성의 문제인거죠." 조박선영, 「성공을 싫어한 성공한 여자」, 페미니스트저널 『이프』 (2004년 겨울호), 148쪽.

3 건강가족 기본법에서는 가정의 정의를 가족 중심적으로 내리고 있는데 비해, 건강가 정 지원 사업에서는 다양성을 포용하고 있어서 모순된다. 이 법은 입법과정에서 다양 성에 대한 지지가 대폭 축소되었다. 법안에서는 가족을 정의해 놓았지만 별도로 가정 이라는 용어를 규정하고 있고, 법명과 여러 조항에서 가정이라는 용어를 사용하고 있 다. 이때 가정은 가구의 개념과 유사하다. 그런데 가족 구성원으로 이루어진 생활공 동체라고 정의하고 있으므로 가구에서 혼인, 혈연, 입양으로 이루어진 관계가 아닌 구

성원끼리의 가구는 제외된다. 이 법의 논리상 가족은 가정의 필요조건이다. 이는 분명한 가족 중심주의이며, 가족을 정의하는 방식에서 다양성 주장과 모순된다. 또한 이혼을 가족해체로 보고 그것을 방지하겠다는 발상에 기초해 있다. 이박혜경, 「끼어들기에 반대 한다」, 『건강가정 기본법 대안을 위한 난상 토론회 발표문』(2004. 7. 17) 3-4쪽.

4 들뢰즈/가타리에게 '탈주' flight는 도망이나 회피가 아니라 역동적이며 창조적이고 정지된 점에서 벗어나 '탈영토화' deterritorialization를 이루는 것을 말한다. 관계 또한 정형적인 논리적 구조 속에 갇혀 있다기보다는 역동적인 다양체 배치의 방식을 따라 증식될 수 있는 것이며, 끊임없는 관계의 탈영토화 과정에 있는 것이다. '탈주선' lines of flight에 존재하는 삶 또한, 생성과 과정 중에 있는 것이며 시작이나 완결된 존재를 의미하는 것이 아니다.

5 들뢰즈/기다리는 다수의 남성을 중심으로 보는 사회적 구조에서 벗어나기 위해 탈중심화 해야 한다고 보았다. 이때 역사적, 사회적 소수자를 복권시키는 탈중심화의 기본개념이 "여성-되기"이다. 가장 두드러지게 지배적인 것이 다수의 남성이기 때문에 여성-되기는 모든 되기의 시발점이자 경유지이며, 이런 면에서 여성-되기는 다수성이 아니라 소수성의 윤리에 기본을 두고 있다. 들뢰즈/가타리는 언어와 역사의 지배적이고 중심적인 주체를 부인하고 다양한 것들의 상호 소통과 생성을 주장하는데, 이런 다양체의 과정으로 여성-되기를 꼽고 있다. 여성은 다수 남성지배자에게서 배제되었으며, 그러므로 여성-되기는 다수의 지배자에게서 탈주하는 모든 것의 기본개념이 된다. 그들에 의하면 여성도 여성-되기를 해야 하고, 남성도 여성-되기를 해야 한다는 것이다. Deleuze & Guattari, *A Thousand Plateaus*, translated by Brian Massumi (London:University of Minnesota press, 2003), pp.291-294.

6 들뢰즈/가타리는 전형적인 수목형의 사유를 촘스키의 언어학적 특질로 설명한다. 예를 들면, 수형도(樹型圖)가 그 예이다. 촘스키식의 언어학적 나무는 여전히 한 점 S에서 시작해서 이분법을 통해 진행되어 나간다. 이에 비해 리좀은 어느 지점에서든 다른 어떤 지점과도 연결, 접속될 수 있다. 앞의 책, 7쪽.

7 들뢰즈/가타리는 사물들이 일정한 방식으로 접속해 '배치' 되고, 일정한 코드에 입각해 기능할 때 '영토성'이 성립한다고 본다. 들뢰즈/가타리에게 우주의 가장 일차적인 성격은 생성이다. 세계는 흘러가고 있으며, 탈주하고 있다. 그런 흐름을 일정한/고착적인 기계적 배치와 언표적 배치로 가로막아 규제할 때 '영토화' territorialization와 '코드화'가 성립한다. 영토화는 '탈영토화' deterritorialization를 힘겹게 누르지만 한 영토를 벗어난 흐름이 다시 다른 영토에 접속되어 '재영토화' reterritorialization로 귀결된다. 그러나 영토화는 다시 탈영토화에 의해 누수된다.

8 들뢰즈/가타리는 일정한 방식으로 고착화되지 않는, 즉 기존 기관들의 구조 바깥으로

변해가는 경우를 '탈기관체' Body Without Organs로 설명하였다. 'Body Without Organs'은 기관들이 없는 경우를 뜻하는 것이 아니라, 다른 방식으로 이행해 나가는 것을 의미한다. '기관 없는 몸'으로 번역하는 경우도 있으나 이것은 Body가 '공허한 혹은 텅 빈'의 의미로 받아들여질 수 있으므로, 본문에서는 Body가 다른 방식으로 이행해 나간다는 것을 강조하기 위하여 '탈기관체'라는 번역어를 쓰기로 한다.

9 푸코는 근대 이후 과학이 발달함에 따라 섹슈얼리티는 성 장치로 기능 하였다고 보고, 인구학의 발전과 함께 사회가 가지는 힘을 유지하기 위해 이성애 부부를 중심으로 한 개인의 성을 생식/재생산으로서의 성으로 조절하고 통제하였다고 지적하였다. 미셸 푸코, 『성의 역사 I』, 이규현 역 (나남출판사, 1990), 91-144쪽.

10 근대화 후발국인 한국도 가부장제와 자본주의를 토대로 하는 가운데 가족 로망스는 국가적 신념이 되기에 이르렀다. 이와 더불어 가족계획 사업을 통한 근대화 프로젝트에서 가시화되기 시작한 여성의 몸/성은 여성을 생물학적 종(種)으로 접근한다. 반면에 국가 정책은 여성의 재생산/섹슈얼리티를 변형시켰다. 이러한 과정을 통하여 여성은 근대 한국의 새로운 성별 체계로 통합되었다. 그러면서 여성들은 구체적인 아버지나 남편과의 성별 관계만이 아니라 비인격적인 성별 관계와 맞부딪치는 다중적 사회 관계에 놓이게 되었다. 자세한 내용은, 김은실, 「한국 근대화 프로젝트의 문화 논리와 성별 정치학」, 『여성의 몸, 성 그리고 재현의 문제』, 208-209쪽.
단적인 예로서 국가적 차원에서 대대적인 산아제한과 가족계획이 추진되었고, 가족계획의 장애물이라 여겨진 뿌리 깊게 자리 잡은 남아선호 사상을 퇴치하기 위한 운동이 전개되었다. "아들, 딸 가리지 말고 둘만 낳아 잘 기르자"라는 슬로건은 "잘 기른 딸 하나, 열 아들 안 부럽다"로 내용을 바꾸었다. 급기야 이제는 아이를 낳지 않는 가정이 많아지고 한국이 저출산 국가대열에 오름에 따라 세 자녀 이상 출산을 장려하는 분위기로 정책을 변경하기에 이르렀다. 이런 시대적 흐름을 반영하여 제정된 것이 '건강가족 기본법'이다.

11 프로이트는 사회계약의 원시적인 기원을 부친살해욕망에서 찾고 있다. 태초에 절대적인 아버지는 모든 여성을 독점하고 아들들과 나누려 하지 않았다. 이에 분노한 아들들이 함께 힘을 모아 아버지를 죽이고, 죄의식을 느끼자 두 가지 터부를 만든다. 아버지를 대신할 토템 동물 죽이기 금지와 근친상간 금기가 그것이다. 이 금기는 각각 종교와 친족이라는 사회제도를 발생시키고, 그 결과 오이디프스 콤플렉스의 두 가지 주요 소망인 부친살해욕망과 근친상간을 효과적으로 억압할 수 있게 된다. 이것이 가족 로망스의 신화적 원형이다. 자세한 내용은, 지그문트 프로이트, 「토템과 타부」, 『종교의 기원』, 이윤기옮김 (열린책들, 2003).

12 오랜 시간 동안 한국사회를 공포에 질리게 했던 살인마, 여성이나 노인늘을 대상으로 연쇄 살인을 저지른 유영철은 인생에서 불운했던 가족사로 사람들에게 용서를 구하

기도 했다. "부모님의 사랑을 받지 못했던 어린 시절의 불우함과 아내와의 이혼이 자신을 정신적 공황으로 내몰았다"는 구차한 변명으로 자신의 살인을 정당화하려 했다. 이것은 우리 사회에서 가족담론이 어떻게 작동되는가를 보여주는 하나의 사례이다.

13 주체에 의해 매개되지 않는 타자의 타자성을 사유하는 일은 근대 역사에서 억압되고 배제되었던 타자들의 위치를 복원하는 일과 밀접하게 엮여 있다. 자세한 내용은 김지영, 「들뢰즈의 타자이론」, 『비평과 이론』, (2004년 봄여름호), 50쪽 참조.

14 들뢰즈/가타리, 『앙티오이디푸스』, 최명관 역 (민음사, 1994), 591-593쪽.

15 유재홍, 「들뢰즈의 문학비평」, 『한국 프랑스학 논집』 제41집 (2003), 11쪽.

16 배치(agencement; arrangement)는 들뢰즈/가타리의 저서 『천의고원』의 핵심 개념이다. 배치는 형성되어 고착되어 있는 무엇이 아니라 늘 변해간다. 배치는 단순히 개별화된 기계도, 언어적 구성물도 아니다. 배치는 유기적으로 배열된 전체도, 복수적 존재물도 아니다. 배치는 기계들의 영토성과 언표들의 코드 각각이 또 서로 간에 접속되기도 하고 일탈하기도 하고 갈라지기도 하고 합쳐지기도 하면서 매우 역동적인 장(場)을 형성할 때 성립한다. 자세한 내용은, 앞의 책, 3-4쪽.

17 프로이트가 신경증을, 라캉이 편집증을 통해 무의식에 접근하였던 것에 비해, 들뢰즈는 어떠한 사회코드로도 해석되고 환원될 수 없는 개인들의 탄생을 분열증을 통해 설명한다. 그는 자본주의 사회가 필연적으로 생산하는 분열증적 개인들과 이 개인들의 창의성에 주목하였다.

18 리좀 rhizome은 정해진 기원이 없고, 수직이 아니라 수평적으로 뻗어가는 뿌리 줄기 혹은 덩이 줄기를 말한다. 들뢰즈/가타리는 서양란과 말벌의 이접적인 결합으로 리좀을 설명한다. 즉, 말벌은 서양란의 꽃가루를 전해줌으로써 난의 생식기관의 일부가 된다. 이 둘은 상호 근본적인 변화가 일어나고, 하나의 고정된 것에서 새로운 길을 열어주는 방향으로 작용하게 된다. 이처럼 리좀은 촘스키의 수형도와는 대조적으로 무한한 횡적 팽창을 의미한다. Deleuze & Guattari, *A Thousand Plateaus*, translated by Brian Massumi (London:University of Minnesota press, 2003), pp.3-25.

19 가족변동을 이동진은 가족이동과 가족중첩으로 설명하였다. 자세한 내용은 이동진, 「가족 이동과 가족 중첩」, 『진단과 대응의 사회학』,호산 김경동 교수 정년기념논총 간행위원회 엮음 (박영사, 2002), 59-84쪽 참고.

20 위의 글, 60쪽.

21 울리히 벡(U.Beck)은 탈전통 post-traditional 사회에서 개인들의 일상생활은 노동시장에 의해 지배받게 되었다고 지적하였다. 특히 가족과 부부관계에 나타나는 문제들의 흐름을 '개인화'라는 큰 명제로 요약하고, 개인화는 단지 개인적인 문제가 아니라 거시적이고 복합적인 사회변동과 맞물려 있다고 보았다. 노동시장의 유연화를 위해 개인화는 필연적으로 요구되는 것이며, 이러한 노동시장의 요구는 인간관계에 대

한 요구와 모순을 빚는다. 개인들은 전통적 강제에서 해방되었지만 노동시장에 의해 지배되게 되었다. 자세한 내용은, 울리히 벡/엘리자베트 벡-게른하임, 『사랑은 지독한 그러나 너무나 정상적인 혼란』, 강수영 외 옮김 (새물결, 2002), 21-34쪽.

22 전통이 희미해져 감에 따라 가까운 사람과의 친밀한 관계가 갖는 매력은 증대하고 있다. 사람들은 잃어버린 모든 것을 다른 사람에게서 추구한다. 이처럼 탈전통 시대를 살아가는 사람은 친밀성과 인간관계 그리고 사랑에 집착하게 되었다. 위의 책, 300-310쪽.

23 들뢰즈/가타리는 전통적인 실체 개념으로 포착되기 힘든 어떤 것, 주어의 역할을 하면서도 여럿인 무엇을 배치와 다양체로 설명한다. 배치는 다질적(多質的)인 열린 장 heterogeneous open field 이며, 단순히 개체도, 물질도, 비물질적인 무엇도, 정신적인 무엇도 아니다. 하나의 장(場)이다. 장이기에 개체가 아닌 여럿이고 동시에 바로 장이기에 그 어떤 것이다. 배치개념은 맥락에 따라 다양체로 부를 수도 있다. 다양체 multiplicity 는 배치와 유사한 개념이지만 수학적-자연과학적인 복잡한 맥락을 함축한다. 다양체는 개체도, 개체들의 단순한 집합도, 유기적 전체도, 추상적 존재도 아니다. 다양체 multiplicity 는 질적으로 상이한 존재들이 접속, 일탈, 통합, 분지……를 통해 역동적으로 형성하는 장이다. 다양체는 항구적 존재도 일시적 존재도 아니다. 그것은 지속되기도 하지만 늘 역동적으로 변해간다. 때로 사라졌다가 나타나기도 한다. Deleuze & Guattari, pp.3-9.

24 들뢰즈, 가타리는 다양체를 만들어야 한다면 유일을 빼고 n-1을 써야 한다고 했다. 그런 체계를 리좀이라고 할 수 있을 것이다. 자세한 내용은, 앞의 책, 6쪽.

25 들뢰즈, 가타리는 다양체의 원리를 다음과 같이 설명 한다: 대상 내에서 축의 역할을 하는 통일성도, 또 주체 내에서 분할되는 통일성도 존재하지 않는다. 나아가 대상 안에서 유산(流産)할 통일성도, 주체 안으로 되돌아올 통일성도 존재하지 않는다. 하나의 다양체는 주체도 대상도 가지지 않는다. 오로지 규정성들, 크기들, 차원들만을 가질 뿐이다. 그리고 이것들이 증가할 때는 오로지 다양체의 본성이 바뀔 때이다. 앞의 책, 8쪽.

26 기든스 A. Giddens 는 친밀성의 가능성은 바로 민주주의의 약속을 의미한다고 보았다. 개인생활에서의 민주적 질서에 기본 틀이 되는 윤리는 바로 합류적 사랑 confluent love 의 모델과 부합하게 된다. 친밀성은 순수한 관계 pure relationship 를 전제로 하며, 순수한 관계에 근접하는 모든 관계는 상황이 불공정하거나 억압적이라고 느껴질 때 어느 쪽이라도 이의를 제기할 수 있는 '유동적 제약' rolling contract 을 암묵적으로 내포하고 있다는 것이다. 순수한 관계의 맥락 속에서 자기-자율성을 발전시키는 것은 더 큰 공동체 내에서 민주적 관행을 정착시키기 위한 풍부한 힘의를 담고 있다. 자세한 내용은, 앤소니 기든스, 『친밀성의 구조변동-현대 사회의 성, 사

랑, 에로티시즘』, 배은경 외 옮김 (새물결, 2001), 271-281쪽.

27 들뢰즈/가타리, 『앙티오이디푸스』, 431쪽.

쿨하게 모른 척하기? 〈바람난 가족〉

1 이 영화에서 여성의 욕망에 처벌이 내려지지 않았으며 오히려 남자들이 응징당했다고 보는 시각도 있다. (이상용, 「위선의 태양」, 『Film 2.0』, 2003.08.17) 사실 영작이 저지른 일이 아들의 죽음을 불러왔으므로, 아들의 죽음은 호정의 욕망 및 행동과는 아무 연관이 없다. 그러나 영화에 딱 두 번 등장하는 수인의 하교 장면이 문제가 된다. 한번은 영화 초반부 수인과 호정이 같이 자전거를 끌고 돌아오는 장면이고, 다른 한번은 수인이 혼자 하교하고 있을 때 우체부가 그 애를 납치하는 장면이다. 이 두 장면의 대비는 엄마가 바람피우는 동안 아이가 방치되어서 사고를 당했다는 분위기를 은연중에 풍긴다. 또한 "흔히 멜로드라마에는 여성에게 피/가학적 고통을 느끼게 함으로써 처벌하는 관습적 장치가 있다"(황혜진, 『영화로 보는 불륜의 사회학』, (살림, 2005), 19쪽.)는 점을 고려하면, 수인이 죽은 뒤 아들의 묘소에서 오열하고, 아들에게 용서를 비는 호정의 장면이 오래도록 나온 것은 아들의 죽음에 대한 죄책감과 그녀의 불륜을 연결하려는 의식, 무의식적 의도로 읽을 수 있다.

2 이 영화에 대한 많은 평론들 속에서 가장 이해할 수 없는 설명 중의 하나는 지운과의 연애를 '순수함'이라는 코드로 읽어내고 있다는 것이었다. 지운은 호정과의 연애에서 자신이 뭘 원하는지를 정확하게 알고 있다. 호정의 몸인 것이다. 지운은 호정과 함께 있는 내내 호정의 입술, 가슴, 성기를 탐하고 거기에 어떻게든 도달하려는 욕망을 노골적으로 드러낸다. 굳이 둘의 관계에서 억지로나마 '순수함'을 끄집어내려 한다면, 지운이 호정에 대한 욕망을 숨기지 않았다는 점이나 힘으로 그녀를 강간하려 하지 않았다는 점을 '순수'하다고 읽을 수도 있겠지만, 이 속성은 영작에게도 그대로 적용되는 것이다. 애인과 함께 있을 때의 영작의 장난치는 모습을 보면, 영작과 지운을 순수라는 개념으로 대비시킬 수 있을지 의문이다.

3 이 삽입섹스로 인하여 성적 관계의 다양성이 성기 중심적으로 단선화되는 효과는 이경, 「상상적 '쿨'의 공동체 - 바람난 가족이 바라는 것은?」, (『여/성이론』 9호, 2003년 겨울호)에서 명쾌하게 분석되고 있다.

4 인터넷 참여연대에 실린 대담에서도 "알코올중독인 남편을 두고 아들을 변호사로 만들기까지 병한(호정의 시어머니)은 어떤 마음으로 살았을까."하고 병한의 그려지지 않은 인생을 안타까워 한다. (황지희, 「변정수와 이노형범이 영화 '바람난 가족'의 병한을 말하다 "너나 똑바로 살아!"」, 『인터넷 참여연대』 2003. 9.1.)

5 이경은 "집안일도 부모님도 섹스도 모두 스스로 처리하는 슈퍼우먼이 '쿨'의 이름으로 요청되고 있다"고 지적하면서, "여성의 주체성이 스스로 짐을 지는 것에 한정됨으

로써 종국에는 남성의 편리에 복무한다"는 점을 강조한다. (이경, 위의 글, 278쪽.)

6 낙태한 애인을 택시 태워 보낼때 까지는 웃고 있다가 택시가 떠나자 금방 어두운 얼굴로 걸어가는 장면, 의사 친구랑 술 마시며 음담패설하다 아버지 얘기가 나오자 안색을 바꾸는 장면, 룸살롱에서 혼자 깨어나는 장면, 화장실에서 거울을 통해 자신을 바라보다 불을 꺼버리는 장면, 변기에 오래도록 앉아 뭔가를 고민하는 장면, 아무도 없는 새벽 거리를 혼자 걷는 장면, 웃으면서 변호하다 재판이 끝나자 어둡고 착잡한 얼굴로 걸어나오는 장면, 택시에 물건을 두고 나오면서도 술병 하나만을 입에 대고 휘적휘적 집으로 걸어가는 장면 등등.

7 울리히 벡, 엘리자베트 게른샤임 공저, 『사랑은 지독한 혼란』, 배은경 외 옮김 (새물결, 1999), 265쪽.

8 데리다는 이를 A/B가 아닌 A/-A의 이분법이라고 표현한다. 이 이분법은 둘 사이가 대등한 것이 아니라, 엄격한 위계질서로 표현된다. 남성/여성, 문명/자연, 양지/음지 등 이분법은 전자가 우월한 것, 후자가 열등한 것이라는 함의를 갖고 있지만 사실은 후자 없이는 전자는 성립될 수 없다. 이 사실을 은폐하면서 전자는 스스로를 독립적이고 완벽한 형상으로 세운다.

9 프로이트, 「쥐인간」, 「늑대인간」, 김명희 옮김 (열린책들, 1996).

10 쿨함이 사회적 무기력이자 현실을 있는 그대로 받아들일 뿐인 보수주의라고 분석한 글도 있다. (「'쿨한 척' 하는 부르주아 가족의 사회적 무기력 −〈바람난 가족〉」, 『말』 2003.09.)

11 프로이트, 앞의 책, 86쪽.

12 "극중 남자 주인공 주영작은 나 자신의 모습이자 친구의 모습이며, 선배 동료의 모습이다" (2005. 6. 30. 민예총 문예아카데미 여름 강좌 중 하나인 〈한국영화 르네상스의 주역들+감독과의 대화〉. 2005. 7.1. 한국민족예술인총연합이 발행하는 컬처뉴스 (www.culturenews.net)의 문화가 소식란에 실림.) 한편 월남해온 아버지, 가부장으로서의 역할을 못 하는 아버지를 가진 영작의 환경은 임상수 감독의 가족사를 그대로 그린 것이라고 한다. 딴지 일보와의 인터뷰에서, 임 감독은 "가부장제는 아버지 하나 가지고 절대로 이루어지지 않는다 …… . 아버지 쪽 식구들이 쫙 있어야……한국에서 가부장의 파워를 갖게 되는 거지, 그냥 혼자 있는 아버지는 가부장의 파워가 이미 없다"고 말하면서, 가부장제의 억압이나 거대한 가족 제도의 억압에서 상당히 자유롭게 살아온 자신의 환경이 영화에 영향을 미쳤음을 밝혔다. (김어준, 「〈그때 그 사람들〉 감독 임상수를 만나다」, 『딴지 일보』 인터뷰 2005.2.28.)

저주는 나의 것 『김약국의 딸들』

1 박경리, 『김약국의 딸들』 (나남, 1993) 이하부터 『김약국의 딸들』을 인용할 때 면수로

만 본문 중에 표시한다.

2 노신, 「여와가 하늘을 땜질한 이유」, 『호루라기를 부는 장자』, 유세종 옮김 (우리교육, 2001).

3 졸고, 「광기/자살/능욕의 모성공간」, 『한국의 식민지근대와 여성공간』 (여이연, 2004).

2부: 다성적인 주체들

밥 읽는 여자 책 먹는 여자 〈삼공일 삼공이〉

1 수전 보르도는 대다수의 광고가 남을 먹이는 것이 여성 자신에게도 기쁜 일인 것처럼 제시되고 있으며, 여성은 맛있게 요리해서 즐겁게 주는 것에서 기쁨을 얻을 수 있는 존재로 묘사되고 있다고 시석한다. 굳이 보르도가 분석한 광고의 예를 들지 않더라도 음식에 대한 남녀의 이런 구도는 우리 나라의 광고에서도 흔히 볼 수 있다. 수전 보르도, 『참을 수 없는 몸의 무거움』, 박오복 옮김 (또하나의 문화, 2003), 155쪽.

2 엘리자베스 그로츠, 『뫼비우스 띠로서 몸』, 임옥희 옮김 (여이연, 2001), 283-288쪽.

3 프로이트, 「낯설은 두려움」, 『창조적인 작가와 몽상』, 정장진 옮김 (열린책들, 1996). 임옥희, 「기괴함–친숙한 그러나 낯선」, 『페미니즘과 정신분석』 (여이연, 2003).

4 보르도, 위의 책, 158쪽.

5 위의 책, 147쪽.

6 크리스티나 폰 브라운, 『히스테리』, 엄양선, 윤명숙 옮김 (여이연, 2003), 476-477쪽.

7 보르도, 위의 책, 187쪽.

8 해리엇 프라드, 「신경성 거식증: 성과 계급 전이의 장소로서 여성 육체」, 임상훈 역, 『문화과학』 통권4호 (1993년 가을호), 194-197쪽.

9 거식증(拒食症)란 말 그대로 음식을 거부한다는 뜻이지만 실제로 거식증 환자들에게는 모든 음식을 거부하는 거식과 그 식욕이 한꺼번에 폭발하는 폭식(暴食)이 주기적으로 반복해서 나타나는 것이 전형적인 증상이다. 보르도는(위의 책, 393쪽, 브라이언 터너, 『몸과 사회』, 임인숙 옮김 (몸과 마음, 2002), 353쪽 참고) 이를 단식 거식증과 폭식 거식증이라고 나누기도 하는데, 두 가지 증상은 동전의 앞뒤처럼 함께 붙어 다니는 것이므로 이 둘을 구분하는 것은 별 의미가 없다. 물론 이 영화에서 윤희는 폭식과 거식의 주기적인 반복을 보이지는 않는다. 거식증상에 따라 폭식의 정도와 횟수도 다르지만 윤희의 경우는 송희와 대비시키기 위해 좀더 극단적으로 형상화되었을 것이다.

10 프라드, 위의 글, 185쪽.

11 폰 브라운, 위의 책, 480-482쪽.

12 위의 책, 472-473쪽.

13 정재승, 「음식에 대한 극단적인 거부와 집착 301 302」, 『과학동아』(2001. 5), 168쪽.

14 장정일, 『길안에서의 택시잡기』(민음사, 1999).

15 이수연은 〈삼공일 삼공이〉가 송희의 모성을 대안으로 제시했다고 보고 이 영화의 결말에 불만을 표시한다. 그러나 이는 영화의 전체 구조 속에서 윤희를 잡아 먹은 후에 나타난 송희의 변화를 알아차리지 못했기 때문이다. 이수연, 「식인성 섹슈얼리티」, 『메두사의 웃음』(커뮤니케이션북스, 1998) 참고.

불안한 몬스터 〈거미숲〉

1 자신이 죽은 지도 모르는 영혼에 얽힌 이야기는 최근 공포영화의 트랜드이기도 하다. 비록 거미의 모습은 아니지만 〈식스 센스〉의 소년도, 〈디 아더즈〉의 그들(어머니와 아들, 딸)도, 심지어 〈장화, 홍련〉의 수연도. 모두 자신들이 죽은 줄 모르는 유령들이다. 산 자들뿐만 아니라 죽은 자들도 죽음을 받아들이기 힘들어한다. 죽은 줄 모르고 유령이 출몰하는 이유가 이행되지 않은 상징적 채무관계 때문이라는 정신분석적 통찰은 흥미롭다.

2 환상과 관련한 이 영화의 해석은 『계간 영화언어』(2005년 여름호)에 '환상과 영화'라는 특집의 일부로 실려 있다. 복도훈의 이 글은 정신분석의 주요 이슈에 포함되는 원초적 환상이나 응시의 문제를 중심으로 영화를 읽는다.

3 인터넷 기사의 한 대목에 따르면, 강민의 머리 수술 자국이 '물음표' 모양이라고 지적하고 있다. 뭔가를 계속 묻는 주체임을 상징한다는 지적은 자신의 진실을 찾아가려는 강민의 모습을 암시한다는 의미에서 흥미롭다.

4 리차드 커니 Richard Kearnney에 따르면, 지금까지 타자성에 대한 고찰을 살펴볼 때 레비나스를 비롯한 현상학자들은 초월적 타자 transcendental Other를, 라깡과 크리스테바를 비롯한 정신분석학자들은 내재적 타자 immanent Other를 언급한다. 둘의 차이에 대해서는 『이방인, 신, 괴물: 타자성에 대한 도전적 고찰』, 이지영 옮김 (개마고원, 2004) 을 참고할 것.

5 진술주체 혹은 언표주체 enunciated와 언술 enunciation주체의 구별은 흔히 라깡이 예로 들었듯이 "나는 거짓말을 하고 있다"에서 진술 속의 나는 거짓말을 하지만, 거짓말을 하고 있다고 말하는 나, 즉 언술주체는 진실을 말하고 있다는 데서 그 구별의 의미가 있다.

6 정신분석학에서 실재를 말할 때, 외양 너머에 어떤 진실이 있을 것이라고 가정하는 것은 실재에 대한 정확한 이해가 아니라고 본다. 초월적 실재가 아니라, 외양과 외양간의 불일치, 그 사이에서 실재는 얼룩으로 드러난다는 것이다.

7 Alenka Zupančič, *The Shortest Shadow: Nietzsche's Philosophy of the Two*

(London and Cambridge: The MIT Press, 2003), p.8.

8 환상의 이중적인 역할을 말할 수 있다. 환상은 실재에 대한 방어막이기도 하지만, 환상이나 꿈은 또한 실재로 다가갈 수 있는 우회로이기도 하다.

9 Renata Salecl, *On Anxiety* (London and New York: Routledge, 2004), p. 81.

10 Charles Shepherdson, 'Foreword's, in Roberto Harari's *On Anxiety* (New York: Other Press, 2001). p.li.

11 임규정, 「인간의 존재론적 상실을 의미하는 불안의 개념」, 『불안의 개념』 임규정 옮김 (한길사, 1999), 67-69쪽.

12 쇠렌 키에르케고르, 『불안의 개념』, 임규정 옮김 (한길사, 1999), 159쪽.

13 위의 책, 159-164쪽.

14 Renata Salecl, op cit, p.51.

내 안의 유령, 내 밖의 유령 〈장화, 홍련〉

1 김지운 감독은 인터뷰를 통해 "가정의 비극이란 오래 전에도 있었고, 미래에도 있을 것이란 생각이 들었다. 이 집을 통해 상처난 가족의 내력이나, 가정의 비극이 이 집안에서 계속 반복되어 온 듯한 느낌을 전하고 싶었다"고 말하면서 영화의 창을 통해 현대의 집과 가족 이야기를 하고자 했다고 밝히고 있다.

2 "수미에게 전폭적으로 의지하고 무섭다면서 수미의 침대로 파고드는 수연과 그런 동생을 어머니처럼 또는 연인처럼 감싸 안는 수미의 모습에서는 자매애 이상의 어떤 욕망이 설핏 고개를 든다. 그러므로 그렇게 사랑하는 수연의 죽음을 결과적으로 방치한 수미는 그로 인한 죄의식과 상실감으로 거듭 수연을 환영의 형태로 소환하는 것이다." 조혜정, 「바로크적 아름다움과 차가운 공포의 질감이 어우러진 묘한 조화」, 『영화평론』 15호, (2003).

3 오스틴은 진술문 constative과 수행문 performative을 구분하면서 전자는 진위 판별이 가능한 것, 후자는 진위 판별보다는 언어의 효과로서 어떤 행위를 수행하는 것이라고 말한다. 버틀러는 수행문도 두 가지로 나누는데 발화수반적 수행문 illocutionary은 뭔가를 말하는 순간에 행위가 일어나는 것인 반면, 발화효과적 수행문 perlocutionary은 일련의 결과를 시작하게 만드는 것이다. 즉 발화수반적 화행은 시간의 경과 없이 즉각적인 효과를 산출하지만, 발화효과적 화행은 발화의 순간에 일어나기보다는 그 말의 결과나 효과로서 시간적 격차를 두고 나중에 실현되는 것이다. Butler, *Excitable Speech : A Politics of the Performative* (New York: Routledge, 1997), p.17.

4 죽은 척하고 누워있는 시위의 일종을 말한다.

5 버틀러는 주체가 무대 위에서 공연을 하듯, 타자의 배역을 몸에 입듯이 정체성이 구

현된다고 파악했다. 그러나 무대 위의 공연적 혹은 수행적 정체성은 그 배역 뒤의 본질적 정체성을 전제하는 것이 아니라, 행위를 통해서만 일시적으로 구성된다는 의미에서 '수행'과 '수행성'을 구분하고자 한다.

6 김지운은 인터뷰 가운데서 자신이 공포는 일상의 부조리에서 나오는 것이라고 주장한다. 그는 "보이거나 들리거나 만져지는 것만이 현실로 받아들여지지만 불합리한 것은 얼마든지 존재한다"면서 "여러 리얼리티의 충돌에서 나타나는 판단 불능의 부조리 상황이 바로 귀신"이라고 설명한다.

7 Julia Kristeva, *Black Sun:Depression and Melancholia* (New York: Columbia UP, 1989), p.10.

8 Ibids, p.46.

9 크리스테바는 서로 영향도 주고, 서로의 조건이 되기도 하는 부정성을 부정, 부인, 거부로 설명하면서 각각이 페티시와 우울증과 정신병의 심리기제로 연결시킨다. 프로이트에게 페티시는 부정이 아닌 부인(인정과 부정의 결합)으로 설명되는 반면, 크리스테바에게 페티시는 부정 negation이고, 이 부정은 1차 상실의 인정이자 부정을 의미한다. 그리고 이 부정을 부인 denial of negation하는 것이 우울증이다. 이 때 부인의 대상은 기표작용이나 아버지의 기능이 된다. 아예 부정을 거부 repudiation하면 정신병이 된다. 결국 우울증 환자는 무의식적 도착증 환자이다. Julia Kristeva, Black Sun, pp.43-6.

10 Julia Kristeva, pp.51-53.

11 Ibids, p.9.

12 무현은 면도하다가 세면대의 물 흐르는 소리와 함께 수미와 은주의 언쟁부분을 듣게 되는데, 영화를 꼼꼼히 보면 실제로 무현의 귀에 들리는 이 대사 부분은 은주(염정아)가 아닌 수미(임수정)의 목소리로 되어있다는 것을 알 수 있다.

13 Judith Butler, "Afterword: After Loss, What Then?" *Loss: The Politics of Mourning*, ed. David L. Eng et al. (Berkeley: University of California Press, 2003), p.468.

로고스 없는 마녀? 〈얼굴 없는 미녀〉

1 영화에 대한 그동안의 평가는 대체로 "등장인물들을 철저하게 설명하지 않고, 회화적인 컷들을 통해 인물들의 심리를 암시한다"고 하면서 화려하고 강렬한 비주얼에 대한 평가와 공간적인 이미지가 갖는 상징성에 대한 논의가 주를 이룬다. 이에 대해 "이미지과잉, 과닐이 인물들의 성격과 잘 연결되지 못하고 있다"는 부정적 견해도 있고 "중산층의 예쁜 여자, 미친 여자라는 지수의 캐릭터를 통한 남성판타지의 산물에 불과한 영화이다"라고 보는 평가도 있다. EBS, 『새로운 영화 새로운 시각』, 2004년 8월 12

일, 강한섭, 김영진, 이지훈, 최보은 출연.

2 요제프 브로이어 · 지그문트 프로이트, 김미리혜 옮김, 『히스테리 연구』(열린책들, 1997), 35-67쪽. 브로이어의 안나 O의 분석사례를 페미니즘적 관점에서 다시 읽고 있는 다이앤 헌터는 정신분석이 여성 환자와 대화하면서 의식의 역사에 들어왔다는 사실을 강조한다. 프로이트의 무의식의 발견은 19세기 히스테리 환자들의 육체가 나타내는 언어에 대한 반응이기 때문이다. 그녀는 이와 같이 정신분석은 히스테리의 언어를 이론으로 바꾸어 놓은 번역으로 읽힐 수 있다고 말하면서 베르타 파펜하임을 정신분석 페미니즘의 선조라고 부를 수 있다고 말한다. 다이앤 헌터, 「히스테리, 정신분석, 페미니즘: 안나의 사례」, 한애경, 조애리 외 옮김, 『여성의 몸 어떻게 읽을 것인가』(2001, 한울), 166-167쪽.

3 이하 히스테리의 역사에 대한 개관은 임옥희, 「히스테리: 여성의 육체언어/ 권력/ 욕망」, (『페미니즘과 정신분석』(여이연, 2003)과 크리스티나 폰 브라운, 『히스테리』, 엄양선, 윤명숙 옮김 (여이연, 2004)) 그리고 홍준기, 「자끄 라깡, 프로이트로의 복귀」, 『라깡의 재탄생』(창작과 비평사, 2002)를 참고로 했음을 밝힌다.

4 히스테리는 그 양상이 너무도 다양하여 백과사전적이라고 할 수 있다. 신체기관적으로 설명될 수 없고 언제라도 없어질 수 있으며 또한 나타날 때와 마찬가지로 설명할 수 없는 방법으로 갑자기 사라진다는 공통점을 지닌다. 간질 및 그와 유사한 발작들, 경련 호흡곤란, 두통, 메스꺼움, 졸도, 상상임신 등 신체반응이 큰 것에서부터 불감증이나 촉각마비와 같은 감각능력의 상실, 시각, 청각, 후각의 전체 혹은 부분상실 등 신체반응이 작은 것들이 있다. 또 시각상실, 보행불능, 불안정한 걷기나 서기, 생리불순, 거식증과 폭식증도 여기에 속한다. 크리스티나 폰 브라운, 앞의 책, 30쪽.

5 플라톤은 『티마이오스』 Timaios에서도 자궁을 미친 여자의 몸 안에 있지만 실제로 몸의 일부를 이루지 못하는 생물인양 정의하고 있다. 이 때 자궁 이동설에 따라 두 가지 치료법이 제시되었다. 첫째는 자궁의 욕구를 충족시키기 위해 성관계를 갖거나 어머니가 되게 하는 것, 둘째는 그 동물을 마치 적군처럼 처방하도록 하였다. 성관계를 그 재생산 기능에만 제한한 것이다.

6 이 과정에서 윌리스는 히스테리의 원인을 두뇌에서 그리고 시드넘은 감정이나 마음에서 찾아야 한다는 견해를 주장했고 시간이 지남에 따라 의지력의 상실과 자아부재에서 기인하는 것으로 파악되기도 했다.

7 이하 라깡의 히스테리 담론은 홍준기, 「라깡, 프로이트로의 복귀」, 『라깡의 재탄생』(창작과 비평사, 2002)을 참조함.

8 이명호, 「히스테리적 육체, 몸으로 글쓰기」, 『여성과 사회』 15호 (한국여성연구소, 2004), 26쪽.

9 히스테리는 남근을 가지고 있다고 상상되는 완벽한 아버지에게 완전한 만족을 요구

하는 것 같지만 실은 아버지의 결핍을 드러내고 그의 무능을 폭로함으로써 영원히 불만족 상태에 남으려고 한다. 라캉에 의해 히스테리가 상징계에 진입한 분열된 주체의 원형으로 해석되는 것은 이 때문이다. 이명호, 앞의 글, 38쪽.

10 라캉에 의하면 히스테리자는 그 지배자인 주인을 유혹하고 주인의 욕망에 관심을 가짐으로써 보수적 기능을 하기도 하지만 지배자의 지식과 거기에 근거한 권력을 거부하는 진보적 기능을 할 수 있다. 히스테리자는 자신을 잘 짜여진 교과서적 지식체계로 분류하고 도덕적으로 열등한 사람으로 치부하는 주인, 사회적 통념, 이데올로기에 저항하는 주체이다. 홍준기, 앞의 글, 114쪽.

11 완전성의 환상, 전능하고 무한의 가능성을 보유한 남자인 동시에 여자이므로 성이 없다. 정신의 피조물이며 스스로 추상이 아닌 물질이 되기 위해 소문자 자아의 몰락을 요구한다. 이 자아는 로고스가 규정하는 남성과 여성의 표상에 해당하는 자아라고 할 수 있다. 크리스티나 폰브라운, 앞의 책, 14-15쪽.

12 자신의 불완전성에 대한 의식, 자신이 죽을 수밖에 없다는 것을 어떤 특정한 성에 속한다는 것을 아는 자아이다. 크리스티나 폰 브라운, 앞의 책, 14-15쪽.

13 히스테리는 여성을 교환하는 사회에서 여성이 스스로 주체가 되어 남성을 교환하려는 욕망을 위장 연출한다. 히스테리에서 교환되는 것은 여자가 아니라 남자이다. 임옥희, 앞의 글, 103쪽.

14 남성 히스테리는 〈남자의 여성성〉이 살아남도록 투쟁한다. 즉 남성히스테리의 위대한 업적은 통합적인 대문자 자아의 전능성(하나의 성으로 환원되는 것)이 양성적인 존재와 일치하지 않는다는 것을 보여준다. 크리스티나 폰 브라운, 앞의 책, 329-330쪽.

15 크리스티나 폰 브라운, 앞의 책, 440쪽.

3부: 타자의 목소리들

바리데기/하기 〈영매〉

1 세습무란 무가(巫家)에서 태어나 다른 무당집 아들과 혼인을 하여 시어머니의 무업을 계승받아 무당이 되는 것을 말한다. 대개 전라도 지역을 포함한 한강 이남의 성무현상(成巫現象)이다. 강신무이건 세습무이건 복잡한 무속의 교리·의례·기술 등을 다년간 습득하여야 무당이 될 수 있다.

2 강신무란 신병에 걸려 무당이 될 조짐을 보여 내림굿을 하여 되는 무당, 즉 신의 뜻에 따라 되는 무당을 일컬으며 대략 한강 이북지역의 무당들은 이 계통에 속한다.

3 홍태한, 『서사무가 〈바리공주〉 연구』 (경희대학교 대학원 박사학위 논문, 1997).

4 윤동환, 『연행예술로서 동해안 굿의 변화양상과 변화 요인』 (안동대학교 대학원 석사

학위논문, 2000).

5 감독 박기복은 '산 자와 죽은 자의 화해'를 〈영매〉의 부제로 선택했다. 그렇다면 영매의 역할은 산자와 죽은 자를 화해시키는 역할로 고정되는 한편, 삶/죽음을 이분화하고 경계짓는 한계를 노정할 수밖에 없다.

6 최영장군의 사당이 있는 황해도 개성 덕물산은 한국 무의 출발지이며, 최영장군은 무당의 신으로 군림하고 있다.

내 여자친구를 만나볼래? 〈여고괴담 두 번째 이야기〉

1 로빈 우드, 『베트남에서 레이건까지』 (시각과 언어, 1994).

2 Barbara Creed, *The Monstrous-Feminine: Film, Feminism, Psychoanalysis* (New York: Routledge, 1995), p.25.

3 백문임, 「소녀 괴물과 남성 마조히스트 – 한국 영화와 미성년」, 『문학과 사회』 2004년 여름호 (문학과 지성사, 2004).

4 김정아는 〈여고괴담 두 번째 이야기〉를 오컬트와 코미디라는 대립항을 통해 살펴본다. 시은과 효신이 속한 오컬트의 세계와 반 아이들이 속한 코미디의 세계를 대립시키는 것이다. 오컬트의 언어를 가지고 있는 효신은 코미디의 세계에서 배척당할 수밖에 없는 것이다. 김정아, 「학교엔 귀신이 산다」, 『학교엔 귀신이 산다 –〈여고괴담 두 번째 이야기〉』 (이가서, 2004).

5 프로이트, 「레오나르도 다 빈치의 유년의 기억」, 『예술, 문학, 정신분석』 (열린책들, 2003).
　─────, 「나르시시즘 서론」, 『정신분석학의 근본개념』 (열린책들, 2003).
　─────, 「슬픔과 우울증」, 『정신분석학의 근본개념』 (열린책들, 2003).
　─────, 「여자 동성애가 되는 심리」, 『늑대인간』 (열린책들, 2003).

편리한 금자씨와 폐교괴담 〈친절한 금자씨〉

1 감독 역시 수감기간을 금자 인생의 전성기라고 설명한다. (박찬욱 · 정성일, 「대담: 질문이 우리를 자유케 하리라」, 『씨네21』 516호, 152쪽) 이 글은 그 전성기가 개화된 계기를 중시하고자 한다.

2 정성일 역시 이런 관점에서 인물을 기능으로 파악한다. (위의 글, 152쪽) 그 뿐만 아니라 폐교에서의 복수장면 또한 이러한 동원의 연장이라고 해석될 수 있다.

3 이에 대하여 정성일은 영화가 금자의 욕망에 카메라를 갖다대지 않고 있다고 설명한다. (위의 글, 157쪽) 하지만 그는 그 이유를 제시하지 않고 있는데, 이 글에서는 모성과 대비라는 점에서 이를 설명하고자 한다.

4 정성일은 이런 태도를 일종의 자살로 해석한다. (박찬욱·정성일, 위의 글, 163쪽)

5 데리다에 의하면 괴물성은 인간존재의 기본조건이 된다. 인간은 이성을 통해 그것을 정복하려 하였으나 이는 애당초 불가능한 것이었고 문명과 계몽의 발전에도 불구하고 여전히 인간사회를 관철한 것이었다고 한다. (김경현, 「홍상수 영화 데리다식으로 읽기-감은 감도 비(非)감도 아닐 수 있지 않을까?」, 『당대비평』 제20호 (2002년 가을호, 269-70쪽) 하지만 이 영화의 경우 백선생, 마녀로 표징되는 괴물성은 비인간성으로 규정되면서 문명비판의 계기를 상실한다.

6 들뢰즈와 가타리에 따르면 욕망은 처음부터 정치적이며 또 사회적이다. 들뢰즈-가타리, 최명관 역, 『안티오이디푸스』 (민음사, 1994, 591-3쪽) 그림에도 불구하고 영화의 경우 이러한 욕망의 복잡성을 원천적으로 차단해버린다.

7 흔히 복수 삼부작이라 불리는 세 편의 영화 중 앞서 나온 두 영화에 출연한 배우들을 의미한다.

비체들의 유머 『일요일의 스키야키 식당』

1 사르트르는 점액성을 마치 찰싹 달라붙어서 떨어지지 않으려는 정부와 같이 끔찍한 것으로 묘사한 바 있다. 메리 더글라스는 종교인류학적인 관점에서, 줄리아 크리스테바는 기독교경전에서부터 셀린느에 이르기까지 서구 상징문화 전반에 걸쳐, 바바라 크리드는 공포영화 장르에 이르기까지 점액성/여성성/공포/비체를 연결시키고 있다. 크리스테바는 특히 비체를 코라와 기호계적인 것으로 연결시키고자 한다.

2 크리스테바의 비체 개념을 가져와서 공포영화를 분석한 바바라 크리드를 참조할 것. 장르의 문법상 거세공포를 위로해줄 필요가 없는 공포영화에서 괴물적인 여성성은 수동적인 희생자가 아니라 적극적으로 거세하는 존재하는 존재이자 바자이너 덴타타로 등장한다는 것이다. Barbara Creed, *The Monstrous-Feminine: Film, Feminism, Psychoanalysis* (New York: Routledge, 1995) 참조.

3 들뢰즈의 메저키즘적인 주체는 법의 처벌에 공손하게 몸을 낮추고 있는 것 같지만 곁눈질로 흘겨보면서 이제 처벌받았으므로 법을 위반하는 즐거움을 누리겠노라고 말한다. 그것이 공손하게 법을 조롱하는 유머이다. 이와 유사하게 상징적인 법으로부터 비체화된 존재들은 자신이 비체화되어 있다는 것을 알고 있으며 그런 자신을 조롱함으로써 자신을 비체로 만든 제도로부터 일탈을 꿈꾼다는 점에서 유머스런 존재라고 볼 수 있다.

4 자넷 윈터슨, 『육체에 새겨지다』 (웅진, 1996), 이혜남 옮김, "2년 전에 당신을 처음 봤을 때, 난 당신이 지금까지 내가 본 중에 가장 아름다운 사람이라고 생각했어. 여자이건, 남자이건 간에."(108쪽) 텍스트의 절반을 읽었을 무렵 이런 구절과 대면하면서 독자는 작가의 의도를 파악하면서 화자의 젠더 수수께끼를 풀려는 노력을 중단하게

된다.

5   가라타니 고진, 『유머로서의 유물론』, 이경훈 옮김 (문화과학사, 1995).

6   "언어란 매혹적이기는 하나 (자신을 덧칠할 수 있다는 점에서), 매우 불완전한 정보전
달수단이다. 1차적 언어로서 이바나를 말하면 누구나 그것이 무엇인가의 이름임을 알
게 된다. 그러나 2차적 의미로서의 이바나를 아는 사람은 없다. 그것에 대한 정보를
전달하는 데는 언어는 불완전하고 제한적이다. 심지어는 빈약하기조차 하다. 일단 언
급된 언어는 빠르게 형상화되어버려 조금도 변화할 수 없다. 그리고 우리가 이바나에
대해서 말하고 글을 쓸 때 그것은 각각 다른 언어의 형체로 묘사된다. 그것을 읽는 사
람은 또한 자신의 코드로 이바나를 받아들일 것이다. 그 자신이라는 것은 결국 그의
에고이즘이다. 그때 이미 그 이바나는 우리의 이바나가 아니다. 결국 언어로 전달되는
이바나는 방언에 지나지 않는다. 그것은 거짓말과 오해이며 과장이고 소문이다."(90)